上海市地方高水平学科建设经费资助项目

三明市档案馆　编

跨越山海

上海支援福建小三线建设资料整理与研究

刘盼红　高红霞　编著

上海大学出版社

·上　海·

图书在版编目(CIP)数据

跨越山海：上海支援福建小三线建设资料整理与研究 / 刘盼红，高红霞编著. -- 上海 ：上海大学出版社，2025. 3. -- ISBN 978-7-5671-5080-5

Ⅰ. F426.48

中国国家版本馆 CIP 数据核字第 2025TT1280 号

责任编辑　贾素慧
封面设计　柯国富
技术编辑　金　鑫　钱宇坤

跨越山海：
上海支援福建小三线建设资料整理与研究
刘盼红　高红霞　编著
上海大学出版社出版发行
（上海市上大路 99 号　邮政编码 200444）
（https://www.shupress.cn　发行热线 021-66135112）
出版人　余　洋
*
南京展望文化发展有限公司排版
上海华业装璜印刷厂有限公司印刷　　各地新华书店经销
开本 710mm×1000mm　1/16　印张 45.5　字数 570 千
2025 年 3 月第 1 版　2025 年 3 月第 1 次印刷
ISBN 978-7-5671-5080-5/F·259　定价 148.00 元

Foreword | 前言

一、论题价值与意义

三线建设，是20世纪六七十年代国家为应对内忧外患形势作出的以备战为主要目的的军事和经济计划。一线指东北及沿海各省市，三线指云、贵、川、陕、甘、宁、青及豫西、晋西、鄂西、湘西等11省区，一、三线之间为二线。三线建设又有大三线和小三线之分，西南、西北为大三线，中部及沿海地区省、区的腹地为小三线。

根据当时毛泽东主席提出要在沿海各省建立后方基地的要求，福建省委将闽西、闽北地区设为小三线区域，在该区域创建一批军工项目、军工配套项目、国防公路、邮电、通讯、战备广播、物资仓库等，同时从福建沿海地区和上海迁入一部分民用工业企业。其中，上海迁厂占主要部分，先后迁往福建11家轻纺工业项目，包括近万名职工及其家属。

根据福建省计划委员会通过的1966年福建小三线建设计划项目表，上海迁往福建的11家轻纺工业分别是：静安棉纺织厂（迁往三明，更名为三明纺织厂）、立丰印染厂（迁往三明，更名为三明印染厂）、经昌染织二厂（迁往龙岩，更名为龙岩色织厂）、华光被单厂（迁往龙岩，更名为龙岩被单厂）、勤余针织厂（迁往南平，更名为南平针织厂）、锦新丝织厂（迁往邵武，更名为邵武丝绸厂）、曙光锁厂（迁往南平，并入福建无线电厂）、泰昌胶合板厂（迁往三明，更名为三明胶合板厂）、永昌五金厂（迁往三明，并入三明市无线电元件厂）、上海农药厂（迁往三明，并入三明农药厂）、桃浦化工厂（迁往建阳，并入建阳化工厂）。

另外三明的三家企业：螺丝厂（1960 年 9 月从上海迁入）、中国金属制品厂（1961 年 1 月从上海迁入）、傅振兴锁厂（1961 年 11 月从上海迁入），三厂于 1969 年合并成立三明标准件厂，同时生产军、民用产品。笔者认为，上海支援福建小三线建设应当包括这类企业，因此也将相关档案和口述资料纳入本书。

本书采用档案资料、口述历史、回忆录和学术论文等方式，记录和谱写上海支援福建小三线建设中的一桩桩工作事迹、一个个鲜活人物，试图呈现那个火红年代的生活图景。选择这个课题，有以下几方面考虑：

首先，20 世纪 80 年代以来，中国学术界受法国年鉴学派和新文化史的影响，将研究视角下移，注重以人为叙述的中心。三线建设研究领域在近五年来亦呈现出由宏观到微观的研究转变，关于三线职工婚姻、后勤保障、教育等社会生活问题成为研究的热点。因此，本书力求与学术前沿问题及时跟进。

其次，上海支援福建小三线仅是上海参与全国三线建设的一部分，其迁厂规模并不算大，但有其特殊性。一般而言，三线建设工业门类均以军工及军工配套项目为主，辅之以学校、医院、运输、管理机关等服务项目，由国家或地方政府投资建设。但福建小三线工业门类除以上项目外，还包括不少与战备无关的民用企业，这部分民用企业主要来源于上海支援。在资金方面，除国家和地方政府投资外，上海支援福建小三线还引入了华侨投资，揭示了三线决策在落地过程中的多元性和复杂性。目前关于上海支援福建小三线的研究，仅见之于对福建小三线的整体性考察中，专门、系统的研究尚有不足。

最后，目前学界虽已出版不少优秀的三线回忆文章，但相关档案资料的整理与出版成果仍屈指可数，仅见之于陈夕主编的《中国共产党与三线建设》(2014 年)、中共上海市委党史研究室编的《上海支援全国(1949—1976)》(2011 年)等。本书力图开掘整理一批价值较高的档案史料,供学界使用,兹与三明市档案馆合作,力求研究拓展三线建设领域新的学术成果。

二、相关研究现状

目前三线建设研究已得到学界充分关注,相关论著不断涌现,与上海支援福建小三线建设相关的研究成果主要包括两个方面。

一方面是小三线建设研究。据笔者考察,“小三线”建设最早出现在公开出版物上,是丁之铮写于 20 世纪 80 年代中期的文章《我省小三线军工企业的现状和今后发展的建议》(《浙江经济》1985 年第 11 期),该文介绍了浙江小三线企业调整改造概况。20 世纪末至 21 世纪,得益于官方文献和地方档案的逐步公开,区域小三线建设研究形成热点,如张永斌的《上海的小三线建设》(《上海党史研究》1998 年第 4 期),段伟的《安徽宁国“小三线”企业改造与地方经济腾飞》(《当代中国史研究》2009 年第 3 期)等,二文对上海、安徽小三线的建设过程作了较为全面的考察。这一时期还涌现出诸多以企业为个案的相关研究,如徐有威、李云的《困境与回归:调整时期的上海小三线——以新光金属厂为中心》(《开发研究》2014 年第 6 期),徐锋华的《东至化工区建设述论——上海皖南小三线的个案研究》(《安徽史学》2016 年第 2 期)等。

目前关于福建小三线建设研究成果不多,但仍具借鉴之处。最早是钟健英的《六十年代福建的“小三线”建设》(《福建党史月刊》1998 年第 5 期),大致梳理了福建小三线建设的决策、搬迁、建设、调整改造过程。谷桂秀的《闽北的小三线建设及其对当前经济建设的借鉴意义》(《福建党史月刊》2012 年第 21 期),介绍了南平市小三线建设的基本情况，分析了小三线建设对南平市工业和经济社会方面的积极效应。黄腾飞的硕士学位论文《福建小三线建设研究（1964—1978）》（2018年），该文资料扎实，内容丰富，细致梳理了福建小三线建设发展历程，但对上海支援方面着墨不多。

另一方面是三线建设相关资料的整理与研究。主要包括口述和档案两类。目前学界十分重视三线建设口述资料的搜集与整理，诸多口述类作品被刊出，如南平市政协文史资料委员会编的《难忘岁月——闽北小三线建设实录》（1999年），袁德俊主编的《崛起在沙溪河畔：忆三明建市初期迁明企业》（2009年）等。再如中共上海市委党史研究室、上海市现代上海研究中心编著的《口述上海：小三线建设》（2013年），张勇主编的《多维视野中的三线建设亲历者》（2019年），唐宁的《归去来兮——一部亲历者的三线建设史》（2019年）等，诸书为保存和利用三线建设珍贵资料做出不可磨灭的成绩。档案方面，相关资料整理工作还比较薄弱，学界引用较多的是陈夕主编的《中国共产党与三线建设》（2014年）。

总体而言，三线建设研究经历了一个由粗及精、由宏观到微观的变化过程，已有成果在视角和方法上对笔者具有启发意义。当然，目前三线建设研究仍有进一步加深和拓宽的空间。从研究区域上看，四川、湖北等大三线，以及上海、安徽、江西等小三线是目前研究的热点，福建小三线研究相对薄弱。从资料整理上看，三线建设口述、回忆资料居多，档案资料较少。本书力图弥补此方面不足，以期丰富三线建设研究成果。

三、本书主要内容

本书主体共分为四个部分：档案篇、口述篇、回忆篇和研究篇。

档案篇资料全部为三明市档案馆馆藏，包括三明市标准件厂档案

(18 份)、八四七〇厂档案(36 份)、三明印染厂档案(17 份)、三明纺织厂档案(20 份)。

口述篇整理了 11 位三线建设亲历者的鲜活故事。受时间、精力和身体因素的影响,他们不能亲自撰写回忆录。本书通过口述访谈的方法,力图真实记录他们的生命历程和生活图景。

回忆篇由三线建设亲历者个人撰写,共 7 篇。

研究篇集中展现了本书作者关于上海支援福建小三线建设方面的研究成果 5 篇,或试图捕捉三线职工的复杂心态,或仔细爬梳上海支援福建小三线建设的历史基因,或比较审视福建小三线的特点,或系统呈现本书作者进入该研究领域的心路历程,或将时间拉到更早,探寻当代上海对福建的文化支援。

附录是本书档案资料影印原件。

Contents | # 目录

回 忆 篇

研 究 篇

档案篇

本篇汇集整理了三明市标准件厂、八四七〇厂、三明印染厂和三明纺织厂4家上海迁至福建三明的三线企业档案资料，共91件。其中，三明市标准件厂档案18件，八四七〇厂档案36件，三明印染厂档案17件，三明纺织厂档案20件。时间范围从1967年至2002年，前后长达36年。内容涉及迁建过程、生产发展、工厂制度、职工生活、艰难转型等多个方面，为研究者提供了宝贵的一手资料，也为广大读者了解三线建设历史提供了可靠参考。

一、三明市标准件厂档案

(1)《三明市人委文件关于市五金厂要求征用土地的批复》,1967 年 1 月 11 日

三明市人委文件

(67)市民字第 002 号

关于市五金厂要求征用土地的批复

市五金厂：

你厂 1966 年 11 月 5 日征用土地申请书收悉。经研究,同意你厂征用空地 2 050 m^2(富兴堡),折合 3.08 亩作为基建之用。具体手续,希即与市民政局办理。

福建省三明市人民委员会(章)

一九六七年一月十一日

抄送：市计委、市民政局。

(2)《三明市革命委员会生产指挥组关于三明市标准件厂征用土地申请书的批复》,1969 年 8 月 14 日

三明市革命委员会生产指挥组(批复)

(69)市革产字第 114 号

关于三明市标准件厂征用土地申请书的批复

三明市标准件厂：

你厂欲在富兴堡白石地区建设热处理车间和成品仓库,须征用山

坡地 2 772 m^2。经研究同意如数征用。其具体手续请向城建业务班子办理。

福建省三明市革命委员会生产指挥组(章)

1969 年 8 月 14 日

抄送：专革会工交组、综合组，市革会综合组、财贸组、工交组、城建业务班子。

(3)《1968 年三明市标准件一厂工业总产值及主要产品产量》，1969 年 1 月 11 日

工业总产值及主要产品产量年报

填报单位：市标准件一厂（章）　　　　一九六八年度

	单位	全年实际数				
		合计	第一季度	第二季度	第三季度	第四季度
一、工业总产值(按57 年不变价算)	万元	31.48	3.7	4.37	7.9	15.51
二、主要产品产量：						
标准件螺栓	件	1 821 298	276 750	314 348	396 800	833 400
米筛	片	8 453	1 050	841	3 522	3 040

补充资料：

1. 独立核算企业增填：主要产品年底生产能力：在一般情况下还算正常
2. 非独立及集体所有制企业增填：年底职工人数____人，其中：工人____人，年底职工平均人数____人。

单位负责人(章)　　　　制表人(章)　　　　实际报出日期 1969 年 1 月 5 日

(4)《三明市标准件厂费用报销制度》,1969 年

三明市标准件厂费用报销制度

一、旅差费的报销

1. 市内交通费:公出人员售车票、叙述事由签字报销。

2. 出差到省内外的旅差费:公出人员由厂革会确定后,凭批条预借旅差费。回厂三天内按市革产字 84 号文件标准报销,并给清予借旅差费。

3. 探亲假路费按规定标准,经生产组(劳工)审查,本人签字报销。

二、办公用品的预支

根据节省的原则,办事组每月提出采购计划并负责采购、保管,凭发票签字报销。

三、宣传费用的报销

根据节省的原则,每月由负责宣传的同志提出采购计划,经政工组审批后,由负责宣传的采购,凭发票,签字报销,如有超计划需要,应办理追加手续。

四、医药费的报销

1. 医务室用药应事先提出计划,经办事组审批后由医生负责采购,凭发票签字报销。

2. 职工转院,请假或公出生病,发票经医务室签字报销。

3. 职工(固定工)供养的直系亲属医药费,居住在本市的,经生产组(劳工)审查,并在发票上签字报销 50%。

五、劳保费用的报销

1. 劳保用品由生产组(供销)按计划采购入库,并填制收料单登账,凭发票签字报销。

2. 高温及夏令保健费，按规定的标准统一交食堂掌握，凭食堂收据报销。

六、生产费用报销

统一由生产组（供销）接计划采购入库，并填制收料单登账，凭发票签字报销。

(5)《三明市标准件厂职工请假暂行规定》，1969 年

三明市标准件厂职工请假暂行规定

一、职工请假，先提出书面申请，三天以内由连长批准，三天以上由厂革会批准，批准后到生产组（劳工）开具请假单。

二、享受探亲假的职工（固定工、合同工），每年给探亲假一次，时间十二天，另加路程假。不能提前或推迟使用，如因本年生产（工作）需要，不能给假，可以与下年度一并使用。

享受探亲假的职工，因生产（工作）需要，本人当年不能回去探亲，要求直系亲属来三明探望，经厂革会批准，路费按规定标准给予报销。

因公出差回家或病假回家，或病假回家与亲属团聚十二天以上者，不另给探亲假。

三、职工（固定工、合同工）本人结婚或直系亲属死亡，给婚丧假三天，另加路程假。

四、职工病假在本厂治疗的，经本厂医务室证明给假。在厂外治疗的，证明需要经本厂医务室审查给假。

在请探亲假、事假期间不得以病假抵扣天数。假期满后如有特殊情况需要继续请假，应及时办理续假手续（外地以邮局发出电报日为凭），如患急性病，病假需要凭公立医院或保健院（站）证明。（慢性病应回厂治疗）

五、女职工(固定工、合同工)产假五十六天。双生、难产增加十四天。流产按医生证明休息。

(6)《三明市标准件厂劳保待遇有关条例试行草案》,1969年

三明市标准件厂劳保待遇有关条例试行草案

一、职工(固定工、合同工)病假、产假、婚丧假,假期工资照发。探亲假一年以上固定工、三年以上合同工做期工资照发,三年以下一年以上合同工给报销路费,假期按规定不发工资。事假按请假天数扣发工资(包括干部在内),计算方法按三十天。

二、劳保用品分工种发放

1. 生产工人(包括红冲、锻工、拉丝、制钉、电镀、电工、机修、电气焊、热处理、冷冲、车床、锯床、磨床、染工、冷作包装、钳工、刨工、木工、泥水等),发工作服一套,使用时间一年半。

2. 非生产人员(仓管员、服务员、干部)发背带裤一条,袖套一付,使用时间仓管员,服务员一年半、干部两年。

3. 帽子随同工作服、背带裤一起发放,全厂职工(固定工、合同工)每人每年一双鞋子,每人每年两条毛巾,每人每季三块肥皂。

4. 高温鞋发给高温操作人员,使用时间一年半,电镀、拉丝、酸洗发雨鞋,使用时间不限,以旧换新。

5. 为了照顾家属工、外包工的实际需要,在物资供应可能的条件下,每人一年半发给一套再生布工作服,每一年发给一双鞋子,每一年发给一条毛巾,每季度发给两块肥皂。

三、电镀、酸洗、电气焊、热处理、磨床、沢工、锻工、炉前工每月享受保健待遇,红冲享受1—5月份四个月。标准分等级:电镀工一至三级,

热处理工二级，酸洗工二至三级，其余均为三级（一级每月六元，二级每月五元，三级每月四元）。请事假半个月以下照发，半个月以上一个月以下发半个月。保健供应的食物由食堂代购，保健费结余金额代给现金。

四、夏令时间（6—9 月份四个月），全厂职工享受夏令保健待遇，发放食物，标准每人每月一元，交食堂统一掌握。

五、职工（固定工）供养的直系亲属患病的医药费、手术费，及居住在本市的暂保留给予报销 50%，居住在异地的原则上由本人自理，本人负担确有困难者，可适当给予补助。

六、家属工、外包工工伤事故工资照发，医药费报销。平时生病在厂医务室治疗的不收药费，厂外治疗的药费自理。

七、职工（固定工）供养的直系亲属死亡的丧葬补助费，死者年龄在十六周岁以上 30 元，十周岁以下一周岁以上 20 元。

(7)《1971 年三明市标准件厂主要工业产品生产能力》，1972 年 1 月 10 日

主要工业产品生产能力

企业名称：三明市标准件厂（章）
主管机关名称：三明市重工局（章）　　　　（年报用）　　　省计基 7 表

主要产品名称	计算单位	1971 年底到达的生产能力	1971 年实际生产量	备注（附简要计算说明）
甲	乙	1	2	
标准件	万件	2 300	2 309.02	
筛片	片	15 000	12 546	材料不足有停产
元钉	吨	420	302.3	材料不足有停产

规定上报日期：1 月 8 日前

负责人（章）　　　制表人：陆文建　　　报出日期：1972 年 1 月 10 日

(8)《三明市标准件厂：福建省三明市征用土地申请书》，1971 年 1 月 16 日，三明市档案馆藏

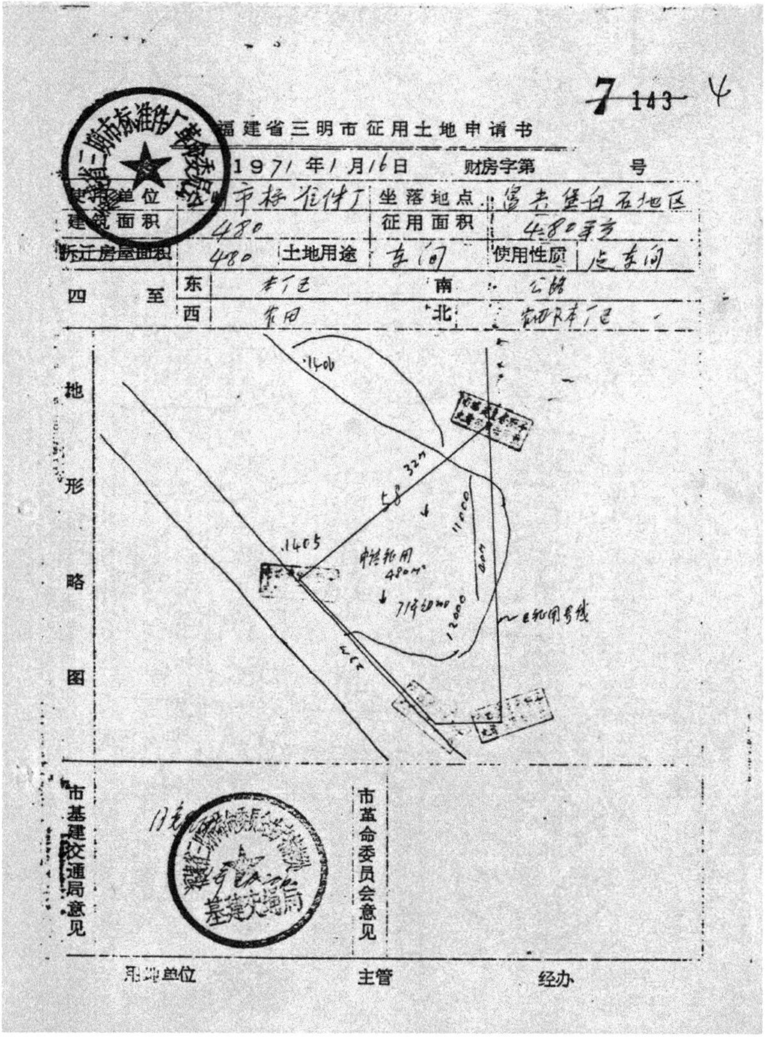

7 143 4

福建省三明市征用土地申请书

1971 年 1 月 16 日 财房字第 号

申请单位	市标准件厂		坐落地点		
建筑面积	480		征用面积	480平方	
拆迁房屋面积	480	土地用途	车间	使用性质	
四至	东		南	公路	
	西	农田	北		

地形略图

市基建交通局意见

市革命委员会意见

用地单位 主管 经办

(9)《三明市标准件厂：福建省三明市征用土地申请书》，1971年5月6日

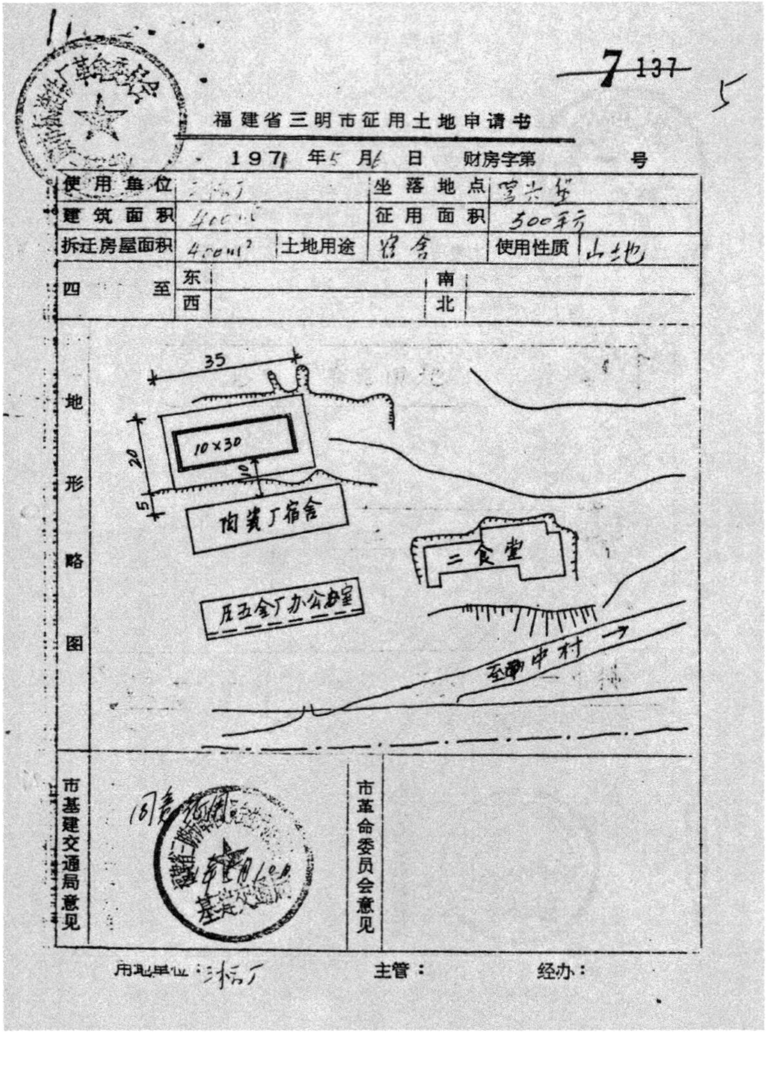
7 137

福建省三明市征用土地申请书

1971 年5月6日 财房字第 号

使用单位	三标厂	坐落地点	富兴堡
建筑面积	400m²	征用面积	500平方
拆迁房屋面积	400m² 土地用途 宿舍	使用性质	山地
四至	东	南	
	西	北	
地形略图			
市基建交通局意见	同意征用	市革命委员会意见	

用地单位：三标厂 主管： 经办：

(10)《三明市革命委员会重工业局关于标准件厂与铁厂机修分厂分别附设集体所有制企业几个具体问题的通知》,1972年9月4日

三明市革命委员会重工业局(通知)
市革重工字(72)第08号
关于标准件厂与铁厂机修分厂
分别附设集体所有制企业几个具体问题的通知

为了充分挖掘企业潜力,积极疏通生产渠道,进一步提高现有企业的配套水平及生产能力,更好地服务于工农业生产,经市革会生产指挥处研究同意:在标准件厂与铁厂机修分厂分别附设集体所有制企业。目前,人员即将进厂,现就有关问题通知如下:

一、企业性质与名称:均属集体所有制企业。为便于对外联系工作,开展业务,因此,附设于标准件厂的定名为电镀厂,附设于铁厂机修分厂的定名为机床配件社。

二、学徒年限与待遇

1. 学徒年限:参照国营企业有关规定。

2. 凡招收时明确为学徒的,学徒期间生活津贴费为:第一年十八元,第二年二十一元,第三年二十四元,根据政治表现及技术水平,凡符合升工定级的,一般应是期满三年升为一级工,期满四年定为二级工,个别经群众讨论与技术考核,不宜按期升工定级的,可视其情况,适当给予延长。

3. 学徒期间遇有病假(须持医疗部门证明),事假(一般不准假,特殊情况须经单位领导批准),假期不扣工资。(长期病假者学徒期即应

予延长）

4. 学徒因病或因公负伤，其医疗费用由单位负责。

5. 生产上需要的劳保用品，原则上按国营企业同工种标准发放，如遇货源供应不足，可根据实际情况，采取少发、缓发或代用等办法加以解决。

三、上述意见，请予执行。今后如上级新的规定与此精神有所抵触，则按上级新的规定执行。

三明市革命委员会重工业局（章）

一九七二年九月四日

主送：标准件厂、铁厂机修分厂、电镀厂、机床配件社。

(11)《三明市革命委员会关于成立三明市五金厂的通知》，1972年10月25日

三明市革命委员会（通知）

市革综(72)第133号

关于成立三明市五金厂的通知

为了有利于发展生产，经研究决定，自七二年十一月一日起，将市标准件厂铁丝、元钉、筛片、电镀（即附设于该厂的集体所有制的电镀厂）车间划出成立三明市五金厂，隶属于市革会轻工业局管理。分厂工作必须从有利于团结，有利于生产出发，为此，应着重掌握以下几个原则：

一、人员：凡目前从事铁丝、元钉、筛片、电镀的生产工人和辅助工人（包括电镀厂的学徒及管理人员），一般不宜变动；个别技术工人确因生产需要，双方应本着相互支援的精神，通过协商给予个

别调整。

二、设备：凡属铁丝、元钉、筛片、电镀的生产设备，划归五金厂使用；考虑到标准件厂电镀生产的需要，同时为了充实五金厂机修车间设备，因此决定：从原电镀设备中划出直流电机及硒整流器各一台为标准件厂所有，并从标准件厂调出牛头刨床一台和原五金厂机修设备应归五金厂使用。

三、房产：厂房除目前标准件拉丝和酸洗部分暂归标准件厂使用外（待该厂拉丝车间建成后，应即移交五金厂），其余划归五金厂所有。鉴于标准件厂职工多系居住外面，因此外面食堂暂由三标厂负责代管，待以后决定。职工宿舍暂划一幢给五金厂使用。双方领导应做好政治思想工作，要一视同仁，搞好团结。

四、原材料：凡过去购置、订货明确用于上述生产部分的原材料，则转由五金厂使用或催货，开始三标厂协助催货。

五、资金：流动资金按72年标准件与上述生产部分的计划产值的比例分摊，今年市里拨给标准件厂用于铁丝、元钉的基建款项，应根据中间结算，不足部分由标准件厂如数转归五金厂继续掌握使用。可在本月底前开始办交接手续。

……

三明市革命委员会（章）

一九七二年十月二十五日

主送：三明市标准件厂、重工业局、轻工业局。

抄送：三明地区革委会办公室、生产指挥处、重工业局、轻工业局、计划组、市革会计划组、物资站、财政局、银行、劳工组。

(12)《三明市标准件厂企业管理制度汇编(试行草案)》,1976年1月

三明市标准件厂
企业管理制度汇编
(试行草案)

三明市标准件厂革委会
七六年元月

通知：我厂根据中央和省地市关于加强企业整顿的指示精神，全厂职工对我厂一九七二年八月制定的《企业管理制度》进行了三上二下的认真反复讨论，并作了三次修改和补充，进一步健全了以《岗位责任制》为核心的企业管理制度。现将各项管理制度(试行草案)印发全厂，希全厂职工共同遵守执行，要求各车间、机关、各职能组每个月至少检查一次执行情况，以便在实践中不断总结经验，修改补充，使之更加完善合理。

三明市标准件厂革委会
1976年元月

目录(略)

安 全 制 度

一、坚决贯彻执行毛主席亲自批示的"中共中央关于安全生产的通知"，人人提高警惕，加强值班制度，严防敌人破坏活动；

二、传达室值班人员应严格执行《值班制度》(见附一)；

三、注意安全生产，职工上班时应戴好发给的劳动安全保护用

品，对生产中的不安全现象，各级领导应迅速采取有效措施，果断处理；

四、严格遵守操作规程，装卸工具一定要停车，变换速度一定要等机床停稳，才可搬动变换手柄，以免打坏齿轮；

五、非电工人员严禁随意卸装电器（特殊情况经车间领导同意处理），电工每月要对各种设备检查一下有无漏电现象和其他不安全现象；

六、加强危险品管理工作，危险品要存放在危险品仓库，由专人（或兼职）负责保管；

七、食堂安全工作，按《食堂生活管理制度》执行。

考勤制度

一、坚决执行毛主席“抓革命、促生产”的指示，坚守岗位，坚持八小时工作制，有事要先请假，不擅离工作岗位。对于目无组织，破坏纪律，擅离工作岗位者，根据情节轻重，给予批评教育或必要的处理。

二、职工请事假，一天以内由班组长批准，三天以内由车间领导批准，三天以上要报厂部批准。请假人员要把请假手续办完后，才能离开工作岗位。学徒期间一般不准请假，特殊情况需请假要报厂部批准。国家干部（包括以工代干科室干部）每年可享受八天事假，但平时加班加点不予调休，不享受加班费。

三、职工病假考勤按附（二）《有关病假的规定》执行。

四、职工（固定工、合同工）本人结婚或亲属死亡，给婚丧假三天，另加路程假。享受探亲假的职工（固定工、合同工）每年给探亲假一次，时间十二天，另加路程假。探亲假一律不准提前使用。如因生产需要，经厂部领导同意，允准推迟使用。

五、女职工怀孕、产假、喂乳的考勤，按附（三）执行。

六、车间平时因生产需要加班加点，由车间提出申请，报生产组研究同意，发给加班卡片，凭加班卡片调休。调休不准集中使用。本月加班原则上需在本月调休完毕，如本月调休有困难，至迟应在下个月调休完毕。若调休确有困难，要求发给加班费，必须经厂部研究同意。

七、各车间班组要认真做好考勤工作，考勤员每天要把本班人员“出勤卡”登记好，注明每人出勤、请假、迟到、早退的情况。对平时迟到、早退者，除加强教育外，凡每月累计一小时以上者，工资照扣。

八、各车间考勤卡，每月二日前报送劳工部门。

设备维护管理制度

一、生产靠设备，设备靠维护，维护借用毛泽东思想武装起来的工人群众。发动广大工人群众参加设备维护管理，坚持把群众性的日常维护与专职人员的定期检修相结合，并以群众性的日常维护为主；

二、操作工人要为革命努力学习技术，练好基本功，对设备做到：

1. 三懂：懂得设备结构、性能和事故紧急处理方法。

2. 四会：会熟练操作，会保养，会预防事故和排除故障。对设备要精心维护保养，使设备达到“整齐、清洁、滑润、安全”四项要求。

三、每台设备由班组长或车间领导指定专人负责操作，建立定人定机制，非本台设备操作者而又未经设备所在班组长同意不准动用设备。

学徒工要经一定时间（随工种不同而异）的跟班学习并经车间领导同意后，才能上机床操作。

四、发动工人群众，参加设备维护管理。车间设备管理员，建立由管理员负责的，有工人群众参加的群众性班后检查制，坚持：

日互检：每班工人交换班时互相检查；

周联检：每周各班组联合大检查；

月评比：每月底以车间为单位进行评比。

五、发扬“自力更生”的精神，做到小修不出车间，各车间需要大、中检修的设备，由车间尽早报生产组或技术组根据轻重缓急，下达任务，进行检修。

六、检修工人要有高度的责任感，以白求恩的精神，精益求精检修各种设备，使设备恢复原有精度或达到加工工艺要求，检修完后由设备所在车间试车验收。

七、全厂设备由技术组定期（每季度末）组织三结合小组进行普查。技术组要建立设备档案，对机器附件、性能、使用和检修情况作好记录，并加强备品死件的计划、储备工作。

八、鼓励工人对设备进行技术革新和技术革命，不断提高设备效率和产品质量。对设备进行小改小革时，应报车间领导批准后进行；对设备大改革时，应报生产、技术、财务等职能组批准后进行。

九、停车待修和未用封存设备的零部件，电器未经生产、技术部门同意，不准随意拆卸，移作它用。

十、设备事故的划分及处理办法。

设备事故：凡设备因非正常损坏，致使停产或效果降低者均称事故。

事故性质	事故划分界限		
	生产间断时间	修理费用	全厂或全车间电力间断时间
小事故	四小时以下	50元以下	
一般事故	四小时以上	50—500元	一分钟以内
重大事故	五昼夜以上	500元以上	十分钟以上

处理办法：

发生一般事故或重大事故应保持现场，并立即上报有关部门，由车间领导会同机修车间、技术组调查研究，操作者应填事故报告单，根据性质轻重，给予酌情处理。重大事故报厂革委会审批。

小事故由车间领导在计划调度会上报告。

产品质量管理制度

一、把产品质量提高到路线高度来认识，从思想上重视产品质量，以高度负责任的精神，严格把好质量关，不断提高产品质量，降低废品率。

二、严格执行自检、互检和专检相结合的检验制度，操作者特别要加强首检工作，合格后才能成批生产。生产过程要不断抽检，质量不稳定时，要找原因，定措施，待质量稳定后，才能成批生产。

三、操作者和质量检验员要对产品质量负责，不合格的半成品不擅自流入下一道工序。前方车间操作者生产的成品、半成品要装入箱（桶）中，注上名称、规格、数量和操作者。后方车间操作者要填写工序流程卡，以示负责。待检验员检验合格后，才能集中到下一道工序。

成品应由检验员检验合格，并放上产品合格证后才准入库，特殊情况经与有关职能组（仓库）协商后处理。

四、厂部检验员要经常深入车间，做好抽检工作，发现质量问题时，有权与生产组联系，令其停产，并积极配合车间领导与操作者共同研究，采取有效措施。

五、凡废品率超过各工序规定的指标，由操作者填写报废单。责任事故严重者，领导、检验员和操作者三结合进行现场分析，查找原因，明确责任，酌情处理。

各班废品每月统计一次，并经常分析产品质量情况，提出改进措施，不断降低产□品率和提高一等品比例。

责任岗位制

一、要自觉遵守劳动纪律，坚持八小时工作制，努力搞好本职工作。工作时不擅自离开岗位，有事要向班长或带班人员请假、经同意后方可离开。

二、生产前要认真检查设备，加滑润油，严格按照操作规程进行操作，自己操作的设备不要随便让给别人使用，要爱护和保养设备，防止设备事故发生。

三、生产过程中，不交头接耳，不准看报与看同生产无关的书籍。要做到聚精会神，努力完成厂部和车间制定的各项经济指标（如产量、质量、品种、原材料消耗等指标），并按时如实填写好各种报表。

四、严格执行交接班制度，接班者必须提前到达生产岗位，交班者必须将当班情况向下一班人员交代清楚，并把设备擦拭干净，搞好环境卫生，方可离开。

五、个人领用的工量具，必须妥善保管，合理使用。如有遗失、损坏，本人要写出书面报告，由班组长和车间领导签署意见，报供销组审批处理（计量器具按《计量工作管理制度》第六条执行）。凡属非正常损坏与遗失，原则上按价赔偿，价值超过 30 元，要报厂领导审批。

六、设备随机附件，要摆设整齐，妥善保管。较长期间不用的，要涂油封存。若丢失或损坏，使用人员要写出书面报告，由主管部门会同车间领导进行分析，根据情况，给予酌情处理。

财务管理制度

企业会计工作的基本任务是遵循党的路线方针与政策，认真执行国家计划和财务制度，维护财经纪律，促进企业，加强经济核算，坚持勤俭办企业，更好地贯彻执行党的社会主义建设总路线。我厂财务管理制度总的按照财政部、省地市财政局规定执行。为了保证会计工作的正常进行，根据我厂的具体情况，特作如下规定：

一、凡因公外出人员，须予借旅差费备用金，由财务组核定金额，厂领导审批，回厂三天内办理结算。

二、根据银行关于加强现金管理规定，出差人员采购的物资，其货款一律通过银行办理托收承付或汇款结算，不携带现金。

三、文具用品、宣传资料、技术书籍、医药用品等分别由各职能组统一采购，保管和造册登记。购货发票凭证，应由经办业务部门的负责人或经办人员签证。未经有关职能组同意，擅自采购，财务组不予报销。各组须采购的物资，应按月编制计划，月度前五天报送财务组审核同意后方可采购，否则不予报销。

四、财务组借给有关组所属部门和职能人员的备用金，只能用于正常周转使用，不得借给任何个人使用，财务组有权随时抽查所借出的备用金是否完整无缺。

五、供销部门应按月编制生产所需要的物资，包括原材料、辅助材料，低值易耗品的采购计划和商品销售计划，按月度报送厂革委会审批后送财务组安排资金，由财务组编制财务收支计划。

六、钢材是国家一类物资，是我厂主要原材料，一般不予调拨，特殊情况需报厂革会批准后方可给予调拨，各组无权决定处理。

七、调出的设备，要根据上级调令通知方给予调拨。凡是调出无价的设备，由财务、生产、供销共同商讨核定，报厂革会审批。

八、材物料、产成品、外部加工件，未经开单结算，一律不准出厂。

九、为了及时编制财务会计结算报表，需有关资料（工时、产品、半成品、材物料等），各职能组于月度后五天内报送财务组以便汇总结算。

十、为了及时编制工资发放结算表，各部门需要财务代扣款项，必须在每月二日前报送财务组，逾期当月不予代扣。

十一、财务人员应努力学习毛主席有关经济政策的教导和上级有关财务工作的指示，按财政政策把好关，对一切违反财政制度的行为，财务人员有权提出批评，并向上级反映。

经济核算制度

一、遵照伟大领袖毛主席“勤俭办厂”的教导，发动群众，当家理财，搞好经济核算制，努力做到高产、优质低消耗，为社会主义增加更多的积累。

二、严格控制原材料消耗。各车间（班组）要认真执行原材料、燃料消耗等指标，并做好原材料消耗记录。每月五号前车间统计员要把原材料消耗数量以车间汇总报送统计部门，经常开展分析，查找浪费现象，不断降低消耗。

三、做好工时定额记录。各车间（班组）要按时填好生产报表（工时、产量、质量、品种）交统计部门，汇总后报财务部门，以便每月进行成本结算对比，找出薄弱环节，采取必要措施。

四、坚决贯彻执行“勤俭节约”的方针，不准乱购乱买，严格控制各种费用开支，特别是非生产性的开支，不断降低费用。

五、发动职工群众深入开展修旧制度，大搞综合利用，充分利用各种废物料，为社会主义生产服务。

供销组工作制度

一、组织全体工作人员和所属仓库全体成员认真学习马克思列宁主义、毛泽东思想，坚持党的基本路线和三要三不要的基本原则，面向车间，服务生产。根据生产需要，积极组织货源，尽最大努力，保障供给，满足生产需要。

二、根据生产需要和各项经济指标以及本厂物资库存情况，认真编制原材料、燃料、油料、五金等物资的采购供应计划，呈报厂部审批后订货。催货、催运工作，以确保生产的正常进行。本厂革新和零星项目等用料应由各职能组(车间)根据需要提出申请,由供销组编制采购计划积极组织采购。

三、生产用的材料凭生产组的领料单由车间的领料员到钢材库办理领料手续,由钢材库锯料的材料要求领料者当场验收型号、规格、数量是否相符。无领料单一律不发。

对外加工本厂一般不填材料,如需本厂垫料者要由加工单位先向供销组联系,办好材料调拨手续后由生产组安排加工。

四、五金仓库做到凭托收发票凭证验收入库,凭领料单发货。各车间需领用五金、工具等物资由车间领料员先向供销组办理领料手续后,再到仓库办理提货手续。但下列物资的进库和领出,按如下规定执行:

1. 劳保用品按劳工部门的批条发放。

2. 采购的螺母丝锥必须先送计量室检定合格后才能进库。

3. 计量器具的进库和领出手续按《计量工作管理制度》第一条执行。

4. 某些物资按上级规定做到以旧换新。

五、成品仓库按车间入库单和产品合格证验收入库,凭供销组发货通知单发货,仓管人员要耐心细致,避免差错。本厂零星需用的标准件应向工具间领取,不得自行向成品仓库领用,防止差错。

六、为加强仓库安全保卫工作,非仓管人员未经许可不得随意进入仓库。

基运组工作制度

一、坚持党的基本路线,组织全组人员认真学习马列主义、毛泽东思想,坚持政治挂帅,面向车间,面向群众,努力做好本职工作。

二、切实加强基建材料的管理,建立入库验收、出库领料手续,并做好台账登记,月终盘点工作,做到账、物相符。

三、各车间、组凡需领用基建材料及加工修理工作，必须先向基运组提出申请，根据情况，给予统一安排。本工组无权直接承收职工私自交给的工作和私发材料，如发现，将根据情节轻重酌情处理。

四、确保行车安全，坚持六勤工作（脑想、耳听、眼看，鼻闻、手勤、脚勤），保持车辆技术状况经常完好。严禁酒后开车和非驾驶员开车，不准人货混装（装卸工除外）和驾驶室超座。

五、各车间（组）需用汽车，必须提前两天向基运组登记（特殊情况例外），由基运组统一安排，努力满足生产和生活对运输的要求。同时合理调度，多拉快跑，避免和减少空跑现象，提高运输效率。

工模具仓库管理制度

一、仓管员必须认真学习马列主义毛泽东思想，不断提高三大觉悟，立足本职，面向生产、服务班组，爱护国家财产，当好红管家。

二、借用工具一律凭工具牌向仓库借用。每人借用一般不得超过四、五项，使用后应及时送还，借用期不得超过三天，特殊情况可和仓管员协商解决。

三、借用工具一律不能用私人保管的工具冒充调换，若有遗失，必须查明原因，由负责人填好遗失单，由车间主任签署意见，按遗失工具的新旧程度，折价赔偿，价值在 30 元以上，由车间组提出处理意见报厂部审批。

四、凡借用工具损坏时，损坏人需说明原因，并填好报废单由车间主任签署意见，按情节轻重酌情处理。损坏价值在 30 元以上的工具，由车间和组提出处理意见，报厂部审批。

五、凡借用工具不得随意改制，若生产需要须要改制时，应征得生产组工模具库同意方可予以改制，否则一律以损坏论处。

六、模具进库时，应由模具检验员按图纸检验合格后，填写入库单，写明工作号，模具名称、规格、数量，一式二份，交仓管员验收入库。对库存模具建立必要的台账，做好进出库手续，以便心中有数，有利于安排生产。

七、要加强对工模具的维护和保养工作，对进库的工模具，须分门别类摆设整齐，涂上防锈油，以防生锈。

八、为了方便车间生产，避免停机待模现象，使用模具的车间，应根据计划安排和生产进度提前数日通知生产组（仓库），以便于先准备好模具，车间应指定专人（或班长）在开始生产前的1—2天领出所需要的模具，但要求领模具应注意保管好，以免丢失，造成浪费。

九、硬质合金、工具钢货源有限，模具加工周期长，成本高，本着勤俭办工厂的原则，领取工模具时要以旧换新（新品种除外），仓管员要从废旧模具中选出能加工改制的模具，交生产组下任务再加工，以达到修旧利废的目的。

十、因产品任务更改而本月不用的模具，应交回仓库保管，因暂时不用并从设备上拆下的相应模具工装也应交仓库保管。

计量工作管理制度

一、本厂计量室是厂革会管理全厂计量工作的职能机构，它的

任务：执行国家的计量制度，保证计量器具的一致和正确使用。

作用：管理、督促和实现本厂量值的统一，提高产品质量，使计量工作为三大革命服务。

二、计量工具的入库和领发手续

外购的计量器具需送到计量室检定并附上合格证后方准入库，特殊情况由计量室与有关部门协商解决。

班组或个人需领取计量器具，由车间提出申请，计量室根据具体情况签署意见报厂革会审批后，由计量人员按批条领计量器具，经鉴定登记存档后发放。

三、计量用具的检定与修理

使用人员应配合计量室按计量器具周期检定时间表（见附表）送

计量室检定。如发现在周期检定时间内,量具有失准现象,应及时送计量室检定。对不合格的计量器具,计量室负责修理,本厂无力修理的,由计量室负责与有关单位联系检修。检修后发给合格证方可使用。以便逐步提高本厂计量器具的合格率,做到:不合格的不使用。

本厂自制的计量器具必须送交计量室检定发给合格证方可使用。

四、计量器具的使用和维护

计量器具是工业的眼睛,使用人员必须严格执行保养制度,使计量器具保持良好使用状态。

计量器具使用人员必须根据生产零件的工艺、技术精度,合理选择有关计量器具以充分发扬计量器具的作用。

不经计量室的许可,不准擅自拆卸,调整与敲打量具。

五、计量器具的管理与保管

全厂计量器具统一由计量室登记存档,使全厂计量器具件件清、人人清。

计量器具的领用人员和保管单位对量具必须妥善保管,避免遗失或混乱。未经计量室许可和登记存档,任何人无权擅自将计量器具转让他人。调离本厂职工的计量器具由计量室收回处理。

六、计量器具的损坏和遗失处理

计量器具损坏无法修复或遗失,由使用人员写出书面报告,车间领导签署意见,由计量室会同供销部门研究共同提出处理意见。损失价值超过30元或货源有限的计量器具如游标卡尺,要报厂部审批。

附表:1. 计量器具周期检定时间表(略)

行政福利生活管理制度

甲、医疗制度

为了切实贯彻执行毛主席的医疗卫生路线,进一步提高医疗质量,更好地为职工和家属服务,有利于"抓革命,促生产",特作如下规定：

一、医务人员必须遵照毛主席关于“救死扶伤，实行革命人道主义”的教导，努力做好本职工作。职工应本着正确就医的态度，不随意提出病假、药品等不合理要求。

二、医务人员应贯彻“预防为主”的方针，根据不同季节和中心活动进行防害灭病，搞好爱国卫生和计划生育的宣传指导工作，并负责预防注射。

三、医务人员应自觉坚持岗位责任制。医疗时间：上午 7:00 —晚上 9:00 时。除急性和特殊病外，一般病情一律在工作时间内就诊。

四、职工有关看病、病假、转院等按《考勤制度》附(二)《有关病假的规定》执行。医务人员病假需持有医院疾病证明书。

乙、食堂生活管理制度

遵照毛主席关于“关心群众生活”的教导，为了管好食堂饮食服务工作，特制定如下管理制度：

一、全体工作人员要认真执行毛主席关于“关心群众生活”的指示，全心全意为职工生活服务，方便职工，面向生产，端正态度，提高服务质量，努力做好本职工作。

二、切实搞好食堂卫生工作，饭菜要冲洗干净，餐具要做好擦洗、清毒工作，每周末大扫除一次。为加强食堂安全、卫生工作，非食堂工作人员不得随意进入食堂。

食堂人员应定期(一年)检查体格，有传染病者，应立即调离。

三、切实做好食堂卫生工作，卖饭菜时，一律要戴口罩。饭菜变质一律不准出售。努力做到各种菜肴味道鲜美，品种多样，价格适宜，保质保量。

四、采购员每天要主动与班长、厨师商量应购食品的种类与数量，在遵守法令的前提下，千方百计地想办法买到所需食品，为改善职工饮食条件不辞辛苦。

五、食堂保管员要严格做好购进食品的验收进库和领出手续，并认真做好登记工作。管好食品，防止霉烂变质，堵塞漏洞。

切实认真做好财务账目，每月五号前向全厂职工公布。

六、严格执行财务管理条例，发扬经济民主，充分发挥生活委员会的作用，对食堂工作提出意见、建议和监督，它有权随时审查食堂账目。

七、凡户口在本厂的职工每月按工种定量登记饭菜票，菜票每人每月不得超过十元。

凡户口不在本厂的职工购买饭菜票，必须按工种定量将当月食油定量转入我厂，否则，一律不予购买。

在厂搭伙者每月收搭伙费1.50元。

八、零星购买饭菜票时间定每天上午，下午一律不卖。

退饭菜票时间定每月十号以后到行政组办理，不得私人转卖。

九、工种差额及夜餐补贴应由各车间、组于每月五号前报行政组。

十、本厂洗澡房供本厂职工使用，职工家属及外单位人员洗澡一律收洗澡费。

丙、房产、电及借用物资管理条例

一、宿舍管理条例

1.本厂职工根据晚婚节育的原则达到结婚年龄，且男女双方均在本市内工作，要求本厂安排家属宿舍者，应提前一个月提出申请，由行政组根据本厂条件研究酌情安排，男女双方均在本厂工作者，给予优先照顾。

2.职工直系亲属来厂探亲，须在一个月前向行政组登记，有宿舍则给予安排，免收房租水电费一个半月，超过一个半月按旅社价格收费。如有特殊情况须延期，经批准在规定延期天数内，免收房租水电费。

3. 不适合住一套或一间宿舍的职工，经研究后另行安排宿舍居住，如不按照办事组安排搬出原宿舍，则按每天两角交纳房租费，电费另算。

4. 职工调动宿舍必须经行政组同意，未经同意私自搬家者，家属户12平方米每天扣款四角，18平方米扣六角，24平方米扣八角，单身户每天扣四角。

二、家俱[具][1]管理条例

1. 本厂单身职工借用厂部的床架，床板、桌、凳等，一律登记卡片，本人必须妥善保管，如有遗失，照价赔偿。

2. 家属一律不借用家具。

3. 家具使用过程若属正常损坏，可与木工联系修理后继续使用，但若非正常损坏，按价赔偿。

4. 职工调离开厂，必须归还所借公物和宿舍钥匙，未还清或遗失者，一律照价赔偿。

三、生活用电管理条例

1. 家属宿舍电灯收费：房间每盏40 W，收四角，厨房25 W，收两角，台灯收两角，如有增减应及时报行政组，以便另行收费。

2. 私自拉线装灯，调换灯泡及烧电炉者，如发现，则每个灯头扣款一元，电炉扣六元，并没收其电炉。

四、借用物品的规定

1. 机关工作人员调动工作（包括本厂范围内调动）其使用的自行车、办公桌、椅、办公用具，一律不准带去，交行政组收回，另行安排使用，特殊情况须厂部批准后方能带走。

2. 机关各组（或个人）领用（或借用）的水瓶、茶杯、背包、棉大衣、

---

① “[ ]”中文字为编著者所加。下同。

手电筒等物品，用后应立即归还。按期借用的，应安善保管。凡遗失或非正常损坏，一律照价赔偿。

丁、幼托管理条例

一、凡本厂职工（包括家属工、外包工、点工）的婴儿满 56 天至 4 虚岁，经行政组同意，开好入托单均可入托，每月收托儿费 2.10 元（入托一天和卅一天同样收费）

二、凡本厂职工（包括家属工、外包工、点工）的幼儿满 4—8 虚岁，经检查无传染病者，须到行政组办理手续，则可进本厂幼儿园。每月交点心费 2.10 元，幼儿请假，其点心费一律不退。

三、家长送幼儿入幼儿园，必须当面交给保育员，以加强保育员带好孩子的责任心。

附（一）值班制度（略）

附（二）有关病假问题的规定

一、职工一般疾病在本厂卫生所就诊，超出卫生所处理范围，由卫生所开给特约记账单到市立医院。必要时可直接介绍到城区医院或专区医院。在去医院之前必须持记账单到班组请假，看病后凭病历卡到班组作考勤证明。

职工带亲属去医院看病，按事假处理。

二、职工住院，一般不派护理人员。如果病严重，院方主动提出派员帮助护理者，一般自行处理；如果确有困难，由厂部研究酌情处理。

市立医院认为须要转院者，由市立医院介绍到有关医院。

三、职工请病假，要经本厂医生开病假条。病假在三天以内者，本厂医务室有权批准；三天以内要报厂部审查批准。

本厂卫生所所开出的病假条三天内有效。家住本市职工，因得疾病不能由厂卫生所治疗，需要在附近医院就诊者，医药费只限报销一次，病假当天有效。特殊情况例外。

四、持有本市病假条职工，应在本市休息治疗，离开本市休息治疗，要经厂领导研究同意。

五、探亲假和事假期间病假条无效，探亲假事假期满后因病不能回厂，要有当地公社以上医院病假证明，病假条必须按期寄回厂考勤。一般慢性病应回厂治疗。

附(三) 女职工怀孕、产假、哺乳的规定

一、女职工(包括家属、外包工)如按计划生育指标生育，凡怀孕七个月以上者，每天工作时间为七小时(持怀孕证明书向班组长请假)。

二、怀孕七个月女职工，如体力对原工种不胜任，或对婴儿有妨碍且持有本厂医务室证明书，由车间班组适当给其调换轻工作。

三、女职工(固定工、合同工)产假五十六天，双生难产增加十四天，流产按医生证明休息。

四、婴儿不满一周岁，每天哺乳二次，每次30分钟(从离开到回生产岗位)，时间上午9:30—10:00，下午2:30—3:00，二次哺乳时间不能合并使用，如婴儿一周岁未满，但已不给哺乳者，不给哺乳时间，否则按事假论处。

五、响应计划生育号召的女职工进行结扎手续后，根据身体恢复情况给予适当照顾轻工作。时间从结扎日起为二个月。

(13)《三明市标准件厂八五年度工作汇报》，1986年2月23日，三明市档案馆藏

八五年度工作汇报

一九八五年，我厂在上级部门的正确领导、在全厂职工的共同努力下，克服了种种困难，尤其在原材料严重缺口的情况下，千方百计地

完成了预计的生产任务，其他各项工作也都有所加强和进展。

一、加强班子团结，勇于改革创新

首先，85年初，我们对考核制度重新进行了调整，修改原来的产值考核为多种形式的经济责任制考核。同时，实行超产计奖的奖励办法，从而调动了广大职工的劳动积极性，促进了生产的发展。其次，厂党支部结合整党工作，不断加强政治思想教育，从激发人的积极因素方面入手，配合经济责任制更好地落实，突出地表现在：通过整党学习，我厂中层一级的党员干部，普遍增强了全局观念，加强了团结协作，出现了主动配合的高姿态，在一定程度上扭转了以往存在的互相扯皮的现象。此外，一班人中，新老干部团结配合，大胆开展工作。新同志在工作中，能虚心请教，凡事多商量，尊敬老同志；而老同志也热情扶持，赤诚相见，因而为我厂各项工作的顺利进展，奠定了团结奋斗的力量基础。

二、各项经济指标有较大幅度的增长

85年我们完成全年产值281.39万元，比84年增加30.31万元，增长12.2%；去年由于原材料价格比84年提高52%，从而增加成本支出57.2万元，并且工资费用支出增加5.15万元，尽管有这些不利的客观因素存在，但是85年还是实现利润20.3万元，比84年增加16.12万元，增长334.22%，全年销售收入356.72万元，比84年增加73.39万元，增长25.9%；流动资金平均占用额减少37.82万元；流动资金周转天数由84年的223天减至139天，加速周转84天，从而可节约流动资金83.37万元。全员劳动生产率人均6 292元，比84年提高10.4%。

三、加强企业横向联系，开拓产品销售市场

85年，我厂原材料实际耗用量是1 820吨，而有关部门所给的钢材指标仅580吨，在材料严重缺口的情况下，我们毅然打破条条块块发展横向联系，采取走出去跟钢厂直接签订合同的联营方式，所以85

年我厂耗用的原材料中有三分之二是我们自己设法解决的。同时我们在原材料落实的基础上，积极开发产品销售市场。一方面，走工贸结合的道路，开设经销门市部，分布点除本市外，还遍及福州、泉州、厦门、广东等省市，目前共有经销门市部8个，去年全年这些门市部的营业额达136.8万元，占全厂销售收入的38.3%。同时，通过这些分布点，我们能及时了解到用户的需求和标准件的行情，既方便了用户，又为本厂的生产提供了市场信息。另一方面，采取多种订货形式，除了正式订货会外，还时常举行用户座谈会等形式，与用户取得经常联系。签订的合同，有3—5年长期供应协议，也有临时排产非标产品，以满足用户的特殊需要。

四、努力挖潜力，重视抓质量

我厂专用设备多，通用设备少，为了跟上市场竞争的需要，我们重视着手于设备更新和技术改造工作。一方面贷款，陆续增进一些新设备，另一方面，挖掘企业的现有潜力，扩大再生产。如：自行设计安装了一台100千瓦的退火电炉，改变过去用煤加热为用电加热，改装后节省燃料费19元/炉，电炉加热分为上下二层，能均匀地控制材质的处理，从而使材料利用率提高3%，并且由于材质提高，相应地模具的消耗也减少了，同时工效大有提高，过去三天一炉，现在一天一炉。同样在发黑炉改造后，原十个人操作，现在只要三个人操作即可，既减轻了工人的劳动强度，提高了工效，提高了产品价值又满足了用户的需要。85年我们把质量提到了更为显著的地位，从思想上、人力、物力上予以高度重视。进一步充实了检验、计量人员，增置了检测设备，去年我们购置8台检测设备，投资2.5万元，从而使产品性能和技术检测，更具有可靠性和科学性。85年我厂光螺栓的成品合格率达97.8%，比84年提高3.6%；光螺钉的成品合格率达94.5%，比84年提高1.7%；去年我们由于质量提高增加收入1.21万元。在85年我厂通过了三级计量的验收，取得了三级计量合格证书。

五、发展文明建设，实行综合治理

首先抓了厂容厂貌的治理。去年加高厂区围墙，翻修了二个车间二个仓库的屋顶，修剪了花园，新建了三个育苗圃。其次，拆掉家属区破旧凌乱的柴火房，新建起85间柴火房，宿舍区周围砌上花池。85年，我厂被评为三元区"文明单位"和"绿化红旗单位"，今年还要大幅度扩大绿化面积。去年下半年，我厂实行逐级治安承包制，在实行承包制前，我们查出多项事故隐患，花了近一万元的经费，进行整改。通过承包，大家更重视安全生产，职工中不团结的现象有显著好转。去年，我厂被评为治安安全先进单位。今年我们应要侧重抓检查落实措施。

总之，85年我们做了一些工作，但也清醒地看到了我厂存在的薄弱环节，例如：企管的基础整顿工作，公司验收时，我厂虽然得了97.57分，符合验收标准分，但还有不尽完善的部分需尽快补上；安全生产方面，虽然也做了大量工作，但仍出现一起重伤事故等等，我们既要看到成绩，更应找出不足之处，同时，也衷心希望上级领导对我厂的工作多加指导，在新的一年中，争取更大的胜利。

三明市标准件厂

一九八六年二月二十三日

(14)《三明市标准件厂简史》，1985年1月17日

三明市标准件厂简史

三明市标准件厂（简称三标厂）位于富兴路白石地区。

一九六〇年"上海傅振兴五金厂"和"上海中国金属制品厂"分别迁至三明，改名为"三明市五金厂"和"三明市金属厂"。二厂先后开始生产标准件，年产量仅为150万件。六九年底，二厂合并成"三明市标

准件厂”。目前厂区占地面积 32 000 m²，厂房面积 6 000 m²，现有职工 426 人，年产能力 1 亿件。主要品种有：光、毛螺栓，光、毛螺母，机螺钉，垫圈等。产品远销省内外，东南亚、中东等地区，是目前我省最大的标准件专业厂。

一九八五年元月十七日

三明市标准件厂（章）

(15)《关于申请三明市标准件厂实施破产的请示》，2002 年 11 月 8 日

三明市标准件厂

三标厂[2002]第 013 号

关于申请三明市标准件厂实施破产的请示

三明市经济贸易委员会：

三明市标准件厂在市场竞争加剧的情况下，由于体制和机制问题，历史遗留负债和负担沉重及经营管理不善等主客观原因，导致连年亏损，1998 年开始停产，企业陷于困境，资不抵债、无力偿付到期债务。1996 年 6 月 1 日起，企业的资产已出租经营，与绝大多数职工已解除劳动关系。为尽可能盘活存量资产，确保资产不流失、维护出资人、债权人和职工的合法权益，根据《中华人民共和国破产法（试行）》等法律法规，请求准予三明市标准件厂依法实施破产。

特此请示，请批复。

三明市标准件厂（章）

2002 年 11 月 8 日

(16)《关于申请三明市标准件厂破产的报告》,2002年11月27日

三明市标准件厂

三标厂[2002]第14号

关于申请三明市标准件厂破产的报告

三明市中级人民法院:

三明市标准件厂系1968年由上海内迁到三明的企业组建而成的,主要生产各种规格的螺栓、螺钉和螺母等紧固件产品。但由于企业负担重、负债多,产品总体技术含量低,结构不尽合理,适应不了多变的市场发展要求,加上企业管理不善,投资决策失误,导致企业连年亏损的被动局面,1998年开始基本停产,1999年6月开始企业对外租赁经营,2001年底企业与绝大多数职工解除了劳动关系。

目前,我厂的基本状况是:在册职工5名,离退休职工210名,累计亏损1 215万元,资产总额497.06万元,负债总额1 020万元,资产负债率为205.21%,企业已严重资不抵债,无法生存。

鉴于我厂已与绝大多数职工解除了劳动关系,无法召开职工代表大会,故根据上述状况,召开了职工座谈会,对本厂状况取得了一致认识。为了维护企业职工和债权人的利益,根据三明市经济贸易委员会明经贸[2008]8号文《关于三明市标准件厂申请破产的批复》的精神,特向贵院申报对三明市标准件厂依法实施破产,请予以受理审批。

附件:三明市经贸委《关于三明市标准件厂申请破产的批复》

三明市标准件厂(章)

二〇〇二年十一月二十七日

(17)《三明市经济贸易委员会文件》,2002 年 11 月 27 日

明经贸企业[2002]8 号

关于三明市标准件厂申请破产的批复

三明市标准件厂：

你厂《关于申请三明市标准件厂实施破产的请示》(三标厂[2002]第 013 号)收悉,现批复如下：

三明市标准件厂由于体制和机制问题以及历史负担沉重和经营管理不善等原因,导致连年亏损和严重资不抵债,已于 1998 年开始停产。根据《中华人民共和国破产法(试行)》和三明市工业企业改革领导小组 2002 年 8 月 29 日会议纪要([2002]3 号)、同意你厂实施破产,请依法向三明市中级人民法院提出申请。

此复。

二〇〇二年十一月二十七日

三明市经济贸易委员会(章)

主题词：经济管理、企业、破产、批复

抄送：刘鑫副市长、刘木荣副秘书长、市中级人民法院、市财政、市劳动局、市国土局、市总工会、有关银行、本委领导、有关科室。存档。

三明市经济贸易委员会　　　　2002 年 11 月 27 日印发

(18)《福建省三明市中级人民法院民事裁定书》,2002年12月3日

福建省三明市中级人民法院

民事裁定书

(2002)三民破字第1号

申请人:三明市标准件厂,住所地:三明市三元区富兴堡。

法定代表人蔡必琨,厂长。

本院于2002年12月2日依法受理了申请人三明市标准件厂破产还债一案,并组成合议庭对该案进行审理。

现查明,申请人三明市标准件厂系于1968年成立的全民所有制企业,具有独立的法人资格,因企业经营管理不善造成严重亏损,现累计亏损达1 215万元,资产总额497.06万元,负债1 020万元,资产负债率为205.21%,企业已严重资不抵债,经其上级主管部门三明市经济贸易委员会和厂职工代表讨论同意,向本院申请宣告破产还债。

本院认为,申请人三明市标准件厂经营管理不善,不能清偿到期债务呈连续状态,符合法定破产条件,根据《中华人民共和国企业破产法(试行)》第三条第一款的规定,裁定如下:

一、宣告申请人三明市标准件厂破产还债。

二、由本院指定清算组接管破产企业。

本裁定为终审裁定,自宣告之日起生效。

审判长:王文光

代理审判长:邓水清

代理审判长:姜顺华

二〇〇二年十二月三日

福建省三明市中级人民法院(章)

二、八四七〇厂档案

(1)《1969 年三明市无线电元件厂概况》,1969 年 12 月 30 日

工业总产值及主要产品产量

（一九六九年）

福建省三明市无线电元件厂革命委员会(章)

企业名称：三明市无线电元件厂

项目	计算单位	全年计划	全年实际完成				
			合计	一季度	二季度	三季度	四季度
1. 总产值(按 57 年不变价计算)	万元	30.446	20.87	5.59	2.14	4.5	8.64
2. 主要产品产量							
365 可变电容器	万个	20	8.36	1.76	1.20	3.8	1.6
中和电容器	台	60	92	36	56	—	—
天线电容器	台	60	104	22	30	21	31
强放电容器	台	60	130	22	30	21	57
铁手铐	万副	0.2	0.2	0.2	—	—	—
毛主席像章	万枚	8	8	8	—	—	—
250 可变电容器	万个		0.97	—	—	0.05	0.92
金属管座	万个	30	16.95	—	—	—	16.95
金属管□	万个	30	16.95	—	—	—	16.95

补充资料：按现行价计算的总产值____万元。(全年数)

企业负责人签章(章)　　制表人签章(章)　　实际报出日期 1969 年 12 月 30 日

工业企业金属切割机床及锻压设备拥有量
（一九六九年）

福建省三明市无线电元件厂革命委员会（章）
企业名称：三明市无线电元件厂

项　　目	年末拥有量（台）		项　　目	年末拥有量（台）	
	合计	其中：大型		合计	其中：大型
一、金属切割机床合计	32		1. 机械压力机	11	
其中：1. 车床	11		2. 液压机		
2. 钻床	3		3. 自动锻压机（自动压力机）		
3. 搪床			4. 锻锤		
4. 磨床	2		5. 锻机		
5. 齿轮加工机床			6. 剪切机（剪断机）		
6. 螺纹加工机床			7. 弯油核正机（整形机）		
7. 铣床	2		8. 其他锻压设备		
8. 刨床	1		三、土简机床		
9. 插床			四、土简锻压设备		
10. 拉床					
二、锻压设备					

单位负责人签章（章）　制表人签章（章）　实际报出日期 1969 年 12 月 30 日

(2)《中共八四七〇厂委员会 1972 年工作总结报告》，1972 年 11 月 29 日

中共八四七〇厂委员会 1972 年工作总结报告

遵照省国防工办关于工厂党委进行年终总结和召开交心通气会议的指示精神，我们首先进行了一些情况的了解摸底，然后召开了两天的党委交心通气会议，并召开了有机关各部门和车间负责同志，老工人、青年、知识分子参加的党委扩大会议，对照毛主席的有关教导和上级党委的指示精神，认真地检查了关于加强企业管理和提高产品质量这两个问题，进行了讨论，并针对这些问题，各自做了一些批评和自我批评，找出存在的主要问题是：党委对企业管理抓得时紧时松，存在忽明忽暗的现象，同时也充分认识到，全厂广大革命职工，在毛主席无产阶级革命路线指引下，一年来“批修整风”的教育和上级党委的领导关怀下，做了不少工作，取得了一些成绩。

……

一段时间，我厂曾存在“三多三难”的情况，即对迁厂思想问题多，迁厂工作难；产品存在问题多，新产品试制难；新学徒大量增加、如何正确帮带存在问题比较多，教育工作感到难。我们针对上述问题，通过“批林整风”，逐个地联系实际进行路线教育，从而较快较好地解决了这些问题。

1. 迁厂问题，根据上级布置，我厂由三明迁至太宁，从城市搬到大山沟，在很大一部分职工中思想问题较多。我们针对这些思想，反复宣传毛主席“三线建设要抓紧，就是同帝国主义争时间”等一系列关于三线建设的教导……就使迁厂问题上的“多”和“难”，转化为多快好

省。整个迁厂工作从五月十三日动员，二十三日正式起运至六月七日搬迁全面结束，前后仅二十四天，完成了168车次，机器设备、产品、材料等128.5吨，职工家属378人，比原计划时间提前一半，减少车次百分之四十四。迁厂整个过程中，全厂职工公字当前，上下一致，群策群力。先搬设备后搬人，先公后私；各车间、各班组团结协作，互相支持。从而不仅保证了快迁快运，还保证了安全，全过程中不仅没有发生大的事故，还增强了团结。虽然一时生活条件较差一些，但广大职工不是先考虑生活，而是考虑及早做好投产工作，抓紧机器设备的安装，同时，还抓紧空隙时间开荒近二十亩，种了地瓜和菜。迁厂以来，广大职工思想基本稳定，情绪是高涨的，在各方面条件较差的情况下，发挥了革命主观能动性，取得了较好的成绩。是广大职工路线觉悟不断提高的一个突出表现。

2. 开展以质量为中心的路线教育。毛主席教导说："一切产品，不但求数量多，而且求质量好，耐穿耐用。"我们遵照毛主席的教导，始终把质量问题作为路线问题来对待，以提高质量为中心搞好整个生产。今年由于迁厂等各方面原因，有些产品虽未完成原订任务，但除个别产品如金属管座由于销路问题而比去年产量有所减少外，其他产品均比去年有很大提高，尤其质量提高更为显著。

如三联可变电容器，去年只完成三千五百台，质量还有不少问题。正如四车间同志说的，去年装配时许多零部件是不能用的也修修补补用上了。今年不仅数量提高，可完成六千台，比去年增长百分之七十一，而且始终抓住质量不放，领导深入第一线，群众竞竞[兢兢]业业，认真负责，做到一丝不苟，把住了质量这一关，用货单位反映较好。其他产品如空气微调，去年生产一万只，今年可达两万只；22K电位器去年生产五千只，今年生产一万只，产量都比去年增长一倍，质量也比去年有提高。这都是三车间的金加工、电镀，四车间、五车间的装配全体同志齐心协力、日夜苦干的结果。

一车间机修今年所完成的任务也是十分繁重的。从建厂直至工办接收，我厂从未有过这样大的机器拆装，管道、线路安装繁重任务。机修同志发扬了苦干实干的革命精神，完成了上述任务，并且在困难的条件下保证了水和电力的供应。

今年模具车间工作也取得很大成绩。在任务繁重的情况下，开模的成效率有相应提高；同时还为新产品的试制做了大量新模，有些精密度较高，质量也较好。

今年，在老产品生产的同时，还完成了新产品的试制工作。在广大职工的努力下，氧化膜电阻试制成功并已正式投产，今年可生产十万只。金属膜电阻、铌电解电容器经过二十八天的苦干，反复试验，也拿出了试制产品，其中金属膜电阻已经小批试产。

3. [略]通过复查，进一步落实党的政策，团结了可以团结的人，调动了他们的积极因素；同时，对全厂职工也是一次党的路线和政策的教育。

4. 基建扫尾工作进展较快。党委分工抓这项工作的同志认真负责，任劳任怨，与施工单位搞好团结，同心协力加快施工进度，迅速完成了厂房和宿舍的建设任务，经上级验收，合符标准；同时还发动职工自己动手，修建了福利区的道路，为迁厂创造了良好条件。

5. 行政生活管理工作也取得较大成绩。职工生活是迁厂后的一个最大问题，在本地供应条件较差，地处偏僻的情况下，由于同志们的努力，在生活上还是尽力做到了改善。不少同志反映，原来以为到太宁后不知生活会怎样差，现在看也和在三明差不多。食堂炊事员中有六十三岁的老人，也有带孩子的妇女，他们为了搞好职工生活，都勤勤恳恳地做了大量工作，发挥了很大的革命干劲。

总之，由于广大革命职工的努力，一年来取得了很大成绩，为国家做出了一定贡献，涌现了很多热爱集体、竞竞[兢兢]业业埋头苦干的社会主义建设积极分子和先进工作者。但是，由于我们党委的思想跟不上形势的发展，无论在工作上或作风上都还存在一些问题。主要是：

(1)［略］工作存在忙乱，有时忽明忽暗。在企业管理、质量上存在一些问题，实质是路线觉悟不高的一种表现……党委在自身革命化方面还有不足之处，表现在坐在机关研究问题多；深入实际，解剖麻雀，一个一个解决问题不够。造成有时对下面情况的了解忽明忽暗。如加强企业管理，建立各项规章制度问题，至今我们未能拿出一个系统的、切实可行的规章制度来。

我们有些时候情况明一些，就是深入实际多了一些的时候；不明的时候，就是坐在上面多了一些的时候。如质量问题，究竟是老工人少、新工人多的问题，还是思想问题？一直分不清。深入下去了，抓住了路线教育这个纲，同样还是这些人，质量就不断提高了。又如金属膜电阻、铌电解电容器，试制一年多，搞不成；当党委深入下去，摸清了情况，下了决心，抓深抓细了，很快也就试验成功了。

(2)［略］七项制度没有很好建立健全。有些产品出厂价和成本问题很大。如三联可变电容器出厂价只八十元，成本一至十月平均每台七十九元多，其中一个月竟达一百三十八元……

在抓党的思想建设和组织建设上还抓的不力。对基层党支部和党员的路线教育，尤其是深入了解党员思想情况，针对性地进行教育不够，有一般化的现象。在组织建设上，发展新党员的工作也抓得不够紧，一年只发展了三名新党员。

以上报告当否请予批示。

中共八四七〇厂委员会(章)

一九七二年十一月二十九日

(3)《国营八四七〇厂革委会请调拨一部电影机的报告》,1972年11月20日

事由：国营八四七〇厂革委会请调拨一部电影机的报告
主送：三明专区国防工办
抄送：三明地革会宣传组
发文字号：八四七〇革字第035号

我厂驻太宁山区，离城六公里之遥，加之交通不便，特别是职工的文娱生活遇到困难，全体职工纷纷要求解决文娱生活。虽然兄弟单位偶尔来厂放映一、二次电影，但深感不能满足需要。近闻三明地区到一部电影机，特报请予以优先照顾调拨给我厂。以上报告妥否请批示。

国营八四七〇厂革委会
一九七二年十一月二十日

(4)《国营八四七〇厂革委会关于开展社会主义劳动竞赛的意见》,1972年12月7日

关于开展社会主义劳动竞赛的意见

为了进一步贯彻执行伟大领袖毛主席的“鼓足干劲，力争上游，多快好省地建设社会主义”总路线，深入开展“工业学大庆”和贯彻省工作会议精神，根据省工办关于开展竞赛的指示精神，结合我厂实际情况，提出关于一九七三年开展社会主义劳动竞赛的意见：

一、意义目的

毛主席说："必须实行劳动竞赛，奖励劳动英雄和模范工作者。"开展社会主义劳动竞赛是充分调动广大职工的积极性和创造性，是贯彻执行建设社会主义总路线的有效措施；开展社会主义劳动竞赛，是马克思主义的领导方法。搞好社会主义劳动竞赛，关键在于领导，各支部要立即行动起来，把开展"劳动竞赛"摆在重要的议事日程上来，组织干部、工人认真学习毛主席关于"任何社会主义的经济事业，必须注意尽可能充分利用人力和设备，尽可能改善劳动组织，改善经营管理和提高劳动生产率，节约一切可能节约人力物力，实行劳动竞赛和经济核算，借以逐年降低成本，增加个人收入和增加积累"的教导，进一步组织职工学习讨论厂党委关于"加强社会主义企业管理"，落实产量、品种、质量、成本、原材料消耗、劳动生产率、利润等七项技术经济指标和岗位责任、考勤、操作规程、质量检验、设备维修、安全生产、经济核算等七项管理制度的精神，建立和健全合理的规章制度……

开展社会主义劳动竞赛，要自始至终坚持质量第一，做到好中求多、好中求快、好中求省，实现优质、高产、低消耗，教育职工进一步树立立足三线，放眼世界，为革命、为国家社会主义建设事业作出更大贡献。

二、竞赛内容(车间)

车间党支部根据本车间工作特点，开展流动红旗竞赛活动：

(一) 安全生产红旗班：(台)

1. 严格遵守劳动纪律和岗位责任制，不迟到，不早退，不无故缺勤，在操作期间不擅自离开机床、工作台(设备)。

2. 自觉遵守各种安全管理制度，严格执行交接班制度和有关规定(必须向接班者交代机床运转情况、产品质量、存在问题等有关情况)。

3. 按工种穿戴规定发放劳保用品，合理使用，（注意清洁卫生）保证全班生产安全，不发生工伤、设备等事故。

（二）设备保养红旗班：（台）

1. 严格遵守操作规程，爱护机器，做到每天擦洗，经常保养，使机器设备经常处于正常的良好运转状态。

2. 机床设备如发生故障时，应立即主动报告有关人员，给予正确处理以利及时维修，应做到小修不出班，中修不出车间，大修应有使用车间和机修车间共同研究，及时报主管部门提出维修方案。熟悉机床设备性能，保证不出任何机床设备的责任事故。

3. 爱护国家财产，认真保管好各种量具、工具，使用要合理，工具箱、钳工台、工作台经常整理，以利工作。

（三）优质高产红旗班（台、手）

1. 为革命钻研业务技术，苦练本领，大搞技术革新，改进工艺，不断提高工效和产品质量，完成和超额完成生产指标。

2. 严格执行质量检验制度，做到一丝不苟，不怕麻烦坚持原则，对产品质量精益求精，自觉做好“三检”（自检、互检、专人检），保证做到产品（工料）不合格不下转，不合格工件不出班。

3. 严格遵守社会主义经济核算制度，做到生产有计划，质量有标准，消耗有定额，成本有核算，“不吃大锅饭”，节约人力物力，争取高产、优质、低消耗。

三、竞赛内容（机关工作人员）

1. 坚决贯彻毛主席的“三个基本原则”。认真看书学习，立足三线，理论联系实际全心全意为人民服务，做好本职工作。

2. 树立全局观念，不争名、不争利，甘当革命配角，面向生产第一线，做到处处有人管，事事有人问，端正服务态度，提高服务质量，做好安全质量、生产供应、生活管理等方面工作。

3. 坚决执行毛主席关于“勤俭建国”“要节约闹革命”的教导，加强革命团结，挖掘生产潜力，从政治上着眼，经济上要处处精打细算，用较少的钱办较多的事。

四、组织、领导与评比方法

1. 在党支部的领导下，各车间（科室）组成社会主义劳动竞赛评比小组，负责主持评比。

2. 建立日产进度公布示意图（表）、质量评比公布表、曲线表等，使群众对竞赛情况看得见，摸得着。赶有方向，学有榜样。

3. 各党支部在日记、周评、月小结时，结合工作小结，根据竞赛评比小组意见，审查后发给优秀班组（台）流动红旗，以资鼓励。

五、注意事项

开展社会主义劳动竞赛，是为了促进"工业学大庆"的群众运动，向深度和广度发展，是反映于无产阶级和广大劳动人民的强烈愿望。

开展社会主义劳动竞赛，是为了互相学习、互相帮助，取长补短，共同提高。因此各支部在竞赛中必须坚持毛主席的革命路线，坚决反对以任何形式出现的争名夺利、争功违[讳]过的资产阶级思想。明确劳动竞赛的目的意义，掌握方向，端正态度，防止走过场和搞形式主义的偏向，使运动既轰轰烈烈又扎扎实实地开展起来。

开展社会主义劳动竞赛，尚缺乏经验，以政工组为主、劳工协助，于十二月底拿出典型，以利进一步推广。

国营八四七〇厂革命委员会

一九七二年十二月七日

发：各车间、班组、科室。

(5)《国营八四七〇厂革委会下发“关于开展工业学大庆的社会主义劳动竞赛试行草案”的通知》，1972年12月23日

国营八四七〇革命委员会

下发“关于开展工业学大庆的社会主义劳动竞赛试行草案”的通知

目前我厂社会主义劳动竞赛已经在年终评奖的基础上全面开展起来。为使竞赛更加深入扎实，评比内容、方法更加具体，我们参照福州军区国防工办转发的九四四六厂革委会关于开展工业学大庆的社会主义劳动竞赛和发放月附加工资的试行草案，根据我厂实际情况，拟定了我厂“关于开展工业学大庆的社会主义劳动竞赛试行草案”，现打印分发各车间、科室、班组，希认真组织讨论，并从一九七三年元月开始试行。

在试行中必须：

一、以批修整风，路线教育统帅竞赛的全过程，做到竞赛之前分路线，竞赛当中学路线，竞赛总结讲路线……使竞赛坚持社会主义方向健康地向前发展。

二、各车间、机关党支部要把开展社会主义劳动竞赛作为政治工作的一项重要内容，列入议事日程，大胆领导，认真抓好。

三、各班组在开展劳动竞赛中，要敢于负责，坚持原则，切实抓紧、抓好，真正把竞赛在班组全面落实，充分调动全体职工的社会主义积极性，更好地完成国家交给的各项任务。

本试行草案下发后，原厂政工组所发的“开展社会主义劳动竞赛的意见”统由各车间、科室收回上交政工组。

另附发九四四六厂革委会“关于每月发放‘附加工资’的试行草案”。凡现享受“附加工资”者，从一九七三年元月起，按此试行草案规定执行。希各班组、车间、劳工财务科切实按照试行草案，认真负责地做好考核和发放工作，坚决纠正目前“附加工资”平均分配和奖惩不明的现象。

国营八四七〇厂革命委员会（章）

一九七二年十二月二十三日

附件：国营八四七〇革命委员会
关于开展工业学大庆的社会主义劳动竞赛试行草案

遵照伟大领袖毛主席关于“必须实行劳动竞赛，奖励劳动英雄和模范工作者”的教导，在当前批修整风运动中，开展工业学大庆的社会主义劳动竞赛，是调动广大群众积极性，全面贯彻党的社会主义建设总路线，落实“抓革命，促生产”的伟大方针，加速社会主义建设的一项重要措施，各车间、机关党支部必须认真组织，各班组必须切实抓紧抓好。

一、指导思想

社会主义劳动竞赛，必须以路线斗争为纲，以毛主席规定的无产阶级革命事业接班人五项条件为方向，以大庆为榜样，以高产、优质、安全、低耗为内容，以各项经济指标为考核依据。在开展社会主义劳动竞赛中，要认真学习马列主义和毛泽东思想，开展革命大批判，排除“左”“右”干扰，提高广大职工的阶级斗争和路线斗争觉悟，划清正确路线和错误路线的界限，加强革命团结，推动各项工作，更好地完成国家计划。

二、组织领导

社会主义劳动竞赛，既是经济工作，又是重要的政治工作，充满着两种思想、两条路线的斗争。要坚持无产阶级政治挂帅，加强领导，列入各党支部的重要议事日程，大胆领导，认真研究，统一部署，深入实际，分析情况，具体指导，发现问题，及时解决。竞赛的组织领导，在厂党委、革委会领导下，由政治处和劳工财务科负责具体工作。各车间在党支部领导下，成立五～七人的劳动竞赛领导小组，由领导干部、老工人、技术人员和青年、女同志代表参加。厂组织各车间、科室之间的竞赛；车间、机关支部负责组织班组、个人之间的竞赛。

三、评比条件

（一）先进集体

1. 认真组织职工学习马列主义和毛主席著作，深入进行思想和政治路线的教育，狠抓阶级斗争和路线斗争，开展革命大批判。

2. 遵守党和国家法令，坚决执行党的方针政策和上级的决定，遵守各项规章制度。

3. 认真落实党的团结胜利路线，做到团结、紧张、严肃、活泼。

4. 发扬共产主义风格，主动搞好革命协作。

5. 全面完成各项经济指标和各项任务。

车间八项指标：品种产量、质量、非生产费用（包括低质消耗费用）、工时利用率、设备利用率、出勤率、劳动生产率、产品成本。

班组五项指标：产量、质量、非生产费用（包括低质消耗费用）、工时利用率、出勤率。

科室按职责范围和分管经济指标进行考核。

各单位农付[副]业生产按厂下达指标考核。

（二）先进个人

1. 认真学习马列主义、毛泽东思想，积极参加各种政治运动，提高阶级斗争和路线斗争觉悟。

2. 积极工作，敢于负责，见难而上，抢挑重担，为革命学技术、学业务，大胆革新，按时保质保量地完成各项任务。

3. 服从生产指挥，服从统一调度，发扬共产主义风格。

4. 遵守“三大纪律，八项注意”，遵守党和国家法令、方针、政策和企业管理制度，并敢于同违法乱纪现象进行斗争。

5. 自觉地执行党的团结胜利路线，维护革命团结，敢于同破坏团结的思想和行为作斗争。

四、评比方法

按班组评议，领导批准的原则，进行月考核、季度比、年终总评比，月考核在第二个月五号前进行；季评比在下一季度的第一个月十号前进行。

1. 个人：月度考核，季度评比，优胜者由车间、机关党支部审批，报厂备案；年终总评比由厂审批。

2. 班组：每季评比一次，发流动红旗，年终总评比授奖，由车间党支部审查，报厂审批。

3. 车间、科室：每季评比一次，发流动红旗，年终总评比授奖，由厂革委会审批。

4. 劳动模范、先进生产（工作）者、技术革新能手和五七标兵均在年终评比授奖。

五、授奖称号

1. 先进集体

车间、科室、班组全年累计获得三次流动红旗的单位，由厂革委会审批授予先进集体单位称号，并发奖状。先进班组发适当的物质奖。

2. 劳动模范

符合评比条件并对国家有特殊贡献者，经群众评议，各单位党支部审查，厂党委审批，授予厂劳动模范的称号，并发奖状和适当的物质奖。

3. 先进生产（工作）者

符合评比条件，解决生产关键，成绩显著，经群众评议，党支部审查，厂党委审批，授予厂先进生产（工作）者的称号并发奖状和适当的物质奖。

4. 技术革新先进集体和革新能手

动脑筋，想办法，改进工艺过程和操作方式，改进工装设备，推广新技术、新工艺等方面作出积极贡献者，根据其提高产品质量，提高生产效率，节约原材料，减轻劳动强度的效果，经群众评议，车间党支部审查，厂党委审批，授予技术革新先进集体或技术革新能手称号，并发给奖状和适当的物质奖。

5. 五七标兵

积极参加农付[副]业生产，成绩显著，经群众评议，厂党委审批，授予厂五七标兵称号，并发奖状和适当的物质奖。

六、奖励办法

根据以精神鼓励为主，和适当给予物质奖励的原则，对评比出来的先进集体（车间、科室、班组）和个人，分别发给奖旗、奖状或适当的物质奖。（具体奖励办法另定）

七、凡有下列情况之一者，不参加季度或年度评比

1. 病、事假累计在十五天以上者不参加季度评比。

2. 病、事假累计在六十天以上者不参加年终评比。

3. 进厂不到六个月的艺徒，临时工不参加年终评比。

4. 造成严重质量、设备、工伤事故的责任者，按损失大小，本人一贯表现，经群众评议，领导审定，确定其能否参加季度、年终评比。

5. 检验人员失职造成重大质量事故，不得参加评奖。

6. 严重违法乱纪和受处分者（见附发的九四四六厂关于每月发放“附加工资”的试行草案的六、七两条），不参加季度、年终评比。

7. 有严重政治问题正在审查者，不得参加季度、年终评比。

一九七二年十二月二十三日

(6)《一九七二年国营八四七〇厂劳工统计年报表》，1973年1月3日

一九七二年
劳工统计年报表
职工人数增减变动季(年)报①
一九七二年

省、市、自治区名称：福建省国防工办
工厂代号：八四七〇厂(章)

一、上年末职工总数	560	2. 由其他全民所有制单位调入的固定工	14
其中：固定职工	559	其中：(1) 老厂支援	
二、本期增加固定职工合计	87	(2) 部外系统调入	15
1. 新增固定职工	72	三、本期减少固定职工合计	37
(1) 招收的城镇劳动力	23	1. 减出固定职工范围的人数	4
(2) 招收的农村劳动力	49	(1) 退休	2
(3) 统一分配的大、中专学生		(2) 退职	
(4) 统一分配的复员、退伍军人		(3) 死亡	
(5) 临时工转为固定工	1	(4) 开除	
其中：计划外临时工转为固定工		(5) 其他(参军)	2
(6) 由集体所有制转入		2. 调出固定职工人数	33

① 原表无数据单位，根据内容判断单位应为“人”。

续 表

其中：(1) 支援新厂		五、本期末职工总数	610
(2) 调出部外系统	33	其中：固定职工	609
四、临时工期末期初比较增(+)减(—)人数	1∶1		

注：由外省、市、自治区调入的职工人数 1 人；调出外省、市、自治区的职工人数 3 人。
单位负责人(章)；主管部门负责人(章)；填表人(章) 填报日期：__年__月__日

劳动生产率季(年)报
一九七二年

省、市、自治区名称：福建省
工厂代号：八四七〇厂(章)

指标名称	计算单位	计划	实际	历史最好水平	
				年度	最好水平
甲	乙	1	2	3	4
工业总产值	万元	86.6 万元	91.06 万元	1971	126.26 万元
全部职工平均人数	人		613	1972	613
工人平均人数	人		498	1972	498
全员劳动生产率	元/人		1 485	1971	4 047
工人劳动生产率	元/人		1 829	1971	4 838

注：1. 历史最好水平只报全年数，季报免报。历史最好水平要以 1970 年不变价格计算。
2. 计算公式：全员劳动生产率＝工业总产值/全部职工平均人数；工人劳动生产率＝工业总产值/工人(包括学徒)平均人数

单位负责人(章)；主管部门负责人(章)；填表人(章)
填报日期：1973 年 1 月 3 日

(7)《国营八四七〇厂革命委员会有关开设服务部问题的请示报告》，1973年6月12日

有关开设服务部问题的请示报告

省国防工办：

我厂由三明迁来太宁以后，由于厂址地处偏僻，离太宁县城较远，职工购买日常生活用品十分不便。原来太宁县商业局曾在我厂开办服务部一所，今年二月服务部又被改为太宁县城关公社供销社的一个供销点，致使职工日常所需的日常百货、食杂、棉布等物品的供应越来越缺乏，职工思想很多。最近县商业部门又向我们提出：省属厂矿生活供应点要自行解决。对此我们不知如何处理，如自己开办服务部，应办理什么批准手续，货物来源由何处批发，以及是否可以按批发价批给我们等。特报告请示，请予示复为盼。

国营八四七〇厂革命委员会（章）

73.6.12

(8)《福建省国防工办关于国营八四七〇厂调整建设卫生所的批复》，1973年6月28日

福建省革命委员会中国人民解放军福建省军区国防工业办公室

(73)闽革军工便字3－024号

八四七〇厂革委会：

你厂六月七日关于卫生所工程要求调整建设的报告悉。经研究，

新扩建的卫生所由于受地形限制，土方工程量大，同意将原 25# 宿舍作为卫生所，另在合适位置建筑一幢同等面积的宿舍。宿舍改建卫生所和新建宿舍投资仍按原计划执行，不得突破。希请抓紧施工。

福建省国防工办(章)

一九七三年六月廿八

抄送：太宁县建设银行

报　告

省国防工办批准的我厂今年基建项目中，规定新建卫生所一幢 300 平方米。经现场勘察，无法找到合适地点修建，有的地点基础难以处理，有的地点土方量很大。而根据卫生所的特点，要求其位置既接近全厂中心，又要与其他建筑物保持一定距离，同时要求行走、交通方便，四周地形好。如建在原 28# 卫生所东侧，则因地形狭窄，建楼房势必使造价超过原定指标，并且周围无活动场地。经反复考虑比较，我们意见改为 25# 宿舍作为卫生所，此处位置理想，比较符合上述要求。另在原廿一# 办公楼北侧山上新建干部宿舍二幢平房，总建筑面积仍为 300 平方米，土方量较小，造价较低。以上意见当否，请批示。

此呈

省国防工办计划处

国营八四七〇厂革委会(章)

一九七三年六月七日

(9)《中共八四七〇厂委员会关于增设厂保卫科的请示报告》,1973年7月3日

关于增设厂保卫科的请示报告

根据省革命委员会闽革(73)12号文件"关于各级人民保卫组改用名称和领导关系的通知"指示精神,经研究,我厂拟增设"人民保卫科"。此科的职责任务是:负责全厂的保卫工作和民兵武装工作,(不另设武装部门)。此编制人员3至4人,设科长1名,工作人员3名,既做保卫工作,又做民兵工作。一个牌子,两个任务。即:武装、保卫。

以上报告当否,请予批示。

中共八四七〇厂委员会(章)

一九七三年七月三日

主送:省国防工办

(10)《国营八四七〇厂革命委员会有关乘坐交通车的通知》,1973年11月26日

有关乘坐交通车的通知

遵照伟大领袖毛主席关于"抓革命,促生产,促工作,促战备""关心群众生活,注意工作方法"的伟大教导,我厂交通车应从有利于工作、有利于生产,也要考虑到不在食堂就餐人员购买一些付[副]食品。目前所规定开车时间是不利于社会主义企业管理,正如有的职工反映

说：一到买菜就是半天，怎样进行考勤。我们认为这些意见是对的。为此现决定今后凡交通车开往太宁，定期为星期二、三、四、五上午十点半开出，十二点开回，星期天和接送学生按原来规定。票价一律壹角（单趟）。平时外调和开会视情停开。

以上通知从十二月一日起执行。

国营八四七〇厂革命委员会（章）

1973 年 11 月 26 日

(11)《福建省前进机电厂革命委员会办公室关于建立办公会议与阅看文件制度的意见》，1973 年 4 月 26 日

关于建立办公会议与阅看文件制度的意见

为加强机关工作的计划性和及时传达学习上级有关文件并加强保密工作起见，根据厂领导指示，建立办公会议和阅看文件制度，并自五月份起执行。

一、办公会议

每周星期一上午为厂办公会议。参加人员：革委会正付[副]主任、全体党委委员，各处、室、科负责人。主要内容研究确定一周工作，互相通气，搞好协作。为此，各处、室、科应提出下列各项汇报：

1. 本周工作中需要其他部门协作、合办的问题；

2. 本周主要工作中需由领导决定的问题；

3. 上周接到上级业务部门有关指示需向领导汇报的；

4. 需经领导批示和有关部门了解、协作的其他问题。

对于各处、室、科提出的问题，经讨论后，由各分管领导在会议上

提出处理意见；分管领导不在时，由主管领导负责处理。

二、阅看文件制度

每周二、四、六上午为革委会正付[副]主任、党委成员阅看有关文件时间。届时由办公室负责管理文件的同志将上级发来的文件放在党委会议室，供上述领导同志阅看（无文件时另行通知）。每人阅后，须在文件头上签字和注明日期；须批给有关部门阅、办者，亦请在文件头上批示，由办公室转给有关部门。

福建省前进机电厂革命委员会办公室（章）

一九七三年四月二十六日

(12)《国营八四七〇厂革委会办公室通知》，1973 年 6 月 18 日

国营八四七〇厂革委会办公室通知

为加强企业管理，节约经费开支，保证生产正常进行，根据厂领导的指示，特对使用电话的有关规定通知于下：

1. 各车间及水泵房、传达室等处电话，主要为本厂内部联系工作用，除车间领导因工作需要可向太宁县有关部门挂电话外，其他人员一律不得向厂外挂电话。如发现有因私事对外使用电话者，总机有权不予挂。

2. 生产时间外单位因私事来电话找本厂生产人员者，除特殊情况外，总机一律不予挂往车间找人。

3. 应尽量减少长途电话以节约经费开支。外挂长途电话仅限于厂领导和机关各处、室、科对外联系工作用（车间一般不能外挂长途电话，如因工作需要外挂长途电话者，需经厂领导批准）。各处、室、科外

挂长途电话前应做好通话准备，拟出通话提纲，经处、室、科负责人同意后方可外挂。通话中应力求简短，尽量减少通话时间。

4. 外发电报规定同长途电话。

上通知希各部门和车间督促执行。

国营八四七〇厂革命委员会办公室（章）

1973 年 6 月 18 日

(13)《关于客车行驶规定》，1973 年 5 月 31 日

关于客车行驶规定

遵照伟大领袖毛主席"关心群众生活，注意工作方法"的教导，根据我厂的实际情况，特作重新规定如下：

一、供运科按此规定给行政管理科派好车辆，行政管理科负责指挥好。其他科、处、室在此规定以外所需要客车时应及时向供运科联系解决。

二、乘坐客车的同志，必须坚持无产阶级政治挂帅，发扬共产主义风格，按照尊老爱幼和照顾孕妇的原则，老年人和孕妇优先上车，其余同志按次序排队上车，不得插队、拦车、抢上等，希望每个同志自觉遵守，如有违反者，售票员和驾驶员有权制止其乘车。

三、客车按规定坐 32 人，强行乘坐超载，驾驶员有权停开。

四、客车行驶班次如下：

星期二至星期五每天上午 7 点开往太宁，9:30 返厂。（乘车人数少于 15 人时，则当天停开。）

星期日上午四班：7:30、8:30、9:30、10:30。由本厂开出；从太宁返回即 8:00、9:00、10:00、11:00。下午开二班：13:00、14:00，返回即

13:30、14:30。

五、星期天随车卖票，平时按附表人数，必须在前一天下午四点到行政管理科预购第二天的车票，否则不保留，票价五分。

六、到太宁买菜所误工时，每次补两小时，由车间安排补工。

七、下列人员免票：（一）太宁中学学生的接送。（二）持卫生所当日证明到太宁医院看病者。（三）经批准回家探亲者。（四）因公外出者（凭单位当日证明）。（五）一公尺以下儿童。除上述人员外一律买票乘车。

以上规定希各单位很好进行传达教育，贯彻执行。

此规定从六月三日起执行。

国营八四七〇厂革委会（章）

1973.5.31

附表：

单　位	户数	各车间买菜人数安排			
		星期二	星期三	星期四	星期五
一车间	6	1	1	1	2
二车间	6	1	2	2	1
三车间	6	1	2	2	1
四车间	9	3	2	2	2
五车间	15	4	4	4	3
六车间	9	1	3	2	3
行政科	19	5	5	5	4
生产科	2		1		1
供运科	4	1	1	1	1

续 表

单 位	户数	各车间买菜人数安排			
		星期二	星期三	星期四	星期五
劳财科					
技术科					
检验科	2	1			1
政治处	2			1	1
办公室	3	1		1	1
农场	20	6	5	5	4
合计	102	25	26	26	25
说明：1. 双职工包括进厂家属在内；2. 按车间女方计算。					

(14)《国营八四七〇厂革命委员会关于营房营具管理有关问题的暂行规定》，1973 年 11 月 30 日

国营八四七〇厂革命委员会
关于营房营具管理有关问题的暂行规定

为加强政治思想工作，加强企业管理，在现有条件下，安排好职工生活，特根据我厂实际情况，经研究对营房营具管理有关问题作以下规定：

一、凡属本厂职工，及其直系供养亲属，有城镇户口，人与户口均在本厂方可分配住房。

职工的直系亲属系五类分子者，或职工的非直系供养亲属，如保姆，不得作为分房条件。

二、房屋分配标准：

（一）全家2—3口住小户，4—5口住中户（目前住大户者，要视房子情况逐步调整到中户），六口以上住大户。

（二）单身职工八年以下工龄的四人住一间，八年以上工龄（按下发本通知时间算）三人住一间（25幢三人住一间），小小户住三人，大小户住四人，小中户住五人，大中户住六人，大户住七人；已婚女职工有小孩者可分配小户一间。

（三）机关处、室、科和车间主要领导干部，可视住房实际情况，适当放宽，目前车间正付[副]职单身干部可以二人住一间。

三、凡正式职工，一律按标准收房租费、电费。（学徒未转正前不收。收费标准：房租费每平方5分；电费、家属宿舍房间可装40 W灯泡一只，每个灯头收费2角；集体宿舍3人以下装40 W灯泡二只，每只每月收费2角，由住房人分摊，如发现私自使用60 W以上灯泡者，则按每瓦每月2分收费。）

四、集体宿舍每个房间配有桌子一张，方凳一个，由宿舍所有人员共同使用。

五、为照顾少数职工家属随时来厂探亲，厂根据现有房子情况和各车间（机关）家属不在本厂的职工人数，分别给1—2间房子（配有床、桌等用具）给各车间（机关）掌握使用。凡需家属来厂探亲者，均需先由职工本人提出申请，经车间（机关）批准方可，否则不予接待。

来厂家属如职工本人不再回家探亲者，一个月内房租、电费免收。已享受过探亲假，家属又来厂者，居住期不得超过一个半月，房租、电费按专住房标准收费；超过一个半月不走者，每天按三角收取房屋与用具折旧费，由职工工资中扣除。

六、职工家属宿舍的房屋建筑是国家的财产，职工对所居住的宿合必须予以爱护，不得随意拆、改门窗，钻孔、挖间，以延长房屋寿命。严禁私自装灯、移线、不准用电炉。如有意损坏者要计价赔偿。

七、职工家属宿舍周围环境要保持整洁卫生，经常自觉打扫。

八、住房经调整固定后，非经行政管理科同意，不得随意搬动。如需调整房间者，应由本人提出申请，车间审查，报经行政管理科同意方可。

以上各条，希望各车间、机关各部门向所属人员传达教育、贯彻执行。

贯彻实行中，请注意收集职工家属对房产管理方面的意见，并向行政管理科反映，以便今后根据各方面意见及上级有关指示精神作修改充实。

国营八四七〇厂革委会（章）

1973 年 11 月 30 日

(15)《中共国营八四七〇厂委员会关于当前经济方面存在问题的情况和解决办法的请示报告》，1973 年 6 月 9 日

中共国营八四七〇厂委员会

关于当前经济方面存在问题的情况和解决办法的请示报告

中共省国防工办临时委员会：

今年以来，我厂经济发生严重困难，已经在一定程度上影响了企业的正常生产和职工的思想情绪。

对此情况，我们除多次向省工办汇报反映外，也采取了一些相应措施，增加收入，节省开支，收到一定效果。最近，我们在贯彻省计划

会议精神中，又专门召开了党委扩大会议，对当前资金情况进行了认真的检查分析；并组织了人员，对库存物资情况进行了认真的清理。进一步查清了我厂资金占用情况，和我们在财务管理上的薄弱环节。现将清查情况和我们的意见报告于下：

一、资金占用情况：至五月底止，我厂共占用资金255.74万元。其中：正常生产占用120.96万元；新产品试制占用18.86万元；老产品转轨积压材料占用41.86万元；超储备26.95万元；在途材料占用1.36万元；库存产品占用45.75万元。

二、资金来源：国家拨给流动资金64.55万元；银行贷款160万元；四机部拨给产品储备资金15万元，以及动用更新改造资金、福利基金、大修理资金和应上交的折旧费未上交等等。

此外，至五月底止，购买材料及电费、税金等欠款12.96万元(共三十笔)尚无法承付。

三、资金困难的主要原因

造成目前经济困难的原因是多方面的，有我们主观方面的原因，也有客观方面的原因。从我们的工作来检查，主要有以下几个方面：

1. 党委对加强企业管理抓的不够，有管家不理财的现象。对物资采购、经费开支等方面掌握不严，管理制度不够落实。对资金占用过多的情况发现的不及时，没有引起严重注意，及早反映和采取更有力的措施，使困难的局面日益严重。

2. 产品品种多变。从工办接收本厂三年多来，我厂共生产了二十四种产品，上上下下，长期不能稳定生产，既影响厂的正常生产，又造成相当大的原材料积压，仅转轨产品材料这一项就积压资金41.86万元。(产品转轨后，有的原材料原可调剂出去又舍不得，工办有关部门曾有通知不准随便外调，去年以来想往外调剂又无人要。)

3. 产销不平衡。从我厂目前生产能力和职工干劲，是可以大大超过 116 万元全年总产值计划的，但由于无销售出路，不仅不能发挥现有生产能力，连计划内产品也销不出去（目前产品占用资金已达 45 万元，计划产值 116 万元，至五月份订货只 34.65 万元，尚有 81.35 万元产品无落着[着落]）。目前全厂十一条生产线，有订货的正常产品只两项（三联可变电容器和金属管壳），而且订货数与实际生产数也仍有很大距离，其余各项均无销路，但为了维持小量生产，也需购进一定材料，这在相当程度上造成资金占用过多，也影响了资金的正常周转。

销不出去的原因有的是质量不够稳定，影响销路，说明我们对提高产品质量抓得不力；当然也有些产品质量比较稳定也没有订货。

4. 勤俭办企业的思想不够。采购人员和车间人员对一些比较紧张的分配物资，怕买不到，想计划大一点，多采购一点，而我们领导则缺乏严格审查，造成部分物资超计划采购，也造成一些积压。

另外，由于正式计划下达时间较晚，订货会议时按初步计划订货，造成一些物资超储备。如金属管座原订 250 万，正式计划 100 万；金属膜、氧化膜电阻原订各 50 万，正式计划各 10 万；铌电解电容原订 10 万，正式计划 1 万。造成超储备近 27 万元。也说明我们的思想不符合客观实际，没有掌握生产的客观规律性。主观愿望想多为国家创造财富，而客观上却造成了资金积压。

总之，主要是我们党委对企业管理，尤其是财务管理的重要性认识不足，对社会主义的企业管理这门科学学习不够，长期似懂非懂。在作风上深入实际不够，对情况的了解忽明忽暗，有的生产关键问题抓不住，如个别老产品的质量较长时间不稳定，时好时差，领导也没有集中力量认真去抓，致使长期未能解决，影响产品销路。在财务管理上，虽搞了经济核算制度，也下达了一些核算指标，订了一些制度，但由于措施跟不上，车间一级核算基本没有形成，大手大脚，浪费的现象仍然存在。

四、解决意见

从目前资金方面存在问题看，我厂正处在上上不去，下又下不来的为难状况。要克服目前的困难，除我们认真从思想上检查，进一步提高认识，加强社会主义企业管理，严格经济开支外，还需从以下两方面解决：

1. 从我厂主观努力解决。我们已采取三项措施：（一）深入开展增产节约运动，充分发动群众，提高产品质量，降低消耗，节约开支；（二）大搞军民结合，增加收入，手铐、电动机两项，今年1—5月的产值有6万多元，占总产值14%以上，今后再加把劲，多生产一些；（三）设法调出积压物资，近两年我们利用参加调剂会议和通信、登门等办法已调出积压物资共12万元（其中今年调出3.12万元）。最近我们又在查清仓库家底的基础上，再次派出人员，到省内外各地一面征求订货，一面出售积压物资，尽最大努力减少资金积压。

2. 从我厂目前情况看，要解决目前困难，仅靠我们本身努力是解决不了的，银行增加贷款看来也不可能（我们已与太宁县支行、三明中心支行联系多次）。而如果生产资金不解决，老产品无法正常生产，新产品搞不上去（主要是无钱购买必要的原材料及付电费、油费、税收等），则明年将更加困难。为此，我们想采取以货抵贷的办法，将我厂库存50万元原材料给工办，工办先付给我厂50万元（材料可仍由我们保管，我们也积极组织向外调剂出售，销售出的钱就算工办收入），以把我厂的生产搞上去，扭转目前的困难处境。

上报告当否，请批示。

中共国营八四七〇厂委员会（章）
一九七三年六月九日

(16)《中共国营八四七〇厂革委会有关企业管理座谈纪要》,1973年8月23日

机关各处、室、科,各车间:

党委拟在下周召开扩大会议,专门研究进一步加强企业管理问题。我将近几天召开的一些座谈会,以及个别交谈中群众的一些反映,简要归纳整理如下,供机关各部门和各车间研究。并希针对这些问题提出改进意见及措施,以便在党委扩大会议上进行讨论,逐步提高我厂社会主义企业管理水平,搞好社会主义革命和社会主义建设。

最近,全厂机关和车间都组织学习了"国营东方红机械厂管理制度汇编"。并联系我厂的实际,对照检查我们在企业管理中存在的问题。大家认为,总的来说,我厂在社会主义企业管理方面日益有所进步,广大群众的路线觉悟是高的,劳动积极性也是高的,成绩还是主要的。在政治思想、生产管理、生活管理三个方面,机关各部门做了不少工作,一些同志是认真负责的,这些应该肯定。但从领导角度来讲,从目前企业管理的实际情况看,企业管理中还存在不少问题,突出表现在机关工作还适应不了生产的发展,一些部门和领导人员差距还较大。有的人形容是"官有人当,事无人干;功有人领,过无人担"。这种说法虽不恰当,但反映了一部分群众对我们领导机关的看法,应引起我们一些同志的注意和改进。

一、政治思想工作方面。针对性地加强路线教育,调动一切积极因素还不够,如怎样根据我厂青年多的特点,加强青年人的思想教育,引导他们提高路线觉悟。为革命学技术,钻研业务做得不够。日常政

治学习内容布置很多，重点不明确，抓得也时紧时松。抓典型，及时表扬好人好事、宣传先进抓得不力等等。

在加强党的一元化领导方面，对党支部使用多，教育少。

二、生产管理方面，意见较多。综合起来四个字：浮、乱、拖、推。

浮：作风不深入，很少下车间。情况不明，决心乱下。有布置无检查，有要求无落实。经常纸上谈兵，电话来往。

乱：生产计划乱、技术管理乱、材料供应乱、质量管理更乱。群众讲我们厂生产是"打乱仗，打混仗"，是心中无数，计划不周，调度不灵，工艺没有，图纸差错多，材料跟不上，检验不管事。机关部门失去了领导的责任，有的同志讲"现在不是上面领着下面干，而是下面推着上面动"。

拖、推：处理问题不及时，遇到问题经常扯皮，推来推去，"踢皮球"，"管时大家都管，出了问题时谁也不肯负责"。有时则这个科讲可以，那个科说不行，弄得车间很难办。说负责时谁都不敢负责，但权力又特别大，那一个科因某一个问题都可以决定一个产品停止生产，甚至一停许多天，他也不着急。还有一种极不负责的工作态度，几个科经常用的三句话："你们来找""你们去挑""你们看看"。即到仓库要某种材料时，管理人员不知有无，叫领料人到仓库里"你们找找看"；对一些零部件装配工序提出质量方面意见时，生产部门就叫"你们挑着用"；遇到一些质量问题找到检验部门时，检验部门经常是不表态，而是叫其他人"你们看看！"

对各项具体管理方面：

生产计划管理：缺乏严肃性，有为计划而计划的现象，计划不是根据劳力、技术情况、设备、材料供应各方面条件下达，而是任务观点下下计划，为计划而计划，只管下计划，不管完成不完成。有的举例是："六月的生产计划，七月下图纸，八月原材料还不知在哪里？"

技术设备管理：无工艺，图纸差错多。有时设计要求脱离实际，设备维修基本未管起来。

质量管理：检验部门不管质量，检验工作本末倒置，“不管半成品，只想当法官”有事推车间，自己不负责，平时不下去，遇事不表态。有些质量问题是非颠倒，好被讲成坏，坏被说成好，车间意见很大。

材料供应：心中无数，计划不周，老是被动。急用的东西供应不上，不用的东西大量进。几种产品曾因某种原材料缺少而停产。

劳动管理：对劳力使用心中无数，不深入实际、不了解下情，基本无调整，下面忙闲不均。

三、生活管理方面：有关管理制度抓得不紧，对职工生活，尤其双职工付[副]食品的供应积极设法解决不够。食堂管理有早下班吃好菜，按时下班的吃不到好菜的现象。卫生部门在提高服务质量，做好预防工作，减少疾病方面做得不够。

车间同志对机关部门的个别领导意见很大，说他们对工作很不负责，这边推、那边拖，当面不表态，回来打电话。怕这怕那，怕负责任，怕犯错误，就是不怕国家受损失；做的事不多，架子不小，不懂装懂，常常误事。有的同志生气地说：“叫这些人负责怎能搞好生产！”

从上述意见可以看出，车间对机关的意见是不少的。这些问题表现在下面，主要责任还是在我们领导；意见是对机关部门提的，但实际是讲我们领导在抓企业管理上存在的薄弱环节，没有抓好机关的革命化。当然，在另一方面，也希望机关各部门从这些意见中得到教益，结合学习东方红机械厂的经验，联系实际，提出改进意见和措施，做好今后的工作。这就是我们整理和印发这些意见的目的。

国营八四七〇厂革委会

一九七三年八月二十三日

(17)《福建前进机电厂革命委员会关于“目前资金方面困难情况”的汇报》[1]，1973年8月24日

福建前进机电厂革命委员会
关于“目前资金方面困难情况”的汇报

省国防工办：

今年以来，我厂经济长期发生严重困难，不但在一定程度上影响了企业生产，而且经常违反“中国人民银行结算办法”，长期拖欠贷款。目前已经到了有的单位不同意用托收承付结算办法，拒不发货，要汇款提货。对此我厂曾于73年6月9日向工办作了“关于当前经济方面存在问题的情况和解决办法的请示报告”，同时还多次向工办首长作了口头汇报，在上级首长的关怀和支持下，虽解决了一些，但根据今年生产方向来看，我厂确无法解决今年的资金问题，所以再次向工办报告如下：

根据今年生产，经研究后，下半年要缺少生产资金52万元，除六月底拨来15万元外，还缺少37万元。

理由：

一、产销不平衡。如三联电容器计划年产8 000台，订出3 950台，到目前止发出3 918台，预计要积压4 000台，价值28万元。又如：管座计划年产100万只，订出20万只，到目前止只销售3.1万只，预计要积压80万只，价值14.4万元。

---

① 1966年上海永昌五金厂迁往福建三明后，更名为三明无线电元件厂。1970年元旦，三明无线电元件厂与三明电工仪器厂合并，成立国营七七八二厂，由省国防工办接收，生产军工产品。1971年，七七八二厂分成八四七〇厂和福建前进机电厂两个厂。

到七月底止产成品资金达55.8万元。

二、产品多变。从省工办接收开始到现在止有24种产品，其中由于老产品转轨占用生产资金41.86万元，以前年度试制铌钽电容器一种，到目前止库存材料达20万元，加在制品资金12.1万元，合计占用32.1万元。目前铌钽又无销售，势必又要改变生产方向。根据工办指示，今年又增加薄膜双联、电动机等四个新产品。现在处于老产品转轨材料调不出去，如柯伐皮、柯伐丝一种材料就积压资金30.71万元，新增产品又要采购材料。

由于上述原因库存材料七月底止达190.5万元，其中有61万元是新老产品转轨积压材料。

现将七月底止资金占用列表如下：

材料190.5万元　　成品55.8万元　　在产品27万元

合计占用273.3万元

资金来源：

国家拨入流动资72.5万元　　银行贷款152万元

工办部借来17.4万元(其中：2.4万元是发工资)

更新改造资金占用16.4万元　　四机部借来15万元

合计来源273.3万元

73年3—4季度财务收支情况列表如下：

来源：

产品销售收入26.4万元(按订出产品计算)

用途：

采购材料26.5万元

工资16万元(包括提10%附加)

各项费用21万元　　用途合计63.5万元。

收支相底[抵]要缺少资金37万元。

由于3—4季度资金不平衡，因此到8月20日对外采购材料无钱承付，拖欠贷款如下：

省外　10家拖欠5.25万元

省内　5家拖欠2.98万元

合计欠8.23万

由此而严重违反了“中国人民银行结算办法”，对省内外失去信用。如800库计划内分配主要产品材料，由于拖欠贷款，已拒绝发货，要汇款提货，影响生产。长期下去，我们认为不是800库一个单位这样做，肯定省内外其他单位也会如此办理。省外拖欠贷款，不但是影响了我厂信用，而且还影响了我省国防工业信用，这是关系到我省是否认真贯彻“中国人民银行结算办法”的重大问题。

我厂徐付[副]主任对此已向工办作了汇报，回厂后已向厂党委汇报。我们认为9月—12月份需要如下资金：

（一）目前拖欠贷款8.23万元

（二）9—12月份工资11万元

（三）费用16万元

（四）9—12月计划采购材料16万元

合计需要51.23万元

减除9—12月份产品销售14万元

实际不足37万元。

由于上述资金没有落实，我厂目前已经到了新老产品急需用材料无钱采购，9—12月份工资费用又无来源，就是目前拖欠贷款也无法归还。

这样下去怎么办？我们感到下一步束手无策。

关于73年6月份上报工办转轨产品积压报废产品、半成品26.5万元，又于6月9日要求核销毛主席像章价值6 197元。

另外目前还有老三联电容器 3 058 台价值 20.8 万元，因型号改变，已失去销路。我们意见，要求予以核销。

合计可核销 47.9 万元。

加上 1—7 月份止亏损 3.7 万元。

总计 51.6 万元

为此我厂如实上报目前实际情况，希给予研究解决。

上述报告，妥否，请批示。

福建前进机电厂革命委员会(章)

1973 年 8 月 24 日

(18)《国营八四七〇厂革命委员会关于在我厂举办技术训练班的通知》，1973 年 1 月 22 日

关于在我厂举办技术训练班的通知

为了培养一批又红又专的工人、干部队伍，遵照毛主席“走上海机床厂从二人中培养技术人员的道路”的教导。根据我厂的实际情况，经厂党委研究决定举办第一期技术培训班，现将有关事项通知如下，希遵照执行。

一、学员选拔条件

表现好，有责任感，并具有初中文化水平和一年以上工龄的青工。同时也适当吸收在职干部参加，选拔方法采用车间推荐、训练班领导小组审批确定，要求各单位对学员的选拔，必须保证质量，同时人员抽调后又要保证生产任务的完成。

二、学员的分配

一车间 8 名，二车间 10 名，三车间 6 名，

四车间 8 名，五车间 8 名，六车间 6 名，

机关 4 名

各车间名额中包括有一名车间干部，由车间党支部确定，上报党委审批。

三、学员的具体名单请各单位于元月 25 日前报送劳工部门审查

学员的集中时间拟定在 2 月 9 日，请各单位对他们的工作事先做好安排。

四、训练班聘请蔡桂光、吴锡荣、黄绝凤、林炳煌、张金辉、郑锦生、林永德、黄金潘、唐宗禧、路玉华、陈章锦、丁福长、王士场、温瑞伟等十四人为教员及辅导员。请各单位给予他们大力支持，必须给他们必要的授课和备课时间。

五、并确定王士场和温瑞伟两同志为学习班辅导员，请四车间适当安排。

国营八四七〇厂革命委员会

73.元.22

抄送：各车间、机关各科室。

(19)《国营八四七〇厂革命委员会通知》，1973 年 2 月 15 日

国营八四七〇厂革命委员会

通知

关于职工家属来厂问题，厂革委会已于一月十二日作了明确规定。目前发现不少职工在探亲之后又把家属带来厂居住。为了使职工家属在农业战线上积极参加生产劳动，为社会主义建设做出贡献，

特重申如下规定：

一、今后凡干部、职工家属来厂团聚已一个月者，其本人不再享受本年度探亲假。

二、今年请探亲假回家探亲的职工，未经领导批准把家属带来厂的，应改按事假处理，车船费不予报销（已报的从下月工资中扣回），但其家属在一个月之内能回原籍参加春耕劳动者，可另行考虑。如超过一个月者，下一年度职工本人不再享受探亲假，但其家属往返车船费可予报销一人次。

三、今后职工家属凡需来厂探亲者，必须事先通过车间领导会同行政科研究批准后方可来厂，否则不予安排宿舍。

国营八四七〇厂革命委员会（章）

一九七三年二月十五日

(20)《国营八四七〇厂革命委员会关于安排一九七四年各季度及春节期间探亲假的安排》，1973年11月15日

各车间、科、室、处：

根据省工办关于《春节期间控制职工探亲假的通知》中关于“安排职工探亲问题，应本着确保均衡生产的原则，生产线上的设备，要能保持正常开动运转的情况下，探亲假的人数比例应控制在20％以内”的指示。并结合我厂生产实际情况，对一九七四年各季度及春节期间享受探亲假人数的比例安排如下，希贯彻执行。

1月份占探亲人数20％；

2、3月份占探亲人数10％；

二、三季度各占探亲人数25%；

四季度占探亲人数20%。

另附："探亲假有关文件规定摘录"

国营八四七〇厂革命委员会(章)

1973.11.15

探亲假有关文件规定摘录

一、凡符合探亲条件的职工，当年在下列情况之一与家属团聚时间在二个星期以上的，不再享受探亲待遇。

1. 因病在家休养。

2. 利用出差的机会。

3. 对方前来探望的工人、职员。

二、夫妇双方都是职工分别在两地工作，必须事先由对方所在单位开具证明后，方能享受探亲待遇。

三、关于职工在回家探亲旅途中因交通事故造成超假的应如何处理的问题，职工在探亲往返旅途中，遇到意外交通事故，如塌方、洪水冲毁道路等，造成交通停顿，以至职工不能按期返回工作岗位的，在持有当地交通机关证明，经向行政提出申请后，其超假日期可以算作探亲路程期。但是属于一般的转车、候车时间或车船行驶延误的时间，即使持有证明仍按照一般事假办法处理。

四、职工在探亲期间，因病而超过假期，怎样处理？

职工因患急性病不能按期返厂者，一律凭公社以上医院的证明，经单位签注意见，本厂卫生所批准换取本厂病假"休工证明书"方可按病假处理(但对于一般的慢性病应返厂医疗，不得延假)。

(21)《三明市经委关于九州集团控股、兼并我市四家国有企业的一些意见》,1996年10月22日

关于九州集团控股、兼并我市四家国有企业的一些意见

今年以来,九州集团企业兼并工作小组对我市部分工业企业进行了多次调查,10月5日、6日该集团总裁赵裕昌又带队实地考察,并与市直有关部门进行了座谈。十月十二日,九州集团以闽九集字[1996]第20号正式文件向市政府提出“关于控股、兼并三明市四家国有企业的初步意见”,现将九州集团的初步意见和市经委的一些意见汇报如下:

一、九州集团控股、兼并的初步意见:

(一)九州集团初步计划控股三明啤酒厂,兼并八四七〇厂、市无线电一厂、三明人造板有限公司。

(二)关于控股三明啤酒厂,九州集团提出了产权转移的两种方式:(1)以承认债权债务的方式兼并市啤酒厂。(2)以控股方式与该厂合资经营。其发展思路是:(1)投入技改资金,更新设备,使生产规模由5万吨一次扩大到10万吨。(2)该厂原有设备搬迁到宁化,在宁化建立年产5万吨规模的新厂。要求市政府帮助解决的问题:(1)帮助相邻的报社印刷厂搬迁,解决酒厂扩大规模的所需用地。(2)协调银行部门解决技改、环保、宁化建厂等所需贷款。(3)保持财产物资、职工队伍的稳定。

(三)关于兼并八四七〇厂,九州集团的意见是(1)以承认债权债务的方式兼并该厂。(2)先注入再贷出流动资金,搞活经营。(3)注入部分技改资金,填平补齐,巩固与提高现有产品的产量与质量。

(4) 开发新项目、多元经营、减少风险。(5) 帮助拓展国际市场，以销促产。请市政府帮助解决的问题：(1) 市财政局原来借给该厂的周转金，作为市政府对企业的拨补，不再索回。(2) 协调银行，对该厂所欠贷款利息作停息挂账或免息挂账处理。

(四) 关于兼并市无线电一厂，九州集团的意见是：(1) 以承认债权债务方式兼并该厂。(2) 兼并后，将该厂并入八四七〇厂，作为其下属分厂或车间。(3) 开发新项目。请求市政府帮助解决的问题：(1) 市财政投入改为拨补，不予收回。(2) 与银行协调，将所欠贷款利息作停息挂账或免息挂账处理。(3) 做好八四七〇厂工作，使市无线电一厂与之合并，统一管理。

(五) 关于兼并三明人造板有限公司。九州集团的意见：(1) 以承认债权债务的方式兼并该公司。(2) 调整该公司股份。(3) 投入技改资金，新增和完善刨花板、装饰板、甲醛生产线，寻求新的经济增长点。(4) 投入一定流动资金，盘活企业。(5) 争取海外上市。请求市政府帮助解决的问题：(1) 协调处理股权关系。市财政投入包括国有资产公司与财通公司的股权改为拨补，不予追回。省华福公司的股权，请省政府划拨我司或股权转债权。三家林业系统与内部职工的股权予以保留或转债权。(2) 运用兼并政策，请银行解除长贷利息负担或负息挂账或停息五年，本金挂账。

二、市经委对控股、兼并四厂的意见：

(一) 分步实施：先兼八四七〇厂、市无线电一厂；控股市啤酒厂暂缓考虑；兼并三明人造板有限公司，若市林委同意，也可以一并推出。

(二) 对九州集团提出的一些要求问题：如财政的借款要作为拨补不再索回问题，要我市与银行协调这几家企业贷款本息挂账停息问题，三胶厂的股权调整问题，我们认为，只能按有关规定办理，不能作为是否兼并的条件之一。

（三）企业被兼并后，地方的所得问题，一是被兼并企业原来的财政，税收管理体制不变；二是保持上交主管部门管理费的原基数不变。

（四）被兼并企业的一切人员（包括离退休人员、富余人员，停薪留职人员等）和非经营性资产均由九州集团全部接收。

（五）九州集团对企业兼并后如何发展应有可行的方案。兼并后要按方案实施，若在一定期限内不能兑现，企业不能发展，我们有权收回这几家企业，并由九州集团按合同给予补偿。

（六）在企业兼并前，要经过国家认可的资产评估机构对企业进行全面的资产评估。

三明市经委

一九九六年十月二十二日

(22)《国营八四七〇厂加盟九州集团将给企业带来的好处》，1996 年 10 月 24 日

国营八四七〇厂加盟九州集团将给企业带来的好处

1. 国家实行“拨改贷”以后，由于企业的长期贷款和流动贷款比较多，将近 2 700 多万元，给企业造成负担很重。每月仅付给银行的利息就达 30 多万元，每年 300 多万元，三年的利息 1 000 多万元，如能加盟九州集团，与银行协调，将所欠贷款利息作停息挂账或免息挂账处理，企业将还掉部分贷款，轻装上阵。

2. 国营八四七〇厂是从事电子元件生产的企业，产品比较单一，更新换代快，风险比较大。九州集团已提出将带电子玩具项目回来，并投入部分技改资金，利用我厂的模具加工优势，不断开发新项目，促进多元化经营，扩大生产规模，将形成规模经济，给企业的经济效益带

来极大的好处。

3. 通过九州集团，进一步拓展国内外市场，使我厂的各种产品能更顺畅进入国际市场。

4. 加盟九州集团，通过注入资金，扭转观念，转换机制，强化管理，提高产品质量，降低成本 ，更新促销手段，开拓市场，使企业进入良性循环，不断发展壮大。

国营八四七〇厂

1996 年 10 月 24 日

(23)《国营八四七〇厂关于加盟九洲集团的意见》，1996 年 10 月 29 日

关于加盟九洲集团的意见

今年以来，为了加快我厂改革和发展的步伐，我们以党的路线、方针、政策为指导，以建立现代企业制度为目标，以“三个有利于”为标准，积极探索适合我厂实际的改革方法。通过综合各方面的意见，权衡各方面的利弊，我们认为：从企业当前的实际状况和自身的生产特点出发，从企业的整体利益和可持续发展战略考虑，加盟九洲集团是比较有利的。具体分析如下：

一、特殊的产品性质决定了我厂应该加入大集团。

我厂的产品是电子元件，是为整机配套的。目前，产品一部分出口、一部分内销，销售市场主要在大中型城市。

电子元件是微利产品，靠规模创效益。我厂生产的电子元件虽然属于有市场需求的产品，但是，由于市场竞争激烈，企业又地处电子工业尚不发达的闽北山区，信息不灵，所以，近几年来一直难以争

取更多、更大的客户，产品市场占有率难以提高，很难产生规模效应。若能加入九洲集团，通过大集团的社会影响和辐射网络，提高企业和产品的知名度拓宽销售渠道，提高产品的市场占有率，从而实现规模效应。

电子技术的日新月异，电子元件的更新换代很快。瞄准国际、国内市场需求，及时开发适销对路的产品，是企业实现可持续发展的关键所在。而我厂目前的实力难以准确把握市场动向，产品开发明显滞后。加入九洲集团，依靠集团的优势，能够较好地获得市场信息，并通过集团的技术、资金、人才的扶持，实现"生产一代产品、开发一代产品、研制一代产品"的要求，使企业在激烈市场竞争中立于不败之地。

二、沉重的负债状况促使我厂要求加入大集团。

国家实行"拨改贷"后，由于我厂的长期贷款和流动贷款较多，负债情况严重，每月还贷利息30多万元，资金的困扰使企业举步维艰，生存都困难，更谈不上发展。如果加入九洲集团，争取获准执行中国人民银行(1995)130号文件规定，所欠的贷款作停息挂账或免息挂账处理，或者由九洲集团先注入资金偿还长期贷款。这样一来，企业就能解决资金困扰，轻装上阵，加快发展。

三、繁重的"九·五"发展任务鞭策我厂积极加入大集团。

我厂制定的"九五"发展规划中，拟定开发具有广阔市场前景的片状电阻和网络电阻，而且还要求企业在"九五"末实现产值一亿元。可是，由于目前企业负债重，想上大项目已经力不从心了。在与九洲集团的决策层洽谈中，他们已经对我厂今后的发展提出了初步的打算，拟在帮助我厂搞好电子元件开发的同时，引入其他电子产品项目，充分发掘我厂模具生产能力、电镀能力和装配能力，拓展企业的经营范围，扩大企业的生产规模。如果加入九洲集团，我们对实现企业"九·五"规划就更有信心和能力了。

综上所述，我们觉得加盟九洲集团对我厂的改革和发展是一个难得的机遇，一定会对我厂的发展产生很大的推动作用。为此，我们的意见是：同意加入九洲集团。

国营八四七〇厂（章）

一九九六年十月二十九日

(24)《福建九州综合商社有限公司兼并福建无线电元件厂合同书》，1997年

福建九州综合商社有限公司兼并福建无线电元件厂合同书

为了深化企业改革，加强山海经济协作，发挥各自优势，共同促进经济发展，福建无线电元件厂、福建九州综合商社有限公司（简称九州综合商社）友好协商，经三明市政府同意，就九州综合商社兼并福建无线电元件厂事宜签订如下合同：

一、三明市国资局同意将福建无线电元件厂的全部资产划归九州综合商社，并入该公司的国有资产账户。

二、九州综合商社兼并福建无线电元件厂后，根据行业特点，更名为：福建九州无线电元件厂。保留法人资格，重新注册登记，在原址发展生产。为方便业务的开展，八四七〇厂名称作为第二厂名予以保留。

三、九州综合商社兼并福建无线电元件厂，采取承担债权债务的方式兼并。兼并标的范围，包括该厂兼并前的一切财产和债权债务。兼并后，九州综合商社享有对福建无线电元件厂的所有权、经营权、人事权及重新组建权。原福建无线电元件厂的债权、债务由九州综合商社承担，职工（包括离退休）亦由九州综合商社接收安置。

四、兼并债权债务数目以兼并前财务报表为参考，并以福建无线电元件厂与九州综合商社组成的交接小组共同签字确认的数字为准。自兼并合同签订后三个月的交接期内，交接小组应完成债权债务清算（含显性和隐性债权债务），并办理正式移交手续。

五、九州综合商社接管福建无线电元件厂后，注入管理机制，拓宽国内外市场，搞活企业，使现有产品上规模、上档次；在市场可靠的基础上，投入部分技改资金，改造发展片状电位器；利用工厂现有设施和条件开发电子玩具、注塑模具和配件，使之形成第二产品，促进企业发展壮大。

六、福建无线电元件厂向三明斑竹电站担保的500万美元中行贷款继续由该厂担保，今后如涉及担保责任问题，三明市政府负责协调解决。

七、三明市财政局借给福建无线电元件厂的周转金继续借给该厂使用，到期归还。

八、三明市政府尽力为企业创造良好的外部发展环境。凡给予本地区企业的各种优惠政策，对被兼并后的企业保持不变；技改所涉及的建设用地、用水、供电、环保等外部建设条件予以协调解决。同时，对兼并后的福建无线电元件厂可以参照执行三明市人民政府明政[1996]文31号规定的特别优惠政策执行。

九、福建无线电元件厂债务利息，由九州综合商社和三明市政府共同向有关银行争取按闽政[1996]文211号及银发[1995]130号文件精神实行停息处理。

十、福建无线电元件厂划归九州综合商社后，行业管理属三明市机械电子工业局，行业统计所需报表仍向行业主管部门报送。

十一、福建无线电元件厂划归九州综合商社后，涉及地方政府利益的财税体制保留不变。

十二、本合同未尽事宜，今后以补充合同的方式予以明确。该补充合同与本合同具同等法律效力。

十三、本合同经双方签字盖章后生效，签字生效一个月内正式办理移交手续。

合同方：

福建九州综合商社有限公司

代表(签字)

福建省无线电元件厂

代表：(签字)

签订日期：一九九七年__月__日

鉴证方：

福建省国有资产管理局

代表：(签字)

三明市国有资产管理局

代表：(签字)

(25)《福建无线电元件厂(国营八四七〇厂)简介》，1997年3月6日

福建无线电元件厂(国营八四七〇厂)简介

福建无线电元件厂(国营八四七〇厂)是电子工业部电子元件生产定点厂，福建省电子元件骨干企业，国家二级企业，二级计量单位；创建于1970年，现有职工776人，其中专业技术人员119名，中高级职称25名；资产总额为5 712万元，其中固定资产原值为3 299万元，净值为2 332万元；拥有的技术装备属国际先进水平的占50%，国内先进水平的占38%；企业占地面积5.3万m^2，建筑面积4.2万m^2，生产性用地面积2.0万m^2。工厂具有独立研制、开发和生产元件的能力，并且采用国际标准组织生产，对产品质量实现全过程管理，产品质量档次不断提高。所生产的“前进牌”合成碳膜电位器、玻璃釉电位器和薄膜介质可变电容器等主导产品，品种规格齐全，质量稳定可靠，广泛为电视机、收录机、汽车收放机、电冰箱、电子琴、移动通讯机及仪器、仪表等配套，产品销往国内二十多个省、市、自治区一百多家企业，并

大量远销[中国]港澳[地区]、东南亚和西欧等地，产销率达 102.1%，创外汇 122.9 万美元以上，占企业销售收入 50%左右。

福建无线电元件厂原系军工企业，为顺应发展，从 1974 年起逐步实现“军转民”。转轨后，生产规模不断扩大，产品质量不断提高，1989 年被批准为国家二级企业，1993 年被外经贸部批准为“进出口经营权”企业，1995 年跻身于福建省电子行业 20 家大规模企业。该厂主要产品中曾有五项获部优、七项获省优、十二项获省、部级采用国际标准合格证书，二十一项获生产许可证，四项获上海市仪表局颁发的双免证书；二项通过 IECQ 质量认证，四项通过 CCEE 安全认证，企业在我国电子元件行业占有一席之地。

近年来，工厂注重以市场为导向，不断开发新产品，新品规格逐年增多，新品产值逐年增加。仅 1996 年，新品产值达 484.2 万元，占当年工厂总产值的 15%。而且，该厂紧紧围绕提高质量、降低消耗、扩大出口的目标，不断加大技改投资力度。在“六五”“七五”“八五”期间，分别从英国、日本、[中国]台湾[地区]等地引进先进技术和关键设备，尤其在“八五”期间，投资近 2 000 万元进行扩大电位器出口能力技术改造项目，形成了年产一亿片电阻体的生产能力，从而使碳膜系列电位器年生产能力增加 5 600 万只，产品质量大幅度提高，加强了企业的整体实力和内外市场的竞争力，取得明显的经济效益，为此该技改项目获电子工业部“八五”技改优秀项目奖。

“九五”期间，企业将再接再厉，继续按时、按质、按量提供用户满意的产品，加快发展片式化、小型化、薄型化等高、新、尖元件产品，大力开拓国际市场，力争跨入全国同行业的先进行列，成为全国电子元件的生产骨干企业和出口基地。

厂址：福建省三明市新市南路 204 号　　电话：8337991

8337135

法人代表：陈友汀　　传真：0598－8336192

(26)《国营八四七〇厂关于申请三个新品开发技改周转金的报告》,1997年3月14日

国营八四七〇厂
关于申请三个新品开发技改周转金的报告

九州集团总部：

我厂今年研制开发的三个新产品WHE12D大功率带散热片电位器,WHE09A合成碳膜电位器和WH180合成碳膜电位器,分别用在汽车高、中档音响、彩色显示器和小尺寸电视机上用。其中：

WHE12D是属于小轿车上高、中档汽车音响上使用的。目前国内尚无生产厂家,用户还是依靠进口电位器,年需50万只左右。目前急需用国产电位器替代的有上海、苏州、惠州、徐州、深圳等地整机厂,市场需求量较大。但技术难度大、工艺复杂,不易开发。

WHE09A是属于彩色、黑白监视器和小屏幕电视机上做为对比度,亮度的调节。预测国内年需求量可达千万只,市场前景良好。

WH180是带电源开关的电位器,是小屏幕电视上用的关键元件之一,其小尺寸电视机出口量大,其中只杭州电视机二厂、绍兴电视机厂年出口量达150万台以上,国内市场看好。

三个新品项目我厂分别于97年开发,并采用确保正常生产和每个产品的间隙来保证生产能力的发挥。因此,各个产品开发进度分别安排如下：

名　称	设计、评审	模具制造	试生产	周期月
WHE12D	97.3	97.6	97.8	6个
WHE09A	96.12	97.3	97.5	6个
WH180	96.12	97.1	97.2	4个

一、资金投入预算：280万元

1. 投入市场调研开发费用：16万元

2. 研制费用：14万元

3. 材料费用：45万元

4. 设备投资费用：205万元

二、预计产生的效益

单位：万元

一年内	产量万只	销售收入	税金	利润	备注
WHE12D	35	630	55.43	105.57	
WHE09A	100	65	5.96	10.84	
WH180	60	87	7.43	15.37	
合计	195	782	68.82	131.78	
二年内	产量万只	销售收入	税金	利润	备注
WHE12D	60	1 080	95.03	189.72	
WHE09A	250	162.5	14.89	27.11	
WH180	220	319	27.26	56.34	
合计	530	1 561.5	137.18	273.17	

三、近期急需资金：

1. 市场调研、开发费用：5万元

2. 研制费：10 万元

3. 材料费：25 万元

其中：模具材料费：20 万元

原材料：3.1 万元

专用材料：1.9 万元

以上合计流动资金：40 万元

4. 设备投入：线切割机床 3 台：20 万元

汉川 A3C 数控电火花机床 1 台：70 万元

以上合计设备投资：90 万元

关于设备投资，鉴于当前现有设备能力可以挖潜，此项资金可暂缓注入。

综上所述，请总部帮助解决急需流动资金 40 万元。

以上报告，请予审批。

国营八四七〇厂（章）

一九九七年三月十四日

(27)《福建九州集团股份有限公司关于三明无线电元件厂请求注入资金报告的批复》，1997 年 3 月 17 日

福建九州集团股份有限公司文件

闽九集字(1997)第 067 号

关于三明无线电元件厂请求注入资金报告的批复

三明无线电元件厂、三明无线电一厂：

你厂《关于请求注入资金的报告》和《无线电一厂归并等有关问题

的初步意见》均已收悉，经总部领导研究，现批复如下：

一、同意你厂对原技改引进填平补齐，开发高品位电位器等三个技改项目，所需资金应积极向当地银行争取。经总部领导研究决定，同意投入资金100万元，以解决部分自筹资金和流动资金，请你厂抓紧实施，确保技改项目按计划完成。

二、关于三明无线电一厂归并等有关问题的设想和意见，总部原则上同意，请你们抓紧办理；

1. 同意你们在移交后，把两厂进行合并，七〇厂从属于总部领导，一厂则直接从属于七〇厂，并直接服从七〇厂的人、财、物等各方面的管理及对口业务指导。

2. 同意无线电一厂对内使用分厂名称：福建无线电元件厂一分厂。对外继续使用“三明市无线电一厂”的厂名。

3. 原则上同意归并后一分厂的发展思路。总部先拨10万元资金，以解决暂时困难。但对筹建纸箱厂项目，待进一步考察后，再做决定。

4. 同意对年龄较大的职工实行厂退。但退休职工还是继续实行属地管理的原则。

福建九州集团股份有限公司(章)

一九九七年三月十七日

抄送：财务处、人事培训处

(28)《国营八四七〇厂关于申请批复〈片状电位器扩大出口生产线技术改造项目建议书〉的报告》，1997年4月11日

国营八四七〇厂

(97)厂字第028号

关于申请批复《片状电位器扩大出口生产线技术改造项目建议书》的报告

三明市经委、电子局：

现代电子产品正在向“短、小、轻、薄”和“高密度、高性能、高可靠”的方向发展，传统的引线元件的市场将不断缩小。据预测，在全球范围内，传统的引线元件将由目前的40%下降到2010年的10%，取而代之的是表面安装元件，将由目前的60%上升到90%。因此，抓住机遇，开发高新元件，促使产品更新换代，增加企业竞争能力，势在必行。根据我厂已有几十年电位器生产的丰富的经验，我厂拟在1998年进行“片状电位器生产线”的技术改造。

本项目的主要内容是：根据国内外市场的需要，以及工人的生产能力逐步扩大的可能，在利用我厂已有的炭膜印刷设备的基础上，引进片状电位器后道部分的设备，为片状电位器生产线设备填平补齐，实现年产5 000万只片状电位器的生产规模。

本项目总投资额1 800万元，其中自筹600万元，贷款1 200万元。项目建成后，年出口片状电位器可达3 000万只，创汇300万美元。

以上报告，如无不妥，请尽快将本项目转报上级部门批准立项。

附：关于片状电位器扩大出口生产线技术改造项目建议书。

国营八四七〇厂(章)

一九九七年四月十一日

抄报：三明市经委

抄送：三明市机电产品进出口办公室

(29)《三明市经济委员会关于转报国营八四七〇厂“片状电位器扩大出口生产线”技改项目建议书的报告》，1997年4月11日

三明市经济委员会文件

明经技[1997]048号

关于转报国营八四七〇厂“片状电位器扩大出口生产线”技改项目建议书的报告

省经贸委、电子工业厅：

我市国营八四七〇厂是电子工业部电子元件生产定点厂，为适应市场发展的需要，拟利用原有的炭膜印刷设备，再引进片状电位器后道工序部分生产设备进行填平补齐，开发高新元件，以增强企业的竞争能力和发展后劲，提出了“片状电位器扩大出口生产线”技改项目建议书，该项目概算总投资1 800万元(含外汇181万美元)，资金来源为：企业自筹600万元、向银行申请贷款1 200万元(含外汇181万美元)。项目建成投产后，可年出口片状电位器3 000万只，创汇300万美元。

经研究，同意上报，请上级主管部门给予大力支持并审批立项。

附：国营八四七〇厂的项目建议书及三明市机电工业局有关项目的转报文。

三明市经济委员会(章)

一九九七年五月八日

主题词：技改、项目、立项、报告

抄报：省机电进出口办、有关银行。

抄送：市机电工业局、环保局、劳动局、职防院、银行等有关单位、八四七〇厂，本委有关科室。存档。

(30)《国营八四七〇厂关于将我厂全部资产上划九州综合商社的报告》，1997年9月12日

国营八四七〇厂

厂字(97)第051号

关于将我厂全部资产上划九州综合商社的报告

三明市国有资产管理局：

为了深化企业改革，加强山海经济协作，发挥各自优势，共同促进经济发展，国营八四七〇厂（即福建无线电元件厂）与福建九州综合商社经过友好协商，并经三明市政府同意，就九州综合商社兼并国营八四七〇厂事宜于一九九七年一月二十七日在厦门签订了兼并合同。

根据兼并合同及三明市政府有关部门与兼并双方的协商，并经三明会计师事务所，三明市资产评估事务所对我厂全厂资产、负债、所有者权益的审计、评估，与三明市国资局对我厂资产评估的确认，现要求将我厂经确认的全部资产、负债、所有者权益上划福建九州综合商社。

以上报告妥否，请批示

国营八四七〇厂（章）

一九九七年九月十二日

抄报：三明市机电局、九州总部。

(31)《三明市人民政府关于同意将国营八四七〇厂、三明市无线电一厂全部产权并入福建九州综合商社的批复》,1997年10月14日

三明市国资局
收文号：188
1997年10月24日

三明市人民政府文件
明政[1997]文224号
三明市人民政府关于同意将国营八四七〇厂、三明市无线电一厂全部产权并入福建九州综合商社的批复

三明市国资局：

你局明国资(1997)116号请示收悉。鉴于国营八四七〇厂和三明市无线电一厂已由福建九州综合商社兼并,同意你局根据《福建省人民政府关于进一步放开搞活国有小型企业若干意见的通知》[闽政(1996)20号]精神和两厂与九州综合商社签订的《兼并同意书》,将国营八四七〇厂和三明市无线电一厂的全部国有产权上划给福建九州综合商社有限公司。产权上划后,涉及我市利益的财税体制保留不变。三明市财政局原借给两厂的周转金按原双方签订的合同条款执行。

此复

三明市人民政府(章)
一九九七年十月十四日

主题词：工业、兼并、产权、上划、批复

抄送：省国资局，市委、市人大，市政协办、市财政局、市经委、市机电局、市国税局、市地税局、市人行、福建九州综合商社、国营八四七〇厂、市无线电一厂。

(32)《福建省国有资产管理局关于同意福建九州商社有限公司接收三明市国营八四七〇厂、三明市无线电一厂国有资产的通知》，1997 年 12 月 9 日

三明市国资局

收文号 55

1998 年 2 月 23 日

福建省国有资产管理局

闽国资综(1997)081 号

关于同意福建九州商社有限公司接收

三明市国营八四七〇厂、三明市无线电一厂国有资产的通知

三明市国有资产管理局、福建九州综合商社有限公司：

三明市国资局明国资(1997)130 号《关于将国营八四七〇厂、三明市无线电一厂国有资产上划给福建省国有资产管理局管理的请示》和福建九州综合商社有限公司闽九综(1997)第 132 号《关于接收三明市国营八四七〇厂、三明市无线电一厂、建瓯罐头厂、福建天马集团公司的全部国有资产的申请报告》收悉。同意福建九州综合商社有限公司接收三明市国营八四七〇厂、三明市无线电一厂的全部资产，以一九九六年十二月三十一日为时点，评估确认后总产总额 72 418 084.12

元，负债总额 52 738 781.45 元，所有者权益 19 679 302.67 元，其中土地使用权价值 11 929 637.00 元。福建九州综合商社有限公司接收三明市国营八四七〇厂、三明市无线电一厂的全部资产后，应按有关规定办理相关产权变更手续。

福建省国有资产管理局（章）

一九九七年十二月九日

主题词：九州商社、国有资产、接收、通知

抄送：省经贸委、省财政厅、三明市八四七〇厂、三明市无线电一厂。

(33)《国营八四七〇厂关于企业流动资金贷款担保问题的请示》，1997 年 12 月 18 日

国营八四七〇厂

关于企业流动资金贷款担保问题的请示

九州商社总部：

我厂加盟九州后，征得总部同意继续与三明制药厂作为贷款互保单位，然而，近段三明市工行三元支行提出“该企业 97 年效益滑坡，资金信誉评估等级较差，不宜作为我厂担保单位，并提出把原流贷都逐步转为九州股份公司担保”。因为路途较远，办理不便，所以我们曾向三元支行提出希望通融，但经市分行研究后，认定要九州股份公司担保。

我厂现在三明工行三元支行贷流动资金共为 1 230 万元，截至今日由于担保问题影响，已经逾期 280 万元，为了加速资金周转，减少逾期利息支出，降低成本费用，恳请总部对这一问题给予尽快研

究解决。

另外，根据企业的发展情况，考虑到今后有增加贷款的必要，为此，本次上报总担保数为 1 500 万元，在此额度内周转滚动，期限贰年即到 1999 年 12 月 31 日止。以上请示妥否，盼复。

国营八四七〇厂（章）

一九九七年十二月十八日

(34)《福建电子元件厂概况》，2000 年 7 月 6 日

福建电子元件厂概况

我厂原名：福建无线电元件厂（国营八四七〇厂系第二厂名，至今仍沿用）。始建于 1970 年 1 月，中型军工企业。1972 年从三明迁厂到泰宁，1987 年又从泰宁迁回三明。为扩大电子元件生产规模，先后于 1985 年、1988 年、1993 年进行了技术改造，生产经营也一度相当“红火”。历史最高水平的 1994 年工业产值达 6 340 万元/年、销售收入 3 534 万元/年、实现利税 382 万元/年。仅从 1988 年至 1996 年九年内，就完成工业产值、销售收入和实现税利分别为 3.15 亿元、2.06 亿元和 2 356 万元。客观地说，建厂三十余年，我厂确实为国防建设和当地的经济发展做出过应有的贡献。

电子企业一直是处于极其激烈的市场竞争之中的。随着市场经济体制改革的一步步深化，我厂转轨变型并不到位，不能适应从传统的计划经济体制加速向市场经济体制的转变，在泛舟“大海”中，不进则退了。

1996 年的股份合作制试点改革，由于多数职工缺乏思想准备，且交不起入股款；恰在此时福建九州集团来三明寻求兼并国企。在

主管部门的协调及三明市政府的准许下，1997 年初，我厂与原三明市无线电一厂同时签约接受了九州集团的兼并。1997 年 10 月，两厂的国有资产正式由三明市国资局核转省国资局并授权福建九州综合商社主管。三明市工商部门注销了这两厂的营业执照，同时注册登记了"福建电子元件厂"。该企业法人继续在原址——三明市三元区从事电子产品生产经营。据福建九州集团闽九集字(1997)第 67 号 批复："把两厂进行合并，七〇厂从属于总部领导，一厂则直接从属于七〇厂，并直接服从七〇厂的人、财、物等各方面的管理及对口业务指导。"

但由于企业在进行高负债的技术改造后，未能及时拓开相应的产品市场，使新增的生产能力几乎处于闲置状态；又因为前几年亚洲金融危机，对我厂电子元件的出口市场造成巨大冲击，再加上九州商社前几年的运行方式、内部经营管理问题，以及企业历史包袱沉重等诸多因素，造成了生产急剧下滑，累计 1 280 余万元的应收账款无法收回，企业连年亏损，负债一年比一年重，并且大量拖欠职工的工资、医疗费、劳保费用和社保应缴款。目前，企业已严重资不抵债，到了连简单再生产都难以为继的地步。

企业的资产负债情况(另附)

企业占地总面积 38 166 平方米，其中工业用地面积为 29 319 平方米。现有在册职工 720 人，其中：全民固定工 405 人、合同工(含混岗集体工)69 人、家属工 43 人；此中包括的离退休人员 203 人，其中离休干部 5 人，1949 年 10 月以前参加工作的退休人员 5 人。

福建电子元件厂(章)

二〇〇〇年七月六日

(35)《关于申请福建电子元件厂(国营八四七〇厂)实施政策性破产的请示》,2000年7月25日

福建电子元件厂文件

(8470)厂字[2000]14号

关于申请福建电子元件厂(国营八四七〇厂)实施政策性破产的请示

三明市机械电子工业局：

福建电子元件厂(国营八四七〇厂)由于历史包袱沉重、负债技改拖累、经营管理和市场变化等主客观原因,导致连年亏损、积重难返,无力扭亏脱困、严重资不抵债。二〇〇〇年七月二十四日召开的厂第六届五次职工代表大会,已审议并原则同意《福建电子元件厂(国营八四七〇厂)破产预案》,并通过了同意企业申请实施政策性破产的决议,同时提出了要求上级主管部门和政府重视、解决的意见与建议。

今年是中央提出的实现国有企业三年解困目标的最后一年,为了使我厂这一特困的军工国有企业得以解脱困境,为寻求依法保护债权人、债务人以及企业职工合法权益的有效途径,现正式提出对福建电子元件厂实施政策性破产的申请,妥否,请批复。

附：

1. 福建电子元件厂概况；
2. 福建电子元件厂(国营八四七〇厂)破产预案；
3. 国营八四七〇厂六届五次职代会决议(附职工代表意见和建议)；
4. 资产负债表。

福建电子元件厂(章)

二〇〇〇年七月二十五日

抄报：三明市经委、市国资局、市优化办、福建九州综合商社。

(36)《三明市机械电子工业局关于同意福建电子元件厂实施破产的批复》,2001年8月21日

三明市机械电子工业局文件

明机电[2001]26号

关于同意福建电子元件厂实施破产的批复

福建电子元件厂：

你厂《关于申请福建电子元件厂(含三明市无线电一厂)实施破产的请示》收悉,现批复如下：

福建电子元件厂由于负债技改,经营管理不善,导致连年亏损和严重资不抵债,已于2000年6月全部停产。根据《中华人民共和国企业破产法(试行)》、三明市工业企业改革领导小组8月13日会议纪要([2001]8号)以及福建九州综合商社有限公司与三明市机械电子局签订的《关于委托处置福建电子元件厂和三明市无线电一厂的协议书》,同意福建电子元件厂(含三明市无线电一厂)实施破产,请依法向法院提出申请。

此复。

二〇〇一年八月二十一日

三明市机械电子工业局(章)

抄报：叶市长、张志南副市长、许葆立副秘书长。

抄送：市中级人民法院、市经委、财政局、劳动局、土地局、国资局、有关银行、九州综合商社。

三、三明印染厂档案

(1)《解放思想、开动机器、同心同德、共奔四化——福建省三明印染厂一九七九年工作情况汇报》,1979年12月27日

解放思想、开动机器、同心同德、共奔四化
——福建省三明印染厂一九七九年工作情况汇报

一九七九年是全党工作着重点转移到社会主义现代化建设上来的第一年,也是全厂职工为把我厂办成大庆式企业而同心协力,苦干实干,不断前进的一年。

一年来,在党的十一届三中、四中全会和五届人大二次会议精神的指引下,在上级主管部门关怀指导和厂党委领导下,我们以生产为中心,以优质、高产、低耗、安全为重点,深入开展了增产节约的社会主义劳动竞赛,狠抓涤棉生产线的扩建,狠抓企业管理,大搞技术革新和技术教育,取得了显著成果。到十月十九日止,提前七十三天超额完成全年国家生产计划。八项技术经济指标除成本外,大部分达到"三超"的要求。即:超过今年计划,超过去年实际水平,超过本厂历史最好水平。在部颁大庆式印染企业七项质量和消耗标准中,有六项超过了部颁标准。在完成生产任务的同时,基本完成一千万米涤棉生产线的扩建任务。

汇报分三个部分:

一、八项技术经济指标完成情况。

二、围绕生产中心进行的几项主要工作。

三、存在问题,改进措施和明年工作的初步打算。

一、八项技术经济指标完成情况

1. 产量

一九七九年计划 5 070 万米。已于十月十九日提前七十三天超额完成。今年预计可以完成 5 770 万米。比计划增长 13.8%，比去年 4 630.82 万米增长 24.62%，再创本厂历史最好水平。为了多做贡献，还为本省和外省加工 423 万米。

2. 品种

根据省纺织工业公司下达的大类品种计划全部超额完成。其中重点考核的品种指标有二个。

(1) 涤/棉卡其。年计划 120 万米，预计完成 147.9 万米，比计划增长 23.26%。

(2) 印花布。年计划 800 万米，预计完成 879 万米，比计划增长 9.89%，比去年 573.71 万米(历史最好水平)增长 53.44%。

3. 质量

全国印染行业主要质量指标共有四个。

(1) 印染布入库一等品率。年计划 92%，预计达到 97.8%，比去年 96.30%提高 1.55%，再创本厂历史最好水平，比大庆式印染企业水平 91.67%提高 6.68%。

(2) 涤棉入库一等品率。年计划 88%，预计达到 94.5%，比去年 93.39%增长 1.11%，比大庆式印染企业水平 88%提高 7.38%。

(3) 印染布缩水合格率。年计划 98%，预计完成 98.4%，比计划提高 0.4%。

(4) 印染布漏验率。年计划 3%，预计达到 1.94%，比去年 2.3%下降 15.66%，已超过大庆式印染企业水平 3%的要求。

4. 消耗

全国印染行业主要考核指标也有三项。

(1) 百米耗煤量：年计划 35 公斤，预计达到 31.5 公斤，比计划下降 10%，已超过大庆式印染企业的标准(35 公斤)。

(2) 百米耗电量：年计划 5 度，预计消耗 4.8 度。比去年 4.82 度下降 0.4%。

(3) 百米耗碱量：年计划 1.2 公斤，预计消耗 1.06 公斤，比大庆式印染企业标准 1.2 公斤降低 11.66%。

5. 全员劳动生产率

年计划 70 000 元/人。预计达到 84 000 元/人。比去年 66 200 元/人增长 26.8%。

6. 可比产品成本降低率

预计上升 0.8%，主要原因是为了保证产品质量，轧液率提高 5%，部分染化料价格提高及管理费用增加了。

7. 利润总额

年计划 940 万元，预计达到 1 100 万元，比去年 921 万元增长 19.4%，再创本厂历史最好水平。

8. 百元产值占用流动资金

年计划 14 元，预计完成 14 元。(今年纺织厂超产比较多，我们的库存量也比较大，染化料、燃料也库存比较多。)

一九七九年工业总产值计划 6 000 万元，预计完成 7 400 万元，比去年 5 922 万元增长 24.96%。

总之，一九七九年是我厂历史上完成各项技术经济指标较好的一年。

二、围绕生产中心我们所作的几项工作

党的十一大以来，特别是党的十一届三中全会，确定了我们党的安定团结，稳定局势，解放思想，鼓足干劲，加速社会主义现代化建设的政治路线。确定了从今年起，全党工作着重点转移到社会主义现代化建设上来。为了贯彻执行党的这条政治路线，今年我们围绕生产中心，进行了如下九项主要工作：

1. 大力宣传三中、四中全会精神

为了使党在新时期的路线深入人心，我们利用广播、专栏、标语、大会、小会等各种形式、各种宣传工具，在全厂职工中大力宣传党的三中、四中全会和五届人大二次会议精神，宣传党的政治路线和思想路线，坚持四项基本原则。广泛进行法制教育，宣传国民经济调整、改革、整顿提高的"八字"方针，宣传党的允许百分之十的农民，百分之二十的职工先富裕起来的政策。把搞好生产和扩建作为全厂的中心任务。同时，按照客观经济规律办事，在加强思想政治工作的前提下，认真贯彻执行按劳分配原则，把行政手段和经济手段结合起来，从而提前七十三天完成国家生产计划，实现了超产再超产。

三中全会确定，看一个企业的党委善不善于领导，领导的好不好，主要看它：实行了先进的管理方法没有？技术革新进行的怎么样？劳动生产率提高了多少？利润增长了多少？劳动者的个人收入和集体福利增加了多少？按照这五条来检查我们的工作，可以说，我们基本上是做的好的，生产发展了，国家、企业和个人的利益都有较大的增长。今年上缴利润可达 1 004 万元，比去年增长 25 万元。我们试点企业可留成 66 万元，是去年的两倍半(今年的留成包括生产发展基金)。职工的个人收入除基本工资外，奖金加补贴，每人平均要增加近二百元。今年职工个人的每月平均收入达到六十二元以上。

2. 切实落实党的政策，大胆地纠正冤、假、错案……

3. 加强党、团的思想建设、组织建设，加强职工队伍的技术培训。

在党内除了采取脱产的短期轮训班方式，组织全体党员和干部认真学习党的三中、四中全会和五届人大二次会议精神和叶付[副]主席在国庆卅周年庆祝大会上的讲话，进行党的思想路线和政治路线的教育外，还利用业余时间，采取上党课的形式，逐条地进行了党的十二条生活准则的教育，健全党员的正常民主生活，提高了党的战斗力。同时注意发展经过实际锻炼的新老积极分子入党，壮大了党的队伍。今年我厂共发展新党员 20 名，并提拔了一批懂生产、懂技术的领导干部和技术人员及企业管理骨干。其中付[副]厂长一名，正、付[副]工程师三名，会计师一名。在思想整顿的基础上十一月份各党支部进行了改选，十二月中旬又召开了我厂第一次党员代表大会，总结了首届党委成立九年多来的工作，并充分发扬了民主，选举产生了我厂第二届党委。第二届党委十一名委员中有五名工程技术人员，有力地加强了生产第一线的领导力量。在抓党的建设的同时，团的工作也取得一定的成绩，染色车间团支部组织了学雷锋小组。一年多来，不管平时工作再忙，每逢厂里开大会，都坚持抽出业余时间帮助工会打扫会场，全年打扫五十二次。今年全厂共发展新团员 17 名，评选新长征突击手标兵 1 名，突击手 5 名。

在抓职工文化教育和技术培训方面，今年也有新的发展，脱产技工学校和业余技工学校各增加了一个新班级，并增设了政治经济学和企业管理学专题知识讲座的新课程。党委主要负责同志、技术厂长和计划、技术、财务科的主要负责同志亲自给学员们讲课。明年七月份开始，每年将有 20 余名学生毕业，充实技术和管理力量。

4. 发动群众，继续开展工业学大庆，创办大庆式企业的群众运动

在学大庆，创办大庆式企业的群众运动中，我们克服、纠正了以往一些形式主义的做法，把大力开展增产节约和提高产品质量，增加花色品种以及技术革新作重点。今年，我们坚持了以厂长、付[副]厂长、生产部门中层领导为主的跟班调度制度。同时，加强了工艺技术条件的检查，初步克服了过去没数据、相互扯皮、问题拖而不解决的现象，工艺上车率正在逐步提高。技术科还组织设计人员进行调研，征求商业部门和广大消费者的意见，设计适销对路的花布。今年参加定产会议杂色布样共有 70 块，不同花型的花布纸样和布样 120 只(包括有 600 个色位)，这对今年花色品种的扩大起了保证作用。同时，今年我们还推行了全面质量管理的试点工作，在全厂技术管理干部中上了三次课，目前正以漂练车间为主进行全面试点。

在增产节约运动中，各车间、各部门开展节约一斤煤、一度电、一

寸布、一滴碱、一滴油、一滴浆的活动，使燃料、动力消耗均有所下降。据初步估计，今年全厂节约各种原材料及各种费用达 11 万元。全厂评出增产节约先进车间、科室 4 个，增产节约小组 51 个。例如：漂练车间、整装车间回收回用麻绳 47 741 斤，价值两万八千多元；回收打包纸 121 351 张，价值一千六百多元。染色车间 2 号轧染机操作工在调换品种时，把悬浮体轧槽内沉积的染料刮起来，一年来共收集各种士林染料 53 公斤；他们利用空余时间把 15 只红外线金属网□修补好再使用，又为国家节约 459 元。印花车间机印操作工充分利用废浆达 9 200 升。机动车间在保证供汽、供电、供水、搞好设备日常维修，维持正常生产的前提下，今年还自力更生安装了涤棉生产线的大部分主要设备和辅助设备，为厂里节约 12 万元的安装费用；全车间今年义务加班达 2 723 人次，8 169 个工时。供销科在原材料不足的情况下，千方百计"找米下锅"。年初为了满足草绿品种的生产，供销人员到江西、浙江、上海、江苏、山东等兄弟地区、兄弟厂求援，争取货源，满足生产，满足市场需要。同时，加强了运输管理和煤炭等物质的管理。计划科在坯布供应不足的情况下，合理搭配品种，加强计划调度，保证了生产的正常进行，为今年多超产创造了有利条件。技术部门为发展涤富新品种，积极做好工艺技术方面的准备工作，使这个品种的产量在试产第一年就达 400 万元左右。为了提高"涤卡"产品质量，技术部门为树脂整理上马做了大量工作，并自己合成"二 D"树脂，从今年十月份起出厂的"涤卡"全部实行树脂整理工艺。财务部门及时正确反映生产经营情况，并就掌握和了解的数据提供领导参考，当好参谋，出好点子，并以搞核算促进生产，为增产增利争取外加工任务。例如在接受江西 200 万米加工任务中，协同计划科用算账的办法，以兼顾双方利益为原则做成了生意。为江西的加工共得到 20 万元利润。

科研室在研究推广水煤气远红外干燥基本成功，为树脂整理预烘提供一种新形式的热源，保证树脂整理的上马。他们还在锅炉间推广应用“电磁分离器”，能除去煤中的铁性杂质，从而减少破碎机的磨损，减少结焦的可能。在治理三废中，利用废碱进行煤气脱硫，以废治废取得成功，即减轻管道设备腐蚀，减少车间空气污染，又节约自来水。在污水处理试验中完成生化处理的中型试验，并着手进行接触氧化法处理污水的试验。

今年来，我厂技术人员深入车间，深入生产第一线解决生产中的各种技术问题，有效促进了生产。例如：热定型机最近出现了异常故障，使车速只能在 30 米/分左右，影响年底加工任务的完成，经过技术人员认真观察研究，从理论上分析根源，及时排除了故障，使车速由 30 米/分恢复到原车速 40 米/分，每天多争回产量一万多米，保证了我厂生产任务和兄弟厂的加工任务的完成。

5. 进行扩大企业经营管理自主权的试点和清产核资工作

在地委工作组的帮助下，我们从十月份开始进行扩大企业经营管理自主权的试点和清产核资工作，二个多月来的试点工作，已经取得一定成果。由于财权的扩大，促进了全厂职工提前十到十五天完成大检修任务，在实现了超产四百万米的任务之后，接着再超产四百万米至五百万米。通过这次清产，比较彻底地摸清了家底，特别是供销料，在人手少、时间紧、任务重、困难大的情况下，搬动了二大仓库物资（坯布库、五金库），完成了 1 500 多吨物资的搬迁清点任务。并使仓库物资堆放条理化，基本达到账货相符。个别不符的也能查明原因，落实清楚，这为核定资金打下了良好的基础。

6. 抓扩建，一千万米涤棉生产线已逐步形成生产能力

在土建方面，已完成汽车库、电工间 603 平方米，新烧毛车房 288 平方米，钢材仓库 200 平方米，烧碱房 240 平方米。㱙钢改为棉布仓库 3 888 平方米。职工宿舍 23 幢已切[砌]五层，24、25 各一层，以及简易房屋 144 平方米等等。其土建面积达 5 219 平方米，土建金额 26 万元。

设备安装方面，在机动车间和有关部门的积极努力下，涤棉生产线全部廿一台专业设备，除预缩机外，已基本安装完成。并对74型新设备的复杂电气线路的调试进行研究，改变了一些原设计制造上不合理的部分，有力促进了这批新设备在较短时间内都达到空车试车成功。新宽幅丝光机已正常投产，其他新设备也正在试车和逐步投产。这些设备的总金额为195万元，即将转入固定资产。总之，一千万米涤棉生产线已基本形成生产能力。

7. 抓安全生产整顿工作

去年，我厂在安全生产方面抓得不够，全年一共发生大小事故七十三起。今年厂部把安全生产提到议事日程，着手抓整改，厂部和车间分别建立安全生产领导小组；各小组设立安全员，厂部、车间每月定期召开一次安全生产会议，建立防护设备维修制度，对新工人实行三级安全教育。并订出安全生产惩罚制度，基本上做到了事故原因不查清不放过，防护措施不落实不放过，群众没有受到教育不放过。因此全年工伤只发生6起，比去年降低89%。因工伤造成损失工作日424日，比去年降低64.3%，而且出现了全年无事故车间——整装车间。

8. 关心职工生活

要调动人的积极因素，努力把生产搞上去，就必须关心群众生活。

在当前付[副]食品供应还比较紧张的情况下，我们坚持办好农场，努力改善职工生活。今年农场供应食堂菜猪90头，毛重达18 178斤，平均每头208.9斤，每个职工平均吃肉14斤；农场又利用征用的污水处理场地种了四亩水稻。收稻谷2 964斤，地瓜600斤，蔬菜89 447斤。鱼池养鱼捕获鲜鱼4 361斤，全厂职工平均每人4斤多。

为了改善职工的住房条件，今年对57户的老房子进行内粉刷。在第20幢、第23幢建造了32只水斗，改善了这二幢住户的用水，同时自己组织材料，利用废旧料，建造了48间柴火房和九户简易平房，以解决青年职工结婚用房的燃眉之急。

今年我们的食堂在货源十分紧张的情况下，积极组织货源，保证食堂供应，尽量增加花色品种，每天新增加点心供应。粮食管理工作也做得比较细，被市里誉为先进单位。

我们的医务室不单治病，而且在防病方面采取许多积极措施，今年为职工注射预防疫苗达 771 人次，用洗必太[泰]点鼻达 10 860 人次，还用菊花茶预防乙型脑炎，设立肠道门诊室，有效地防止了 2 号病的传入，这些预防工作深受职工的好评。在抓好晚婚和计划生育方面，也做了大量工作，今年初婚女青年 28 人，男青年 19 人中无早婚，我厂连续三年无密胎，连续 8 年无三胎，全厂 30 人领取独生子女证，一胎结扎有 3 人，79 年又被评为三明市计划生育先进单位。托儿所的幼教质量也有显著提高，并为儿童增设午餐，供应牛奶，使孩子的家长安心生产，解除后顾之忧。今年还建立了一支由□□组成的卫生队伍，改善了厂区和生活区的卫生条件。

为了改善职工文艺生活，今年我厂新增添一架彩色电视机和一架黑白电视机，并组织了一支业余电视放映组为全厂职工服务。

9. 用经济手段管理经济

为了落实按劳分配的原则，调动人的积极因素，用经济手段管理经济是一项行之有效的办法。今年我们先后多次改革奖励办法，对促进生产发挥了巨大的作用。实行了综合奖励制度，全厂的出勤率显著提高。今年满勤人数由去年的 167 人，提高到今年的 339 人。汽车驾驶班实行了按车次计奖办法后，运输效率大大提高，到火车站运煤由过去的每天 4～5 车，提高到十一、十二车，甚至超过十五车之多。印花机印实行以质量为主的计奖办法之后，一等品率平均达 98.7%，其中八月份达到 99.4%；锅炉实行以不结焦为主的计奖办法，使过去每月 3～5 天的结焦减少为 1～2 次；车刨组今年三月实行估工记时得奖制度，也大大提高了工作效率，调动了积极性。在大检修中采用的包干计奖制后，大大缩短了检修时间，原计划 40 天，结果 25 天就基本完成。提前15天投产。

三、存在问题，改进措施和明年的打算

一年来，在党中央的英明领导下，在上级党组织的关怀下，我们在工作中取得了一定的成绩，但距离党和人民对我们的要求，还有很大的差距。不少问题摆在我们面前，急需解决。归纳起来，主要有以下几个方面：

1. 在经济核算方面，还没有全部落实到基层，虽然产质量和煤电消耗指标和部分低值易耗指标已经下达到各车间机台，但是车间的独立核算，单位产品成本核算等都还没有搞，在一定程度上还存在吃大锅饭的现象。

2. 在管理方面，还比较薄弱，还没有形成一整套行之有效的办法。不少管理工作还不落实，在用经济手段管理经济方面，不少同志还心有余悸。

3. 政治思想工作还不够细致，打架、偷窃的歪风还时有出现。另外在实行物质奖励工作中，平均主义的倾向、单纯追求物质奖励的倾向都还不同程度地存在。

针对以上问题，拟采取以下整改措施。

1. 进一步健全车间、机台、班组考核指标，在已经落实的煤、电、低值易耗品消耗指标的基础上，逐步建立百米产品染化料的消耗指标，进行单位产品成本核算，进一步搞好机台、工种定员。如：机修车间车刨组的工时定额制度，设备保养的包干负责制。

2. 加强干部的经济学和管理学的培养和教育。大胆实践，不断总结按经济规律办事的经验教训，切实进行扩大企业经营管理自主权的试点，不断完善奖励制度，一切以数据说话，改评奖为计奖。

3. 基建方面要积极做好第二期扩建的扫尾工作，新增设备要逐步正常开出，尽快投入生产，形成生产能力。要抓紧污水处理，职工宿舍等在建工程的施工进度，同时印花机厂房、煤气炉房、煤气柜和食堂兼会场等工程要抓紧落实资金、材料、图纸和施工力量尽快投入施工。另外要积极做好第三期扩建(即纺织部安排的 1 000 万米树脂整理技措项目)的准备工作。

4. 继续以抓好生产为中心,在试点的基础上,广泛推行全面质量管理,进一步明确制订各工序工种的质量标准,提高工艺上车率,加强抽查和半制品质量检查,在保证超产的基础上,不断提高产品实物质量水平。堵塞漏洞,降低消耗,保证完成产品成本指标。同时要继续努力发展品种,今年要重点做好富维混纺织物和涤粘中长纤维织物的试产工作和涤棉热熔染色的正常投产。

5. 认真贯彻中央 90 号文件,加强法制宣传,采取有效措施,打击不正之风。进一步巩固和发展安定团结的政治局面,教育全厂职工做解放思想的促进派,做安定团结的促进派,做实现四化的促进派。并采取切实有效的行政措施和经济手段,消除动乱因素,消除不安定、不团结的因素,同时坚持四项基本原则,切实加强党的领导,不论在党内党外,既要民主,也要集中,在某些方面更要集中。既要自由,也要纪律,在某些方面更要纪律。既要个人心情舒畅,也要统一的意志,在某些方面更要统一的意志。

6. 全厂各个方面的工作都要围绕我厂第一次党代会向全厂党员、职工提出的今后二、三年内的奋斗的主要目标来进行、来奋斗。这就是:

(1) 力争在一九八一年内,实现厂党委提出的"苦干实干二、三年,生产能力翻一番"的目标,年产量突破八千万米,年产值突破一亿元,税收利润额突破二千万元,并创造一、二个优良产品,争取出口。

(2) 力争在一九八一年内实现:职工的住房每人八平方以上,生活区实现煤气化,职工的月平均收入(包括奖金和补贴在内)达八十元以上,符合招工条件的职工子女全部就业,到一九八三年职工个人的月平均收入达到一百元,实现邓付[副]主席在三中全会上提出的目标。

为了实现上述目标，我们在一九八〇年争取印染布达6 700万米，比七九年实际完成增长8.19%；产值争取8 000万元，比七九年增长8.1%；利润争取1 140万元，比七九年预计完成增长5.55%。在技术上，推广快速树脂整理，提高涤/棉织物"滑、挺、爽"风格，改善起毛起球质量问题。采取均匀轧车，提高染色均匀度，减少涤/棉印染布色差疵点，提高实物质量水平。

……

一九七九年十二月二十七日

(2)《三明印染厂一九七九年上半年大庆式企业自检情况》，1979年7月28日

三明印染厂一九七九年上半年大庆式企业自检情况

三明地区工交办、大庆办：

遵照省经委大庆办关于一九七九年上半年大庆式企业自检的通知精神，我厂七月上旬在各班组、各车间、各科室进行半年工作情况总结的基础上，七月十五日召开厂首届职工代表大会第四次会议，检查总结上半年工业学大庆情况。

职工代表首先听取了付[副]厂长付[傅][①]春连同志代表厂部作关于上半年工作生产情况的报告。在报告中，首先汇报了上半年八大经济技术指标完成情况，并回顾了上半年厂党委和厂部抓的几项主要工作。一、狠抓三中全会和四月中央工作会议精神的宣传、贯彻和落实，做好工作着重点的转移；二、落实党的政策，调动一切积极因素；

① 据本人介绍，应为"傅"。

三、用经济手段促进企业管理；四、努力提高产品质量，增加花色品种；五、加强职工技术培训，提高操作水平。

汇报后，各车间代表分组讨论，按照大庆式企业新的六条标准检查我厂半年来的工作情况。下午，由主席团成员叶清庚同志，向全体代表汇报各组讨论的情况。

最后，由党委负责同志闪福香同志讲话，对下半年深入开展工业学大庆和增产节约运动提出了要求。号召全厂职工，为实现今年增产节约规划，为把我厂办成大庆式企业，同心同德，继续努力。

全体代表一致认为，傅春连同志代表厂部所作的工作报告是实事求是的，我厂上半年各方面的任务完成是比较好的，成绩是比较显著的。在生产上，完成的产量是历史的最好水平，6 月份首创平均日产 25 万米，月产 646 万米的新记录，质量也是创历史最好水平。品种按计划及时供应市场，特别是富棉(T)新产品适销对路，从福州、沙县、永安、三明等地的展销情况看，该产品是深受消费者欢迎的。沙县展销一天的营业额达二万多元，三明展销第一天，五个柜台营业额也达二万多元，有五位消费者为了购买该产品相继被挤昏倒。在原材料消耗上，三项考核指标有两项降低率超过部颁大庆式企业标准，一项接近部颁大庆式企业标准。全员劳动生产率比去年同期也有较大幅度的增长；产品的利润率上半年平均达 17.68 元/百米。机动车间在保证正常生产的情况下，自力更生，基本完成第二期扩建的涤棉车间主要新设备的安装任务。厂部还狠抓了去年我厂安全生产的薄弱环节，采取了思想教育和必要经济措施，使上半年工伤事故大大减少，1—6 月份只发生了四起较小的工伤事故，比去年同期发生的五十五起工伤事故减少了百分九十三。各部门工作正转移到以生产为中心的轨道上来，绝大多数职工都能坚持岗位，对歪风邪气和不良倾向敢管敢抓。全厂出现安定团结，正气上升。代表们对今年把我厂创办成大庆式企业有充分的信心。

我厂上半年虽然取得显著成绩，但是也存在不少问题。上半年在八大经济技术指标中，成本指标没有完成。代表们分析了成本指标没有完成，虽然有客观的原因，也有主观原因。为了使厂里下半年能向更高标准迈进，代表们对厂部提出如下意见和要求：

1. 在生产管理上考核不够严密，漏洞还比较多，应由一级核算过渡到二级核算，克服吃大锅饭现象。

2. 各部门的岗位责任制和各车同的工艺操作规程虽然建立起来，但是有的职工没有严格执行工艺操作规程，影响产品的质量。班组管理还要在去年整顿的基础上，继续巩固加强。

3. 设备档案管理方面，要求台台设备建立档案，设备出了事故及时分析原因，并引以为戒。

4. 生活管理上，要求行政科着重抓一下食堂管理和生活区的管理，把食堂卫生搞得好一点，增加花色品种，生活区要下决心狠抓一下煤灰的污染问题。

代表们认为：要把厂办成大庆式企业，下半年要把增产节约当作中心任务来抓，下半年保证提前二个月完成全年生产计划，争取超产600万印染布；要坚持质量第一的原则，把23×21纳夫妥大红布，23×21纳夫妥浆布，23×21一九〇士林，32×36印花纱夫绸作为赶超国内先进水平的产品。要组织职工算细账、挖潜力、献计策、订措施，发扬一厘钱精神，节约一度电、一斤煤、一寸布、一滴浆、一滴碱、一滴油、一滴水，使下半年的生产成本有显著下降。

代表们表示，要把年终检查作为一个加油站，把会议精神落实到行动中去，争取早日把厂创办成大庆式企业。

福建省三明印染厂（章）

1979.7.28

附件：八大经济技术指标完成情况

抄报：省经委大庆办；省轻工业局办公室、政治处、大庆办；省纺织局；地委办公室、地区轻工业局。

三明印染厂一九七九年上半年八大指标完成情况

指标项目	计量单位	大庆式企业部颁标准	全年计划	上半年实际完成情况	去年同期完成情况	上半年完成年度计划%	上半年比去年同期水平比较增减%
1. 印染布产量	万米		5 070	3 098.40	2 004.25	61.11	+54.59
2. 主要品种							
(1) T/C	万米		120	68.41	63.34	57	+8
(2) 印花布	万米		800	502.98	241.29	62.87	+108.52
3. 质量							
(1) 印染布入库一等品率	%	92	92	97.73	95.4		+2.44
(2) 印染布缩水合格率	%	98	98	99.06	99.53		−0.48
(3) 印染布漏验率	%	3	3	1.84	2.42		降低 24
4. 消耗							
(1) 百米耗煤量	公斤/百米	35	35	32.25	30.35		提高 6.26
(2) 百米耗电量	度/百米		5	4.71	5.14		降低 8.3
(3) 百米耗碱量	公斤/百米	1.2	1.2	1.10	1.17		降低 6%
5. 全员劳动生产率	元/人		70 000	44 184	38 252	63.21	+15.51
6. 可比产品成本降低率	%		−1.43	−0.67			
7. 利润总额	万元		873.5	553.80	557.39	63.4	−0.64

续　表

指标项目	计量单位	大庆式企业部颁标准	全年计划	上半年实际完成情况	去年同期完成情况	上半年完成年度计划％	上半年比去年同期水平比较增减％
8. 百元产值占用流动资金	元		14	13.27	11.53		超 15.10
附工业总产值（70 年不变价）	万元		6 000	3 768.87	3 288.20	62.81	+14.61

(3)《加强职工技术培训工作，提高操作水平——三明印染厂关于开展职工技术教育的情况汇报》，1979 年 7 月 28 日

加强职工技术培训工作，提高操作水平
——三明印染厂关于开展职工技术教育的情况汇报

为了适应生产发展的需要，近年来，我厂在对职工进行技术教育方面做了一些工作，现简要汇报如下：

一、技术教育的形式

我厂进行技术教育归纳起来共有六种形式：① 开办脱产技工学校；② 开办职工业余技术学校；③ 分车间举办短期专题训练班；④ 开展科普讲座；⑤ 分机台进行操作练兵；⑥ 对新工人进行技术考核。这六种形式，各有特点，交叉进行，都收到了较好的效果。

1. 开办脱产技工学校

一九七八年夏天，我厂通过自愿报名，文化考核，根据择优入[录]

取的原则，在青年工人中挑选了20名具有真正初中以上文化程度、作风正派、好学上进的青年，办起了技工学校。后来福州印染厂又送来两名学员。因此第一批学员共22名。技校系二年制专科学校，根据理论与实践相结合的原则，安排每周劳动一天，其余五天为每天上午四节课，下午及晚上复习、做作业并预习第二天的课程。根据学以致用的原则，二年内计划安排数学、物理、基础化学、有机染料化学、英语、工业分析、电工、制图、染整工艺学（包括漂炼、染色、印花、雕刻、整装）等十三门主要课程，在上专业课之前，安排一个月认识实习，在毕业之前，安排4～5个月的毕业实习、毕业设计和毕业鉴定，全部授课时间为1 702学时。具体教学月历进度见附表一。

2. 开办职工业余技术学校

今年二月，我厂在开办脱产技工学校之后，为满足广大职工迫切要求学习技术知识的愿望，又开办了职工业余技术学校，共招收65名学员。业余技校每周上三次课，每次二个学时。早夜班和常日班安排在厂星期一、三、五晚上，中班安排在当天上午。也是两年毕业，开设基础化学、英语、制图、电工、漂炼、染色、印花、雕刻、整装等九门课程。全部授课时间为600学时，具体教学月历进度见附表二。

3. 分车间举办专题训练班

例如机修车间办的制图读图训练班和成品车间办的质量标准学习班等。这种形式由于学习内容和本人实际工作密切相关，学员容易理解和掌握所学的专题知识。而且学了马上就能用，故效果比较显著。

4. 开展科普讲座

从去年八月份起，我们每隔1～2个月就安排一次科普讲座。讲座内容有科普常识如“水”“电”等，也有专题知识如“红外线”“印染工艺自控”“环境保护”等。至今已讲了六次，群众反映很好。

5. 分机台进行技术练兵

去年以来各车间主要机台都普遍开展了这项活动，有集体操作，也有个人操作。如我厂2号连续轧染机包括挡车、中车、前后车和化料，每班共七人。在练兵时，三个班全部到场，一个班操作，二个班看。从穿导带开始，一直到整台连续轧染机各单元正常安全开出，看谁的速度快，谁的操作正确，谁前后呼应、相互配合好。在操作练兵时还邀请兄弟车间的同志参加。练兵后，立即进行讲评，在肯定成绩的基础上指出存在的问题。通过练兵，对集体和个人都有促进作用。

6. 进行技术考核

过去新工人学徒期满，不管是否掌握必要的技术知识，一律转正。这样不能促进新工人学习技术。去年我们改变了这种做法。对全厂173个学徒期满的青年工人进行了一次技术考核，用笔试和口试的方式考核理论知识、操作知识和安全知识，用独立操作的方式考核操作技术，提前两个月通知，大家非常紧张，积极进行准备，有的同志反映说二个月中学到的东西比两年还多。考核结果，有一个艺徒不但理论知识掌操较好，而且操作技术超过一般水平，转正后，又考虑列入去年百分之二升级面，当年再升一级。还有一个青工本来还有半年才能定级，由于考核成绩较好，就提前半年定级。而另外一个人不但考核成绩很差，而且平时表现不好，决定延期三个月转正。实践证明。这样做的结果有力地推动了广大职工学习技术。

除了以上六种技术教育形式外，我们还在干部中采取了定期学习生产业务的制度，每隔一周抽出半天时间学习生产业务，用讲课的形式介绍印染生产工艺知识。书记、厂长带头，许多中层干部都积极参加。

二、开展技术教育中的几个具体问题

开展技术教育必须解决好以下几个具体问题：① 组织领导问题；② 师资问题；③ 教材问题；④ 学员待遇问题。现将我厂的做法介绍如下：

1. 组织领导问题

我们认为这是一个非常重要的问题，因为开展技术教育，提高职工技术水平是工厂为实现四个现代化所必须做的一项重要而具体的工作。首先厂党委应该重视，应该落实专人来抓，我厂明确分工由一名常委副厂长抓这项工作，下面除脱产技工学校单独设立机构外，职工业余技术学校由工会负责，科普讲座由科技研究室负责，各车间专题讲座由各车间和技术科负责，操作练兵，技术考核由技术科、劳工科和有关车间负责。

2. 师资问题

这是一个比较麻烦的问题……许多技术干部都不愿担任教师，我们化[花]了很大力气才落实了五名专职教师。技工学校有十三门课，加上夜校九门课，虽然有些课程技校和夜校是重复的，但五名教师总是不行。为了解决这个问题，我们采取了聘请兼职教师的办法。目前我厂技校和夜校共聘请六名兼职教师，基础课大部分由专职教师担任，基础技术课全部由兼职教师担任。即将开课的专业课也准备聘请兼职教师担任。我们聘请的兼职教师除英语课是三明二中的教师外，其余都是本厂的工程技术人员。对于兼职教师，我们全部按中央和省有关规定发给兼课酬金，要求兼课教师在完成本职工作的前题[提]下，充分利用业余时间进行备课、批改作业等教学业务工作。

3. 教材问题

这也是一个麻烦问题，因为工厂办学必须结合实际，很难找到现成的完全适合的教材。为了解决这个问题，我们编了一本《印染专业基础化学》，但上册完成后，下册一直抽不出时间去完成。因此基础课目前大部分仍选用全国通用教材，基础技术课和专业课部分用通用教材，部分用上海纺院、纺专和上海印染公司编的教材。

4. 学员待遇问题

我厂脱产技校学员的原有工资劳保待遇一律不变，学习期间工龄照算。如遇工资调整照样参加，学徒到期仍可转正定级，但原有岗位津贴暂时停发，并不参加评奖。学员毕业后成绩及格者发给毕业证书，原则上仍回本车间工作。

以上是我厂开展技术教育情况的简要汇报，通过实践，使我们深深体会到，技术教育抓与不抓完全两样。过去没有开展技术教育，许多青年工人业余时间谈吃谈穿，打扑克成风，甚至动脑筋做坏事，现在抓了技术教育，情况变了，技工学校的学员学习都非常认真，不少人几乎每天都要学习到深夜，其他青年工人也都积极要求学习技术。业余技校原打算招 50 名学员，结果报名的有两百多人。经过做思想工作，定了 65 名正式学员，但上课时教室里总有 100 人左右，挤得满满的，有的人没有位置就站着听。上课近二个月了，许多人一直坚持旁听，有些老工人和车间领导干部也坚持旁听，大家深深感到现在不学习技术不行了。

一九七九年四月二十日

附表一：三明印染厂技工学校教学月历

附表一

三明印染厂技工学校教学月历

年月 / 学时 / 科目		一九七八年				一九七九年												一九八〇年							
		九	十	十一	十二	一	二	三	四	五	六	七	八	九	十	十一	十二	一	二	三	四	五	六	七	八
数学	100	20	20	20	20	20	寒假				认识实习（分四组进行）		暑假						寒假	毕业实习	毕业实习	毕业实习	毕业设计鉴定	毕业设计鉴定	暑假
物理	100	20	20	20	20	20																			
基础化学	180	24	24	24	24	24	12	24	16	8															
有机染料化学	70								16	24		24	6												
英语	190	16	16	16	16	16	8	16	16	16		8	2	8	8	8	8	8	4						
电工	108						8	16	16	16		16	4	16	16										
制图	120						12	24	16	16		16	4	16	16										
染整工艺	250											16	8	24	24	24	24	24	24	24	24	24	24		
工业分析	55															16	16	16	8						
实习与设计	384										80									56	56	56	56	80	
机动	144																								
														16	16	32	32	32	16						
合计	1702	80	80	80	80	80	80	80	80	80	80	80	22	80	80	80	80	80	40	80	80	80	80	80	

附表二：三明印染厂职工业余技术学校教学月历

附表二

三明印染厂职工业余技术学校教学月历

课程 \ 学时 \ 年月		一九七九										一九八〇												一九八一		
		三	四	五	六	七	八	九	十	十一	十二	一	二	三	四	五	六	七	八	九	十	十一	十二	一	二	三
基础化学	80	16	8	8	8	8	8	8	8	8																
英语	144	8	8	8	8	8	8	8	8	8	8	8	8	8	8	8	8	8	8							
漂炼	40										8	8	8	8	8											
染色	40															8	8	8	16							
印花	48																			16	16	16				
雕刻	16																						16			
整装	24																							16	8	
制图	64		8	8	8	8	8	8	8	8																
电工	64										8	8	8	8	8	8	8	8								
机动	80																			8	8	8	8	8	16	24
合计	600	24	24	24	24	24	24	24	24	24	24	24	24	24	24	24	24	24	24	24	24	24	24	24	24	24

(4)《福建省经济委员会关于三明印染厂引进园网印花设备改造印染生产线项目建议书的批复》，1991 年 10 月 22 日

福建省经济委员会文件

闽经技[1991]680 号

关于三明印染厂引进园网印花设备改造印染生产线项目建议书的批复

省轻工厅、三明市经委：

省轻工厅闽轻纺字(91)第 30 号文及三明市经委明经技(91)087 号文均悉。三明印染厂为适应市场需求，改造传统化纤面料印染产

品，提出“前处理改造”和“第二条园网印花线填平补齐”技改项目，已列为纺织部“八五”期间“深、精、高最终纺织产品出口专项”，经研究，同意你们对该项目建议书的审查意见，现批复如下：

一、原则同意引进园网印花机、松式绳状高速退煮漂联合机、高温溢流喷射染色机等先进适用的印染设备，同时改造前处理工段的部分危房和设备；改造后，将传统的纯棉、涤棉、普通化纤印染产品改为年产750万米的涤棉花绉布、涤纶仿真丝、富丽绸等新型印染面料。

二、项目固定资产投资1 887万元，含外汇288万美元，建设期利息154.2万元。资金来源：人民币资金除企业自筹10%外，其余申请银行贷款解决；外汇288万美元，争取国拨外汇或由市场调剂解决；流动资金请在可行性报告中落实。

三、生产所需坯布仍按省纺织工业公司原计划渠道供给，不足部分由市场采购。

四、企业技术改造，应充分利用现有厂房、公用设施，本项目同意漂染工段危房改造翻建1 184平方米，扩建综合仓库600平方米，对于职工宿舍待项目可行性论证时再予核定。

五、环境保护等“三同时”请按有关规定办理。

一九九一年十月二十二日

主题词：纺织、技改、项目、批复

抄送：省政府办公厅、省计委、经贸委、财政厅、税务局、省市有关银行、三明市政府、市计委、经贸委、财政局、税务局、省机电设备进口审批办、三明印染厂、本委各主任、有关处室、存档。

(5)《福建省轻工业厅关于三明印染厂前处理生产线改造、增加园网印花机项目可行性报告的审查意见的报告》,1992年1月19日

福建省轻工业厅文件

闽轻纺(92)字第1号

关于三明印染厂前处理生产线改造、增加园网印花机项目可行性报告的审查意见的报告

省技术引进审批小组:

三明印染厂前处理生产线改造、增加园网印花机项目,省经委以闽经技(1991)680号文批准立项。我厅于一九九二年元月十一日邀请省市有关单位在三明市对项目可行性报告组织了论证,现将审查意见上报如下:

一、同意引进12套色园网印花机1台,真空滤浆机1台,碱碱[减]量处理机1台,高温溢流喷射染色机4台,三辊预缩机1台,均匀轧车2台,配套国产松式绳状练漂联合机1台,高温常压蒸化机1台,松式平洗机1台,洗网机1台(具体国别、型号、规格详见可行性研究报告)。

二、同意可行性研究报告采用的生产工艺流程。

三、年产量750万米,产品方案:

园网印花涤棉花绉布	250万米
纯涤纶印花仿真丝面料	200万米
纯涤纶染色仿真丝面料	100万米
园网印花富丽绸	100万米

园网印花涤黛绸　　　　　　100 万米

生产所需坯布仍按省纺织工业公司原计划渠道供给，不足部分由企业自行采购。

四、同意漂染工段危房翻建 1 184 m^2，扩建综合仓库 600 m^2，职工宿舍 2 400 m^2。

五、水、电、汽公用设施企业内部统筹调整，不需增加。

六、项目总投资 2 500 万元，含外汇 239 万美元，建设期利息 186 万元，资金来源由企业自筹 10%，其余人民币资金向工行申请贷款。鉴于此项目属纺织部专项和省重点项目，省市给予部分贴息贷款。所需外汇 239 万美元申请省市留成外汇和中行贷款。

七、环保、劳动安全、工业卫生、消防等方面在扩初设计时要另立专篇，制订切实有效的措施，在现有设施的基础上补充完善，达到国家新颁标准。

八、项目投产可新增销售收入 3 270.67 万元，利税 1 185.26 万元，创汇 150 万美元。

有关该项目享受的优惠政策，请在批文中予以明确批示。

附：引进设备清单

设备名称	型号	数量
1. 12 套色园网印花机及备品备件	SDM－2010	1 台套
2. 碱减量处理机	DEBACA	1 台
3. 高温溢流喷射染色机	MK6－140－2LT	2 台
	MK6－140－3LT	2 台
4. 三辊预缩机	FKSG－2	1 台
5. 均匀轧车	门幅 1800	2 台套

以上意见供审批时参考。

福建省轻工业厅(章)

一九九二年元月十九日

抄送：省经委、计委、经贸委、省统计局、财政厅、税务局、中行、工行、外管局、机电设备进口审查办、招标公司、商检局、福州海关、环保局、三明市经委、计委、经贸委、财政局、税务局、工行、中行、外管局、纺织工业公司、有关单位、三明印染厂。

主题词：纺织、印染、可行性研究、意见

(6)《福建省技术引进审批小组关于三明印染厂引进国外园网印花机等关键设备并改造印染前处理生产设备项目可行性报告的批复》，1992年1月24日

福建省技术引进审批小组文件

闽技引(1992)001号

关于三明印染厂引进国外园网印花机等关键设备并改造印染前处理生产设备项目可行性报告的批复

省轻工业厅：

省轻工业厅闽轻纺(92)字第1号“关于三明印染厂前处理生产线改造、增加园网印花机项目可行性报告的审查意见报告”文收悉。三明印染厂引进国外园网印花机等关键设备并改造印染处理生产设备技改项目可行性研究报告已经你厅组织省、市有关单位评估论证。认为三明印染厂以市场为导向，进行内涵改造，不增加生产总量，可调整产品品种和提高质量档次，经济效益较好，项目是可行的。经研究，原则同意你们的审查意见，现批复如下：

一、同意引进国外12套色园网印花机等关键技术和设备，配套部分国产印染设备后，将原年印染750万米普通纯棉、涤棉产品转为印染涤棉花绉和化纤纺丝/绸产品。

二、产品方案：圆网印花涤棉花绉布250万米/年，纯涤纶印花仿真丝面料200万米/年、纯涤纶染色仿真丝面料100万米/年，圆网印花富丽绸100万米/年，圆网印花涤黛绸100万米/年。

三、同意采用可行性研究报告中提出的生产工艺流程。

四、生产所需的坯布按省纺织工业公司原计划渠道供应，不足部分由市场采购。

五、改造项目应坚持内涵为主，充分利用企业原有的厂房和公用设施。为满足生产和职工基本生活需求，同意新增土建面积4 184平方米，投资185万元，其中：漂练工段危房改造1 184平方米，投资60万元；增加原料仓库600平方米，投资29万元；职工宿舍2 400平方米，投资96万元。职工宿舍的建设要与现房改政策结合。

六、项目总投资2 300万元，合外汇239万美元(折人民币1 290.6万元)，其中技改建设期利息186万元，固定资产投资方向调节税18.5万元，资金来源：配套人民币资金804万元，申请工商银行纺织专项贷款504万元，企业自筹300万元；外汇239万美元由中国银行贷款或申请省、市留成外汇解决。

七、涉及本项目的环保、劳动安全、工业卫生等应按国家有关规定与项目同时设计、同时施工、同时投产。

八、请帮助企业抓紧项目实施，争取1993年上半年建成投产，1996年底前还清项目全部贷款本息。还贷期间可用下列资金还款：

1. 项目投产后新增利润提留福利基金外，全部用于还贷；

2. 全部新增固定资产折旧费(其中：引进设备折旧率按10%提取)；

3. 上述两项资金不足还贷时，按税收管理体制报批，适当减征新增的增值税用于还贷。

4. 外汇部分还贷允许企业用自营产品出口创汇实行先还汇后分

成，或人民币调剂外汇还贷。

福建省技术引进审批小组(章)

一九九二年元月二十四日

抄报：国家纺织工业部

抄送：省府办公厅、经委、计委、经贸委、财政厅、税务局、工商银行、中国银行、外管局、商检局、福州海关、环保局、三明市经委、计委、财政、税务、工商行、中行、三明印染厂。

(7)《福建省三明印染厂关于申请改制设立福建省立丰印染股份有限公司的报告》，1992 年 8 月 31 日

福建省三明印染厂(报告)

(1992)三印厂字第 112 号

关于申请改制设立福建省立丰印染股份有限公司的报告

三明市体改委；

为广泛吸收社会闲散资金，加速企业技术改造和扩大生产经营规模，引进股份制企业的经营机制，根据《全民所有制工业企业转换经营机制条例》有关精神，结合企业“八五”期间发展规划所需资金投入情况。本企业经研究决定推行股份制。为此本企业申请改为规范化的股份有限公司。现按照《股份有限公司规范意见》第二章 15 条中的规定，说明内容如下：

1. 发起人名称、住所、法定代表人：

1.1 发起人名称：福建省三明印染厂

1.2 住所：福建省三明市梅列区东新四路

1.3 法定代表人：王桂洲

2. 公司名称、目的及宗旨：

2.1 公司名称：福建省立丰印染股份有限公司

2.2 目的：引进股份制企业的经营机制，广泛吸收社会闲散资金，加速本企业技术改造和扩大生产规模。

2.3 宗旨：为用户提供名优产品和优质服务，为全体股东获得满意的经济效益，使企业取得稳定和高速的发展，为本地区及本省的经济发展，为社会的繁荣和人类的进步，而尽企业的责任。

3. 公司的资金投向、经营范围：

3.1 资金投向：公司成立后，拟定分两期实施以下二项重大技改项目。

3.1.1 第一期引进国外第二条圆网印花机等关键设备及前处理生产线改造工程，改产 750 万米涤棉和化纤高级印染后整理产品生产能力，需投资 2 548 万元；

3.1.2 第二期织造技改工程从意大利引进国际先进水平的剑杆织机 72 台，彻底改造现有织造设备，形成年产各种织物 500 万米的能力，需投资 4 000 万元；

3.1.3 第二期同时进行房地产开发等第三产业需投资 2 000 万元。

3.2 经营范围

主营：印染布、针织布、装饰布、工业用布、棉及化纤毛毯、服装。

兼营：化工轻工、建材、染化料、助剂、涂料、五金交电、纺机电设备配件、仪器仪表、金属材料、住宿饮食服务、劳保用品、房地产开发及商品房销售、设备安装维修、印染花样商标、制板雕刻、工艺美术装潢、科技信息咨询、对外贸易。

4. 公司设立方式、总投资、股本总额、发起人认购比例，股份募集范围及募集途径。

4.1 公司设立方式：采取定向募集方式；

4.2 股本总额及发起人认购比例：第一期注册资金 6 013 万元，

商誉资产 950 万元，占 16.63%。依据国际惯例，发起人的商誉资产一般不构成注册资本，因此企业资产 3 013 万元作为国家股参与股本。

4.3 第一期股份募集范围：法人、内部职工；

4.4 募集途径：定向发行。

5. 公司股份总数各类别股份总数，每股面值及股权结构。

5.1 公司股份总数及类别股份总数：发行 6 013 万元，原国家股 3 013 万元，占 50.11%，法人股 2 500 万元，占 41.58%，内部职工个人股 500 万元，占 8.31%。

5.2 每股面值壹元。

5.3 股权结构；国家股占 50.11%，法人股占 41.58%，内部职工个人股占 8.31%。

6. 发起人基本情况、资信证明：

6.1 发起人基本情况：三明印染厂是福建省全民所有制工业企业，前身为上海立丰染织厂，1966 年迁建三明。二十六年来，我们坚持走挖潜、革新、改造的内涵扩大再生产道路，先后进行了五期较大规模的技术改造工程，厂容厂貌发生根本变化。目前已发展成年生产能力 6 200 万米印染布、年产 200 吨针织布、年产 360 万米绒布、年产 600 万条织毯、年产 540 吨纺纱的生产能力。主要产品有纯棉、涤棉的漂、色、花布和化纤、针织、印染布及纯棉、化纤床毯，产品质量上乘，设备精良，管理先进的现代化综合型印染企业。建厂以来，在省市政府及有关部门领导的重视支持下，经过企业历届领导和全体职工的共同努力，工业总产值从迁厂的三千多万元，发展到近二亿元，职工人数从 405 人增加到近 2 000 人，固定资产原值从 400 万元，发展到 6 000 多万元。资本和规模的不断扩大，促使经济效益大幅度提高，1987 年企业资金利税率、全员劳动生产率、人均创利税三项指标居全国同行业第三位。1990 年企业综合经济效益评价居全国同行业第六位，被纺织部评为50家利税大户。二十六年累计向国家上交规费3.20亿元，相当于国家投资的十二倍，企业于89年跨入国家二级企业行列，连续五年被市工商行评为“信用等级一类”和“重合同、守信誉”单位，1991年被列入全国500家最大的工业企业之一。

6.2 发起人前三年和近五年经营情况及资产负债情况

本企业近五年和近三年经营状况和资产负债情况(见附表)。由表可知本企业近五年和近三年的经济效益较好，近五年和近三年有关效益指标居全国同行业前列，90年被纺织部评为全纺系统50家利税大户之一。企业资产负债指标也处于良好状况。

6.3 改组理由，本企业在“八五”期间要调整产品结构与提高产品质量和档次，扩大生产能力，急需资金投入，如果按老办法靠财政部门贷款，然后再还本付息，风险大，所借的款加利息难以在近期偿还，而通过发行股票筹集资金，一方面实现了社会资金的集中和企业风险分散，企业筹集的资金成了永久性的资本；另一方面有效地转换企业经营机制，促进政企分开，两权分离，并且在产权界定上更加明确。股份制改革将给企业的发展壮大提供更广阔的前景。

7. 其他事项说明

个人股，包括企业内部职工和社会自然人投入的股本。

法人代表：王桂洲(章)　　　　发起人：福建省三明印染厂(章)

申请时间：一九九二年八月三十一日

主题词：体制、股份制、公司设立、报告

抄报：市财政局、市人行、市经委、市工商局、市税务局。

(8)《三明市经济体制改革委员会关于三明印染厂改制设立股份有限公司的请示》,1992年11月30日

三明市经济体制改革委员会文件

明体改(1992)56号

关于三明印染厂改制设立股份有限公司的请示

省体改委:

三明印染厂是我市市属全民所有制工业企业……该厂提出了改制设立股份有限公司的申请并在我市股份制改革试点办公室及有关部门指导下研究形成了预可行性研究报告。11月24日,我委牵头召集市人行、财政局及国有资产管理部门、工商局、税务局、计委、经委、土地局、纺织局等有关部门对其预可行性研究报告进行了论证,一致同意和支持该厂改制。我市政府领导对该厂改制事项十分重视,研究和指示我委抓紧向省体改委上报审批。

我委对三明印染厂改制设立股份有限公司事项初审认为:

(1)从该厂已有基础看:三明印染厂现有净资产5 225万元、职工2 000人,主要产品有纯棉、涤棉的漂、色、花布和化纤、针织印染布及纯棉、化纤床毯,是福建省规模最大的印染企业,全国五百家最大工业企业之一,纺织部50家利税大户之一,在三明建厂二十六年来,保持连续盈利,技术、设备、产品质量、信誉较好,改制设立股份有限公司具有较好的基础。

(2)从新旧体制转换看:该厂是我市综合改革试点企业,在1991年的行业市场疲软中饱尝计划经济体制因素的困扰,凭借企业良好实力克服了诸多难关,保持了盈利,该厂今年采用小步快走方式深化企

业改革，走出了困境，预计今年产值可达2.1亿元，比上年增长8.07%，销售收入可达1.72亿元，比增10.87%，实现税金可达420万元，比增80.11%，实现利润可达200万元，比增125.35%。但是，实现经营机制的全面转换还要加大改革份量。当前改革向市场经济体制迈进，该厂如改制为股份有限公司，采用全新的股份机制，将进一步增强企业实力。

(3) 从市场预测看：该厂拥有的市场正在逐步扩大，尤其是国际市场已有新的拓展。目前该厂订单纷至沓来，外销客户均为长年订单。据订单预测今后三年企业印染布销量可达二亿米。市场状况预示了该厂改制可以大有作为。

(4) 从新上项目看：该厂第一期新上第二台圆网印花机技改项目，需投资2 548万元，可年创利润660万元，年投资利润率可达25.9%。该项目已经动工，可在1993年下半年投产。该厂第二期还将投入织造技改和房地产开发，其中，织造技改需投资4 000万元，投资利润率可达21.25%；房地产开发需投资2 000万元，投资利润率可达30%。完成这些项目，靠银行贷款和承包制条件下的优惠政策是难以达到的，必须采用股份化筹资。

(5) 从效益预测看：据新上项目和已有项目平衡，按稳健原则测算，该企业未来三年的效益较好，年平均实现利润可达1 320万元，投资利润率可达17.96%。该企业改制，能产生良好的投资回报。

(6) 从风险预测看：如产量和销量下降20%，投资利润率仍可达10.05%；如销价下降6%或原材料价格上升6%，公司仍可保本。其中，新上项目产量、销量下降30%时，投资利润率仍可高达21.86%；销价下降25%及原材料价格上升25%时仍可保本。可见，该企业具有较强的风险承受能力，如改制成功，股份制的优势还能进一步增强该企业的风险承受能力。

经上述多角度综合分析，我委认为三明印染厂有必要、有条件也有可能成功地改制设立股份有限公司，请准予该厂进行改制试点。

现按国家体改委等部门颁布的《股份制企业试点办法》《股份有限公司规范意见》精神及闽体改(1992)58号文件规定，特将该厂改制设立股份有限公司的有关事项请示如下：

一、该企业先从定向募集起步进行改制，发起人为三明印染厂。

二、改制后公司名称初定为：福建省金兰实业股份有限公司。经济性质为股份制。

三、公司经营范围在稳定原有内容基础上进一步拓展，增加房地产开发等第三产业内容。

四、公司第一期股本总额为7 425万元，其中，现有净资产5 225万元作为国家股全部投入，占69.9%；募集法人股1 500万元，占20.07%；募集企业内部职工个人股750万元，占10.03%。

五、为维护国有资产利益，便于长远发展扩股，新募股份采用溢价发行。

六、公司设立股东会、董事会、监事会，采取董事会领导下的总经理负责制。

七、公司进行经营机制全面转换，严格遵循《股份有限公司规范意见》和本省有关规定，参照国际惯例运作股份制。

如准予该厂进行改制试点，我委将迅速、认真地组织、指导该厂会同有关方面展开资产评估、确认及章程、招股说明书起草等试点筹备工作。

特此请示，请批复。

三明市经济体制改革委员会(章)

一九九二年十一月三十日

主题词：股份制、股份有限公司、请示

抄报：市政府

抄送：市政府办、人行、财政局、工商局、税务局、计委、经委、土地局、纺织局、市股办成员。

(9)《三明市经济体制改革委员会关于转发闽体改(1993)33号文件〈关于同意设立福建省立丰印染股份有限公司的批复〉的通知》，1993年3月29日

三明市经济体制改革委员会文件

明体改(1993)□□号

关于转发闽体改(1993)33号文件

《关于同意设立福建省立丰印染股份有限公司的批复》的通知

三明市印染厂：

你厂(1992)三印厂字第112号文《关于申请改制设立福建省立丰印染股份有限公司的报告》收悉。经上报省体改委审批通过，同意你厂改组为“福建省立丰印染股份有限公司”。现将闽体改(1993)33号文件转发给你们，请按照省体改委的批复要求，依据《股份有限公司规范意见》，精心组织抓好公司设立的一应工作并搞好公司运作。具体实施中有何情况，请及时联系。

附：闽体改(1993)33号文件

三明市体改委(章)

一九九三年三月二十九日

主题词：股份制、股份有限公司、立丰、转发通知

抄报：省体改委、市政府。

抄送：市政府办、股办成员、工商局、财政局，税务局、人行、纺织局。

福建省经济体制改革委员会文件
闽体改(1993)033号
关于同意设立福建省立丰印染股份有限公司的批复

三明市体改委：

明体改(1992)13号文《关于三明市印染厂改制成为股份有限公司的请示》收悉，经研究，同意三明印染厂改组为法人持股和内部职工持股的规范化股份制企业。现将有关事项批复如下：

一、公司名称为：福建省立丰印染股份有限公司。

二、同意公司章程，但须经公司创立会议通过，报省体改委；加盖“福建省股份有限公司章程批准专用章”，并经工商行政管理机关核准登记后方为有效。

三、公司经营范围：主营：印染布、针织布、装饰布、棉及化纤床毯，服装。兼营：化工、轻工、建材、染化料、助剂、涂料、五金交电、纺织机电设备配件。

四、公司是自主经营、独立核算、自负盈亏、依法纳税的企业法人，实行董事会领导下的总经理负责制。董事长是法定代表人。董事长不能出任法定代表人时，由公司章程作出规定。

五、公司注册资本6 012万元，其中：国家股3 012万元，占50.10%；法人股2 500万元，占41.58%；企业内部职工股500万元，占8.32%。

六、企业内部职工限于三明印染厂1993年2月在册职工。

七、企业内部职工的认购股份方案由公司改制筹委会提出，提交企业职代会讨论，决议通过。法人认股，应出示法人证件，并与公司签订认购协议，明确双方的权利与义务。

八、法人持股可发给缴纳股款的收据。公司内部职工持股采用职工认缴股款花名册的形式，将全部职工持股情况登记在统一制订的表格中，上面须载明认购人姓名、身份证号码、认购股数、缴纳股款额，并加盖公章。公司应给缴款的持股职工出具缴纳股款的收据，收据不发给持股职工，由公司集中管理，并由公司出具代保管缴纳股款收据的凭证，该凭证只填写代保管收据的号码，不记录缴款金额。

九、公司募足股本金，召开创立会议后，到工商行政管理机关办理有关登记手续，到税务机关办理税收登记手续。

十、公司应按闽政(1992)29号文件《福建省规范化股份制改革若干规定(试行)》的精神，建立新的公司经营机制，并享受相应的政策。

十一、公司成立后，应将公司的股东名册、董事会成员名单、注册会计师的验资报告报送省体改委备案。

请你委按照《股份有限公司规范意见》的要求，精心组织、指导该公司的试点工作。试点中出现的问题与建议请及时告我委。

福建省经济体制改革委员会(章)

一九九三年三月十二日

主题词：股份制、机构、批复

抄报：中国纺织总会

抄送：省府办公厅、省计委、省经委、省财政厅、省人民银行、省国资局、省工商局、省税务局，三明市府办，三明印染厂，存档。(共印20份)

签发：何龙章；打字：刘；校对：蔡

(10)《三明印染厂技措项目申请报告》，1979年11月6日

三明印染厂技措项目申请报告

三印(79)综字第40号

福建省计委、经委、财办；

福建省财政局、轻工业局；

三明地区计委、轻工业局：

我厂自一九六六年十月从上海迁来三明后，经过挖潜革新改造，生产能力已由迁厂初期（一九六七年）的 2 028 万米/年，增加到目前的 5 600 万米/年左右。品种也从单一的纯棉漂色布扩大为纯棉和化纤混纺漂色花布齐全。为了使明年产量能继续上升，品种能进一步扩大。根据目前生产中存在的不平衡现象和薄弱环节，特提出急需采取的技术措施如下：

一、增添 M172 八色印花机一台（不包括烘机）

1. 理由：我厂目前的雕刻设备能力足够二台印花机生产的需要，但我厂仅有一台陈旧的十色印花机。由于机配件耗用已尽，加工困难，无法正常运行。为了平衡生产，降低成本，提高花布产量质量，急需新增 M172 八色印花机头一台。

2. 投资：M172 八色印花机头 5.30 万元，400 m^2厂房 4.00 万元，合计 9.30 万元。

3. 材料：钢材 12 吨，水泥 50 吨，木材 30 立方。

二、增添 600 m^3煤气柜一座

1. 理由：我厂原有 150 立方煤气柜一座，系根据迁厂时年产 3 150 万米能力设计的配套设备。现我厂实际年产能力已达 5 600 万米以上，而且新增产量中有 20%是涤棉化纤产品，煤气消耗量比纯棉产品高一倍以上。为此原有气柜难以适应生产周转，急需增添 600 m^3煤气柜一座。

2. 投资：600 m^3煤气柜一座，10.00 万元。

3. 材料：钢材 40 吨，水泥 25 吨，木材 20 立方。

三、一号轧染机局部更新

1. 理由：我厂一号轧染机是迁厂时从上海迁来的旧设备。虽然每年检修，但终因设备过于破旧，无法彻底解决，以致质量和产量均无法保证。为此急需将显色平洗部分更新为 LMH641 平幅显色皂洗机。

2. 投资：LMH641平幅显色皂洗机一台，46.40万元。

3. 材料：水泥10吨，木材10立方。

以上三项技术措施共需投资65.70万元，钢材52吨、水泥85吨、木材60立方。除我厂从更新资金中自筹25.30万元外，其余40.40万元及全部三材请上级下拨。该三项技措完成后，年产量预计增加1 500万米(其中涤棉20%)，年利润增加270万元，年税收增加240万元。投产二个月即可收回全部投资。

十一月四日省委挖潜、革新、改造工作组来我厂检查工作时已口头同意上述技措项目，现再书面呈报，请予批示。

此致

敬礼！

福建省三明印染厂(章)

1979.11.6

(11)《福建省立丰印染股份有限公司关于设立福建省立丰印染(福州)有限公司的请示报告》，1993年1月11日

福建省立丰印染股份有限公司(报告)

(1993)立丰司字第005号

关于设立福建省立丰印染(福州)有限公司的请示报告

三明市纺织工业公司：

我公司(原三明印染厂)于1985年经批准在福州市设有经营部(非独立核算单位)，随着企业生产经营迅速发展，为更进一步拓展我

公司产品市场，增加企业经济效益，现申请成立“福建省立丰印染（福州）有限公司”。实行自负盈亏，独立核算，具有独立的法人资格。注册资金108万元人民币，由我公司自有资金划拨，经营范围：主营：纺织印染产品、针织产品、装饰、工业用纺织品、织造产品、服装。兼营：纺织机械，化工轻工产品，建材、染化料、助剂、涂料、五金交电、电器设备、仪器仪表、金属材料、住宿饮食服务、劳保用品、房地产开发等。人员编制全部由我公司委派本公司员工组成。地址在福州市鼓楼区东水路东湖新村10栋。拟请市纺织工业公司同意我设立“福建省立丰印染（福州）有限公司”。

特此报请审批。

福建省立丰印染股份有限公司（章）

1993年1月11日

(12)《三明市纺织工业局关于设立福建省立丰印染[福州]有限公司的批复》，1993年4月21日

三明市纺织工业局

明纺局[1993]第004号

关于设立福建省立丰印染[福州]有限公司的批复

福建省立丰印染股份有限公司：

你司[1993]立丰司字第005号文“关于设立福建省立丰印染[福州]有限公司的报告”收悉。经研究，同意你司在福州设立“福建省立丰印染[福州]有限公司”。该公司为股份制企业，经济上独立核算，自主经营，自负盈亏。

在“福建省立丰印染[福州]有限公司”登记注册后，原“三明印染

厂福州经营部”即注销。

请你们按规定与有关部门办理手续。

专此批复。

三明市纺织工业局(章)

一九九三年四月廿一日

抄送：三明市经济协作办

(13)《三明市纺织工业局关于成立三明市立丰房地产开发公司的批复》,1993 年 3 月 12 日

三明市纺织工业局

明纺局字[1993]第 29 号

关于成立三明市立丰房地产开发公司的批复

三明印染厂：

你厂三印厂字(93)27 号文“关于成立三明市立丰房地产开发公司的报告”收悉。为适应市场经济发展，扩大企业经营渠道，增加经济效益，改善职工住房条件，经研究同意成立三明市立丰房地产开发公司。

请按有关规定向市工商行政管理部门申请登记手续。特此批复。

三明市纺织工业局(章)

一九九三年三月十二日

抄送：三明市工商局

(14)《福建省三明印染厂关于与福建省厦门福联纺织股份有限公司联合成立工贸公司的请示》,1993年3月20日

福建省三明印染厂(请示)

(1993)三印厂字第043号

关于与福建省厦门福联纺织股份有限公司

联合成立工贸公司的请示

三明市政府经济协作办:

为了进一步加快经济步伐,搞活经济,增加创汇创利,我厂与厦门福联公司协商,双方合资在厦门组建联合贸易公司。合营公司的目的和内容如下:

一、合营公司是一个自负盈亏,独立核算的全民所有制联合经济实体,具有独立的法人资格。总投资100万元人民币,双方各出资50万元人民币。

二、根据双方各自优势和特点,利用工厂作后盾,经营工厂产品的出口业务和进口工厂生产所需的物资,进一步扩大出口渠道,开拓国际市场。

三、公司名称:厦门三联贸易发展公司。

四、经营范围:主营:纺织、化工、纺机

兼营:百货、五金、交电、建材以及房地产开发等。

五、经营方式:批发为主,零售兼营。

六、人员编制:暂定10人,双方各派5人。

以上关于成立合营公司的请示妥否,请批示。

附件：1. 三明市纺织工业局对组建公司的批复件；
2. 关于联合组建三联贸易发展公司的协议；
3. 组建三联贸易发展公司的可行性报告书；
4. 厦门三联贸易发展公司章程。

福建省三明印染厂（章）
1993 年 3 月 20 日

抄送：省纺司、三明市经委。

(15)《三明市人民政府经济技术协作办公室关于成立“厦门三联贸易发展公司”的批复》，1993 年 4 月 15 日

三明市人民政府经济技术协作办公室文件
明经协(93)23 号
关于成立“厦门三联贸易发展公司”的批复

三明印染厂：

你厂“(93)三印厂字第 43 号”文收悉。经研究：同意你厂在厦门市成立“厦门三联贸易发展公司”。现将有关事项批复如下：

1. 名称：厦门三联贸易发展公司
2. 经济性质：全民所有制企业
3. 隶属关系：福建省三明印染厂
厦门福联公司
4. 核算方式：独立核算、自负盈亏
5. 经营方式：批零兼营
6. 经营范围：主营：纺织、化工、纺机

兼营：百货、五金、交电、建材、房地产开发

7. 注册资金：壹佰万元人民币

三明印染厂出资伍拾万元

厦门福联公司出资伍拾万元

8. 人员编制：暂定10人。三明印染厂派5人，厦门福联公司派5人

此复。

三明市人民政府经济技术协作办公室

一九九三年四月十五日

主题词：设立、驻外、公司、批复

抄送：市府办、市纺织工业局、市府驻厦办、厦门市经协办、工商局、厦门福联公司。

(16)《福建省立丰印染股份有限公司关于设立福建省立丰印染(上海)有限公司的请示报告》，1993年4月20日

福建省立丰印染股份有限公司(报告)

(1993)立丰司字第007号

关于设立福建省立丰印染(上海)有限公司的请示报告

三明市纺织工业局：

我公司(原三明印染厂)于1992年经批准在上海市设立三明印染厂上海经营部(独立核算单位)。现我厂经省体改委(93)033号文批准，改制为福建省立丰印染股份有限公司，故申请撤销原“三明印染厂上海经营部”，设立“福建省立丰印染(上海)有限公司”，仍实行

独立核算，自负盈亏，具有独立的法人资格。注册资金106万元人民币，由我公司自有资金划拨。经营范围：主营针纺织印染产品、装饰、工业用布、织造产品、服装，兼营：纺织机械、化工、轻工产品，建材、染化料、助剂、涂料、五金交电、电器设备、仪器仪表、金属材料、住宿饮食、劳保用品、房地产开发等。人员编制12人由我公司委派本公司员工组成。地址在上海市愚园路1088弄114号。拟请市纺织工业公司批准。

特此报请审批。

福建省立丰印染股份有限公司（章）

1993年4月20日

(17)《三明市纺织工业局关于设立福建省立丰印染（上海）有限公司的批复》，1993年4月21日

三明市纺织工业局

明纺局综字(1993)第005号

关于设立福建省立丰印染（上海）有限公司的批复

福建省立丰印染股份有限公司：

你司(1993)立丰司字第007号文"关于设立福建省立丰印染（上海）有限公司的报告"收悉。经研究，同意你司在上海设立"福建省立丰印染（上海）有限公司"。该公司为股份制企业，经济上独立核算，自主经营，自负盈亏。

在"福建省立丰印染（上海）有限公司"登记注册后，原"三明印染厂上海经营部"即注销。

请你们按规定与有关部门办理手续。

专此批复。

三明市纺织工业局(章)

一九九三年四月廿一日

抄送：三明市经济协作办

四、三明纺织厂档案

(1)《三明纺织厂一九七一年工作总结》,1972年2月4日

三明纺织厂一九七一年工作总结

基本概况

三明纺织厂在伟大领袖毛主席“备战、备荒、为人民”这一伟大战略方针的指引下,由于福建省委、三明地委各级领导的亲切关怀和领导,于一九七一年二月底胜利地完成了迁厂支内任务。在当地人民和兄弟单位的大力支持下,已经胜利地走过了一年。

……

我厂是从七〇年十二月五日开始到七一年二月底,分四大批迁来三明支援内地建设的,在迁厂过程中,厂党委遵照毛主席的教导,贯彻执行了鼓足干劲、力争上游、多快好省地建设社会主义的总路线,采取“边施工、边搬迁、边安装、边投产”的“四边”方针,前后仅花四个多月时间,基本上结束了迁厂工作,据统计共迁来职工 2 188 人,家属 1 500 多人,行李 20 000 多件,机械总重量 3 000 多吨。现有纱锭 26 000 锭,布机 616 台,由于在迁厂过程中贯彻了勤俭节约的精神,因此投产较快,早日为国家创造财富,同时也节约了国家资金三十六万五千元。

……今年以来,由于狠抓了政治思想教育,带动了组织建设,促进了生产稳步上升。

生产方面:今年 1～12 月工业总产值为 1 562.21 万元,完成 104.16%;上缴利润 173.09 万元,棉纱产量为 15 535.22 万件,完成 103.51%(提前十六天完成全年计划),棉布产量为 1 153.81 万米(提前四天完成全年计划),棉纱单产从投产时 34.88 公斤,提高到 43.35 公斤,棉布单产从 4.04 公尺[米]提高到 5.30 公尺[米],超过本厂历史水

平，尽管今年受到了供电困难的影响，广大革命职工仍能完成和超额完成国家计划，质量也有提高。棉纱一等一级品率从投产时91.04%提高到100%，棉布入库正品率从84.27%提高到97.93%。今年我厂生产的品种为30×40府绸，23×21士林，42/2×21卡其。这些品种过去均未生产过，而且质量要求高。但今年原棉的特点是等级低，纤维度短。因此尽快的[地]掌握原棉性能就成为保证产品质量关键问题，我们发动了群众开动脑筋，发挥人的积极因素。采取了手感目光、仪器测定和小量试纺三结合的办法，通过试纺符合质量要求后正式投产，从而保证了产品质量，稳定了生产。例如八、九级低级棉专纺21支纱，除棉什外，其他质量指标均达到普通21支纱质量要求。在低级棉纺好纱的过程中，机动车间的广大革命职工和纺织两车间的保全老师付[傅]们紧密配合抓紧了机械的正[整]顿，工人同志执行了先进操作法，技术人员与工人群众一起大搞技术革新和技术革命。如二营为节约粮食，实现了海藻酸钠上浆及阔幅布机等新工艺，一正[整]套通风设备的上马等都为低级棉纺高级纱打下了基础。在提高产品质量和数量的前提下，还搞了多种经营，如试织了棉毡，煤渣砖上马，细纱落纱机继续推广，在支援农业方面，直属一连的同志积极配合制造了脱粒机、榨糖机等农业机械。

组织建设：迁厂来三明后，党委对各车间的党支部及时充实加强，团委也于十二月份成立。今年共吸收了新党员9名，新团员33名，预备党员转正及暂缓组织生活的恢复问题也逐步得到了落实，应该使用的干部逐步有了安排，调动了他们的积极性。车间全部实行了连队编制，配备了连排干部77名。生活区建立了居民连，新办子弟学校的领导班子也不断地充实和完善，现有教师、学生950名左右，战备工作也抓紧进行，今年挖防空洞15个，共挖360平方米，参加挖防空洞有8 000个工作日，并建立了一支武装民兵的队伍。全年我厂职工子女有411人分三大批上山下乡，接受贫下中农再教育。除完成本厂生产任务外还替兄弟地区培训了一部分技术工人和挡车工人。其中南平纺织厂300人，培训了一年，福州纺织厂35人，培训了二个月。

在毛主席《五七指示》的光辉照耀下，建立了“五七”农场，开垦荒地六十余亩(包括厂周围角边地)，参加农业生产共计一万多个劳动日(不包括业余在内)，造屋300平方米，养猪123头，收获农付[副]产品计有地瓜48 000斤、各种蔬菜20 000多斤，支援贫下中农春耕和双抢计2 000多人次，筑公路参加的劳动日3 000人工。

收获和提高

……

一、提高了“两条路线”斗争的觉悟……

二、提高了认真看书学习的自觉性……

三、加强了组织纪律性……

四、增强了革命队伍内部的团结……

五、树立了艰苦奋斗的革命风气

革命的列车把我们从上海带到了三明，环境变了、生活习惯变了、人的思想也随着起了变化。如初到三明时，我们有些同志自以为了不起，是上海来的，滋长了骄傲自满，有一个支部书记对照思想时讲：当时我思想上出现“四快”“四满意”。四快“折车快、安装快、投产快、人员来三明快”，四满意“听听上海领导满意、三明领导满意、本厂领导满意、自己想想也满意”……在我们职工中有些两三代生活在上海，没有乘过火车，出过远门，更没有种过田，见过高山，来到了三明，不但很快地适应下来，而且在齐膝深的水稻田里赤着脚割稻插秧；有时还肩挑担子翻山越岭。有些同志在上海见到大粪掩鼻而过，现在为了积肥争抢大粪，老工人勤勤恳恳地在车间生产劳动，业余时间还积极参加农业劳动和战备劳动，为青年工人树立了榜样。今年福建省遇到了少见的大旱，电力减少，但革命职工千方百计想尽办法依然完成和超额完成了今年的国家生产计划，为了保证生产用电，生活用电暂停供应，广大革命职工识大体、顾大局，毫无二言，自觉遵守。过去我们在生活上、物质上总欢喜同上海比，越比越气短，现在处处想到世界上还有四分之三人口未解放，要为人类作出较大贡献，越想革命干劲越增。

六、时刻不忘世界上还有“帝修反”，牢固地树立战备观念

今年以来，在全厂职工中进行了三次国际形势教育和战备教育，尤其是学习了毛主席与斯诺谈话纪要后，同志们既看到了大好的革命形势，也看到了“帝修反”的存在，不能放松警惕。有些同志本来存在山沟里敌人还能进来吗的麻痹思想，一经战备教育立刻提高了警惕，积极参加挖防空洞，提出了“帝修反”不灭，挖防空洞不止的常备不懈的革命口号。最可贵的是有些老年工人，他们不顾自己年老力弱，照样积极参加挖防空洞，有些同志在煤油灯下分早、中、夜三班挖洞，有些同志安排好自己本职工作，再去参加挖掘防空洞，有些青年同志发扬了不怕疲劳，连续作战的英勇气概，接连挖了好几个星期的防空洞。

……

中共三明纺织厂委员会(代)

一九七二年二月四日

福建省三明纺织厂革命委员会(章)

(2)《通讯：一个别开生面的运动会——记福建省三明纺织厂织部车间操作技术运动会》，1977 年 9 月

一个别开生面的运动会

——记福建省三明纺织厂织部车间操作技术运动会

九月三日，三明纺织厂织部车间红旗招展，锣鼓齐鸣。一群群胸戴

着"运动员"符号的工人意气风发，全神贯注地在织布机前操作表演。银线飞舞，布浪翻滚，一片你追我赶的动人情景。织部车间操作技术运动会正在紧张地进行着，观摩学习的人们对"运动员"的精湛技术赞叹不已。

比赛场上紧张而热烈的气氛，使人感到兴奋，受到激励和鼓舞。英明领袖华主席领导全党粉碎了"四人帮"，工人群众大干社会主义的热情象[像]火山一样迸发出来，广大工人在实践中认识到，要实现伟大领袖和导师毛主席、敬爱的周总理的遗愿，把我国建设成为社会主义的现代化强国，光凭热情是不行的，还必须有过硬的本领。在英明领袖华主席关于开展工业学大庆这场伟大的革命群众运动中"来一个比赛"的号召鼓舞下，三明纺织厂织部车间的社会主义劳动竞赛如火如荼，操作练兵热火朝天。生产记录不断刷新，织部车间的三项主要技术经济指标都达到了本厂历史最好水平。在锣鼓声中，车间党总支没有原地踏步，而是向广大职工发出了新的战斗号召：瞄准国内同行业先进水平，赶上去，超过它。工人的操作技术水平高低直接影响产品质量。织部车间现有的六十三名布机挡车工中，有半数以上是去年底进厂的新工人，如何培养这些青年工人树立为革命学习技术，为革命织好布的思想，迅速提高挡车织布的技术，是一个极关重要的问题。党总支抓住这个主要矛盾，认真学习兄弟单位的先进经验，在七月中旬作出了召开首届操作技术运动会的决定。经过一个多月的紧张筹备，隆重开幕了。

这届运动会分为团体赛、单项赛和个人全能赛，共进行了三十二个项目的比赛。有三百六十四名"运动员"参加，占车间职工总数百分之五十四点七。"运动员"有进厂不到一年的新工人，也有头发花白的老工人；有挡车工，也有辅助工。他们是经过小组选拔、推荐出来的。一个个英姿焕发，斗志昂扬。

扣人心弦的操作运动会在紧张热烈的气氛中开始了。布机绕结头是织布工人的基本功，也是一场比技术争速度的硬仗。比赛场上，二十多个"运动员"并排坐在一条长凳上，周围的观众密密层层。

“嘟”，裁判员哨子一响，“运动员”就迅速地把二根纱交叉捏在一起，抽出其中一根在手指上绕二圈，然后撳住另一根纱头，抽紧。一瞬间，结完了一只头。手指灵活，动作利索。整个结头过程只有二、三秒钟。比赛结果，参加团体赛的“运动员”每分钟结头超过二十五只以上的占百分之八十七点二，参加单项赛的“运动员”，每分钟结头都在二十五只以上，全都达到一类水平。青年工人孙金凤每分钟结头四十只，平均一个结头只用一秒半时间，获得了这个比赛项目的第一名。

布机挡车个人全能赛包括绕结头、综合穿头、断纬处理、巡回操作四个比赛项目。是对“运动员”操作技术水平的全面考核。青年工人詹陶萍平时勤学苦练基本功，严格执行操作法。在各项比赛中沉着冷静、眼明手快，动作迅速准确，以九十六点三六分获得第一名。去年十一月刚进厂的青年工人连续七万余米无疵布的杜晓梅和吴蔚萍分别获得第二名和第三名。

布机团体赛是一场比思想、比管理、比技术、比团结、比作风的紧张战斗，它包括挡车、相帮、摆梭、上轴、检修等五个工种的比赛。每个人的比赛成绩都直接影响集体的荣誉。经过紧张激烈的争夺，甲班一工区获得团体总分第一名。这是他们长期以来坚持为革命学习技术，用汗水浇出的硕果。今年四月份，车间里掀起了社会主义劳动竞赛热潮，这个小组首先开展每天练习绕二百只结头的练兵活动。操作运动会即将召开的消息传来，工人们主动提出每天绕五百个结头。他们白天练、晚上练、在车间里练、回到宿舍里练。有的手指被棉纱磨破了，不叫一声疼，有的连续几小时，不说一声累。许多人每天不是绕五百个结头，而是八百个、一千个、一千五百个。“只要功夫深，铁棒磨成针”，几个月争分夺秒的[地]勤学苦练，使他们的操作技术水平显著提高了。从四月份以来，这个小组月月超额完成产质量计划。在操作运动会上，全小组的同志心往一处想，劲往一处使，取得了团体总分二千二百四十六分的好成绩。

操作运动会上，许多青年工人以精湛的技术创造出优异成绩。综合接头是一项难度大，要求高的比赛。在这项比赛中，青年工人胡凤英只用了短短9.45秒的时间，就完成了结头、穿综、穿筘、开车四个动作，比优级水平14秒还快4.55秒。她结头快，穿综穿筘准确迅速，开车平稳，得到观众的一致好评。

"友谊第一，比赛第二"是参加操作技术运动会广大职工的格言，比赛前，"运动员"们相互勉励。比赛时，你追我赶。比赛后，互相学习，交流经验。他们心里有一个共同的目标，就是：大干快上，迅速把国民经济搞上去，早日实现四个现代化。从筒子间到整经间，从穿筘间到布机间，各个比赛场上都洋溢着团结战斗的气氛。

操作运动会取得的优异成绩，开阔了广大干部工人的眼界，激发出更大的革命干劲。九月廿一日，操作技术运动会胜利闭幕了。那天下午，织部车间举行了隆重的闭幕式，车间领导干部给比赛中获得优胜的集体和个人颁发了奖状。许多取得优良成绩的工人在大会上提出了新的奋斗目标，成绩较差的同志也不甘落后，奋起直追。职工们表示要坚决贯彻执行党的十一大路线，以实际行为落实英明领袖华主席提出的"今年初见成效，三年大见成效"的抓纲治国战略决策，快马加鞭，大干一百天，保证全面完成和争取超额完成今年的各项生产任务。

三明市通讯员学习班

(3)《三明纺织厂贯彻执行标准情况汇报》，1979年10月6日

贯彻执行标准情况汇报

我厂职工在厂党委领导下，认真贯彻执行党的十一届三中全会精

神，通过学习和落实国家经委关于“质量月”活动的要求部署。今年来我厂在提高产品数量，完成国家质量计划指标，达到和超过大庆式企业指标一档水平，达到和超过历史最好水平，减少纱织疵，提高纱布实物质量，更好地适应用户需要，树立为用户服务思想，使用户厂满意。增加花色品种，搞好新产品试纺试织等方面，做了一些工作。

产品质量好不好，关键在领导。领导在于认识，厂党委切实加强了对产品质量的领导，坚持“质量第一”“一好三求”的方针，年初便提出我厂今年产品质量要求实现。

一、各项质量指标达到并超过历史最好水平

二、进一步树立为用户服务思想，使用户厂满意

三、提高棉纱线、坯布实物水平，要求创优良产品

由于思想重视，目标明确，经过全厂职工的共同努力，取得了我厂产品质量持续上升的显著成绩。

今年1—9月份

产量：棉纱生产3 710.401吨，完成年计划78.11%。

棉布生产1 425.694 9万米，完成年计划79.21%。

质量：棉纱一等一级品率99.57%。

棉布一库一等品率98.55%。

主要原料消耗：

棉纱净用棉量1 072.56公斤，节约用棉27 616公斤。

棉布百米用纱15.69公斤，节约用棉17 666公斤。

其中各项质量指标：

棉纱一等一级品率达到99.57%超过本厂历史最高水平99.34%。

细纱断头合格率达到70.2%，超过本厂历史最高水平41.9%。

纯棉布入库一等品率98.71%，超过本厂历史最高水平98.62%。

下机一等品率达到70.02%，超过本厂历史最高水平65.8%。

漏验率0.9%，超过本厂历史最好水平1.2%。

五项质量指标全部超过大庆式企业的质量指标。

在使用户厂满意方面，我们走出去、请进来听取用户意见。今年来我们先后进行了六次走访活动，分别由书记、付[副]厂长带队组织有关科长主任、技术人员、工人代表，到用户单位征求意见。对用户的意见和建议及时整改，如南平纺织厂针织车间对我厂 42 支、21 支单纱条干不匀、断头多等质量提出意见。纺织车间和科室进行了工艺试验，加强了 42 支单纱质量把关，用户反映比较满意。又如针对 42/2×21 半线卡，3030 夫绸褶幅因坯布存放日久尺码不足，经发现后实事求是偿还缺码数。工艺上进行调整，加强管理检验，合理放长，解决了用户反映的意见。用户厂对我厂质量有进一步提高普遍表示好评。

7 月中旬中纺部在鞍山市召开的全国纺织品种质量会，我厂上报送评的纱线和布五个品牌。其中 $42/2^S$ 股线，13×2 涤棉股线二个品种被评为优良产品。其他三个品种 13 涤棉单纱，42/2×21 半线卡，13×2/28 涤卡均被评为较好产品。

我厂在贯彻执行标准，加强质量管理，促进产品质量提高方面，做了以下几点工作：

一、认真贯彻执行标准，加强质量教育

我厂目前生产产品：

纯棉纱（包括自用、售纱）执行国家标准 GB 398－78

403－405－78

精梳涤棉混纺纱线（包括自用、售纱）执行标准 FJ 402－78

纯棉布执行国家标准 GB 406－410－78

涤棉混纺布执行部标准 FJ 403 405－78

没有无标准的产品，各产品质量指标是根据以上标准验鉴定的。

长期以来我厂对产品质量是比较重视的，厂领导经常利用各种形式大小会议、宣传工具对全厂职工进行提高产品质量重要性的认识教育，表彰生产优质产品的好人好事。由于国家标准是衡量产品质量好坏的重要尺度之一，因此对认真执行和掌握国家质量标准亦比较重视，曾举办多次学习班。使厂部领导、生产管理人员、技术人员、质检人员熟悉和掌握标准，提高严格按国家标准检验产品质量的自觉性。例如去年一季度在修订国家新质量标准，贯彻棉纱线计量单位由英制改为公制的无锡、上海会议后，厂部及时组织以上人员进行学习，并组织有关技术人员到各车间讲课，进行对执行国家标准重要性的教育和学习。厂政工和职能干部的业余业务学习班上亦加入国家质量标准的学习内容，使广大职工干部认识到实现国家质量标准，就是实现产量质量最基本要求，标准是方向和目标。各级生产管理人员、技术人员能较明确地按质量标准，组织产品生产，制定各项质量要求，促进产品质量的提高。

二、从标准出发，加强质量管理，贯彻预防为主，抓好基础性管理工作

我们纺织行业从原料到成品要经过十多道的连续工序，各工序对产品质量互为影响，有直接关系，千人纱，万人布，影响成品质量是多因素。为了保证产品质量，几年来我们不断修订了质量管理规则。包括了制定落实质量指标，实行质量把关和进行质量检验等工作，我们从切实加强基础性工作着手。

1. 落实质量指标，执行岗位责任制

质量指标是根据国家标准要求，结合我厂的生产实践制定落实的，厂部、科室、车间、工序、小组、个人层层提出明确的质量要求，制订质量标准和疵品的规定。

例如纺织产品的主要五项指标：

棉纱一等一级品率，落实至生技科、纺部车间。

入库一等品率，落实至生技科、织部车间。

细纱断头合格率，落实至设备、生技、细纱车间。

下机一等品率、漏检率落实至织部车间，

纺纱车间根据棉纱一等一级品率，成品质量标准对各工序半成品亦制定相应的质量指标。

如：清花工序有花卷重量不匀率、伸长率、含杂率成形等。

梳棉工序有生条重量不匀率、条干不匀率、生条含杂率。

并条工序有熟条重量不匀率，条干不匀率，重量偏差等。

粗纱工序有重量不匀率，条干不匀率，粗纱伸长率等。

细纱工序有重量不匀率，品质指标，条干级别，棉结什质粒数等。

还有保证下工序顺利生产的经纬纱成形，保险纱长度等指标要求。又如：入库一等品率又分纱疵降等率，织疵降等率，根据疵点产生工序和责任分别落实至车间小组或个人，做到了各道有标准，各人有要求。

指标的实现须靠岗位责任制来保证，我厂从书记、厂长到基层各个工种，工人都有自己的岗位责任制，质量指标结合到岗位责任制中，建立了各工序、各工种的质量责任制。为了严格落实责任，我们半成品采用了小纸票打印、容器的色边传票、织造表等不同标志和固定供应办法，分清班别、机号或个人。今年五月间我们在细纱纬纱区上分班别、个人进行不同颜色和根数划线供应，使布面上每只纬纱疵点都能落实到班别和个人，进一步分清纱疵责任。做到了指标落实、责任落实，充分调动广大职工，提高纱布质量，减少疵点的积极性，也促进了标准的正确掌握，保证了产品质量。

2. 贯彻预防为主，实行道道把关

纺织产品由于工序多、品种多、质量指标多、随气候、原材料的变化，也有些疵病原因。责任一时不大容易分清。为了确保最后成品质量建立健全了专业管理和群众管理相结合的质量把关工作。对突发性的疵点和质量变化，及时组织科室、车间有关人员进行现场调查，明确关键，提出措施，进行攻关。

在把好质量关方面。纺纱车间按工艺过程，认真把好大小平车、揩车、开冷车、品种翻改、试验、模皮辊、前后纺专职检查七个关，其中包括了群众性的守关如各工序的防疵、促疵活动，和开展以万米无疵布为中心的各道工序的百、千、万只产品无疵点的劳动竞赛。在专业守关方面，纺纱车间各轮班派人检查条干，实行每天模皮辊二次的制度，试验室分班做条子质量试验。织布车间设立半制品质量专职检查和结合操作测定，全面检查岗位责任制执行，这个车间由于责任分明，把关严密，上下工序密切配合。因此棉布质量一直保持稳定并持续提高。

我厂的质量管理工作贯彻了预防为主，道道把关，根据成品质量要求，制定半成品的质量。努力把疵点消灭在生产过程中，产品质量不断提高。

3. 掌握质量标准，严格质量检验

我厂的质量标准化工作，不但体现在纺织产品的质量方面，设备维修及其他工作方面亦制定各自标准。如：设备技术状况考核设备完好率，是按中纺部颁“完好技术条件”及完好机台考核办法执行的。每月检查一次，大小修理考核一等一级车率按中纺部颁“大小修理接交技术条件”及一等一级车考核办法执行的。

另外本厂还自订了“高标准机台机械工艺维修标准”，对关键部件的机械工艺标准进行制订和提高。保养工作自订了质量检查项目标准及考核办法。机配件图纸画法按国家标准执行，新制机配件按图纸进行验收，达不到要求的必须返修或报废。由于认真抓好设备维修标准，把好设备质量关。目前我厂设备完好率达到98%以上，一等一级车率达到95%左右，这是保证纺织生产正常运转，产品高质量的不可缺少的基础和条件。

质量检验不单是成品质量的检验，从广义来说是包括原材料、半制品到成品的全部质量检验。我厂根据各道质量要求严格质量检验，首先把好原棉进厂关，做好原棉、品级、长度、水杂、细度、成熟度、短绒等物理指标。直至成品棉纱、棉布按国家标准做好各项物理指标和外观疵点的检验分等工作。

纺织厂的检验工作有仪器测试和感官检验。为使测试手段的稳定正确，我们首先加强了计量工作，计量工作是标准化工作的基础。我厂专设计量组，共有人员7人，分力学、长度、电工仪表三个专业，分工负责。力学：3人。主要负责天平、强力机（单纱、□纱、□□）条干均匀度机、衡器等测试仪器。每月周期巡回调试检修，使测试仪器经常处于国家鉴定标准的允许范围以内，使半成品、成品的质量、物理指标测试数据正确无误，保证半成品、成品的质量标准。

长度：3人。主要对游标卡尺，分厘卡尺和百分表的检修、校验。根据使用情况，规定检修校验周期3个月～6个月检修校验。几年来严格按周期校验，使测量工具正确无误，保证机配件机械状态正常。

电工仪表1人，主要对烘箱、棉纱、棉花测湿仪及电工仪表调试校验，亦制订周期。定期检修校测以达上述仪器设备的正常正确，使测试的棉花、棉纱、棉布回潮率测定数值的正确，正确计算用棉、用纱和用电量。

由于对计量工作的重视，使我厂测试仪器达到国家标准正常状态，正确反映了质量水平，起到指示生产的作用。

在感观方面：我们通过国家质量标样，经常进行统一目光，包括由质监科、整理间、试验室之间，以及各自内部和厂际的目光统一，另外还通过操作运动会方法，操作测定熟悉条文，进行操作表演和比赛，使检验者的目光比较符合国家质量标准，保证外观检验方面正确性，也减少漏验性。

目前我厂质量管理已上下成线、左右成网。

专职检验人员：共100人。

兼职检验人员：共30人。

多年来的生产实践，我们体会到，要提高产品质量，必须认真制定各项质量标准，贯彻执行质量标准。标准是法律，也是提高质量的手段。国家根据质量标准来衡量企业生产的好坏，企业根据标准，制定质量规划和目标。当然标准亦根据生产的发展，人民生活的提高，不断进行修订补充和发展。

虽然我厂在提高产品质量方面做了一些工作，取得了一些成绩，但是与党和人民及上级要求相比，与全国全省先进单位相比，差距还很大。我们要向加丰纺织厂学习，切实加强质量管理，一丝不苟把质量管理的重点放到生产过程中去，不满足于完成质量指标，一切为用户满意，生产更多优质产品，满足人民的需要，为社会主义四个现代化作出贡献。

三明纺织厂

1979.10.5

(4)《三明纺织厂介绍资料》，1976 年 4 月 27 日

三明纺织厂介绍资料

（供口头介绍参考）

我们三明纺织厂，是一个中型棉纺织厂，分设纺纱、织布、棉毯、机修四个车间，现有职工 2 343 人，其中女职工 1 344 人，占全厂职工的 57.4%；干部 298 人，占 12.7%；职工家属 1 300 多人。生产规模 30 000 纱锭，6 000 线锭；616 台布机。主要产品有 16^{S}①、21^{S}、21^{S}半、23^{S}、30^{S}、32^{S}、40^{S}、42^{S}棉纱、$42/2^{S}$双股棉线、28 号（约 21^{S}）、14 号×2（约 $42/2^{S}$）涤棉纱。棉布为 23×21 平布、30×30 府绸、42/2×21 半线卡、30×40 府绸、42/2×21 涤卡。

我们在开展增产节约运动中，大搞综合利用，以纺纱车间下脚棉花

① 16^{S}指的是 16 支纱，下同。

为原料建成棉毯车间,生产价格低廉的棉毯,供应城乡居民。1975 年上半年我们还发动群众,大搞会战,进一步挖掘潜力,提前实现三万纱锭配套和新品种的确良投产二大任务,填补了我省纺织工业的一项空白。

我们这个厂原本是上海国棉第二十六厂……为了执行伟大领袖毛主席"备战备荒为人民"的伟大战略方针,为了支援山区建设,我们毅然离开繁华的大城市,于 1970 年底迁来三明,象[像]这样大的变动,当时是不是所有的人思想都通呢? 那也不是。经过学习毛主席一系列指示……大家思想就通了。许多职工说,光想做到个人,思想就不通,想到革命,想到迁厂是为了支援山区、建设山区,思想就通了,心情就觉得愉快,干活的劲头也就更大了。

五年多来,我厂的革命和生产形势都很好,年年超额完成国家计划。特别是七五年在产质量方面创造了本厂历史最高水平。1975 年生产棉纱 26 203 件,比 1971 年增长 67%;棉布 1 901 万米,比 1971 年增长 64%。质量不断上升,单产逐年提高,棉纱的单位产量是解放初期的 2.4 倍,棉布的单位产量是解放初期 1.7 倍。几年来,我厂为国家积累的资金可以建造与我厂相同规模的三个纺织厂。国家规定的八项技术经济指标,其中七项已达到全国一类水平。此外,我们还办了一个工人业余大学,一个子弟学校,一个"五七"农场(每年养猪 250 余头),收获各种粮食、蔬菜七十七万余斤。

我们在生产领域中所以能取得这些成绩……依靠了全厂革命职工,特别是依靠和发挥老工人的骨干作用。我厂老工人占全厂职工的 50% 以上,他们在旧社会受尽了剥削和压迫,过着牛马不如的生活。解放后毛主席共产党把这些老工人从火海中拯救了出来,成为新中国的主人。因此,他们对旧社会无比憎恨,对新社会无限热爱。在社会主义革命和社会主义建设中发挥了积极作用。如我厂纺纱车间已五十几岁的细纱挡车老工人周仙娣同志是三代产业工人,她十二岁就进缫丝厂做童工,解放后才真正翻身成了国家的主人。她在革命生产中发挥了主人翁作用。

解放以来，六次被评为先进生产者……曾光荣出席过上海市第四届党代表大会和福建省第二届党代表大会。一九七三年三明市召开工会代表大会，她又被群众推选为三明市总工会付[副]主任。她担任了这么多领导工作，仍保持着老工人的本色，坚持参加生产劳动。周仙娣同志在社会主义革命和社会主义建设中不断创造新成绩，为国家多作贡献。几年来，中央报刊电台和省报宣传了她的先进事迹。象[像]周仙娣同志类似的经历很多。解放后工人在政治上、经济上、生活上都真正获得了解放，得到了翻身，妇女在我厂也真正发挥了“半边天”的作用。他们不但参加了生产，还领导了生产。我厂女干部占干部总数的百分之三十七。厂党委会十五名委员中女委员有七名。在厂革委员会和车间主任、值班长 59 名干部中，女同志有 31 名，占 52.4%。实践证明：男同志能办到的事，她们也能办到。

我厂是个老厂，设备比较落后。为了发展生产，我们发动群众、破除迷信、解放思想，大搞技术革新和技术革命。五年中，共实现技术革新项目 216 项，其次，比较重大的项目有：细纱机全面推广使用自动落纱插管联合机，实现了落纱机械化、自动化，节约劳动力 24 人。织布机安装了防缺纬装置，减少百脚次布 90%以上。挡车工约有三分之一的人实现操作“车辆化”，改变了纺织女工历来双脚走巡回的状况，大大减轻了工人的劳动强度，还节约了劳动力。挡车女工称小巧灵活、使用方便的座车为“幸福车”。车间里还装有通风设备，吸尘设备，空气调节设备，常年室温保持在 30℃左右，彻底改变了旧社会那种夏天车间室温高到 40℃，闷热得象[像]蒸笼，空气混浊，飞花乱飘的恶劣劳动条件。

根据我厂现有生产能力，为了进一步挖潜企业生产潜力，增加棉纱生产，满足福建人民需要，我们在充分利用和发挥现有技术设备能力的基础上，再扩建三万纱锭，现在扩初方案已经完成，并已投入土建施工阶段。

我们社会主义祖国在伟大领袖毛主席的领导下，工农业生产不断上升，市场繁荣，物价稳定，人民生活逐步提高。解放后国家先后四次对职工工资进行全国性的调正[整]。一九七一年又调正[整]一次。通过多次调正[整]，我国职工的工资逐步提高，一九七一年我厂增加职工每月工资总数 1 226.97 元。解放后。劳动人民生、老、病、死都有了保障，妇女生孩子有 56 天产假，怀孕期间有工间休息。给孩子喂奶每天有一小时喂奶时间。结婚有三天婚假。爱人不在一起居住或父母在外地的职工，每年还有二星期的探亲假，路程假另外计算，探亲假期间工资照发，职工生病有劳保享受，医药费全部报销，病假期间工资照发。支援山区建设的工资还保持上海大城市的水平（上海八类，三明七类）。另外，解放后工人的生活各方面都有了改善和提高。现在我厂工人居住的房屋都是公家的，每平方米每月付房租五分左右，一盏 25 支光电灯每月只要付电费五角。一个工人家庭的每月水电房租费相当本人工资的二十分之一上下。我厂还办有托儿所、幼儿园、卫生所、食堂等福利设施。我厂职工家庭里有缝纫机、收音机、自行车、电风扇、手表等物件比较普遍。差不多每人都有积余……

福建省三明纺织厂革命委员会

1976 年 4 月 27 日

(5)《福建省三明纺织厂关于申请成立三明市金雀房地产开发公司的报告》，1993 年 3 月 26 日

福建省三明纺织厂

三纺厂字(93)第 018 号

关于申请成立三明市金雀房地产开发公司的报告

三明市纺织工业局：

为了进一步开拓经营，立足市场，做好三纺厂的房地产开发工

作，特申请成立：三明市金雀房地产开发公司。安排人员10人，其中土建工程师2名、土建助理工程师2名、助理经济师1名、助理会计师1名。经营范围：土地开发、房屋建筑、商品房经销及维修、装潢。

由宫冬华同志为公司法定责任人。

该公司属集体所有制，实行独立核算，自负盈亏。

特报上级部门批复。

三明纺织厂（章）

一九九三年三月廿六日

（6）《三明市纺织工业局关于成立三明市金雀房地产开发公司的批复》，1993年3月31日

三明市纺织工业局

明纺局字[1993]第30号

关于成立三明市金雀房地产开发公司的批复

三明纺织厂：

你厂三纺厂字第013号文"关于申请成立三明市金雀房地产开发公司的报告"收悉。经研究，同意你厂成立"三明市金雀房地产开发公司"。该单位属集体所有制，经济上独立核算，自负盈亏。

请你们按规定与工商部门办理有关手续。

特此批复。

三明市纺织工业局（章）

一九九三年三月卅一日

抄送：市工商行政管理局

(7)《福建省三明纺织厂关于申请成立中外合资三明金环房地产开发有限公司的报告》，1993年8月10日

福建省三明纺织厂

三纺厂字(93)第082号

关于申请成立中外合资三明金环房地产开发有限公司的报告

三明市纺织工业局：

根据《中华人民共和国中外合资经营企业法》及有关法规，我公司三明市金雀房地产开发公司（甲方）经与香港环建实业有限公司（乙方）平等协商，本着互惠互利的原则，拟合资经营房地产开发，成立中外合资三明金环房地产开发有限公司。该项目总投资3 200万元人民币，公司注册资金1 600万元人民币，中方出资960万元人民币，占注册资金60%，外方出资折合人民币640万元，占注册资金40%，公司经营年限为12年，公司从事房地产开发、经营业务。根据三明市城市规划的要求，为加快旧城改造拟开发三明纺织厂宿舍楼（位于列东街东新四路崇桂新村53、54幢），拟建成一座集商场、写字楼、娱乐、住宅为一体的15层商品楼。70%产品销往外住户，30%销往内用户，企业外汇自求平衡。经论证，我们认为该公司的成立，既能吸引外商到我市投资；又能促进三明城市的建设，取得较好的经济效益和社会效益。因此，特申请成立中外合资三明金环房地产开发有限公司。请予审核并转报市有关部门审批为荷！

三明市金雀房地产开发公司（章）

一九九三年八月十日

(8)《三明市纺织工业局关于同意成立中外合资三明金环房地产开发有限公司的意见》,1993年8月24日

三明市纺织工业局

明纺局综(1993)第007号

关于同意成立中外合资三明金环房地产开发有限公司的意见

三明市计委、外经委：

为了加速我市城市建设步伐,进一步改善投资环境,发展第三产业,利用外资加速旧城改造和我市经济发展。经研究同意三明纺织厂所属专业公司三明市金雀房地产开发公司与香港环建实业有限公司合资成立三明金环房地产开发有限公司。在我市进行房地产开发经营活动。现将关于成立三明金环房地产开发有限公司立项建议书及可行性研究报告,和有关附件转＋报贵委。请予审核并呈报省有关部门审批。

三明市纺织工业局

一九九三年八月二十四日

(9)《福建省三明纺织厂关于成立"三明纺织厂福州办事处"的报告》,1993年11月23日

福建省三明纺织厂

三纺厂字(93)第068号

关于成立"三明纺织厂福州办事处"的报告

市纺织工业局：

为适应社会主义市场经济开放、开发的需要,搞活经济、搞活经

营，以提高企业经济效益，决定在福州设立办事处。地址：福州鼓楼区古乐路14号福华楼D－1。主要业务：了解市场信息，开展本厂的业务联络工作，方便出差人员的住宿，编制暂定3人。

特此审批，请批复！

三明纺织厂（章）

一九九三年十一月廿三日

（10）《三明市人民政府经济技术协作办公室关于成立“三明纺织厂福州办事处”的批复》，1993年11月25日

三明市人民政府经济技术协作办公室文件

明经协(93)第057号

关于成立“三明纺织厂福州办事处”的批复

你厂“三纺厂字(93)第68号”文收悉。经研究同意你厂在福州设立“三明纺织厂福州办事处”。该办事处为你厂在福州的分支机构。主要任务是：了解市场信息、沟通渠道、业务联络、接待出差人员等。人员编制：暂定3人。地址：福州古楼区古乐路14号福华楼D－1，请按规定向福州市有关部门办理手续，以利开展活动。

此复。

三明市人民政府经济技术协作办公室（章）

一九九三年十一月廿五日

主题词：横向经济、驻外、机构 批复

主送：三明纺织厂

抄送：市府办、市府驻榕办、市纺织工业局、福州市经协办、工商局。

(11)《福建省三明纺织厂关于成立“三明纺织厂福州经销公司”的报告》，1993 年 11 月 23 日

福建省三明纺织厂

三纺厂字(93)第 067 号

关于成立“三明纺织厂福州经销公司”的报告

市纺织工业局：

为适应社会主义市场经济开放、开发的需要，搞活经济、搞活经营，以提高企业经济效益，决定在福州成立“三明纺织厂福州经销公司”。地址：福州鼓楼区古乐路 14 号福华楼 D-1。

1. 名称：三明纺织厂福州经销公司。
2. 经济性质：全民所有制企业。
3. 隶属关系：三明纺织厂。
4. 核算方式：独立核算，自负盈亏。
5. 经营方式：批发、零售、代购代销、联购联销。
6. 经营范围：

主营：纺织品、服装、纺织原料。

兼营：日用百货、五金交电、钢材、木材、建材等。

7. 注册资金：壹拾万元人民币。
8. 人员编制：暂定 3 人。

特此申报，请批复。

三明纺织厂(章)

一九九三年十一月廿三日

(12)《三明市纺织工业局关于转报三明纺织厂成立“三明纺织厂福州办事处”的报告》，1993年11月24日

三明市纺织工业局

明纺局综(1993)第009号

关于转报三明纺织厂成立“三明纺织厂福州办事处”的报告

三明市经济协作办：

三明纺织厂为企业发展和工作需要，适应企业向社会主义市场经济发展，拟在福州设立办事处。经研究同意该厂在福州成立“三明纺织厂福州办事处”。请予以办理。

三明市纺织工业局(章)

一九九三年十一月二十四日

抄送：三明纺织厂

(13)《三明市纺织工业局关于转报三明纺织厂成立“三明纺织厂福州经销公司”报告》，1993年11月24日

三明市纺织工业局

明纺局综字(1993)第008号

关于转报三明纺织厂成立“三明纺织厂福州经销公司”的报告

三明市经济协作办：

三明纺织厂为搞活经济、搞活经营，适应企业向社会主义市场经

济过渡，以及开放、开发的需要，为企业生产提供必要的信息和服务，拟在福州成立“三明纺织厂福州经销公司”，经研究，同意该厂在福州成立“三明纺织厂福州经销公司”。请予以办理。

三明市纺织工业局(章)

一九九三年十一月二十四日

抄送：三明纺织厂

(14)《福建省三明纺织厂关于成立“三明纺织厂厦门办事处”的报告》，1993年11月24日

福建省三明纺织厂

三纺厂字(93)第080号

关于成立“三明纺织厂厦门办事处”的报告

市纺织工业局：

为适应社会主义市场经济开放、开发的需要，搞活经济、搞活经营，以提高企业经济效益，决定在厦门设立办事处。地址：厦门市槟榔东里17＃，主要业务：了解市场信息，开展本厂的业务联络工作，方便出差人员的住宿，编制暂定3人。

特此审批，请批复！

三明纺织厂(章)

一九九三年十一月廿四日

(15)《三明市纺织工业局关于三明纺织厂成立“三明纺织厂厦门办事处”的报告》,1993年12月18日

三明市纺织工业局

明纺局综(1993)第10号

关于三明纺织厂成立“三明纺织厂厦门办事处”的报告

三明市经济协作办:

根据三明纺织厂三纺厂字(93)第80号文“关于成立三明纺织厂厦门办事处”的报告要求,经研究认为,该厂为搞活经济、搞活经营,在厦门设立办事处,以更好地了解市场信息,开展业务联络等活动是必要的,请你们予以审批,以便尽早开展工作。

三明市纺织工业局(章)

一九九三年十二月十八日

(16)《福建省经济贸易委员会关于“三明纺织厂压锭改造扩大牛仔布及纯涤纶股线产品出口”项目可行性研究报告的批复》,1996年6月24日

福建省经济贸易委员会文件

闽经贸技[1996]331号

关于“三明纺织厂压锭改造扩大牛仔布及纯涤纶股线产品出口”项目可行性研究报告的批复

省轻纺工业总公司：

闽轻纺字(96)第22号文已悉。三明纺织厂是我省纺织行业重点骨干企业，为调整产品结构，加速产品的更新换代，适应市场的需求，提高企业经济效益，进行压锭改造，扩大牛仔布及纯涤纶股线产品生产。该项目可行性研究论证报告已组织论证通过，符合国家产业政策，有较好的经济效益，是可行的。具体意见批复如下：

一、同意压缩旧棉纺1.5万锭，企业应按国家规定办理有关手续。

二、本期改造规模和产品方案：

1. 年新增牛仔布500万米，涤纶股线900吨，牛仔服装60万件；改造后年生产能力达到牛仔布1 000万米，涤纶股线1 500吨，牛仔服装120万件。

2. 产品方案为彩色、印花、提花、弹力等轻薄型牛仔布、轻薄型牛仔服装和T9.8×3纯涤纶股线。

三、由于生产工艺需要同意新增厂房1 500平方米，污水处理建筑面积800平方米，改造锅炉房、冷冻站、配电室等580平方米。总共土建面积为2 880平方米。

四、关于环境保护、劳动安全等应严格按“三同时”要求，在可行性研究报告的基础上加以完善。

五、项目固定资产投资为2 981万元(其中：固定投产方向调节税23.23万元，建设期利息86.41万元)。资金来源：企业自筹581万元。申请国家开发银行贷款2 400万元。新增生产流动资金1 470.59万元，由企业按规定筹足铺底金，其余向银行申请贷款。

六、项目建成达产后，预计可新增销售收入12 563万元，新增税金863万元，利润957万元。

请企业抓紧进行扩初设计等前期工作，抓紧组织实施，争取早日投产见效。

一九九六年六月二十四日

福建省经济贸易委员会(章)

主题词：轻纺、技改、可行性、批复

抄报：中国纺织总会

抄送：省计委、财政厅、税务局、环保局、省市有关银行，三明市经委、计委、环保局、海关、三明纺织厂，本委正副主任、有关处室、存档(2)。

录入：张；校对：徐

(17)《关于三明纺织厂改为:“福建省三纺有限公司”的报告》,2000年4月1日

福建省三明纺织厂

三纺厂字(2000)第013号

关于三明纺织厂改为:“福建省三纺有限公司”的报告

三明市体改委：

为全面贯彻执行党的十五届四中全会《决定》和全国“两会”精神，

把握机遇，迎接挑战，彻底摆脱企业所面临的困境。根据实地考察河北省石家庄市第七棉纺织厂改制的成功经验，结合三纺厂实际现状，经厂职工代表大会2000年4月1日审议表决通过，决定按照《中华人民共和国公司法》之规定，对三明纺织厂进行规范化公司制改革。现将福建省三明纺织厂改制工作方案予以呈报。

妥否，请批示。

附：《福建省三明纺织厂改制工作方案》

福建省三明纺织厂（章）

二〇〇〇年四月一日

抄报：蓝副书记、余副市长、许副秘书长、市经委、市财政局、市国资局、市劳动局、市轻纺工业局。

(18)《三明市人民政府关于同意三明纺织厂改制的批复》，2000年5月11日

三明市人民政府文件

明政[2000]文87号

三明市人民政府关于同意三明纺织厂改制的批复

市体改委并三明纺织厂：

你委《关于转报福建省三明纺织厂改制工作方案的请示》（明体改[2000]07号）悉，经研究，批复如下：

一、原则同意三明纺织厂改制工作方案，请按规定程序申请资产评估立项、依照《公司法》着手制定公司章程、规范好职工认股及配送股程序、明确职工置换身份方式、细化富余人员分流方案。

二、企业改制关系到职工的切身利益，要发挥企业党组织的核心

作用和干部的表率作用，认真做好过细的思想政治工作，确保改制和当前生产经营两不误。

三、企业是改制工作的主体，在把握工作进度的同时，要注意协调好内部和外部关系；各有关部门要适时疏通企业改制的各个环节，市体改、经委、建委、财政、国资、劳动、土地、工商、金融等部门在各自分管范围做好优质服务，支持企业搞好改制。

三明市人民政府（章）

二〇〇〇年五月十一日

主题词：工业、企业、改制、批复

抄送：市委、市人大、市政协，市经委、建委、财政局、劳动局、土地局、工商局、国资局，市人行、工行、中行，市中院。

（19）《三明市体改委、三明市经委、三明市财政局、三明市劳动局、三明市国资局关于将三明纺织厂改制为有限责任公司的请示》，2000 年 9 月 1 日

三明市体改委

三明市经委

三明市财政局

三明市劳动局

三明市国资局

明体改[2000]25 号

关于将三明纺织厂改制为有限责任公司的请示

三明市人民政府：

三明纺织厂为切实转换企业经营机制，建立现代企业制度，申请

改制为有限责任公司。经过前阶段的职工思想发动，资产评估和产权界定，制定公司章程，职工认股与购股的各项工作，我们认为该厂改制工作符合《公司法》的有关规定，改制方案是可行的。现将有关事项请示如下，请予批复：

一、有限责任公司定名为“福建省三明纺织有限公司”。

二、公司股权以内部职工持股的办法设置。总股本初定为1 526.89万股，每股股金人民币1元，同股同利。股东以其所持股份对公司承担有限责任。

三、有关资产处置按三明市人民政府明政[2000]文130号《三明市人民政府关于三明纺织厂零资产改制有关问题的批复》文件精神执行。

三明市经济体制改革委员会（章）　三明市经济委员会（章）

三明市劳动局（章）　三明市财政局（章）

三明市国资局（章）

二〇〇〇年九月一日

主题词：工业、改制、请示

(20)《三明市人民政府关于同意三明纺织厂改制为有限责任公司的批复》，2000年9月1日

三明市人民政府文件

明政[2000]文160号

三明市人民政府关于同意三明纺织厂改制为有限责任公司的批复

市体改委并三明纺织厂：

明体改[2000]25号《关于将三明纺织厂改制为福建省三明纺织有

限公司的请示》悉，经市政府研究，现批复如下：

一、三明纺织厂国有资本全部退出的零资产改制条件已经具备，同意依照《公司法》组建由内部职工持股的有限责任公司。

二、要依照《公司法》制定公司章程，选举董事会和监事会，建立符合现代企业制度要求的法人治理结构，维护股东合法权益。

三、三明纺织厂改制为福建三明纺织有限公司后，要依法办理好新的营业执照，与债权行承办好债权债务接续手续。

四、改制后的企业党组织要依照党章，工会要依照《工会法》建立健全。

三明市人民政府（章）

二〇〇〇年九月五日

主题词：工业、改革、股份制、批复

抄送：市委、市人大、市政协、市经委、财政局、劳动局国资局、轻纺局。

口述篇

终于有一天，母亲告诉我，我们要离开故乡到遥远的南国去了。记得那时又是满树凝紫，楝花飘香的时候。依依不舍之际，我带走了三样东西：一枚松子、一片紫楝花瓣、一颗怀乡的心。就这样远别了故乡的紫楝树。许多年后的今天，你一定长得更高更大了，你还记得我吗？故乡的紫楝树，今生，无论我身在何处，将再也抹不去你熟悉的高大身影！

——遥岛《楝花飘香》[①]

有多少职工及其家属在一声号令之下，离开故乡支援三线，怀揣着对故乡的浓情苦思，默默奉献自己的一生，演绎着“献了青春献终身，献了终身献子孙”的生命壮歌。本篇聚焦 11 位三线建设亲历者，他们或曾任职于三明印染厂、三明纺织厂、三明市标准件厂、龙岩毛巾厂，或曾为地辖三明市副市长、负责上海支援福建小三线建设迁厂工作，或现任职于福建省三明纺织股份有限公司。他们经历各异，有的是厂长、党委书记、总经理或班组长，有的是普通职工，有的是曾参加抗美援朝的转业军人，有的是分配进厂工作的知青。他们命运悬殊，有人最终回沪，有人却叶落不能归根、甘将他乡作故乡。通过整理他们讲述的故事，我们能够感触到最鲜活、丰富的历史。

---

① 遥岛：《楝花飘香》，《山鹰报》1995 年 10 月 31 日，第 4 版。

一、拖家带口赴三明

傅春连

采访时间：2023年12月21日

采访地点：上海市静安区孙克仁老年福利院

采访对象：傅春连

整 理 人：赵博翀、史唯鉴

口述对象简介：傅春连，1932年10月26日出生，1952年进入上海立丰染织厂，1954年加入中国共产党，1960年至1964年任上海立丰染织厂劳工科科长，1964年任工会主席，1966年10月随厂迁至三明，1976年任三明印染厂副厂长、副书记，1978年任厂长，1980年任厂长兼书记，1986年退居二线做调研员，1992年退休。

1986年陈丕显(中)到三明印染厂考察，傅春连(右)在厂会议室兼接待室接待(照片由傅春连本人提供)

一、不带头对不起老百姓

20世纪60年代初，时任上海市副市长陈丕显(福建人)考虑到福建省三明市没有轻工业，决定迁一批轻纺工业到三明去。当时的方案是迁到福建6个纺织企业。去福建三明两个，一个是我们三明印染厂、一个是三明纺织厂。龙岩也去两个，一个是龙岩被单厂、一个是龙岩毛巾厂。还有邵武去一个，邵武丝绸厂。南平去一个，南平针织厂。我们是1966年迁厂去三明的。迁厂前，我们厂区位于上海市普陀区，叫立丰染织厂，是一个小厂，属于科级单位。福建为什么选择立丰染织厂过去呢？因为这个厂在上海以出口为主，染织品花色品种比较多，经济效益比较好。

从大城市上海到福建内地是很辛苦的，但是当时人们的思想觉悟都很高，职工动员工作也比较好做。迁厂前，当时的厂书记沈相如、厂长沈金宝，还有两位工人花了近一个月的时间，分别考察了龙岩、邵武、南平、三明四地，最后选定了卫生、用水条件更好的三明市。怎么做动员工作呢？第一条，响应毛主席号召；第二条，领导带头。厂里当时有7位支部委员，我是其中一位，在厂里担任工会主席。在支部会上，我们7位支部委员首先表态，带头迁厂。

在上海时，我住的地方条件是比较好的，有自己的卫生设备、煤气。我父亲已经退休了。我假如要留后路，让父母留在上海就可以了。但是我为了带头，把父母一起带过来了，以前的一套房子也没有了。我爱人是上海国棉六厂的，我也带过来了。当时也没想那么多，我是领导，我不带头，让老百姓去，那就对不起老百姓了。最后我带着我的父母、妻子和两个孩子一起迁到了三明。

厂里的职工们也都积极响应党和国家“备战备荒为人民”的号召。当时工作比较好做，人的思想比较统一。厂里共有300多名职工，最后除了50多名年龄较大或身体不适的职工，全部迁厂。我们是在1966年10月20日上午8时从上海火车站乘坐专列前往三明的，坐了20多个小时，在10月21日中午11时抵达了三明。当时三明市的市长亲自来火车站迎接我们，当地百姓夹道欢迎，搞得十分热闹。

刚来的时候很艰苦啊。我们一家 6 口分配到一间 25 个平方米的两室户，平均每人只有 4.5 个平方米。卫生设备也从上海的抽水马桶变成需要自己倒的马桶了。我们组织工作做得比较好，先派“先行部队”来，每家米、油都放好了，工人下火车后一到食堂都备好饭了。最大的问题是三明没有煤气，只能烧煤炉，很多从上海来的人从来没有烧过煤炉，做饭、烧水等问题在当时带来了很大的麻烦。但三明有一个方面比较好，三明人是吃大米的，这与上海人的饮食习惯接近。上海有好多单位迁到大三线地区去，吃杂粮，生活不习惯。对于这一切我早就做好了心理准备，我清晰地知道，到三明来不是享福的，是来革命的。每个人都是抱着艰苦奋斗的心态来到三明。

二、“山鹰”起飞

工厂迁到三明后，改名为福建省三明印染厂，成为福建省第一家印染企业。原有的 300 多名职工，加上其他外单位一起迁来的职工，共有 407 人。我们刚一落地，就开始工作。当时还有生产任务，可是厂房包括部分宿舍都还没有完工，我们只能一边安装，一边生产。我和其他领导干部下了决心，要在第 40 天拿出迁厂后的第一批产品。当时每个人都充满了干劲，人心很齐，“前面盖厂房，后面安装设备”。40 天后，第一批大红布终于成功出产了。做国旗的大红布是我们厂的品牌产品，后来涤粘和涤卡等产品也很知名，牌子很多，比如金兰牌、山鹰牌等。因为我们厂叫福建省三明印染厂，“山鹰”就是“三印”的谐音，寓意为山鹰起飞嘛。

“文革”期间，我们厂因为是从上海迁来的，没有参加外面武斗，并且厂规模不大，受到的影响比较小，生产一天都没停。当时大家的生产积极性都很高，每个人都投入劳动中。1968 年，我到工厂办的五七农场种地养猪。当时养了 200 多头猪，每到过年过节，就杀猪分肉给职工们，改善职工们的生活。那时候厂里已经有1 000多名职工了。

在上海时生产单色布，特别是做国旗用的红布，没有花布的生产线。通过两期改造后，我们厂得到了很大的发展。第一次改造，新增了一个滚筒印花机生产线，开始生产花布。第二次改造，又增加了一台平网印花机和一台圆网印花机生产线。最鼎盛的时候，厂里的工人增加到了2 016人，年产量达到6 000万米以上，成为一个比较全能的中型厂。随着三明印染厂的不断扩大，1970年三明印染厂成立了党委，上升为副处级单位。印染厂用蒸汽多，一天要用煤200吨，锅炉有3台，烟囱有2个，最高的烟囱有50米，另一个有30米，像发电厂一样。后来又建了一个服装厂。厂里还有自己的派出所、居委会、酒家等，后面建得比较像样了。迁厂25周年时，我们厂为国家创造利税20多个亿，基本达到一年一个亿的利税。

刚到三明的时候，生活很困难。厂里有一个托儿所，从托儿所到生活区只有一条“烂泥路”，很多小孩子走在上面摔倒。我和几位同事想到一个办法，把草包一个一个拎过去，从托儿所一路铺到了生活区，勉强铺出了一条“路”。用水和卫生方面，好几户人家才有一个水龙头，厕所也只能上公共厕所。一段时间后，大家才开始勉强适应这样的生活。为了解决生活的问题，我们厂将部分煤气用于生活，后来建立了大、小两个食堂，烧菜做饭都方便了很多。小食堂能办9桌酒席，当时三明有很多人都会选择来我们厂里办喜事。为了解决职工洗澡的问题，我们专门建了个小楼作为浴室。楼下是男工浴室，楼上是女工浴室。从上海迁至福州的芳华越剧团，来三明演出，当时三明市没有宾馆，他们洗澡什么的都是我们厂里来安排的。

我们厂建有自己的幼儿园，放在整个三明市也是数一数二的，很多机关干部将自己的孩子送到我们幼儿园就读，原因在于我们的老师和设备比较好，生活条件也比较好。我们厂有自己的煤气烧饭，小朋友们吃饭很方便，吃得也很好。幼儿园还有一个操场，小朋友活动空间比较大。因为来的小朋友太多,我们厂幼儿园还扩建了两三次。

为了丰富职工们的业余生活,工厂办了三明第一家企业文化活动中心——山鹰文化活动中心。山鹰文化活动中心一共有五层,第五层稍小一点,共有两间房,其中一间安置了闭路电视,还有一间是广播室;第四层设立了舞厅、展览馆;第三层有乒乓室和台球室,职工平时可以来打打球;第二层是一个图书馆、工会办公室、团委办公室;第一层是给老年人准备的麻将馆、活动室。每逢天黑,整个山鹰文化活动中心都是灯火通明的。我们还开办了山鹰歌舞厅。我们厂迁来前,活动中心这里有一个特殊钢厂车间,共两层。经过我们改造,将两层变成三层,第三层搞了个会场,下面二层作为棉布仓库,在这里可以举办交谊舞会。中心成为全三明市最早跳交谊舞的地方。工会每个月都有活动,平时阅览室、图书馆、乒乓球室都是开放的,专门有人管理。到晚上大家就来活动中心跳舞。我们厂在七八十年代就有魔术表演、歌舞的演出,还有足球、篮球等多种球类活动。当时我们厂的篮球、足球和乒乓球的实力在三明都是名列前茅的。厂里每两年也会举办一次运动会,职工们可以自己组队参加。

我们厂和当地人的关系很好,举个例子,我们厂汽修车间有电焊工,当地农民的锄头坏掉了,可以直接拿来修,也不用排队,工人宁可将自己正在做的事情放一放,也要先给他弄好。所以当地农民对我们厂感情非常好。我这个人其他本事"没有",就是人际关系和单位之间的关系处理得比较好。列东村干部对我非常好,端午节到了,总会请我去看划龙舟表演。三明纺织厂就在我们隔壁,是兄弟厂,我们关系也很好。

三、福建省第一所附属印染技术学校

厂里两次改造期间,我有两次可以出国的机会,但是都让给了厂里的年轻人和大学生。但是我并不后悔，他们出国后都学到了不少东西，促进了印染厂的发展。

1978年，我担任三明印染厂厂长，办了全省第一所附属印染技术学校，我是第一任校长。技校也是在特殊钢厂车间。特钢车间很大，有70几米长，这边做会场，那边几间做技校教室。1980年，闪福香书记调离印染厂，我就是厂长兼书记。当时的副厂长是汪士冠，他原来是上海华东纺织工学院（今东华大学）的教师，当时又在厂里的技校任职，在印染工艺方面是真正的专家，于是就将他任命为厂长兼技校校长。

这个技校非常专业，讲求实用性、针对性、时效性，学习场所、师资、管理都是最好的。选用的教材也是大专以上，由厂长汪士冠亲自把关。汪厂长亲自在学校教学，其余教师也都是厂工程技术人员。我们厂高级工程师有七八个，这些工程师都是老三届，水平很高。这个技校在福建当地非常出名，省内印染行业的从业人员都来我们学校进行脱产学习。除专业课程外，学校还设有英语、文体和数理化等基础课程。但是我们更注重印染方面的专业能力培养，学的英语是化工基础英语，数理化也一直学到高等教学水平，图纸、设计等技能都要掌握。技校培养出来的学生最后都很成才。这个技校改变了很多人的命运。

1986年，三明市委找我谈话，让我退居二线做调研员，但我也时常在关注印染厂的发展，可是当时的厂领导听不进我的建议了。1990年，全市企业都开始进行改制，建立现代企业制度，福建全省9个地市，9家试点。三明市的试点企业就是三明印染厂。改制后有一位经理提出要到九江开发房地产，我当即提出建议，九江离三明很远，土地使用权也不是我们自己的，要是卖不掉，到时候搬也搬不走怎么办？还不如就近，哪怕在城关、富兴堡都可以，如果卖不掉，我们还可以分给厂里的职工居住，改善职工的住宿条件。可是那位经理不听我意见，说自己去考察过了，好得不得了，还是决定去九江投资，最后房子没有卖掉，搬也搬不走。1992 年，我到了退休年龄，没过几年，三明印染厂就倒闭了。

现在三明印染厂都拆掉了。厂区 100 多亩地，生活区 100 多亩地，都改造为商品房，六七栋已经改造好了，还有一部分大概明年要拆了。那里只保留了三明纺织厂一段烟囱。

我这辈子没坐过一次飞机，厂里两次改造期间，我是有机会出国学习坐飞机的，但机会让给了年轻人。

二、甘将他乡作故乡的老书记

闪福香

采访时间：2018 年 12 月 21 日

采访地点：福建省三明市经济贸易委员会破产关闭企业离退休人员管理服务中心

采访对象：闪福香

整 理 人：刘盼红

口述对象简介：闪福香，男，1934 年 9 月出生于上海市，1951 年入团，1952 年 6 月参加工作，1956 年 6 月加入中国共产党。历任上海市江宁区人民委员会劳动就业委员会失业工人登记队队员，江宁区人民法院助审员，国营上海第一印染厂党委会干事、秘书，上海市委工业工作部、工业政治部副科级巡视员，上海市革委员落实查抄财物政策办公室负责人。1966 年随爱人内迁福建省三明市，历任三明水泥厂党委副书记、厂革委会副主任，三明地委党校理论教员，三明印染厂党委副书记、书记。1981 年 10 月后，历任三明市委（地辖市）副书记、市委政

闪福香（左一）
照片摄于 2023 年 12 月 21 日，拍摄者：史唯鉴

法委书记，三明市人民政府（地辖市）党组第一副书记、副市长。1983年后，历任三明市计划生育委员会主任、书记，三明市建材工业公司经理、党委书记，福建建明建材企业集团公司管委会主任、党委书记。1994年2月退休。

一、从花园洋房到逼仄宿舍

我的祖籍是安徽省凤台县。1949年以前，我家逃过荒、要过饭。为什么后来安在上海？就是我的祖父带着全家从安徽逃到上海的。我1934年出生于上海，在我的一生中，参加过“土改”，做过失业工人登记，做过肃反审干，清理过司法积案，做过党务，搞过“四清”，做过计划生育和精神文明工作，做过工人，当过农民，还当过党校理论教员，不过主要的我还是做经济建设工作。

从1950年参加“土改”工作以来，可分为前20年和后20年。以1971年为时间分界点，前20年主要在上海为党为国家尽责、奋斗；后20年支援福建山区建设，在三明，为党为国家尽责、奋斗。1964年4月，我被选拔到中共上海市委工业部直属工作处，该处是代市委管理江南造船厂、沪东造船厂、上海机床厂、彭浦机器厂、国营上海第一印染厂、国棉一厂和二厂、空军第十三修理厂等8家直属大厂，这些厂的书记、厂长都是八九级的高级干部，国棉二厂的书记还是党的七大代表，他们党性特别强。这从我去这些工厂巡视、检查工作就可以看得出来。尽管那时我才20岁出头的毛小伙子、科级巡视员，但他们在迎来送往、工作汇报上，都会亲自出面接待并汇报工作。

1966年春夏，我跟张承宗副市长（他曾是上海地下党的负责人）在国棉一厂做最后一批“四清”工作，这时“5·16通知”和《人民日报》社论的发表，政治形势突变，上海市委被冲击了！我按张承宗副市长的指示，组织工人到华山路排成人墙，保卫上海市委。上海红卫兵抄家得来的物资堆积如山，仅白银就达 44 吨。南方雨水多，大批物资将要霉烂变质！1967 年 3 月周恩来总理特签发“104 号”文件，催促处理抄家财物。于是，我被调到上海市革命委员会抄家财物处理组主持这项工作。我顶着“左倾”势力的压力，坚持党的一贯政策，经请示，将易霉变的物资按户作价拍卖，钱款连同股票、存款、金银等，专户存入银行，待落实政策时发还本人。这样就保护了如荣毅仁、刘靖基、周谷城、董承让等多位统战对象“头面人物”被查抄的财物。我们的做法引起关注，北京、天津等大城市都主动前来取经。

三明，是我们共产党人自己建设的福建省首个工业城市。1958 年 4 月，三明辟为福建省重工业基地。在这之前，三明小的很，有句民谣叫：“小小三元县，三家豆腐店。城里磨豆腐，城外听得见。县长打板子，外面听得见。”城市也很落后，1958 年才有了一个三明钢铁厂，其他工业都没有。当时上海市委书记陈丕显是福建上杭人，60 年代回福建上杭时，与叶飞同志商定，从上海搬迁一批工厂来三明支援福建的山区建设。这样一来，使三明工业体系比较完善了，当时厦门还没什么建设，福建按照经济排名分别是福（州）、三（明）、厦（门），三明在第二位。1961 年 2 月 12 日，时任全国人大常委会委员长朱德，在时任中共福建省委书记叶飞的陪同下视察三明，朱德写了一首诗《三明新市》，对三明有一个定义：“上饶集中营，拘留尽群英。军渡长江后，迁移到三明。多少英雄汉，就地遭非刑。青山埋白骨，绿水吊忠魂。将此杀人地，变为工业城。”

20 世纪 60 年代中期，三明被列为福建的后方，属于小三线，上海又支援了一批轻纺工业。那时候每个厂都有防空洞，“备战备荒为人民”，不过也没什么紧张的感觉，人的思想觉悟比较高。这批支援的轻纺工业工厂就有我爱人王素兰所在的国营上海二十六棉纺织印染厂。她当时为挡车工、班党支部书记，她是上海市的“五好”职工，曾经作为上海市纺织工人代表，赴北京参加 20 周年国庆观礼，受到周总理的接见，并在观礼台上见到了毛主席。自然，她在思想上能够接受国家的安排，积极支持搬迁政策。

而我呢，工作在上海市委，办公室在外滩原汇丰银行大楼，住的是愚园路花园洋房，这个房子是上海长宁区委书记住的房子，他搬走了以后给我住。孩子们读书都是在重点的师范附小和市西中学。面对这么好的条件，要不要随迁？我是有思想斗争的！我不负责迁厂工作，但曾经利用到厦门出差的机会来三明“踩点”。三明与上海的生活确实是“天差地别”。印象里，当时三明什么也没有，两栋楼、一家电影院、一个邮电局、一个小市场就是它的全部。这座小小的山城，看起来十分荒凉，与繁华的大上海相比迥然不同，唯一的优点就是自然生态比较好。经过内部的思想斗争和家庭讨论，我夫妻俩都为中共党员，想到了入党的宗旨，用现在的话说，就是不忘初心！一生交给党安排，党叫干啥就干啥，不能为难党和国家，还要带头才是体现共产党员的先进性。1971 年，国营上海二十六棉纺织印染厂迁到福建三明。于是，我毅然决然地携全家六口离开了繁华的大上海来到了三明！

来三明的时候，我要是留一个孩子在上海，这个房子也可以留下来。我当时想我要走了，这个房子应该交公。到三明后很苦。厂里是按人头分房子，6 人户是最大的了。我们一家人挤在不足 40 平方米的职工宿舍里。大女儿到黑龙江去了，小女儿还有两个男孩怎么住啊。干脆打个“洞”，把厨房搬到屋外走廊，腾出空间作为孩子的卧室。与上海的花园洋房相比，简直是一个天上一个地下。但是我也不怕吃苦，当时的想法很简单，只要党和人民需要，我就到那里去。

二、从三明水泥厂到三明印染厂

我从上海来之后第一站是三明水泥厂。1971 年，三明地委书记、军分区政委侯林舟找我谈话，安排我到将要倒闭的水泥厂主持工作。

当年我被任命为福建三明水泥厂革命委员会副主任。当时全国范围内受“文革”的影响，水泥厂也遭到严重破坏，年亏 50 多万元。当时的 50 万元，比现在 2 500 万元都重要。整个厂纪律松散，迟到、早退、翘班严重，企业的生产经营和管理工作陷入混乱状态。在军代表徐选文的支持下，我一上任便成立水泥厂第一任党委，开始制定一系列规章制度，加强纪律管理，对于违规违纪的行为毫不留情，工厂生产经营慢慢步入正轨。到 1974 年，用 3 年时间，在“铁腕政策”约束下，水泥厂的亏损基本抹平。后来我的身体状况出现了问题，领导叫我去医院做手术。手术很成功，但不能再进行高强度的工作。从水泥厂把我调到地委党校，待了一年多，属于半休养性质，暂时离开了经济建设第一线。

1975 年 3 月，我被调到三明印染厂担任党委副书记。我原来是在上海最大的印染厂——上海第一印染厂工作，之后调到上海市委工业部。领导认为我对上海工业比较熟悉，就调我到印染厂。当时三明印染厂的“派性”特别严重，“6·24”人员非常狂，用“欢送悼词”赶走军代表张万隆，到地委找侯林舟专员不是用手敲门，而是用脚踢门。毛主席发出“安定团结，把国民经济搞上去”的指示，邓小平以“三项指示为纲”，大抓整顿、大反资产阶级派性。在地委石瑞副书记直接领导下，我紧跟形势，团结全厂干部职工特别是厂党委一班人，大反“派性”并用上海管理工业的办法，即“管理、纪律”四个字，一管、一卡、一压，很快就把反派的气焰镇压下去了，生产秩序得以恢复。

在“铁腕”管理的同时，我注重搞好群众基础工作。首先，与中层干部搞好关系，关心他们爱护他们，对他们放手使用。其次，与群众搞好关系，他们的需求无非就是家庭有住房，工资待遇好一点，子女有工作，尽量满足他们这些需求。我们厂盖了好几套房子，住房全部解决。上海来的子女要求进厂的，我都招进来。当时工资都很低，有一点额外收入，他们会很满意。过年过节自己不要买东西，我厂发的东西够他们吃了。比较早的时候别的厂不敢发奖金，但是我敢。为什么我敢呢？第一，1978年邓小平有个讲话，说要有物质刺激，不能只讲精神刺激。有邓小平这个话，我就敢发奖励。第二，我是外地人，在三明没什么反派关系，所以我没什么顾虑。第三，我是从上海市委调过来的，大家都比较尊敬我。通过这些办法，工人的积极性都很高。他们也都很尊敬我，老工人不喊我书记，都喊闪师傅。

经过多年的努力，三明印染厂的各项经济指标名列全省前茅，如劳动生产率超万元，年产值超亿元，利税增长率达两位数，超千万元。三明印染厂成为当时福建省第二棵"摇钱树"（第一是青州纸厂）。为此，省总工会授予我福建省"五一奖章"获得者荣誉称号，地委书记邓超提出"远学大庆，近学三印"的口号，说我从上海来，用上海的这一套管理方法比较好。

三、愿将他乡作故乡

1981年，中共三明地区委员会任命我为中共三明市委副书记、副市长、市委政法委书记等职务。此时省委书记项南视察三明，给三明市的建设送来了春风。市委安排我协助袁启彤书记贯彻邓小平同志"两手抓"的指示，大抓经济工作的同时大抓"精神文明建设"工作。市委领导班子个个撸起袖子清理脏乱差，整顿市容，开办河边市场，扩大满园春市场，建麒麟山公园，建索道，开展"五讲四美三热爱"活动。在三明，掀起讲文明、讲礼貌、讲卫生、讲秩序、讲道德，心灵美、语言美、行为美、环境美，热爱祖国、热爱社会主义、热爱中国共产党的热潮，赢得了1984年6月全国首次"五四三"三明现场会的召开，把三明经验推向了全国，三明成为精神文明的建设城市。1985年三明首创了福建精神文明"文明城市"称号，一任接着一任干，已连续二十多年荣获"文明城市"的荣誉。

早在1983年7月，地市合并后的三明市委，任命我为市计划生育委员会书记、主任。后面为了把支柱产业的三明建材工业搞上去，周厚稳书记又调我去主持三明市建材工业，任三明市建材工业公司经理，建材工业局党委书记、经理、局长。国家建材局林汉雄局长等领导，对三明建材工业特别关注，并抵临现场考察、指导。我征得骨干企业福建水泥厂王天生厂长、邓文炳书记全力支持，组建了福建建明建材企业集团公司，开办了三明新型建材总厂，首创生产硅酸钙板，填补了国家的空白。这产品是装修不可或缺的材料，非常热销。1991 年 7 月，我带石棉瓦厂的厂长雷金枝赴美考察，在纽约街头一建筑工地，捡到一块板并带回国，经请国家建材局武汉研究院解剖、研究，确认为硅酸钙板材。

我们公司干部职工、领导班子非常团结能干，改革的意志非常强，把亏损无望的企业如渡头机砖厂登报招标，承包给个人；把兴旺的企业实行强强联合组成集团公司，组建福建建明建材企业集团公司，市委任命我兼任公司党委书记、管委会主任即董事长。福建省经委批准公司为大型建材企业，集团公司在福州温泉宾馆召开成立大会引起轰动。三明市建材工业取得突破性进展，市委组织企业种子队活动，建材工业名列八大工业的前三名，并成了福建省建材行业的龙头，水泥产量占到全省的 70%。省建材工业局授予我“福建省建材工业先进工作者”荣誉称号，市委奖励我现金人民币 1 万元。当时 1 万元可大了，没几个万元户。这个钱我没有一个人独得，而是把公司其他方面的单项奖加在一起，按处、科、一般档次发给大家。三明市直机关党委授予我“带头改革开放共产党员”的荣誉称号。

以邓小平为核心的党中央深感培养年轻干部的重要性，当时党中央按照邓小平建议，大力培养选拔年轻干部，我也积极响应号召，向市委请求提前退休让贤。这件事市委组织部江桂如副部长在香港中南银行见到我女婿黄兰民等人时，当众给予称赞。人才培养提拔方面，我还是有作为的，对郑新聪、李立士、谢兰捷、邱乾春、王坚英、傅瑞生等10多名年轻干部给予关注，为他们分别走上省、厅、处级领导岗位，尽了绵薄之力。

1994年2月，我从三明建材工业公司退休，虽然我退休了，但一天也没停下来。我积极参加"老"字号的组织和活动，先后担任三明市劳动模范协会副秘书长、三明市关心下一代委员会副主任、三明市老年促进会理事。退休后还荣获"省劳模协会积极分子""省关心下一代先进工作者"等荣誉称号。我没有回上海，一个是我没有回上海的打算，再一个回去也是有条件的，我们在上海没有房子。三明已经成为我的故乡。回想初到三明时，曾经烧饭用的煤饼炉子，煤饼还得自己从印染厂锅炉池里搜集碎煤沫，一个个做出来。现如今这个小小山村，已变成一个越来越现代化的都市。山更青了、水更绿了、城市更美了，生活也发生了翻天覆地的变化。一代又一代的建设者接力，相信三明的明天会更好。我将在这里走完自己的人生。

（该篇根据笔者对闪福香的访谈记录及《三明日报都市特刊》对闪福香的采访稿[郑丽萍、朱丹宇：《闪福香：支援山区建设，他乡便是故乡》，《三明日报都市特刊》，2018年7月30日，第1版]，闪福香本人撰写的回忆文章《在党旗照耀下成长》整理而成。）

三、从参加南下服务团到建设三明

余震岳

采访时间：2018年4月16日
采访地点：三明市档案局
采访对象：余震岳
整 理 人：刘盼红

口述对象简介：余震岳，1931年出生于江苏省太仓县沙溪镇，因家庭经济困难初中未能毕业，后进入上海一亚电工实验室当学徒。1949年6月在上海经组织介绍参加南下服务团，1951年3月加入中国共产党，1958年被调到三明钢铁厂担任动力车间副主任，1963年调任三明市计委副主任、市委工交部副部长，1964年升任三明市副市长，1971年被选为三明市委常委，后担任生产指挥处长、市革委会副主任、市委副书记，1982年调离三明市。

余震岳(前排左)
照片摄于2018年4月16日，拍摄者：张李欢

一、参加南下服务团

我们来三明快60年了。我出生于太仓沙溪，老家在江苏无锡，我爱人老家在江苏镇江。1949年6月，在上海经组织介绍参加南下服务团，到了福建泉州，我当时18岁，还是学徒。我爱人当时15岁，初中毕业，本来要升高中，来了泉州，以后我们在一起的。

我是跟我的师傅南下的，他叫杨方朱，名字中方、朱都是姓，所以他的外号叫三姓杨。原来他是马来亚共产党[马来亚为马来西亚独立前的称呼]，泉州人，在马共那边要抓他了，就跑回来。他是清华大学的，英语非常好，没有毕业就离开学校，在上海自己做招商工作，搞了小工厂，我在他那里当学徒。1949年，他要南下，我们就跟着一起南下了。虽说是师徒关系，他是老板我们是学徒，但是每个月他都给我一点零花钱。他跟我们讲，经济不是以前了，在我们前一批的人在他那里学一点半导体技术，然后上夜校学习。以后我们要自己独立，除了个别人一解放回老家去，其他都一起南下到福建来了。

当时在上海搞技术很吃香，国外好多商船、军舰到上海停留，无线电方面出事情都是我的师傅上船去解决。他是招商局的装修工程师，当时还是技术很拔尖的。南下以后，我在泉州搞群众工作。当时的想法是过两三年，我再回去搞我们的半导体。实际上因为革命需要就一直没有回去。1958年，三明要建钢铁厂，我跟我爱人从泉州调过来。大家争先恐后来，觉得能够来参加工业建设很光荣。当时山区条件非常非常差，这一片整个还不到5 000人，包括城关一共加起来不到5 100人。根本没有什么商店、街道，老百姓也是穿得很简单，像清朝的服装一样，头发也是像清朝那样，山区很闭塞的。

我爱人刚到这里都掉眼泪。不能带小孩，来了住的地方都没有，我们一间房子没窗，门一开进去就一张床，其他什么也没有，还算是很好的，其他人都是肥料房整理以后打扫一下，有的拿毛竹片搭起来，上面毛毡铺一下。我们大的小孩才三四岁，提前送到镇江他外婆那里。老二那个时候才 4 个月，马上带到家里去断奶。三明当时是头顶青天，脚踩黄泥，也没有什么像样的食堂，有点空心菜都不得了，高兴死了。那时很艰苦，但没有什么人抱怨，这个精神是很可嘉的。

二、我的迁厂记忆

我 1958 年到三明钢铁厂，1963 年我到三明市里来以后，在计划委员会，迁厂的第一批没有在我手上，第二批都在我手上。第一批迁厂是在 1959 年左右，时任上海市委书记陈丕显来三明考查，三明市委书记张维兹接待他，省委书记叶飞也来了。张维兹原来是厦门市委书记，山东人，自己要求到三明来搞建设。省里面确定三明要建设重工业基地，只有钢铁厂、化工厂这些重工业企业，没有轻工业相配套，这是不行的，形不成一个城市。当时张维兹主张，仿照匈牙利的布达佩斯建设“带”型城市，基本蓝图是他那个时候定下来的。陈丕显就表示，上海可以迁来一批工厂。当时上海经济也比较困难，有些人要疏散，既可以支援外地，上海也减轻一点压力。陈丕显一回去，马上我们就跟着行动了，确定第一批迁的厂，包括三星糖果厂、金属制品厂、皮鞋厂、玻璃厂、印刷厂、服装厂等。第一批迁厂来的很艰苦，差不多 1960 年的时候，经济很困难。按照张维兹的说法，你有牛郎没有织女也不行，光有钢铁厂等重工业没有用，所以后面的第二批又加了纺织厂作为配套。

当时大家比较单纯，一声号召，全家合作，什么都放弃了。在上海定下来方案，上海迁几个厂，先不跟工人讲，派几个人到三明来看一看，摸摸底，到这边怎么安置，然后就回去动员。刚迁厂的时候条件很艰苦，大件的东西用车子拉，小件的东西，比如家里的行李，都是自己到火车站去挑啊、抬啊，用脚踏车推，推不动车子停在那里，回来吃点东西，再接着推。到三明这边没有那么多住的地方，房子也借不到，自己到沙溪河里面去挖沙盖房子。到了城关，对面汽车中心站有口井，从那边拉根管，用水管接到开水房，大家拿热水瓶到开水房打水，非常艰苦，但是大家就这样过来了。

第一批当中比较有代表性的是金属制品厂，以一个厂为基础，最后分了四个厂：光学仪器厂、标准件厂、机床附件厂、铝制品厂。几个技术干部配上两个领导骨干，带几个工人出去拓宽，像原子分裂一样分出去。金属制品厂当时在上海生产铰链，就是家里门上活页，是个小厂，但还算是骨干厂，有较强的技术力量和较为科学的管理制度。来了之后，首先替三明化工厂加工修理氧气瓶。三明化工厂虽然是大厂，但它生产不了氧气瓶上面的气阀螺丝，一出毛病弄不了。金属制品厂就支援他们技术力量，他们供应金属制品厂机械制造要用的氧气，形成协作关系。后面省里面说有机床但没有机床附件，那金属制品厂就来生产机床附件，所以后面就叫作机床附件厂。金属厂还为军工企业生产半自动步枪、高射机枪做一些模具。军工大厂虽然有力量，但是他某些技术骨干不行，金属厂小，但是技术水平比较高。就是靠生产这些东西解决企业的收入。

1966 年初，省里决定发展新兴工业，在市里统一规划下，金属厂里接受了批量生产六〇炮瞄准镜的军工任务。因为有几个技术比较拔尖的，搞瞄准镜、迫击炮，自己到中央去要任务。技术干部也想办法去要，要了浙江大学的光学专业毕业的夫妻。弄起来以后省里面很支持，每年进口几台设备，也都有指标的，优先配合三明，这样就有了比较好的设备，最后单独成立一个三明市光学仪器厂。上海一个小螺丝厂来三明，与金属厂并在一起。当时螺丝厂生产的螺丝不大标准，生产的螺丝、螺帽叫标准件厂，需要统一规格。当时全省没有一个标准件厂，于是就三明来搞。没有设备，于是把迁厂的 25 万费用都拿来买设备，重机厂他不要的设备三明也要拿来。在当时来说大型设备运输还没有桥，浮桥不能过的，必须要到三钢下洋这边转个圈才能拉到城关来，转个圈到下洋这个地方，当时就是一条木桥，好像是三吨还是几吨，如果超重，这个桥受不了要塌掉的。没办法自己用木头去把桥加固，然后再把平板车拖过来，到后来，分出去三明市标准件厂。1973年，金属制品厂改成机床附件厂。同年，市里又决定把厂里已经有一定生产规模的铝制品车间划分出来独立成厂，定名为三明市铝制品厂。经常变，产品变了好多，但再怎么变，总还是想尽一切办法能够把生产搞上去。后面标准件厂是私人买走了，现在厂子还在附近，叫富兴集团。光学仪器厂在它再里面一点。

有的厂非常好的，比如印刷厂。迁厂的时候人员很少，规模非常小，因为考虑地方上还是需要这个行业配套，所以要弄过来，逐渐发展得不错，全省的教科书都是这个厂印刷的。当时福建三明算小三线，国家有个大三线，福建省好的印刷设备不能放在厦门，不能放在福州，就拿到三明来。三明印刷厂在福建省来说是战备厂，印刷设备是一流的，效益也好，任务也饱满，福利也不错。

三、造桥筑路为人民

在社会主义建设事业中，谈到“修桥铺路”“添砖加瓦”，无不认为这是每个共产党员和革命干部应尽的职责；而造桥筑路的具体工程，更是为人民尽职尽力的体现。在建设三明的过程中，我有幸接受了建造城关大桥、荆西大桥和修筑白坂、中铭公路的任务。在当时，我是愉快领命努力工作的，事后心里也踏实，总感到自己无愧于是一名人民的公仆。有人说，当时为了建造城关大桥，是我决定砍了大树迁了庙，这会得罪了神灵。我说，人民群众才是真正的神灵。城关的一场大火，烧坏了大树，那里又正好是大桥的位置，砍了树，拆迁了房屋，是工程的需要，把大桥建成了，为社会主义建设办了实事，真正的神灵是会高兴的。

1. 全市动员，齐心协力建大桥

1970 年 5 月 17 日上午 9 时许，三明正处在“文革”的动荡中，由于连日下雨，沙溪河水暴涨，连接城关与火车站两岸间的浮桥已经断开，唯一用来运送来往群众的交通工具是靠钢索拉曳的渡船。由于渡船超载，导致船在河中心倾覆，干部群众 22 人不幸身亡。这一惨痛教训引发了修建城关大桥的决心。5 月 30 日，市革会向上级报告要求修建城关大桥。我当时是市革会办事组组长(即办公室主任)。1970 年 6 月，成立工程指挥部，由我担任总指挥。当时的市财政很困难，决心挤出资金投入建桥，省里也很支持，专项拨给水下工程用的南平水泥数百吨，钢材指标 30 吨(作为特殊用钢的指标)。我们把建造城关大桥作为一项重点工程在全市进行动员，决心发扬自力更生精神，自行设计，自行组织施工，要多快好省地完成这一任务。为此，我们请来了当时下放在大田县对桥梁设计有经验的梁天赐、张乃令夫妇(梁后来是福州大学土木建筑工程系的教授)，以他们为主挑起了设计石墩钢筋混凝土双曲拱桥的重担。我们发动农村的公社大队和伐木场，按收购价的 60%贡献木材和毛竹(杉木 245 m^3、松杂木 355 m^3、毛竹 2 000 根)，动员市区各单位支援钢材、水泥和施工用的设备，并组织干部、职工、学生、农民参加建桥义务劳动。确定以市政工程为主，琅岐的下岐工程队配合，作为建桥的主力队伍。为了加强施工力量，请省建一公司支援了 3 名技术人员，请省安装公司解决焊接技工。在作了初步的部署后，1970 年 10 月 1 日，大桥工程正式开工。我们那时没有什么施工机械，运输工具也只有两辆拼装的四吨汽车。在开挖 6 个桥墩基础时，除了抽水机，就靠人工挖掘了。我们组织了数万人次的义务劳动，当时群众的热情很高，干得热火朝天，大家都盼望早日把大桥建成。三明胶合板厂是 1966 年迁来三明的，全厂上下对建桥十分支持，在发动义务劳动时，连小脚女工杜静梅都争先下河去挑砂石。那时的建桥情景，不少人至今还都记忆犹新。在开挖主航道中的两个桥墩基础时，由于水深流急，要在水中打上松木桩才能构筑桥墩的围堰，而要保证围堰不漏水，又要清理围堰的基础。我们又没有什么设备，只得由水性好的工人潜入水中去清理。大桥用的材料很多，普通钢材靠三钢支持，主要部位用的水泥由三明水泥厂提供，次要部位用化工厂和化机厂的小水泥。为了备足建桥用的石料，我们组建了开山的队伍，以砂石公司为主，调用伐木场的绞盘机，去薯沙阳开采石料。他们用人工打炮眼，用空中绞索运石料，保证了大桥条石、块石的供应。三明火车站还急我们所急，主动调运铁路石料场的毛石，补充大桥用石的不足。火车站桥头的引线没有足够的土方，我们就请三钢把钢渣运来填上。总之，为了修建城关大桥，全市各单位有力出力，有设备就支援设备，谱写了一曲齐心协力建大桥的新歌。

经过不到两年的奋战，1972 年 6 月，全长 306.77 米，高 18 米，桥面宽 9 米，两旁人行道各 2 米的城关大桥胜利建成，7 月 1 日举行了隆重的通车典礼。这是在当时的历史条件下靠广大群众的参与、靠各单位的支持完成的工程，总投资才 105 万元。在建桥过程中，没有发生重大的伤亡事故，实现了多快好省建设大桥的目的。在举行通车典礼的时刻，我舞动红旗指挥车队过桥，内心的兴奋同广大干部群众一样无由言表。现在回首，这也算是我在建设三明的过程中给后人留下的一个记忆。

2. 中铭和白坂，两路一齐上

台江是市里规划的工业小区，一直苦于没有公路通到那里。1970 年 6 月，省交通部门把修建中铭公路列入了计划，要求三明市负责中村至石马岬路段的施工任务。该路段长 17 公里，有中桥一座。市里就决定中铭和白坂（火车站白沙至坂头）两条公路一齐上。为了统一领导和指挥施工，组成了“二路一桥”工程指挥部，把建设城关大桥的任务也交给“二一”工程指挥部统一负责，由我担任总指挥。

当时城关至中村的公路是林业公路，从中村至�竹的石马岬，只有一小段是林业公路，后半段全部要开山新修。沿途林木参天，地形复杂。1970 年 9 月正式动工，我们把开山炸石和修建桥涵，交给华美工程队和下岐工程队承担，大量的土方和修筑路基，由市里组织支前民兵连承担。4 个公社组建 4 个以下乡知识青年为主体的支前民兵连，配上带队干部和技术人员，靠洋镐、锄头、架子车等简单工具进行施工。当时的条件是十分艰苦的，这些年轻人不怕艰苦，在荒山峻岭里苦干了 8 个月。1971 年 8 月，一条路面宽 5～6 米的三级公路顺利建成，国家仅补助 21 万元。当我们完成修路任务，站在石马岬分水岭观望向远处延伸的公路时，只见三明的一边林木葱葱，大田的一边梯田无数。啊！三明至大田的行程缩短了。“愿中铭公路为开发山区经济作出贡献！”这是全体筑路员工的心声。

与此同时，3 公里多的白坂公路也初步建成了。从火车站到台江总算有了通道，为以后新建台江水泥厂铺平了道路，也为红卫制药厂迁至台江及 1982 年动工建设的第二纺织厂创造了条件。工业小区有了交通这一必不可少的条件，就逐渐发展起来了。

3. 渡口架新桥，旧貌换新颜

荆西渡口，没有浮桥，凡是要去明溪、清流、宁化和江西石城的汽车，都必须在那里排队等候轮渡方舟运渡，不仅耽误了时间，而且时常发生事故。有一次，一辆汽车在渡口候渡，驾驶员到河边洗手，车子刹车失灵，自动滑进沙溪河中。方舟运渡还受水情的制约，遇到洪水或枯水季节，方舟就停驶，造成交通中断。为了彻底改变这种状况，省交通部门决定新建荆西公路大桥，把荆西和荆东连为一体，改善交通条件。这对三明市来说，无疑是一件好事。修桥的投资和设计，都由省里负责，施工任务也由省公路三处承担，但作为当地政府，必须做好征地拆迁和施工队伍的生活安排等协调配合工作。有些具体事，如施工队伍的住宿、随队子女的就学，以及副食品供应等都要由地方政府来承担。为此，地方和省交通部门联合组织了荆西大桥工程指挥部，我担任总指挥。经过勘察设计，1977 年 3 月正式动工，1978 年 8 月，一座 5 墩 4 孔的双曲拱桥竣工了，全长 277.5 米，高 17.5 米，桥面宽 9 米。新桥建成后，改变了渡口的旧貌，车辆畅通，荆西也繁荣起来了。

建设事业无止境，继往开来靠人民。在建设三明的历史长河中，我做的工作只是一个小小的浪花，许多的浪花汇成了前进的波涛，愿三明在改革的浪潮中继续前进。

（该文前两部分由余震岳先生 2018 年口述、刘盼红整理完成；第三部分是抄录余震岳先生在 1995 年 9 月 8 日所撰文章。）

四、从抗美援朝到支援三线

徐嵩古

采访时间：2018 年 5 月 12 日
采访地点：江苏花桥徐嵩古家
采访对象：徐嵩古
整 理 人：刘盼红

口述对象简介：徐嵩古，男，1934 年生，江苏省宝应县人。1950 年 4 月在上海私立明智中学求学期间，自愿报考中国人民解放军第一野战军第六十三军文工团，被录取入伍。次年 2 月随军参加抗美援朝战争，任中国人民志愿军第六十三军一八九师炮兵团政治部宣传干事。1952 年 7 月随军回国任中国人民解放军一八九师炮兵团后勤处文化教员。1957 年 4 月转业至上海庆丰棉纺织印染厂（上海静安棉纺织印染厂前身）业余学校就任教员。1959 年下放厂机修车间。1970 年随厂内迁。

徐嵩古（左三）及其亲属、朋友
照片摄于 2018 年 5 月 12 日，拍摄者：刘盼红

一、投笔从戎与支援三线

1949年5月27日，上海解放。那时我在上海私立明智中学求学。解放前，由于时局战乱，上海简直不像样。不过我家里生活条件很好，不愁吃不愁穿。

1950年6月，第一野战军二十军到上海招知识分子，增加部队的文化素质。我作为一个中学生，满腔热血，再加上接受了一些进步刊物的影响，对旧社会确实很痛恨。那时候中学生算小知识分子，我和几个初中同学就相约报名参加。不料我参军的事情在部队出发前被家里发现，老祖母赖在部队不让我走，我只好跟她回家，被关了三个月。第一次报名参军就这样“无疾而终”。

到1950年10月份，我回到学校继续读书。之后我又逃出来，投靠了第一野战军六十三军。这次我什么都没带，就学校里几件衣服，一个小皮箱，东西一装就走了，家里人什么都不知道。到部队以后先到西安，1951年春节入朝鲜，我担任一八九师炮兵团政治部宣传干事。之后一直音信全无。后来家里怎么知道的呢？民政部门敲锣打鼓送军属证到家里，他们才知道我参军的事情。1953年朝鲜停战，我随军回国任一八九师炮兵团后勤处文化教员。直到1954年，我才第一次回家。后来谈恋爱，部队就不让留了。1957年转业到上海，进入上海庆丰棉纺织印染厂，也就是后来的上海静安棉纺织印染厂，在该厂业余学校就任教员。1959年进入厂机修车间。

20世纪六七十年代，福建与台湾地区局势很紧张，沿海城市工业企业全部往内地迁。三明是福建的腹地，被作为福建的小三线。而且三明市工业发展不全面，重工业发达，拥有钢铁厂、化工厂和重型机床厂，轻工业非常薄弱。当时叶飞任福建省委书记，他原来是福建军区司令，与时任上海市委书记陈丕显为华东野战军的老战友，外加陈丕显又是福建龙岩人。叶飞到上海考察时，向陈丕显提出希望上海支援福建一部分轻工企业。大的国有单位不可能让他迁。上海静安棉纺织印染厂原来是私有企业，后来改为国营。这个厂规模还可以，而且是全能厂。1965年，该厂被列为福建小三线内迁企业。

“文革”期间，我们厂也受到波及，没有按规定时间内迁。我是有“阿Q”精神的。朝鲜战争中，我们上海去的人有147个，从战场回来的只有70几个，现在只剩6个。经历过生死的人，什么都不怕。“文革”中，我什么派都不参加，最后他们“斗”完没力气了，我就做和事佬将他们联合起来。后来全厂大多数工人选我当革委会主任，我写大字报说本人家庭出身不好，不适合做这个工作，谢谢大家对我的关怀。“造反派”叫我做事，我就在车间干活。党委成立以后，叫我参加迁厂筹备组，我认为听党委的话没错，开始筹备迁厂。

当时人心浮动，一切筹备活动都是秘密进行的。我与筹备组其他成员先去三明考察，印象中三明全是荒山野地，什么都没有。1970年，三明新厂筹建工作基本完成，工厂才在上海天山舞台召开动员大会，正式宣布内迁任务。动员以后，全厂2 000多人报名。几乎所有人都要去，只有极个别不去。我是带着我的爱人、两个孩子还有岳母全家支内，两个孩子一个11岁，一个9岁。我爱人是外单位的，她是“文革”前的技术干部，纺织中专毕业。毛主席当时讲，三线建设不好，睡不好觉，三线建设好了，骑着毛驴也要去看看。像我这种拖家带口去的，主要是不愿与家人两地分居。工厂开动员会时承诺，到福建以后一切待遇不变。当然，后来逐步变了。

总共分三批去，我是第一批去的。我们厂包了一部列车，我是列车长，整个车厢职工的吃喝拉撒都归我管。只有老人和孩子可以坐卧铺车厢，其他人都是硬座。我家孩子和老人分到一个卧铺，我自己因为开车必须保证充足的休息，也分配到一个卧铺，但我从来不睡，都是让给有困难的家庭。我们这趟车是专列，直接到三明，差不多需要23

个小时。如果不是专列，要到江西鹰潭转车，路上时间要更久。有一些小的厂就不是专列。大件行李在我们抵达三明之前早已运到，我们把随身携带的行李一放，马上就奔到厂里去了，我爱人他们就在家里整理房间。

二、农场生活的苦与乐

当时国家强调要学工学农，三明纺织厂在燎原大队搞了一个五七农场。由于我在技术车间有点名气，一些人为了抢我的位置，让我和另外一个人去建农场。后来很多青年人也参与到农场工作中来。那边很苦，只有一片荒地，我们首先要做的是盖房子、盖草棚。农场建起来后，我们每天早上就扛毛竹，夏天还要搞“双抢”。福建夏天热，割麦子时大家都把上衣脱了。我们也懂得苦中作乐，比如比赛挑地瓜，看谁挑的数量最多、时间最短。大家都是三十几岁，正是血气方刚的年岁，都想当英雄好汉，一个个抢着挑，我挑 50 斤，他挑 60 斤，一路不停。

我们迁厂的时候，机器设备都是小型的。当时生产生活物资由国家统一计划，大型机器设备根本拿不到。我们都是自己造刨车、铣床、滚床等运到三明。我们厂主要生产纱和布，生产好以后送到印染厂加工。后来工厂搞了几次大改造，规模也不断扩大。最后扩大到 6 000 只纱锭，纺部和织部各扩了一个车间。我们厂技术力量很强，可以说带动了福建整个纺织工业。我们是母厂，南平纺织厂、厦门纺织厂、福州纺织厂、三明第二纺织厂等，都是我们厂派技术人员过去指导建立起来的，或者他们派人来我们厂接受培训。

1983 年，三明地区和三明市合并，成立省辖三明市后，我当选三明市梅列区第二、第三届人民代表大会代表。福建日报社、福建电视台邀请我召开座谈会，叫我谈谈自己对三明建设的感想。当时三明市委书记也在场。我说你们要少报道领导，多报道基层企业和工人对三明所做的贡献。

三、叶落不能归根

我们这一辈，应该说无怨无悔。小孩子想不通，埋怨我把他们一起带去。我认为不能用现在的眼光讲当年的事情。我转到这个厂的时候是中尉，工资人民币 88 块。1993 年改制以后，企业开始走下坡路，我们的退休待遇比不上在机关退休人员。2001 至 2003 年的时候，我们转到企业的干部到中央“维权”。国家后来出来一个政策，给予了我们这批老干部一定的补偿。福建相比上海的退休工资一般相差大约二分之一，我的退休工资高一点，但也相差三分之一，但是我认为这个待遇可以了，比上不足比下有余。正如我最近写的一首援闽随笔《情难断》所说：“想当年，为三明及三明纺织厂建设，奉献无怨无悔，感到骄傲和自豪；看今朝，在以习近平同志为核心的党中央坚强领导下、在习近平新时代中国特色社会主义思想科学指引下，追求老年的美好生活，寻找快乐、开心、安全、健康 ，感到无比幸福。”

2004 年，我们六十三军文化队战友联谊会合编了一本书，我的一首诗也在其中，诗名叫《如愿》，这首诗基本总结了我的经历：“少年曾有报国愿，怎奈‘另类’难入班。而今残阳红似火，无愧余生游赵燕。魂系梦牵五十年，少时离别暮年还。昔日烽烟今不见，平原如镜易水暖。”①

① 参见六十三军文化队战友联谊会编：《金色年华》，2004 年版（内部刊物），第 66 页。该诗前两句原注：在大讲阶级斗争的特殊年代，众多满怀爱国热情的青年，均因“异己”而被打入“另册”；最后一句原注：典出“风萧萧兮易水寒”，今反“寒”为“暖”，以显国之昌盛。

五、甘当绿叶的班组长

蒋蓉娟

采访时间：2018 年 5 月 13 日

采访地点：上海人民公园

采访对象：蒋蓉娟

整 理 人：刘盼红

口述对象简介：蒋蓉娟，女，1950 年生，江苏江阴人。1968 年 9 月进入国营上海二十六棉纺织印染厂做挡车工。1970 年随厂支援福建三线建设。至 1995 年，历任三明纺织厂细纱落纱工、纺纱车间细纱乙班值班长、纺纱车间副主任等。1981—1983 年先后获厂劳模、三明市劳模、福建省劳模称号。1983 年获全国三八红旗手称号，同年当选第六届福建省人大代表，1988 年当选第七届全国人大代表。1996 年 9 月退休回沪。

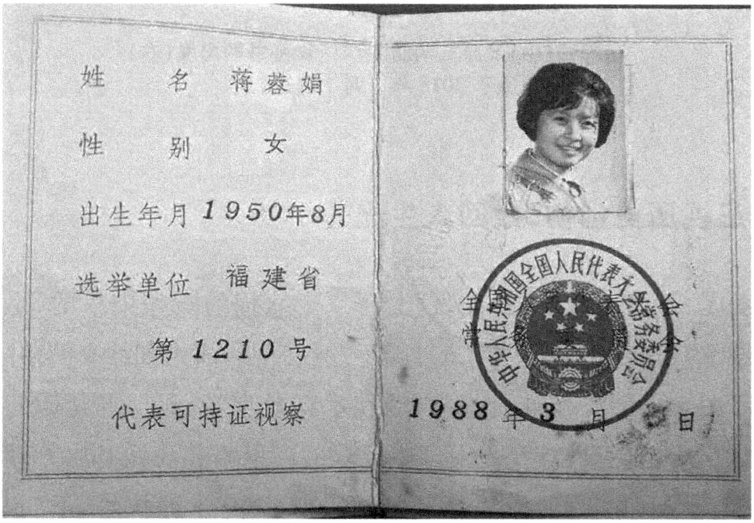

蒋蓉娟全国人民代表大会代表证
（资料来源：证书原件由蒋蓉娟本人收藏。）

蒋蓉娟(中)及原三明纺织厂厂长秘书顾忠发(右)
照片摄于 2018 年 5 月 13 日

一、正视历史创伤，找回人生光芒

我是 1968 年 9 月进入国营上海二十六棉纺织印染厂的，是纺纱车间细纱挡车工。1970 年 12 月随厂迁往三明，成为细纱车间落纱工。由于平时自己对工作认真肯干，对技术精益求精，深得老师傅们的喜欢。在当时，厂里推荐我去上学，我不去；厂里培养我做基层管理工作挑担子，也不肯。我的想法是只想要认真工作，学好技术，不问政治，做个优秀工人，安于现状挺好的。我之所以这么想，原因是母亲在新中国成立前的家庭历史身份，使我在学校读书时因特殊历史背景受到了严重的打击，心理有了阴影，对任何事情都有消极情绪，没有信心，总感到很自卑，对今后的人生产生了很大的影响。

党组织和厂领导了解了我的思想，多次关心我，做我的思想工作，还经常找我谈心，开导我：历史问题过去了就不用再纠结了，要放下包袱不断进步，领导推荐你出来参加干部训练班培训，希望你能考虑全局，青年人要敢于担当，挑起重任，希望寄托在你们身上！

通过领导和师傅们的教诲，我深思：组织和领导、师傅们都信任我，我不能再这样停步不前了，要服从组织调配，不能辜负前辈们对我的期望。然后我就积极地参加了厂里的干部培训班。1979 年出来担任细纱运转班值班长的工作。由于当值班长时班里的管理工作有成效，各项生产指标完成得较好，1989 年被推荐选拔出来担任车间的管理工作。

在领导多年的关爱教诲和培养下，我得到了成长。在这过程中也深刻体会到自己只有不断地虚心学习，努力工作，正视历史，放下包袱，才能大步往前走。我抹去了心灵的创伤，找回了人生的光芒，之后自己先后被评为厂劳模、市劳模、省劳模，还当选了第七届全国人大代表。

二、患难出真情

运转值班长的工作很难做，尤其是计划变动在夜班增加工作量时，个别男工就不愿意多做，会敷衍了事。如果不巡回监督，推纱工和扛纱工就会不是纱堆不整齐，就是空管乱放。为了让男工的工作做好，我就帮他们一起搬粗纱，或帮着将细纱空管一起倒入管仓内，感化他们把自己的工作做好。另外还要召集他们开会，对他们偷懒的行为进行批评教育，要求他们一定要做好自己的本职工作。所以要加强男工的管理工作尤为重要。

白天上班遇到问题可以找车间领导解决，夜班遇到问题必须由自己解决。我经常为此发难，睡不好觉。在夜班增加工作量时，我担心扛粗纱的男工不愿意多做，就在下午睡觉起来后去他家，找他沟通，说明原因。当时我是做好被他赶出家门的思想准备的，没想到开门后非但没赶我走，还客气地让我进去坐。聊了一个多小时，向他说明了车间有计划变动，需增加工作量的理由，并把我的想法对他说："我怕你晚上上夜班有想法，不肯多做。我也很有压力，希望你们男工夜班一起配合我，把增加的任务完成。"他回答说可以的，叫我放心。那天晚上几个男工把工作做得很好，我很舒心，觉得白天家访的工作没白做，很有成效，自己对今后的工作也有信心了。

车间有规章制度，不准穿拖鞋上班，不安全，但总有个别男工不听劝，觉得无所谓。真要出了工伤事故，班长要有责任的啊！我就动脑筋，怎么把他教育好呢？那个时候我儿子才 4 岁，需要我照顾。等周日，我就买了一双布鞋，牵着儿子，找到男工家里，再一次对他说车间有制度，穿拖鞋上班不安全哦，我给你买了一双鞋，千万不能再穿拖鞋了，谢谢你配合我的工作哦。第二天他就不穿拖鞋来上班了，解决了我的一桩难事。

员工的遵纪守法有相应的奖罚制度，该制度很好，但在当时对违规的个别男工罚款真得很难。有个男工上班时间经常迟到，影响工作。按规定罚钱批评他，他就骂人威胁我。第二天说母亲住院要请假，我经过调查得知他母亲确实住在城关中医院里。下班后，我就买了一些水果，牵着儿子到城关中医院去看望他母亲。他当时见到我很惊奇，也很感动。后来对我也很尊重，并认识了自己的错误，上班也不迟到了，对我的工作也理解了。其他个别男工上夜班有时也找不到人，不及时推纱，使生产脱节。我巡回时见到，先把纱推走，然后罚款批评。他们觉得自己无理，罚得心服口服。我以行动感化男工，同时也增强了相互的感情。

要让员工服气，他们认可，作为领导首先各方面都要做到以身作则，起带头作用。在运转班当班长时，特别是夜班，我都不停歇地勤走巡回，担心车间偶尔会发生什么事情要处理，找不到我。交接班时都会提前一个半小时加强巡回，处理问题，哪里没做好，有问题，就对责任人"吹哨子"。遇到交接班男工推空管进仓，我都会提前等在管仓间帮他们一起倒入管仓内，以防他们乱堆乱放。久而久之，班里的男工对我的工作也认可和信任了，每当我在工作中碰到困难时，大家都会热情地帮忙，使我对工作更有信心了。

评上劳模后，我更加注重自己的一言一行，处处以身作则，对自己高标准严要求，用自己的踏实肯干、吃苦耐劳的精神影响大家，不辜负厂领导和师傅们对我的期望，不愧对劳动模范的荣誉称号。

三、坚持原则，真诚待人

我在当车间主任时期，在工作调动方面有一定的权力。有个别工人为了调出车间，会想方设法送钱送物等。遇到这种事情，我非常生气，都会一一拒绝退还给他们，并对他们说不能坏我名声，这种风气很不好，有困难调动，我都会按照提出的先后顺序安排的，不能乱来。虽然她们在背后说我是"怪人"，但以后他们都不敢这么做了，我认为杜绝了该行为，更有利于我工作的展开。

车间安排调动（外调人员）是按申请报告的先后顺序安排的。有两个工人是在同一个小组，按顺序规定先调走一个。另一人说她在外面也找到个工作，也要急着批她走（调动有规定指标，很紧张的，不会马上批文同意的）。她对我大发脾气，还在外面造谣说我是收了钱放别人先走的。我非常生气，又无法解说，心想：反正我是按原则照章办事，不怕你乱说，时间会证明一切的。后来轮到她填调动表格盖章时，我对她说："之前你在外面造谣说我收钱办事，现在轮到你外调，有收你钱吗？我不是你想象的那样的人，你不能乱造谣。"她承认自己错怪我了，心里一直很愧疚。还有一个运转班老班长因身体原因提出做白班，我同意照顾她到常日班，做花卷的质量检验工作，工资待遇不变。后来工厂实行岗位工资制，干什么工作拿什么工资，她觉得吃亏了，去厂部大吵大闹。经厂部调查我做得对，并对她进行了批评教育。也有人说我太认真了，但我认为做任何事对一个人放松，无原则，会得罪一批人，以后的工作就无法开展了。

我总是说红花要有绿叶配，我甘愿做好绿叶。厂领导交给我的任务，我尽量按照要求做好，虽然有时候按规章办事不讨员工喜欢，但至少自己无愧于心。进厂工作之后，我就想踏实认真做事，一直秉持真诚这个理念，在不违反原则的基础上，帮工人解决难题。在工人遇到困难时，尽自己所能帮助。当班长时，我们班一些女孩子都是县城来的，父母不在身边，生病了很着急，总是找班长。有时急病送医院，我就把小孩丢在家里，烧了稀饭送去看她们。女孩子很感动，她们的父母也觉得把女儿放在纺织厂很放心。当时还有一个女工，母亲病了，哭着想回家看望，因刚进厂，没钱回去，很着急。她说明情况后，我就把自己的50元钱给她，她请假回去。我把厂里的员工都当成我自己的兄弟姐妹，大家也觉得在一个大集体里很温暖。

1991年12月至1995年6月，领导让我做纺纱分厂厂长，1995年7月至1996年8月做技术监督处副处长。1996年9月我退休回到上海。回来后又陆续担任上海宏新纺织厂车间主任，上海松隐益盛纺织厂总经理助理，福建正隆纺织有限公司细纱车间主任。

六、勤勤恳恳的纺织女工

马凤琴

采访时间：2018 年 10 月 30 日

采访地点：上海市福州路 318 号

采访对象：马凤琴

整 理 人：刘盼红

口述对象简介：马凤琴，1968 年进三明纺织厂，上海 67 届初中毕业生。1978—1979 年连续 10 个月创造了“26 万 5 千米无疵布”的记录，是三明纺织厂乃至福建省纺织厂历史最好成绩。1979 年荣获“全国三八红旗手”荣誉称号。1980 年调离三明纺织厂到国营江阴市棉纺织厂工作。

马凤琴新旧对比照

照片摄于 2018 年 4 月 25 日，拍摄者：刘盼红

一、随父入闽

我父亲是上海静安棉纺织印染厂木工。1966 年工厂决定内迁时，他已到退休年龄。但是厂里面认为父亲技术很好，让他去福建帮忙，并且可以带一个子女过去，解决子女的就业问题。我上有一个姐姐，下有一个妹妹。我与姐姐两人都是 1967 年初中毕业生，根据当时政策规定，我们两个肯定有一个要去农村的。我就主动提出，我跟爸爸到外地去。这样，我姐姐就留在上海了。我妹妹后来也去黑龙江插队了。1968 年 10 月，我进入父亲所在的上海静安棉纺织印染厂，那时该厂已经改名为国营上海第二十六棉纺织印染厂。

刚进厂的时候，工厂派教练师傅给我培训。我左手手指特别粗，这个是遗传我父亲。那个教练并不看好我，他说，手指细巧的人打结快，你打结肯定不行。我这个人比较倔强，人家说我不行，我就拼命练。每天练的时候在身旁放一块手表，规定自己在设置的时间内练掉几个，不达目标不停下来。最后，我一分钟可以打 50 几个结，最多的时候一分钟可以打 53 个。而且每个结的质量都很高，当时要求很高，两根线不能全部扣过去，只能一根线进去，一根留在外面，把两根线全部扣过去就不对了。这都是硬练出来的，没有什么技巧。

二、车间里的劳动能手

1970 年，工厂支援福建。到福建以后，我一直在车间做挡车工。他们做不好的会觉得很苦很累，要换工作。我不觉得辛苦，为什么呢？我在工作上有自己的方法。上班的时候，我都是提前三刻钟就进去，到车上面兜一圈，看看哪里螺丝松掉，哪里有损坏。发现有问题，就让技术工人换掉。这样挡车的时候就顺顺利利，事半功倍。有的人上班急急忙忙、马马虎虎，挡车的时候机器总出现故障。机器坏的多，停的时间长，产量肯定不会高。实事求是地说，做了三十多年的纺织工人，从来没有感觉苦。苦的是心里，他们都妒嫉我，还在背后说我。我跟车间主任提一些生产建议，一些工人却说我鬼主意多。

车间里有一套严格的层级管理制度和规章制度。最底下是挡车工，挡车工中技术好一点的被挑出来做帮工，然后是生产组长、教练、值班长、车间主任。每个班有一个支部书记，每个车间有一个总支书记。生产组长有小组产量质量压力，他们将自己的生产经验教给组员，有时候要求高一点，组员对他们会有看法。但是产品质量好了，月底结账的时候可以多拿奖金，组员们也很开心。奖金最高 7 块钱，下面是 5 块、3 块。质量主要看疵布。疵布的评判标准一个是有线头，一个是抽丝。工厂允许工人一个月可以有两片疵布，疵布多了要扣工资。我是连续几个月 30 万米无疵布，后来就做顺了，心里都有数了，肯定不会有疵布。30 万米无疵布全国都很少有。

车间规章制度也很严格。8 个小时一班，三班轮换，时间一到红灯一亮，哒哒哒，过了时间就是下一班。如果说工作中我要上厕所，就把旗子插一下。每个小组都有帮工，他看到后有空就来替你看着机器。如果他正好在处理坏的生活，那就只能憋着。所以像我们纺织女工，身上多多少少都有一些慢性病。轮到夜班的时候，也有人会打瞌睡，但是我都没有。一方面，他们可能没休息好。另一方面，他们脑子没我绷得这么紧。我觉得车间里机器运转的声音这么吵，怎么打瞌睡啊。我是从晚上上班，一直到早上下班，精神都很好的。

我因为技术好后来慢慢当上了生产组长。那时上海有一个 40 万米无疵布的记录，我们车间主任就说马凤琴你肯定也行。1978 年至 1979 年我连续 10 个月创造了 30 万米无疵布的记录，这是三明纺织厂乃至福建省纺织厂历史最好成绩。我当时产量和质量一直是班上第一名。1979 年，我获得全国三八红旗手荣誉称号。报纸、画报上都登了我的事迹。我一门心思钻研技术，人家给我介绍对象我都不要，到了1978年才结婚，那年我28岁，第二年生我女儿。这一点可能像我爸爸，他的技术也很好。我本来目标是50万米无疵布，后来因为怀孕就停下来了。那天中班下班后洗澡，发现短裤上面有一点"见红"，就到医务室验小便。医生说你怀孕了，不能再上班了。我还不想停下工作，后来车间主任和厂领导都来做我工作。因为前面流产过，第二次怀孕的时候，厂里说工作有的做的，先去福州疗养院疗养，把小孩生下来再说。疗养算公假，其间正常发放工资。在疗养院的时候，他们说我的事迹登报了。一直到上台领奖，我都以为自己是省一级三八红旗手，不知道自己既是省一级，也是全国三八红旗手。我从来不会为了荣誉拼命劳动，而是很自然的事情，要做就把它做好，没有想过要跟人家比什么。

我做生产组长的时候，与车间主任和组员关系都不错。我这个人做事说一就是一，有点像男生的性格，但是又有女生的仔细。我们车间主任性格很内向，不轻易跟人家交流，但跟我话却很多，很多都听我的建议。我做生产组长也是他跟我们值班长提议的。他平时吃好晚饭就待在办公室，我有空会去与他交流，给他提一些生产上的建议。我与小组成员相处也还可以，有时候小组里缺人，我叫他们帮帮忙，每个人多带一点，他们都会做的。有一次，一个人家里有事。那个时候工人离岗一个小时全勤奖就没有了。我知道他确实是有困难，就没给他记缺勤，我默默帮他顶岗。这样他心里也有数，以后我有什么事情叫他代一下，他也不会有意见。这个道理就是，做事不能先考虑自己，一定要先考虑别人，你把别人考虑进去了，自然而然会有人帮助你。

三、生活中的贴心人

当时工资低，吃得很节省。一顿饭一般只花两分钱到七分钱，一分钱买两个淡馒头，三分钱或五分钱买一盘菜，有时候不买菜，一分钱的汤就着饭就打发了。我很节省，一毛五分钱的菜从来不舍得吃。我们迁厂的时候，上海厨师是一起迁过去，所以我们吃的都是上海菜。食堂里也有肉，素鸡等豆制品，什么都有，但我不舍得吃。一个月拿30块钱，吃饭用10块钱，剩下20块钱存起来。这样一年能存下200块钱，回家探亲给父母、兄弟姐妹买点福建特产。

宿舍建在山上，厂区进去以后，再往山上走，就是宿舍区。宿舍是依山而建，一栋比一栋高。每栋宿舍是两层楼，两人或三人一间，视房间大小而定。我住在最高的一栋，二楼，三人间，都是上海人，除我之外，还有一个老师傅和一个同我一起进厂的工人。门开出来有个阳台，晾衣的竹竿一头放在阳台边上，一头放在对面山腰上。我们宿舍到12点以后才能看见太阳。我们单身的基本都在食堂吃，一到吃饭时间，大家就说"去吃饭咯"，然后拿着碗就去了，买了再回到房间里吃。有时候也自己烧。秋天地瓜成熟的时候，就买来自己烧着吃，吃这个就不吃饭了。一个夏天瘦掉十斤，秋、冬天拼命吃地瓜，又胖起来了。用煤球炉子或煤油灯烧，福建是山区，木材多，有时候用木炭烧。回上海探亲的时候也会带一点菜回来，可以吃一段时间。

探亲一般是一年一次，但不是都能春节回去。春节假是轮流放的，今年春节回去，明年不一定轮到你。这个值班长要安排好，人走多了，车间里面转不过来。关车时间很短，厂里不会将职工全部放掉。一般国庆节、春节、五一节，可能关车两三天。一到放假，火车挤得不得了。那个时候要在鹰潭转车。不舍得坐卧铺，有个座位就很好了，没有座位的话，就在两个座位中间放根扁担，坐在上面。要回去了，都开心的嘞。我们这一代人很懂得孝敬父母，每次回去都带一点福建特产，像是冬笋、笋干。家里人也会问我什么什么东西你们福建有哇，我说有啊，很便宜。那就买一点回去，比如木头、木盆。这些东西都是重得不得了，60厘米的旅行袋前后各一个，背上火车。我回去以后，我父亲就问长问短，比如厂里面的事情怎么样，工作苦不苦啊。平时就给家里写写信。他们在信里问我过得怎么样，我都说蛮好的。有时候得到荣誉，我也会跟他们汇报，让他们高兴高兴。我爸爸对我感到很自豪，有一次我去看他的时候，他骄傲地跟别人说，我女儿是全国劳动模范，三八红旗手。

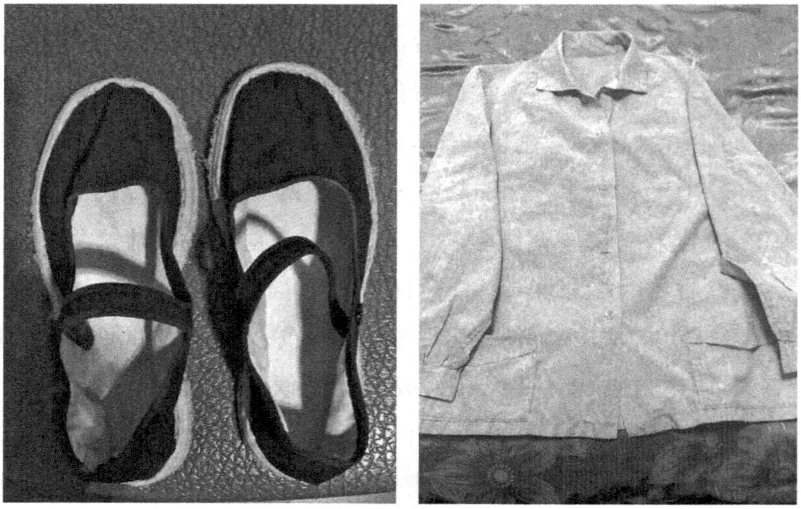

马凤琴在业余时间做的鞋子和衬衫
（资料来源：实物由马凤琴本人收藏。）

平时也没什么业余活动，年纪大的就是打毛衣、做衣服、做鞋子，青年人参加体育活动、民兵训练。我打毛衣很快的，一件毛衣一个星期就打完了。中班回去以后，先洗漱，然后就开始打毛衣。我很有目标性，今天要完成多少任务，一定要完成才睡觉。平时一天打一两毛线，星期天最起码要打半斤以上，主要是帮别人打，我这个人闲不住。有了缝纫机之后会做做衣服。我在福建做了件衬衫，到现在都还没扔掉，煮饭的时候穿穿，留作纪念。厂里有时候会组织一些乒乓球比赛等体育活动，我也会去参加，还是比较活跃的。我在学校的时候，就比较喜欢打乒乓球。男生主要就是打篮球。

还有民兵训练，搞深挖洞、广积粮。我当时射击第一名，还当过民兵指导员。选拔民兵，要求身体好。因为下了班都要排练，太阳晒得很厉害，也要在外面练，有时要趴在地上，跟部队一样，都是真枪实弹。大部分项目都是在厂里练，只有打靶和扔手榴弹在外面，离我们厂区不远有个专门的地方练习打靶。晚上车间抽人到外面巡逻，既不影响车间生产，又能做保卫工作。这主要是预防，宣传备战备荒，当然真要打仗也是要拉出来的。武装部队有时候会带我们出去拉练，走到哪里就在外面搭个大锅子烧饭。先遣部队提早与前面的村庄农民沟通商量，我们再进去睡在他们地上。一般出去一次要半个月左右。当时觉得蛮开心的，也没想着会打仗，但是不怕的，真要打仗也就去了。做民兵有年龄要求，我结了婚以后就没做了。当时各个厂里都有民兵，各厂之间还举行民兵比赛。

印象当中很少跟当地人交流。当地 48 个人被招进厂，同在一个组或住在一个房间里交流多一点，不在一个房间交流得很少。我们厂里都讲上海话，他们进来后也都会讲上海话，有的还嫁给上海人了。我们只会讲几句简单的福建话。我们跟厂外交流就更少，下了班都待在房间里，偶尔向当地人买点东西，才会跟他们打打交道。当地农民从山上挑东西下来卖，会经过我们宿舍。我们要回上海的时候，就从他们那里买些冬笋、笋干。他们也知道我们都是上海人，到这个时间就过来。我们用普通话跟他们交流，他们也洋泾浜说一些普通话，说当地话我们听不懂。对我们来说很方便，不用去街上买，他们直接挑到我们宿舍门口。对他们来说也省事，我们买掉一点，他们少挑一点到街上去卖。

“双抢”的时候会帮助农民插秧、割稻。这个是厂里组织过去的，不是私人的行为，具体我们也不知道，反正厂里面组织去就去了。一般去一次总要一个多星期，有时候要半个月，反正要帮他们做完。回来以后脸黑黑的，什么东西都不擦，洗个脸就好了。我们吃住都在农民家里，跟他们关系很好。我插秧插得很整齐的，他们说你一个上海人插秧怎么插得这么好，我说以前学校放暑假，学校每年会组织我们去南汇乡下帮农民插秧。有的上海人怕水田里的蚂蝗，我也被蚂蝗咬过，它真会钻到肉里，拔是拔不掉的，越拔越往里面钻，要用盐才会掉下来。厂刚搬过去的时候，很多建造物资需要自己解决，厂里就组织当天休息的人上山砍毛竹，由值班长带队。我腰酸背痛就是那个时候弄出来的。

1980 年，我生完孩子，那时我爱人从部队转业到江阴，我就申请调到国营江阴市棉纺织厂工作了。

七、三线厂的“女婿”

顾以强

采访时间：2018 年 5 月 14 日

采访地点：上海平型关路顾以强家

采访对象：顾以强

整 理 人：刘盼红

口述对象简介：顾以强，江苏太仓人。1953 年 9 月从江苏省太仓棉纺织学校毕业后，在上海纺织管理局工人干部技训班学习。1954 年 11 月，任上海信和棉纺织厂技术员。1970 年随爱人内迁福建三明，历任三明纺织厂设备科技术员、副科长、科长、副厂长。1984 年 12 月，任三明纺织厂厂长。1991 年 1 月，任三明纺织厂总工程师。1995 年，退休回沪。

顾以强(右)

照片摄于 2018 年 5 月 14 日，拍摄者：顾忠发

一、随妻内迁

我是通过“招女婿”进入上海静安棉纺织印染厂的。我原来在上海国营第十二毛纺厂，我爱人是上海静安棉纺织印染厂技术员。她很厉害的，是车间主任、工程师，后来还兼职区人大代表、第二届区人大副主任。她业务能力很好，我则是粗粗拉拉的。1966 年，工厂计划支援福建小三线。我们当时有两个孩子，一个大概三年级，一个还没上小学。我们原本打算她一个人去，我带着两个孩子留在上海。最大的顾虑是孩子的前途问题，我们家是知识分子家庭，对教育确实比较重视一些。福建毕竟是山沟沟，我们自己反正已经三四十岁了，苦一点都无所谓，一旦孩子去了万一出不来怎么办，祖祖辈辈可能都要留在那边。工厂领导说如果我不同我爱人一起内迁，厂里便不给我爱人分房子。再加上我一个人在上海带两个孩子，生活也很艰难，所以还是跟去了。

按照我的理解，迁厂不光是要备战，主要在于支援福建工业建设。当时宣传的是备战、备荒，那个时候确实有点紧张，中国反击苏联的珍宝岛自卫反击战。让我们去福建主要原因是发展他们的轻纺工业。福建原来比较落后，没有什么轻纺工业。在我们去之前，福建只有一个厦门纺织厂。我们去了之后，逐渐帮助他们建了南平纺织厂、福州纺织厂等。60 年代，上海支援到福建去的工业很多，例如三明食品厂、三明皮鞋厂、三明服装厂、三明纺织厂、三明印染厂、邵武丝织厂、龙岩色织厂等。

上海静安棉纺织印染厂是纺纱、织布、印染全能厂，为什么只有纺纱和织布两个车间过去了呢？因为当时上海精简工业，迁到福建去的多为小厂。这个厂印染车间规模比较大，纺纱、织布车间规模比较小，两者不能完全配套。印染是吃不饱的，本单位布料供应不足，还要其他单位予以支持。所以纺纱、织布车间过去，印染车间就留下来了。上海支援福建的单位规模都比较小，其他例如立丰印染厂、邵武丝绸厂都是这个情况。按照我的理解，这个对双方都有利。这些厂在上海，受到各种条件限制，发展空间比较小，到福建可以扩张。对福建来说，可以发展当地工业。

二、抢收抢种加抢蔬菜

我刚去的时候年纪比较轻，三明纺织厂里没直接安排工作，说你去山区吧，我说好，我就去山区。我以前从来没参加过劳动，刚去的时候还不太习惯。那个山很陡很高，山上的梯田窄窄的。夏天还要搞“双抢”，抢收抢种，福建天气很热，中饭过后就直接躺在地上休息，也顾不得蚂蚁爬来爬去。农村蚊子很多，晚上洗澡怎么办呢，就用烟熏。吃的倒是不错，因为我们是自己带厨师去的。

我们在那边很苦啊。要自己挖马路，修食堂，最困难的是买蔬菜。三明是新兴工业城市，外地建设者很多，城市物资供应极其紧张。我家有四五口人，夫妻两个加两个小孩，我妈有段时间也住在三明。这么多人每天都要吃饭，买菜就是每天最难的事。我记得为了买一把青菜，要把整个三明市跑过来，从徐碧到城关，甚至要跑到陈大。一把菜来了要抢的，你手也伸过去，我手也伸过去。有一次我跟工会里面一个人到徐碧去买青菜，同时把手伸过去，大家难看吧。

三、亲历企业改革

1984 年至 1990 年，我在这个三明纺织厂做厂长，这段时期可以说是它最辉煌的时候。我们去的时候纱锭是 2.5 万锭，1990 年发展到 6 万锭，翻了一番，布机从 616 台发展到 1 100 多台。1990 年还建了一条牛仔布生产线。产品质量在省内也一直比较好，金雀牌的纱，大鹏牌的布，畅销海内外。有些外商在与福建省其他印染厂、针织厂签出口订单时，甚至指定要我们厂的纱和布。这是我们自己的发展好。我们对福建省也起了比较大的作用。我们是个老厂，管理水平、技术水平都比较成熟细致，派了很多技术力量支援当地新厂建设，或者他们派人来我们三明纺织厂接受培训。所以说，我们对福建纺织工业的兴起与发展起了很大作用。我们还是福建省的出口创汇和纳税大户，每年上缴国家的税款比较高，那个时候一年大概上缴两三千万。

这期间国家也在实行企业改革。福建省有 55 个大中型的厂子，组织了一个厂长协会，我也是协会成员之一。厂长协会经常开展活动，1985 年，我们联名倡议实行党委领导下的厂长负责制，重用知识分子，加强企业改革和企业管理，就是将一些经营决策大权交给厂长，党委作为引领作用。

改革过程中当然也碰到一些问题，总的来说还是比较成功的。首先最困难的是稳定职工思想。实行厂长负责制后，厂长责任就重大了，不但要完成国家交给的生产任务、纳税任务，还要考虑职工的生活。我很注意职工的福利待遇问题，所以我们三明纺织厂大部分职工思想还比较稳定。上级发给我的奖金、工厂分红等，我都拿到厂部平分，另外在工厂盈余中拿钱发给下面职工，自己绝不多拿。企业靠职工，职工的积极性是最主要的。我也不去听下面的流言蜚语，但有时候会传到我的耳朵里，他们讲你们这些头头吃饱喝足，买了几套房子，等等。难就难在这个地方。

其次，企业改革后，原料、销路要自己找，不像原来是吃大锅饭。不过我们厂总体还好，因为基础比较好，质量也很好，销路问题不是很大，纱供不应求。纱供不应求，到什么程度呢？我是江苏太仓人，有次太仓农业局派人来找我，要我厂给他纱，条件是他们以职工优惠价将他们造的房子卖给我。或者我拿自己乡下的房子跟他们换。我都谢绝了,我有的话可以给你一点,没有也没办法。改革以后厂长权力大了,这些问题都要碰到。

第三,改革中也有很多利益上的矛盾。中间有两年新疆自然灾害,棉花比较紧张,原料供不应求,价格上涨。但国有企业有一些对口企业,还是要以原来的低价购买。三明印染厂是我们下游企业,两家关系很好,但在我国计划经济向市场经济转型的时候会有一些利益上的矛盾。我们拿的原材料价格很高,但国家规定纱的价格不能动。我们提出兄弟厂之间应该商量商量,能够让就让一下,希望以高于国家规定的布价出售给他们。但印染厂厂长比较厉害,说一就一,说二就二,觉得太贵了,一定要以国家规定的低价购买。这就是利益上的矛盾,越是原料紧张,他们越是跟你斤斤计较。计划经济时就不存在这个问题,价格是统一的,对口是统一的。市场经济以后,就有量的问题,质的问题,钱的问题。省公司有时候也会来管束你,给你规定生产和销售任务。

四、依靠儿子回到上海

我们一家去了三明以后,发现有很多像我们这样的家庭,没办法,必须全家去。现在有些回上海来了,有些还留在三明那边。

当时迁去的,大概三分之一的人回到了上海,大家也是通过各种途径。我 1995 年退休,如果不是我的两个儿子工作生活在上海,我现在都还在三明那边。我的两个儿子在福建考上了大学,小儿子考到浙江大学,大儿子考到合肥工业大学。当时毕业包分配,从福建考走的,毕业后还是要回到福建。大儿子毕业后分回漳州龙溪机器厂,后来继续深造,考上了上海内燃机研究所的研究生。小儿子毕业后分到三明市政府质监所,后来又考了上海工业大学的研究生,毕业后留在本校。国家当时有政策规定,支内职工身边没有子女照顾的,可以将户口迁到子女所在地。这样，我才从福建迁回到上海。

回来之后，住房要自己解决。大儿子后来到新西兰去了，他就将房子让给我住。后来小儿子在大儿子房子对面买了一套房子，我现在住的就是小儿子的房子，把大儿子的房子让给他们。我的工资在厂里还算比较高，但是基本上也就够负担两个孩子读书，我爱人的工资负担家里开支，靠我们俩哪里在上海买得起房子。我们厂很多职工留在三明，有些就是因为上海的住房问题解决不了。

我们厂在解决退休职工看病难的问题上做得还比较好。80 年代以后，上海迁厂过来的职工陆续退休。到 1987 年左右，退休回沪职工有近 700 人，还有一部分职工退休后留在三明。即使户口回到上海，但工资关系、医疗关系等都在三明，看病等许多事情都要回到三明解决。退休职工看病问题摆在我们面前。一方面利用上海纺织工业局的优势。我们在上海时属于上海纺织工业局，该局有三个纺织医院和一个疗养院。在上海的退休工人生病住院，就可以去这四家医院。费用也是直接开三明纺织厂记账单，由厂里包下来。但除了这四家，其他如华山医院、中山医院不属于上海纺织工业局，我们工人如果去这些医院怎么办？我们还有第二个优势，就是上海老厂。我们厂从上海迁来时，还保留了印染车间，这部分后来改为上海第七印染厂。我们工人可以以他们这个厂职工的名义开记账单，出院以后，他们厂再与我们厂财务科核算。第三个优势是，我们厂经济效益比较好，信誉高，老厂对我们厂比较认可，所以才肯垫钱给我们工人看病。

我们以后人的眼光看待迁厂问题，其实迁厂的做法不是最妥当的。那时候厂房是建的，设备是搬过去的，人也都要过去。这些设备搬过去花了很多钱，其实完全没有必要。人也是这样，动员几千人搬过去，职工是 2 200 人，还有家属，这个后遗症蛮大的。当地并不缺劳动力，技术不足我们可以派人过去培训。应该采取灵活的做法，派技术力量去培训，设定两年或三年的期限，一个人回来后就再派另一个人去。当然,国家也采取一些政策去弥补,比如照顾子女进厂,改善福利待遇等。但总的来看,职工损失蛮大的。拿退休工资来说,我们与上海职工差了一大截。我退休的时候工资切掉一大块,现在才三千多元。我在上海的同学,还不是厂长,就有六七千元,我比他们少一半。原来迁厂的时候讲,一切待遇不变。实际上什么待遇都变了,工资、福利都逐步按照那边。后来我们厂有些职工去上访,但我不支持这样做。迁厂的人那么多,要是都按上海的待遇,我们跟当地会有矛盾。现在我们的退休工资是福建省发放。不过公务员不一样,他们的退休工资是国家财政负担,不是按照社会统筹保险来负担。企业是社会统筹的,交过多少钱负担多少钱,福建省企业少,交的少,提的少,拿不出那么多钱来。

八、最后一任厂党委书记

严筱莉

采访时间：2018 年 10 月 30 日
采访地点：上海市昌里东路 622 号
采访对象：严筱莉
整 理 人：刘盼红

口述对象简介：严筱莉，1947 年生，上海人。1968 年 10 月，进入国营上海二十六棉纺织印染厂当工人。1970 年随厂内迁福建三明，后任三明纺织厂织布车间团总支书记。1973 年后，历任厂团委书记兼三明团地委副书记、团省委委员，厂党委副书记。1988 年 11 月，任厂党委书记。2000 年 9 月，任福建省三明纺织有限公司顾问。2002 年，退休回沪。是福建省第四届政协委员，中共三明市第四届市委委员。曾获“全国纺织工业优秀思想政治工作者”“全国关心女职工之友工作先进个人”等荣誉称号。

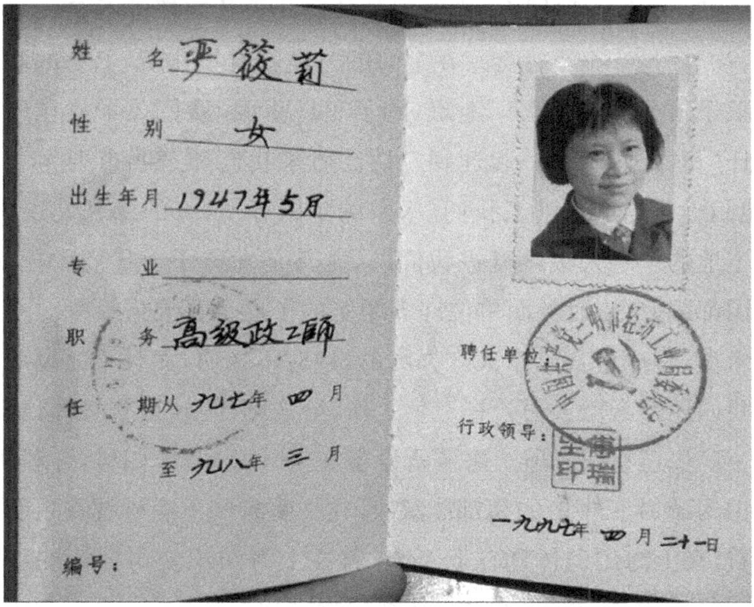

严筱莉
（资料来源：证书原件由严筱莉本人收藏。）

一、小社会与小工厂

我 1968 年进这个厂当工人。上海工人觉悟很高，除了有些职工确实存在困难，大部分人都随厂内迁。有个三四十岁的老师傅，患有心脏病，他是戴着氧气瓶坐上的火车。当时三明生活条件很艰苦。刚去的时候路都没有，我们早班工人下了班就去挖土筑路。尤其去办山上农场时，在挖土筑路的时候看到山泉就捧着喝，午饭也很简单，厂里给每人发两个馒头，一两一个，就手捧着山泉吃下去。我当时看到有个老工人吃了一个，还留一个带回去给孩子吃。物资很匮乏，过年过节有市里发的节日票，分到每家凭票每户一块豆腐，一块猪肉（约一斤），两根油条，没有蔬菜。没办法，我们厂就自己在燎原大队办农场，由各车间、班组分别派职工轮流上山义务劳动，种地瓜、养猪，供应食堂，补充职工的生活物资。那时候的故事几天几夜都讲不完。

我们厂是一个小社会。在上海的时候就有托儿所，上海的职工都抱着孩子挤公共汽车去厂上班，到了工厂里面，就把孩子放在厂托儿所。迁厂时托儿所也一起迁到三明。后来我们和三明市卫生学校挂钩，他们毕业的学生进来我们厂，有的到医务室，有的到托儿所、幼儿园。本地的年轻人很愿意进我们厂，尤其是女孩子。我们厂托儿所、幼儿园都很好，当时外面单位许多职工的子女也都要进厂来。小孩子吃的米糊，是厂里自己拿大米去磨的，绝对不掺假，而且不需要职工花钱。我们还经常派人去检查卫生工作，给老师、阿姨检查身体，让职工放心。厂里还有医务所。医务所设备齐全，内、外科，妇科，牙科等，还可以拍 X 光片。一般的病都能解决，在三明有些重病号就在三明相关医院看，在上海的退休和在职工人，就在上海纺织公司挂钩的三家医院看，在疗养院疗养，大家没有什么后顾之忧。

厂工会有文艺骨干，他们平时主要在自己厂里面进行汇报演出。

有时市总工会、文化宫来厂里挑选几个节目,跟其他单位凑起来成立一整套晚会节目。三明市国庆、元旦等节假日,都是靠各个单位出节目,我们厂排在第一位。我们厂锣鼓队很出名,在三明市也有一定名气。老工人退休的时候,锣鼓队都敲锣打鼓到家里面,给他(她)戴上大红花。这样做一方面让老工人有荣誉感,另一方面为他们的子女树立榜样,他们的父辈为单位奉献了一辈子,单位也没有忘记他们的付出。其他包括婚丧嫁娶事,都是单位自己举办,有时候还办集体婚礼。厂工会每星期举办舞会,为本厂女工与外厂男工提供交流的平台,不少职工因此相识甚至结婚。当时厂进行福利分房,分房的时候很头痛,大家都想分到房子。厂里面给我分房,我让掉好几次。一方面,我爱人在火车站上班,一个星期回来一次,我在厂里面时间多,不怎么在家里,就把房子让给其他更需要的人。比如一位副厂长,平时工作忙,她孩子比较多,还有一个老父亲,住房面积较小,应她先安排入住。另外,有些更急需分到房子的先让入住。当时自己觉得我是厂里的领导,职工还住着很差劲的房子,领导先住进去,职工肯定要有意见的,这样怎么能开展工作和做人的思想工作呢。所以我结婚后都还住在厂里的职工招待所,到后面房子建的多了,我才搬进去。

我们厂女工比较多,有一些专门针对女工工作的活动。我们每年请三明市地区医院的妇产科医生,给女工做妇科检查,发现问题马上治疗。为了保证女职工健康,还专门建了女工冲洗室。夏天给纺织女工送清凉饮料,比如绿豆汤、大麦茶。定期召开女工座谈会,泡点茶,买点瓜果,问问大家有什么困难。孕妇在怀孕六个月以后,上班时可以休息半小时,或减轻工作强度。我自己也是女工,深有体会。

小工厂是我们单位的福利工厂,里面工人主要是劳动能力受限的职工家属,比如残疾人。他们的工作一般比较轻便,洗袋皮、缝纫、炒瓜子、修修补补日用品等。放纱的袋皮本来是送到外面去洗,为了照顾他们工作就拿到小工厂洗。厂里面有些东西破掉了,就拿给小工厂的缝纫组缝补。春节到了，我们要给职工发些年货，就去外面买生瓜子拿到小工厂去炒。印象中有个人不会炒瓜子，本来只需要三分钟，他炒了五六分钟，结果炒焦了。后来我们请了一个专门炒瓜子的师傅去把关，不然这个损失蛮大的。有些残疾人有力气，就请他去山上农场工作。这样做，一方面可以为工厂省一点钱，另一方面为职工减轻一些负担。这些残疾人的工资虽然没有正式职工高，但是每月的生活费能保证，所有的福利也都享受。最重要的是，这是当时市里要我们负担的，我们也没办法。许多残疾人精神方面存在一些问题，甚至有残疾人拿着菜刀到办公室去找领导，当时我们也得管理他们。

二、党委领导与厂长负责

我是这个厂改制之前最后一任党委书记，亲历了企业改革全过程。当时纺织企业要实行压锭改造，砸掉旧机器。当时老工人第一个不答应，他们觉得这些机器是他们的生命，是他们的饭碗，把这些机器砸掉，以后怎么生存，招工进厂的子女怎么生存。我们以支部为单位，做大家思想工作。利用职工代表大会告诉大家，时代在发展，各方面生产质量都在往前走，靠这些老设备效率很低，要搞机械化生产，为了厂子的发展，我们必须要走这一步。经过做思想工作，大家都很支持。我听说别的厂压锭改造时职工造反，但我们厂当时职工敲锣打鼓，大家都在想引进新设备，发展生产，创造更大财富，为职工谋福利。

从党委领导到厂长领导，也经历了一个适应过程。我们是大中型骨干企业，厂长是市里面统一调配的，哪个厂长来，我们也不知道。改革期间，厂长换了好几个。厂长负责以后，我作为党委书记，我的心态要平衡。几任厂长里面，只有一位不那么合拍，其他的都还可以。有一位厂长认为改革步子要快，要我们向隔壁印染厂学习。但我觉得我们厂那么大，退休职工那么多，必须考虑他们的生活问题。厂长在采购、招工等许多事情上都不经过我,我的作用从原来整个统一领导到后来的配合协助。有的厂长从别的小厂调来,不熟悉我们厂的情况却要"指手画脚"。比如我们以前党委是一级管一级,党委下面总支,总支下面支部,行政方面厂长下面有车间主任,再下面有值班长、工段长。这样层级管理,工作比较好开展。但是有的新来厂长习惯一通到底,直接从车间调人,引起中层基层领导很大的不满。但是为了维护厂长的权威,为了企业的利益,我必须配合他这么做。后来厂长意识到自己的问题,再有调动也会跟我通个气。有的厂长不将产品卖给老客户,而去卖给私人小卖家。有的小单位老板拿了厂里的产品,拖欠资金久久不还就走掉了,造成了企业很大的损失,所以后面有很多三角债。我们为了解决这个问题,在福州、厦门、上海、深圳等地建立办事处,通过办事处与买家卖家联络沟通。厂长改革创新是对的,关键是路走的对不对、正不正,是以集体利益为主,还是以个人利益为主。从党委负责到厂长负责,总是有一个不适应的阶段,但我从没有觉得人家不尊重我,很多老工人和老书记都很认可我,对我讲话很客气,这对我来讲也是一种安慰。

工厂2000年改制的时候也碰到不少阻力。当初有几种意见,一种是我们行动要快,要我们向隔壁印染厂学习,他们改制比较早。我不同意这种做法,印染厂是规模比较小的企业,而我们规模比较大,改制面临的问题也更多。当时我当顾问,不在要职,我警告自己,顾问就是顾问一下,抓住要害,按政策协助厂长办事,一定要心态平衡,不能操之过急。经宣传和引导,许多老工人为了整个企业着想,主动离开这个单位,但有的骨干要走我实在不能放,企业是要靠他们的。在这个事情上,我估计厂长对我很有意见,他觉得我是绊脚石。后来市领导找我谈话,叫我思想开放一点。我就向市领导如实反映,我们企业那么多职工和退休工人,卖给私人老板后,他们绝对不会来管这些退休职工。大家意见分歧很大,最后讨论决定:1. 这个企业领导还是要我们企业自己人，要职工信任的人。当时能干的同志早就走掉了，比较合适的一个就是厂长助理，他跟了厂长一段时间，有实际的领导能力和工作经验。还有一个最要紧的原因，就是他的父母亲是我们厂的退休职工，和企业有着千丝万缕的关系。2. 改制以前退休的老职工，每个月要发给“小工资”，每个月有些微小的补贴；改制以后的10年之内，厂部都要给退休职工一定补贴。2000年改制以后，这个厂就变成了私有企业，所以当时党委在很长一段时间里为企业的平稳发展发挥着一定的引导保障作用，是比较累人的。

三、家庭困难照顾回沪

2002年5月，我从这个厂退休。因为婆婆一个人在上海，年纪大身体不好，按上海市政策规定允许我回来照顾她。现在我也是住在她的小房子里。我女儿在当地成家了，现在还在三明。

我认为我是对得起三明纺织厂的，对得起大家的。上级奖励我的东西，荣誉证书我拿，钱都分给大家。纺织公司后来规定书记和厂长年底有奖励，大概500元钱，我都放在财务科作为企业资金抵押。我认为成果是全厂职工的，不是我一个人的，我不能拿这笔钱。那时候省委办公厅主任、书记，几次找我到三明饭店用餐，问我要不要去福州。我说我不去。第一，我对厂、对三明有感情，我是喜欢三明的，我们从上海一起迁过来，大家同甘共苦，有大家的共同付出和荣誉，也有我的一份付出和贡献。第二，我孩子还小，老公在火车站工作，一个星期回来一次，我去福州的话，小孩没人照顾。还有福州话我听不懂。直到现在大家聚在一起，对我都蛮亲的。因为我做什么事情都考虑大局，从不损人利己，在大家面前我坦坦荡荡，问心无愧。

九、我的三线记忆

傅振华

采访时间：2018 年 4 月 15 日

采访地点：三明市富兴路 214 号

采访对象：傅振华

整 理 人：赵博翀

口述对象简介：傅振华，男，原三明市标准件厂副厂长、代理书记。1960 年，随母亲迁到福建三明。

傅振华(右三)
照片摄于 2018 年 4 月 15 日，拍摄者：张礼欢

一、开拓

1960 年，我跟随母亲从上海来到福建，母亲在三明五金厂。那时我才 7 岁，我记得当时鹰厦铁路刚刚开通，我们坐的是闷罐车，里面没有座位，只能铺一张纸，坐在地下。火车摇摇晃晃好几天，先在鹰潭转车，然后又走走停停花了三天两夜终于到了三明。我们的目的地是三明五金厂，地址是富兴堡。这是我母亲工作的地方。

三明大概是1958年才开始搞轻工业，20世纪60年代三明的工厂有80%—90%是从外地迁来的，上海是支援三明的主要城市，印染厂、纺织厂、食品厂、金属厂、皮鞋厂、服装厂统统都是上海迁来的。那时候，三明市的本地人非常少，大部分都是外地人，上海人是最多的。像我妈妈到现在还带着上海腔，本地人很难听懂。当然，上海的穿着习惯与饮食习惯，不能带出厂区。走出工厂，只能按照福建当地的习惯来生活。

起初，这个地方荒无人烟，没有工厂，只有用毛竹毛毡做的临时厂房，工人的宿舍是用木头和泥土简单制作的没有卫生间的平房，生活环境十分艰苦。又逢自然灾害，三明当地连野菜和米糠做的饼都要分配供应。而工作环境也不甚乐观，因缺少必要的交通工具，工人们运送设备，只能四五个人为一组，一路走到火车站，再用板车将设备推回。面对这样艰苦的工作环境，从大城市迁来的上海工人们很难适应。为此，国家给予支援三线建设的员工许多政策优惠。比如，一家人中有一人在上海工作，配偶和子女为农村户口的，随三线职工一起迁入福建，由组织安排工作、入学，转为城市户口。而夫妻双方均在上海的，则由组织和领导进行说服动员。

支援三明的上海工人们有着较高的思想觉悟和战天斗地的精神品质，生活艰苦并不能阻挡工人们的热情。那个时候工人的干劲都很大，为了完成工厂布置的任务，工人们义务加班，不分昼夜地在工厂里工作，生产包括自行车链条、自行车脚蹬、螺丝刀、一字槽、十字槽等产品。有时候为了完成出口任务，甚至连续36小时在车间工作，但工人们没有一句抱怨。在工人们的不懈努力下，我们厂成了福建省最大的标准件工厂，生产几千种规格的螺丝、螺帽以及高强度螺丝。上海的工人们发扬了一不怕苦二不怕死的精神，改善了工厂的面貌，为国家做出了重要的贡献。

在计划经济时代，三明标准件厂能够按时完成国家规定的生产任务，为三明市和福建省创造了很高利润，因此该厂的业绩和福利待遇都是比较突出的。我记得厂里有很多运货的车子，有福建牌的车子，有安徽的江淮车等，好多好多。工厂抓生产，其余事项由国家安排。

我清楚地记得，自己来到三明后，先在三明实验小学(现陈景润学校)读书，实验小学在城关，离富兴堡还蛮远的。那时候，富兴堡地区人口很少，还没有学校。后来在四年级转学到工农学校，之后又到了复兴小学。当时我们厂因为规模不大，所以没有自己开办学校。一些大工厂如三钢、化机，员工较多，子女也多，就开办了自己的学校。

三明市标准件厂是1969年三明市为统筹协调，将三明五金厂和三明金属制品厂的一部分车间进行合并组成。三明市标准件厂是当时福建省最大的标准件工厂。工厂的发展需要新生力量，1970年后，厂里连续多年选调知青进厂，我也是在这一时期进入了三明市标准件厂工作。

二、辉煌

我在三明读完书以后，经历了上山下乡，于1974年12月进入母亲所在的工厂。其实我并不知道自己将进入三明标准件厂，是组织统一安排的。同时的还有一批知识青年也来到了这个工厂。我记得当时车间实施军事化管理，科室里并没有常规的股、科等常规建制，而是成立了以军事为单位的连、排、班，连长相当于我们现在的车间主任，排长、班长就是一个工段的排长、班长。

20世纪80年代初，我们厂的整体利润在三明市都属于比较高的，厂里还提出了“两位数”“三同步”的战略口号。两位数，就是工业总产值要超过10%以上；三同步，就是市里给予工厂3%的增资名额。那时候因为工资几十年没增加了，只有企业经济效益比较好的，工作又比较突出的，才有3%的增资名额。

作为知识青年，我来到属于重工业系统的三明标准件厂，工资比轻工业多5块钱。那时候猪肉一斤才7毛4分钱，大米一斤才1毛多，一个月的伙食费是10几块钱。所以5块钱可以说是不少的收入。我记得第一年进厂时每月工资是18块钱，第二年21块钱，第三年26块钱，到第四年32块钱。而后，工厂开始评级，按级别发放工资，二级是37块5，三级是42块钱。当时的评级与工资都是国家统一规定的，相比于轻工业系统，重工业系统工资较多。但当时的工人，并不会计较个人得失，都是为国家和社会发展而努力工作。

我们厂在市级和省级的评选中得到了很多奖项，厂里的员工和班组多次获得先进个人和先进集体的称号，设计冲床方案的二车间更是被省机械厅评为先进班组。厂里生产的产品获得了福建省优质产品证书，创造了驰名福建的“神力牌”标准件，为国家重工业的发展和三明市的经济建设都做了比较大的贡献。

三、落寞

在20世纪80年代中后期，国家由计划经济逐步过渡为社会主义市场经济。三明标准件厂的领导也意识到，要把标准件的销路打开。于是工厂在福建各处设立了5—6个标准件门市部，由原籍在当地的工厂员工担任销售，并进行管理。但仍然无法改变销路逐渐“分蚀”的状况。那时，浙江、江苏、闽南地区的标准件比我们厂里的价格更便宜，而我们工厂还保留着计划经济的思想，禁止私人承包门市部，要求各门市按计划进行销售，上缴利润。

我们厂也千方百计找其他产品来做，但是当时条件不行，缺少资金，试制好几种产品都没有成功。而当时的市领导和有关部门，也不允许工厂像私营企业一样发展，因此无法与私人工厂相竞争，产值和销量逐渐开始走下坡路，工人的热情也逐渐减弱。

到了20世纪90年代的时候，工厂慢慢走向了下坡路。浙江、江苏以及福建省内闽南、泉州一带的私营工厂也开始生产标准件，三明市标准件厂的竞争压力陡然激增，而工厂的老员工又相继到了退休的年龄。那时，住院医疗等费用，全部由企业报销。我记得住院高峰期的时候，一个排三十几个人住在医院里面。厂里面为了安抚工人的情绪，工资要照发，住院费要照给，生产经营负担非常重。工厂也尝试更换领导，改换生产产品，但终因缺少技术而失败，只能继续生产标准件。人员与机构的精简也因种种原因无法施行。工厂只能将厂房设备租赁给其他民营企业，以缓解经营压力，但收效甚微，只能去贷款。

最终，三明标准件厂因无法承担财务亏损及贷款，于2002年12月3日宣布破产，由市里面成立了财政局、劳动局、经贸委及原来的房改办等等一系列单位组成的工作小组进入厂里面，进入破产程序。当时，整个国家形式就是这样。三明市诸多国营企业逐渐消失，只剩下化工厂、机械厂、钢铁厂几个大型企业。三明市标准件厂破产后，工人们能领到持续两年，每月270块钱的改制费。两年后只能自谋出路，自力更生。工厂的土地也都卖给了开发商，变成了高楼大厦和住宅区。

我们工人档案原来有400多份，还有其他企业里面的一些重要档案，当时就考虑到档案是非常重要的，就把这些档案归到档案馆去统一保管，这样今后万一有什么事情，工人需要寻找自己的档案，可以在档案馆里面找到。

就我个人感觉，三线建设对三明市的发展是具有重要影响的，当时三明市是福建省的重工业基地，大工厂有三钢、化工、化机、重机，还有四十几个小厂。大量的上海企业迁入三明，优化了三明的工业结构，也繁荣了三明的经济。三线企业为三明市的发展打下了坚实的基础，而三线职工也以奉献精神和拼搏精神，完成了国家赋予的任务和自身的工作使命。

一〇、龙岩往事

虞铭娣

采访时间：2019年1月2日

采访地点：上海市肇嘉浜路宛平南路19弄2号

采访对象：虞铭娣

整 理 人：史唯鉴

口述对象简介：虞铭娣，1937年7月16日出生，中共党员。11岁进上海三德糖果厂当童工；1948年，进入上海光华针织厂做工；1950年，进入上海华光染织厂做工；1956年，考进上海纺织工业学校，学习4年。毕业后分配至合成纤维研究所工作，任技术员；1966年，随爱人单位上海华光染织厂内迁福建省龙岩地区，进入龙岩被单厂工作；1970年，进入龙岩染织厂担任副厂长、副书记；1982年，进入龙岩毛巾厂担任厂长；1993年，退休。1985—1987年，被授予龙岩市劳动模范，福建省妇联授予优秀女企业家，省"三八"红旗手，龙岩地区优秀共产党员。

一、随爱人内迁

我9岁那年，我的父亲就去世了。为了补贴家用，我在11岁的时候就进厂做了童工。1948年，我在光华针织厂加入了工会，那时全国还没有解放。解放后，我在1950年进入了华光纺织厂。因为我的工作能力不错，当时的厂领导让我留了下来，就这样工作了五六年。1956年，上海纺织工业学校举行了一次招生考试，当时我的学历其实连小学还没毕业，但还是想去试一试，在学习一段时间后我成功通过了考试，也离开了我一直工作的工厂，到上海纺织工业学校学习。

此后，我开始了为期四年的学习培训。在这四年的学习中，所有人的学习任务都是紧张繁重的。我们要在一年的时间里学习完所有的初中知识，再用一年的时间进行高中部分的学习。后两年正式开始化学纤维专业的生产培训。在经过四年的学习后，一些同学被分配到了上海地区的各个厂工作，而我则选择留了下来，进入了上海合成纤维研究所工作学习。

我在研究所任技术员，当时所里要求技术员们要前往工厂的每一个部门依次进行实习，深入了解工厂的生产情况。在实习结束后我又回到了研究所，逐渐成长为研究所的干部。1966 年，为了响应毛主席的“备战备荒为人民”的号召，我爱人工作的华光染织厂即将全厂迁往龙岩地区，当时我 29 岁，有三个小孩子，最小的只有 4 岁，最大的 8 岁，中间的 7 岁。研究所的领导劝我留下，而老单位的领导则希望我去龙岩，为了照顾家庭和我作为一名党员的责任，我义无反顾地前往了龙岩。

二、龙岩毛巾厂的建立

在我们刚到龙岩地区的时候，生产环境是很复杂的。当时华光染织厂更名为龙岩被单厂，分配我在一个车间负责生产。1970 年，龙岩被单厂与龙岩色织厂（即上海的经昌染织二厂，1969 年内迁至龙岩）合并成立了龙岩染织厂。

1972 年，工厂生产渐渐步入正轨，政府要求上海老厂发挥带动作用。我也就是在那个时候正式开始了建立毛巾厂的筹备工作。最开始应该叫毛巾车间，车间把当时龙岩附近上山下乡的人招工了过来。老厂长当时计划购买 24 辆机车，再造房子。可是车子没买够，后续建房的资金也不足了，厂里只好先用 4 辆机车运作起来，济阳毛巾厂表示可以借我们 20 辆机车，等有钱后再还给他们。我们培养好员工后，先将员工送到了他们厂。

房子建好后，我们正式开始生产，这也是我们毛巾厂的前身。当时制造车间的车间主任都是部队派下来的，叫作连长，是管生产工作的;而我叫指导员,是管思想工作的。到了 1982 年 7 月,龙岩地区经委决定把龙岩染织厂划分为龙岩被单厂、龙岩色织厂、龙岩毛巾厂和龙岩漂染厂四个专业厂,并成立龙岩染织总厂,我担任了总厂的副书记和副厂长。当时提倡“企业办社会”,我们厂也成立了托儿所、小学、初中、高中的“一条龙”式教学建设。

当时的生活条件是很艰苦的,做饭没有油,只能用一块油肉擦一擦锅;饭蒸好了再加水变成粥;烧火靠劈柴。当时我将我们厂的知识青年送到山上去开荒种田,山路是一个弯接着一个弯。当地的农民对我们特别好,主动为我们带路,还帮我们背行李。回去时,我们辨别方向的依据只有电话线——要一路沿着电话线走,要是看不见电话线那就是走错了路。最开始种地的地方离我们的厂区也特别远,在“问荒山要田”的口号下,我们厂开始进行开荒种地。当时厂里大部分都是上海人,从来没有种过地,吃住的条件也很差,就是在这样的条件下,大家还是坚持了下来。

随着计划经济的改革,1984 年 1 月,我们厂改为了龙岩地区纺织工业公司。同年 3 月,厂里又筹建了“被单大整理”,自此原龙岩染织厂又被划分为了 5 个专业厂。本来是吃大锅饭的、混在一起的,只要管好生产,至于亏本与否,和车间是没有关系的。到独立分厂了以后,总厂的领导比如书记、副书记、副厂长,一个人管一个厂,都分配了下去。我被分配到了毛巾厂,龙岩毛巾厂也就此成立了。

三、龙岩毛巾厂的发展

龙岩毛巾厂从 1972 年开始筹建车间,历经十余年的发展,到 1984 年终于成为一个独立的厂。可刚开始,毛巾厂就遇到了很大的难题。

当时我们厂的毛巾质量是特别好的,甚至能和美国进口的毛巾进行较量,纱的质量、编织的技术都是严格要求的。但是在分厂独立核算之后，几个厂当中毛巾厂的效益却是最差的，核算当中亏得也最厉害。于是我就一个环节一个环节地进行检查，发现在技术、质量和销路上都没有问题，一经对比，才发现是漏算了几步工艺的制作成本，在产品定价上出了问题。也是因为这件事，我分别去经委和党委进行申诉，将所造成的亏本原因一五一十地说了出来，因为在我心中，厂的效益在我手上有多漂亮并不重要，但是该给我员工支付加工费一分也不能少。为职工谋福利、廉洁奉公是我从建厂开始一直坚持到退休的目标和自我要求。

后面我们厂有去上海纺织大学进行学习的机会，第一次 12 人报考只考上了一个。本来有一些中层干部想去学习的，但是又觉得考不上没面子，要么就是觉得现在中层干部做得挺好的，不用去了。要是按我的想法那就是统统要去，所以我就像赶鸭子一样，一个一个单独谈心。就这样最终有一些人考上，其余的干部在业余时间也都进行了学习。

后来在上海培养出来的那些人，回来后都要先到每个部门去实习。实习结束后，车间的经济核算、承包、计算、财务，就都清楚了。这让他们更了解工厂的运行方式，在工作上也就更符合实际了。管理能力上去后，为我们的毛巾厂打下了很好的基础。后来我们毛巾厂又助力了乡镇企业的发展，在技术输出、产品输出和人才培训上帮助了很多乡镇企业的毛巾厂，如上杭、连城，包括沙县的毛巾厂。这在一定程度上极大地增加了当地山区的就业机会，也带动了整个福建地区毛巾产业的发展。

1993 年，我退休回到了上海。到 1995 年，龙岩色织厂破产，龙岩漂染厂合并到了毛巾厂。龙岩毛巾厂和龙岩漂染厂合并组建福建龙岩喜鹊纺织有限公司。新厂长感觉力不从心，又让我回来帮助漂染厂的工作，在解决了漂染厂的管理和职工思想问题后，我再次回到了上海。2011 年 12 月，龙岩喜鹊纺织有限公司最终被厦门一家民营企业收购。

一一、三明纺织厂与三明的变化

骆国清　樊　峰

采访时间：2018 年 12 月 4 日

采访地点：福建省三明纺织股份有限公司

采访对象：骆国清、樊峰

整 理 人：赵博翀、史唯鉴

口述对象简介：骆国清，1964 年 12 月 5 日出生，大专学历，棉纺工程师。1971 年，随父母工作的国营上海第二十六棉纺织印染厂内迁福建三明。小学、中学就读于三明纺织厂子弟学校，高中就读于福建省三明二中。1981 年 11 月，入职三明纺织厂。1985 年至 1988 年，完成上海棉纺织机织工程大专三年学习，毕业后回三明纺织厂织布分厂任技术员、工段长、分厂副厂长。2000 年，公司改制为福建省三明纺织有限公司，被选举为公司董事会董事并担任牛仔布分厂厂长，党总支书记。2005 年，任公司副总经理。2013 年，任福建省三明纺织股份有限公司总经理、党委书记至今。

口述对象简介：樊峰，1963 年 3 月 28 日出生，大专学历，棉纺工程师，中共党员，全国纺织工业系统劳动模范。1970 年，随父母工作的国营上海第二十六棉纺织印染厂内迁福建三明。在福建省三明纺织厂子弟学校从小学一直读到高中毕业，后又在上海完成了棉纺工程大专学习。在三明纺织厂从保全保养工作开始，担任过技术员、工长、分厂厂长助理、厂办企管室主管、分厂厂长，三纺公司总经理助理、副总经理、生产总监。

一、我与三明纺织厂①

20 世纪的 70 年代初，当时还是一个小小少年的我，就跟随着父

① 该部分为骆国清讲述。

母，从遥远的大都市上海来到了小山城三明。当时年龄很小，记得家里面父母是希望我跟随着他们一起来三明，但是呢，外公外婆家比较反对我离开上海。但是决定的还是我自己。当时，我的家是在上海的外滩，就在现在的和平饭店边上。那个住房条件各方面都可以，应该在当时的情况算非常好的。如果家里面留下一个人，当时这个房子就不用退，当时那个房子呢是我父亲上海市检察院的房子。那母亲和外公外婆呢，谁都说服不了谁。那就由我自己来决定自己到底留还是去的事情。记得小时候我看到我母亲手上的一些照片，其中记得很清楚的有一张是我们三明的虎头山的照片，还有一张是我们厂的一个宿舍当时叫"象鼻子房子"。大家都知道上海没有山，在照片上看到一座那么大的山，就很想马上看到它。再看照片里的宿舍，确实长得很像一头大象的形象，就感到很好奇。再说小孩也希望在爸爸妈妈身边。那天我记得还是比较清楚，在大人们的劝说拔河下，我那么一个七岁不到的小屁孩，做出了人生第一个决定，决定跟随父母去三明。为了这个决定，外婆家人不知道讲了我多少年。但当时我还为了这个决定兴奋了好久。

20 世纪 50 年代末，全国各地的建设大军从五湖四海奔赴三明，支援三明"小三线"建设，这其中支援三明的上海人几乎占了十分之一。当时的三明食品厂、三明皮鞋厂、三明印染厂、三明衬衫厂等等，都是来自上海。我们所在的三明纺织厂是所有迁厂中最晚到的，不过规模最大，人数也是最多的。在我们刚到三明的时候，周边的上海人都很高兴。我们厂的说上海话氛围很好，当时上海话是厂里流通的"普通话"，一直到很后来许多新进厂的职工都学会了一口流利的上海话。

当年三明确实是特别艰苦的。在我刚到三明的时候，那里就是一片片一块块的工地和农田，除了一条主要马路是水泥路外，道路基本上是泥巴路，商店、饭馆非常有限，物质十分匮乏。就是在这样的条件下，支援三明的人们依然很乐观积极。当年厂里职工们有个开心的事情，就是回上海或者听说有人要回上海探亲，每当听说有人要回上海的时候，就会有好几个人托他带各种各样的东西回来，那个人就会带着这边的笋干、桂圆干、白木耳等一些土特产回去，然后带回上海的香皂、大白兔奶糖、金币巧克力，还有皮鞋、衣服裙子等，这些都是当时在三明买不到的。还有葱烧大排、八宝辣酱等的熟菜都千里迢迢带回三明。现在回忆起这些，想想当时的职工本事也真大，一个人可以带十个以上的行李袋，还会攀比谁带的多。

为了尽可能满足职工的生活需求，三明纺织厂做了很大的努力。那个时候提倡“企业办社会”，我们三明纺织厂在这方面可以说是很好的。最开始厂里就建立了托儿所、保卫科和卫生所，文娱活动也搞得像模像样。在餐饮方面，我们厂半分菜票可以买三个大馒头，而且在我们厂还能吃到上海口味的菜品和点心，这在三明其他地方是没有的。虽然当年物资匮乏，很多副食品需要凭票证供应，但厂里的食堂伙食还是很丰盛的，其他单位还是很羡慕的。因此，三明纺织厂在当时成为三明地区许多年轻人向往的“铁饭碗”。

在那个年代，纺织厂的待遇可以说是比较高的，纺织工人的工资比机关的工资待遇要高，加上工厂配套设施很齐全，有食堂、托儿所、幼儿园、子弟学校、卫生院等等，生活方便，无后顾之忧，所以工人的工作热情非常高，每天都在为建设新三明汗流浃背、无怨无悔地工作。因此，工厂也经常受到省里和市里表彰。

记得当时三明的文化生活比较缺乏，除了电影院以外也就没有什么文化设施，三纺厂作为三明市的一个比较大的企业，为了丰富职工的业余文化生活，厂里组建了业余文化小分队，组建了足球队、篮球队、羽毛球队、乒乓球队等等，还有锣鼓队，图书馆、大礼堂，让职工的业余生活风生水起，多姿多彩。这让当时很多年轻人，单身职工工余时不会觉得乏味枯燥。厂里的这些队伍在三明都小有名气，为三纺厂增色不少。

当时厂里招工非常“吃香”，许多年轻人都不愿意去事业单位，好多人在多项选择时，都毫不犹豫地选了三纺厂。例如当时有一个从部队转业回来的人，原本是分配到了广播电视事业局，但是他没有去，而是选择到我们工会广播室做了一个电工。这也是为什么当时的三明纺织厂出了那么多的人才，单单一个油漆间就出了一个三明日报的记者和一个保险公司副经理。我就是当时厂里扩建内招进入三明纺织厂的。进厂后厂里对人才队伍的梯队培养也是做得很好的，那时候厂里培养了好多批工农兵大学生、职工大学生等，很多有理想、有抱负、肯努力的青年职工参加了学习，很多人在之后的工作中成为三纺厂的管理技术骨干，也为三纺厂的传承做出了贡献。我也有幸成为其中的一员。我当时通过选拔考试，到上海的职工大学脱产学习了三年，这为自己以后的成长奠定了很好的基础，自己从一名普通职工成长为现在的公司总经理，应该得益于当时这种培训机制。

到了 90 年代后期，因为国家发展方向的调整，对全国尤其整个纺织行业都造成了不小的冲击，三明纺织厂也是如此。到 2000 年左右已经面临着资不抵债的情况。除了经营方面，三明纺织厂在这个时候的社会负担也是非常重的，包括企业员工的福利、老工人退休福利、托儿所运转等。这些压力使企业不堪重负，必须要从根本上作出改变。为摆脱困境，在省市政府的大力支持下，三纺厂学习借鉴了石家庄七棉的经验，工厂进行了大刀阔斧的改制，把三纺厂改制成福建省三明纺织有限公司，这次改制也是轰动三明的大事件。当时公司成立了股东会、董事会，推荐了董事会候选人，经过三轮选举，选出了七个董事，我也有幸成为其中一员。

其实 2000 年的这场改制对公司来讲是一个很大的转折，公司采取了全员持股的模式，把员工的身份置换金转化为股权，当时有许多员工“买断身份”离开了公司，这样流失了相当部分的管理、技术骨干以及许多有丰富经验的老员工。也因为人才的流失，对当年的生产经营造成了一定的影响，在原本困难的局面下又添了不稳定因素。当时经营班子认清形势，直面困难，制定对策，通过不懈努力公司也扭转了局面，稳定了生产。总的来说，企业经营刚开始十分困难，经过一两年大家的共同努力逐步走上了正轨。

时代在发展，人的思想观念也在跟着转变，传统的纺织也面临新的挑战，现在很多年轻人已经不愿意到企业工作，这也导致了企业的新鲜血液不能很好地输入。设备的升级换代，以自动化、信息化来提升公司的装备以满足市场的需求。当年三纺厂最多时候的职工有5 000多人，而现在只有四五百人，但生产规模比原来还要大，所以创新发展是每个企业的必由之路。现在的公司也在通过自身的努力不断做优做强。我自己也在企业的一路工作中，亲身学习和体会到了“迁一代”前辈上海老师傅们的工作精神，他们团结协作、持续专注、严谨细致、诚信务实、精益求精。他们做事有原则讲制度，工作中言传身教，一丝不苟，兢兢业业地为企业、为社会做出平凡的贡献。作为一个“迁二代”的自己，也潜移默化地把他们优良的传统学习到手，在后来的工作中继续保持着父辈们流传下来的“上海精神”，迄今为止三纺厂产品能在市场上有良好的口碑，也是得益于老一辈们的精神传递。目前公司的企业文化也深深地烙着父辈们流传下来的精华，自己有责任和义务让“上海的工匠精神”接力棒继续地传承下去，生生不息。

作为一名同三明城市一起成长的人，我也目睹了三明日新月异的变化。从浮桥到彩虹桥，从泥浆路到水泥路，平房变成了高楼，蒸汽机车变成了高铁，也有了自己城市的飞机场。工厂也退城入园[老城区的工厂搬迁到工业园区或城郊、开发区]了，天更蓝了水更绿了。学校、医院、商圈，绿道、河道、自行车道。现在每当有外地来的客户，对三明的蓝天白云，对三明的清新空气纷纷点赞，对这座美丽而又宜居的小山城既赞美又羡慕。记得儿时每天上下学要走，后来每天上下班走的东兴四路，那时路两旁的小叶樟树只有碗口粗细，现在已经一个人围抱不住它了，路两边树的枝叶也已经浓密在了一起，成了三明一景，非常漂亮。它见证了三明城市的不断变化，而我也慢慢看着树由小变大地成长，自己同这些树一样，在三明这块土地上成长，也目睹了三明的变化，现在的三明还在持续发展，也衷心祝愿它越变越好。

二、三明纺织厂对福建纺织业的贡献[①]

在三明地区建立的二十多个厂里，三明纺织厂应该算是龙头企业。在三明纺织厂迁来之前，福建省是没有纺织这一个行业的，只是在轻工厅里面有这样一个部门。可以说，福建的纺织，尤其是棉纺这一块的发展，跟我们三明纺织厂都是有关的。当时福建省的国有棉纺企业共有四家，分别是三明纺织厂、厦门纺织厂、福州纺织厂、南平纺织厂。其中只有厦门纺织厂比我们的时间要早一点，但是整体影响力并没有我们大，福州纺织厂和南平纺织厂的建立在很多方面都和我们有关联。

在南平纺织厂刚刚成立的时候，部分厂级领导就是从三明纺织厂调过去的。有了南平纺织厂，南平针织厂也成立了，福建的针织行业也就发展起来。尤其南平针织厂的成立，成了我国国内主要体育用品的生产商，带动了整个福建针织行业的发展。

1980 年，福州嘉达厂成立。在嘉达厂刚办起来的时候，他的总工林嘉德，就是我们三明纺织厂里一纺的技术员，副总工程师王坚，此前也在我厂工作。也就是说福州嘉达的两位技术骨干都是我们三明纺织厂的老员工。此外，长乐作为一个以纺织立市的城市，离不开我们三明纺织厂的帮助。当时我们厂来了一个党委书记，他就是长乐人。这个党委书记在调回长乐后，便想以纺织推动长乐的发展。一年多的

① 该部分为樊峰讲述。

时间里，将我们三明纺织厂很多的管理技术员和人才纷纷引进了过去，这才有了长乐纺织业之后的辉煌。闽南地区服装业的发展也深受三明纺织厂的影响。在计划经济刚刚打破的时候，当时很多晋江的体育用品，最早都是与三明纺织厂进行合作的。

回忆篇

8位三线建设亲历者，用文字记录下了他们的真实感受。从他们的回忆中，我们能看到三明纺织厂职工的青春风采，南平针织厂的创建过程、杰出贡献以及破产过程，能看到该厂职工丰富多彩的业余生活，还能看到龙岩色织厂的迁建情况和裂变过程。这些何尝不是历史的一部分？他们的回忆也构成了历史的一部分。

一、难忘的一次大聚会

范维平　顾忠发　蔡意达

回忆者简介：范维平，1951 年 8 月 19 日出生于上海，1968 年 11 月进入国营上海棉纺织印染二十六厂，1970 年 12 月支内到福建三明纺织厂，在机修车间钳工组当工人。因夫妻分居两地，1985 年 10 月由上海市静安区劳动局发出调函，分配进入上海大隆机器厂工具科，1990 年加入中国共产党，1999 年 12 月签订协保，2011 年退休。

回忆者简介：顾忠发，1949 年 3 月 5 日出生于上海市.1968 年 11 月进入国营上海棉纺织印染二十六厂，1970 年中秋节前支内福建省三明纺织厂，在机修车间钳工组当工人。1972 年 4 月加入中国共产党。中央广播电视大学 1983 年首届经济类大专毕业生，曾任福建省三明纺织厂机修车间团支部书记、金工工段党支部副书记，厂科室副科长（主持工作）、二纺车间党总支书记、厂长室厂长助理。1989 年 6 月，调三明市梅列区任区经委主任兼区二轻局局长、中共梅列区经委委员会书记，区经济体制改革委员会主任兼区政府办公室副主任。1993 年 2 月，调任三明市外商投资服务中心主任、三明市对外经济贸易委员会科长，曾任三明市外商投资企业协会首任秘书长、上海三明商会秘书长。2009 年 3 月 5 日在三明市外经贸局退休。

回忆者简介：蔡意达，电工学徒，1969 年起在三明纺织厂工作。擅长写诗，发表作品有《值班室响起电话铃》（1974 年 1 月发表于《福建文艺》）、《周总理正在向我们微笑点头》（1977 年 1 月发表于《福建文艺》）、《纺织厂速写（二首）》（1984 年 4 月发表于《新市文学丛刊》）等。

一、备战备荒为人民

2008 年 9 月 7 号，在这样一个天高云淡的季节，一个金风送爽的日子，我们这些曾在国营上海棉纺织印染二十六厂、福建三明纺织厂工作过的一批厂友，欢聚在上海凯旋北路 1305 号满水湾二楼小洋房酒家，共叙友情，互相祝福，聚会难得又难忘。

20世纪60年代，为了响应国家“备战备荒为人民”的口号，为了发展福建的纺织工业，福建省与上海市两地政府商定，经国家建委和国家计委批准，将上海部分纺织染企业迁到三明。1968年，在那激情燃烧的岁月，数百名热血沸腾的青年进了即将支内迁厂的国营上海棉纺织印染二十六厂，他们中有国家分配的大中专毕业生、本厂的职业中专生、工业中学毕业生，还有职工子女中上海市六六届、六七届高中、初中毕业生。两年后，他们带着美好的理想和追求，随厂支内建设到了三明，他们和老一辈师傅、师兄师姐们艰苦创业，用自己的青春和汗水为三明纺织厂的发展立下了汗马功劳。他们在三明纺织厂走向成熟，承上启下，成为了企业的中坚力量。

据统计，1970年支内迁厂时，随迁职工约1 700人、随迁家属3 000多人。当时三明纺织厂仅有3万纱锭，616台织布机的规模。1984年后，三明纺织厂共获得省优以上产品11项。其中，金雀牌96.2号纯棉起绒用纱于1984年获福建省棉纱类第一个部优产品称号；9.8×3本色纯涤纶缝纫线于1988年荣获国家质量银质奖，也是福建省纺织行业首个获国家奖产品。到了1990年，三明纺织厂已经拥有环锭纺5.9万枚，气流纺600头，线锭9 120枚，织布机988台，年产纱7 423吨，坯布2 454万米，成为当地最大的纺织企业，并荣获企业管理国家二级企业、企业档案管理国家一级企业、全面质量管理国家银质奖、设备管理纺织工业部先进企业等多项荣誉称号。

在这些闪光的数字和荣誉中蕴含着我们的劳动智慧，也寄托着我们对创业岁月的怀念。几十年，弹指一挥间。当年的姑娘、小伙子已步入退休年龄，与老一辈师傅一样，大多叶落归根，重返家乡。我们每个人就是一首诗、一支歌，共同的经历，相近的感受，还有诉不完的故事。在这次参加联谊活动的400多位厂友中，有的因恢复高考升学、有的因投亲回沪，有的因退休回沪，有的因工作调动离厂。虽然大家分离了十几年，甚至二十多年，但三明纺织厂的情结，把我们连接在一起，怀旧情结，因联谊聚会越来越浓。

二、献给逝去的青春

这次聚会，经过半年的酝酿，我们终于迎来了近几年来人数最多的一次三明纺织厂各部门“大拼盘”联谊活动。我们特地编辑了一份通讯录，收集与会者的通信信息，并衷心祝愿厂友们珍惜当下、保重身体、家庭幸福、守望相助，分享快乐、笑口常开。让夕阳飞霞，让每个人都拥有一片属于自己的绚丽天空。最后，我们以机保车间诗人厂友蔡意达的一首诗《风华正茂——献给逝去的青春》作为结尾：

风 华 正 茂

——献给逝去的青春

六十年代，海峡前线
将军——叶飞
正为战士的衣被
报告中央军委。

上海和福建
在华东地图的点、线之间
就像当年“三野”
开着作战会。

金家巷一个老旧的工厂
将要凤凰涅槃
上海“国棉”厂的数字系列
从此失去第 26 位。

列车向南，向南
杭州——衢州——来舟
像一串串流萤
在夜幕里横飞。

列车跨江，穿山
钱塘——武夷——闽江
像急行军
在芦苇荡、甘蔗林里直追。

这是应征的军列
不穿军装的士兵
一位新四军的女战士
是队列的总指挥。

列车起动
载着团聚：
分居的夫妻、插队的子女……
赶赴战场相会。

列车到达
卸着分离：
高堂的老母、新婚的娇妻……
因为阶级斗争的冲锋号已吹。

这支部队搅动了沙溪河宁静的浊水
成就了各级党委无数面锦旗的光辉

这个团队以无比的辛劳原始积累
却把支内的经费反哺给政府、经委。

装箱“兰开夏锅炉”
运搬“西门子马达”
二十世纪四五十年代的装备
与队伍相随。

箱装的是青春年华
搬运的是十七八岁
二十世纪六七十年代的精神
在队列里鼎沸。

支内
付出了一辈
东西南北人
对祖国说：无愧

修筑列东大街
平沟、挖垒
有诗为证——
《筑路歌》曾轰动工厂赛诗会。

沙溪河畔青州纸厂，
带电焊接，正在运行的变压设备
纺织厂的电焊技师——
八闽大地荣归。

支内
汇五湖四海水
用无尽的智慧
对祖国说：献给。

第一台织布机在空旷的厂房里唱歌
独奏的简谱上颤动的都是泪
多少困难
在经纱和纬线中溃退。

第一万台织布机在南平、沙县唱歌
齐奏的五线谱上却有陶醉
在“沪味”的小餐馆里
为自豪的上海人——干杯！
可别忘记，谁修的鹰厦铁路
谁建了厂房、宿舍
感恩第十八建设兵团——无数转业老兵
他们是支内的先遣部队。

第一个纱锭旋转起舞了
那只是延安纺车的移位
第二个纺纱车间投产了
那仅是省内之最。

改革开放的“集结号”已吹
军列将驶向世界先进的铁轨
信息在电脑程序里组合

目标在共和国的蓝图中熠熠生辉。

请问：总指挥
第三梯队是否已做好准备
经历商品市场的颠沛
这是入伍的新规。

“金雀”美在嘴
“奔鹿”俏在腿
在网络里
难找品牌的雄威。

三明的“牛仔布”
南平的“PU 革”
在经营战略上
闻到企业文化的对擂。

报告：总指挥
新的一辈正在应对
不会再有当年的“突出政治”
那永远是难堪的滋味。

攀爬 200 级天梯
登“廖源农场”山陲
惊得“大圣”奇怪
农家猪怎在“御马殿”酣睡。

挖进2 000米的土山洞
抵抗原子弹下坠
金门岛花岗岩的“八百坑道”思虑
战后我们能生产高粱酒，你会？

无数资源浪费
坚强的脊柱残废
问世道，谁最累
问天道，何之罪！

共和国也曾困危
何况我们一支小分队
老胳膊老腿
开拓新的岗位。

将军也曾论罪
何况我们士兵一位
年轻时“南下”了一回
怀旧时多了词汇。

不颓废、不后退
风华正茂两鬓灰，
怀念逝去的青春
携手辉煌照夕晖。

蔡意达

2008年9月5日初稿于文怡书屋

二、南针南纺之往事

黄克华

回忆者简介：黄克华，男，1954 年 5 月生于上海，1966 年 10 月迁厂随父至福建南平。1972 年 3 月参加工作，1980 年 5 月加入中国共产党，1988 年 9 月毕业于中国纺织政治函授学院党政管理专业，EMBA 研究生学历，经济师、政工师职称。曾经知青上山下乡，后调入南平纺织厂，历任针织车间工人、班组长、值班长，南平针织厂办公室秘书、组织科主办干事、宣教科副科长，总厂宣传科科长，集团公司党办副主任、纪委副书记，分厂副厂长等。1995 年 5 月到闽南民企——晋江凤竹针织漂染有限公司、福建凤竹集团有限公司、凤竹纺织科技股份有限公司工作，于 2014 年 6 月退休。

一、创建南平针织厂

为了“备战备荒为人民”和支援福建“小三线”地区的工业基地建设，上海市针织内衣业的“新科状元”、全国纺织业红旗单位——上海勤余织造厂于 1966 年 9 月整体内迁到闽北山区，更名为福建省南平针织厂。当年 5 月南平厂房破土动工，到 9 月开始上海拆卸设备，生产设备分批装运到南平，均标有迁厂保密代号“607”且由专人押运。全厂仅用 80 天时间就完成了千里迁厂任务。

我的父亲早在 1966 年初就被厂里派到南平筹建处工作。当年 10 月搬家迁厂时，都没有回上海一趟来接家人去南平，一切听从组织的安排。全家人于 1966 年 10 月 13 日注销上海户口，迁往福建南平市。我母亲一个目不识丁的家庭妇女带着年幼无知的我们四兄妹，于 10 月 30 日含泪告别故土上海，举家跟随厂里众职工家属一起在上海火车站，搭上同一列绿皮车一路南下，徐徐驶向千里之外的福建前线。

根据上级对备战防空的要求，工厂按照“靠山、分散、村落化、民房化和园林化”要求施工，除漂染车间采用钢筋混凝土建筑，其他车间厂房为单层砖木结构建筑，充分利用了原建溪水电站遗留下的旧房设施仅修旧翻新而已。厂房由省八建公司(现省二建公司)承建，于1966年5月破土动工，到10月底工程竣工，共完成土建投资80多万元，新建面积6 695平方米，修建面积24 600平方米，国家为迁厂建厂投资了100多万元。织造车间、机修车间、棉纱仓库，漂染车间、锅炉房、水泵房、成衣车间、成品仓库及厂部、食堂等，分散建在安丰溪(大沟)两边的山脚下。能把锅炉大烟囱建成沿山体而上的“斜烟囱”，真可谓是那个时代的一大“创新”奇葩。据说当年叶飞将军的直升飞机曾在安丰桥大沟上空盘旋，视察南针厂评价“工程符合战备要求”。

上海工人的到来，给闭塞的闽北山区带来了新的生机，南平的纺织业由此翻开了新的一页。

二、南针人对国家的贡献

“为有牺牲多壮志，敢叫日月换新天”。1966年9月23日至10月30日，全厂职工666人连同家属子女共2 000余人，挥别了大上海、告别了众亲友，分批举家搬迁到生疏荒凉的闽北山区，在安丰大沟里安营扎寨，开始了艰苦创建南平针织厂。初到南平安丰大沟，面对冷清的山沟，简陋的工棚，路不平、灯不明，四周杂草丛生，上下班无厂车接送，公交车半小时才一趟，职工们经常是靠步行走路上下班的。艰苦的生活条件和工作环境的巨大反差，对刚刚离开上海大都市的人们来讲无疑是一个严峻的考验。

为了使迁厂后生产能早日投产运行，全厂干部职工稍事安顿后就马上投入紧张的设备安装和开工前的准备工作。“苦干快干，早投产、早创益”，全厂上下齐心协力大干一百天，不分昼夜地拼命苦干，争分夺秒抢安装，常常连饭都顾不上吃，有的工人干脆把铺盖搬到了车间，有时连续三四天没睡觉通宵达旦干活。机器设备经过工人们精心安装调试，南针厂于1966年11月25日顺利投产，迁厂当年创产值65万元。生产“东风”牌棉毛衫裤、针织内衣等产品，填补了闽北地区纺织业的空白，其生产用的主要原料实行计划供应，从上海调拨。南平二级站针织品仓库就建在南针厂区旁。

1967年，全厂完成产值490万元，创利润83万元，上交税金25万元。两年后，利润和税金分别达到158万元和34万元。当时南平的许多小厂、省部属工厂几乎都“停产闹革命”，武斗不断，南针厂坚持“抓革命促生产”，每天仍上班坚守生产岗位，厂里机器照常运转，“文革”中从没有停产过一天。即便社会上武斗，车辆不准上路，工人们就走小路翻山越岭赶去厂里上班。从1966年迁厂至1970年的四年间，南针厂为国家共创税利570多万元，等于除养活全厂2 000余名职工家属外，又创造出三个新的南针厂。连南平市政府人员的工资全靠南针厂的效益来提供，为当时极为困难的南平地区财政收入作出了重大贡献。那些年头，市属机关事业单位得幸能领到薪水，一大半都要谢谢南针厂的职工师傅们了。

三、黄垱家属生活区

在那个非常年代，遵照上级“先生产后生活”的指示，少数单身职工住在大沟厂区两幢简易平房和安丰桥头的木板房里，有点看家护厂的意思。双职工家属都暂居住在离厂区5公里外的黄墩（黄垱），即闽江水电局所留下的十几栋两层简易工房内。南针厂黄垱生活区的房子，为土木结构，墙壁是中空的，两面薄板条内抹黄泥拌稻草外涂白石灰；底层水泥地，二层杉木地板，房屋虽经修旧翻新，但走在旧木楼梯木地板上，脚下会发出“嘎吱嘎吱”的响声。每幢工房前建有一排简易厨房，门前一条水泥小道，一座公共贮水池。整个生活区的房子，不是坐落在山边溪沟旁，就是建在小山坡上，四周都是杂草。每天开门见山，上下爬坡，一条斜坡水泥路从生活区中穿过，直达黄垱口公路。大家稍安顿后就在房前屋后忙着挖草平整，职工们还要到厂区里清除杂草，整整忙碌了一个星期时间。随着火车滚滚一路上扑面而去的群山峻岭，大伙惊讶的兴奋劲慢慢地消失了。从此这里就成了南针人的新家。

我们这群生长在上海的孩子，突然间跟随父母迁厂千里迢迢来到闽北山区，初来乍到，朦胧懵懂，感觉黄垱的一切既陌生又新鲜。这个山坡现在叫“黄墩岭”。在新住地，大家很快相互熟悉，认识了新邻居，结识了新伙伴，南针子弟有缘相遇走到一起了。

原黄垱生活区后面的大山，是我们当年砍柴的地方，南针子弟至今念念不忘。上山近的叫近山，走四五里山路的山叫远山，听到深山里有怪叫声，像是老虎怒吼声，就管它叫老虎山。其实这一带的大小山同属莲花山山脉，它就叫莲花山。穿过小作自然村农民房旁的小路，就可进入山里头了。大城市里孩子初见到大山，万般惊喜。上山砍担柴回来可作烧饭柴，十分好玩又很有成就感。当年学校“停课闹革命”，学生到山里去了，大家乐此不疲，甘当小樵夫。第一次进山，拿把菜刀就上山砍柴去，是不是很好玩很好笑有趣吧。

在黄垱生活区居住四年后，我们又进行迁厂南平后的第二次搬家，全部搬入安丰桥大沟内新的生活区，住进了砖木结构的旧平房。从 1966 年至 1970 年，南针黄垱生活区实际仅存四年，就是这短短的四年，却给我们南针子弟留下了难以磨灭的记忆！如今，半个世纪多过去了。年过半百乃至年满七旬的人，每每在一起话说当年往事，迁厂初到黄垱时的情景，总是挥之不去，总会津津乐道，成为一个永远扯不完的话题。我想，有一个重要原因，就是我们每个人的“三观”，是在那个时期逐渐形成的，我们有共同的乡愁。

当年，迁厂的职工和家属子女共有 2 000 多人。市里在黄垱生活区的小山上设立了一所子弟学校，有小学、中学。全国工业学大庆，工人子弟当然要学大庆，故名“大庆学校”了。当南针子弟全部转到新建的南纺子弟学校(对外称南平市第四中学)上学后,大庆学校也就销声匿迹了。后在黄墩老校址上改建了南平市第六中学,建在后面山坡上,与环城路相通。六中后又迁至水东马站,此处又变成南平第四中学,真可谓是命运多舛,一波三折。后来四中又搬到市区进步路,四中搬走后又改建技工学校,技校后又迁往别处合并。现为南平市教育服装总厂,生产中小学生校服。

四、筹建南平纺织厂

1970 年 10 月,福建省革委会在筹建南平纺织厂(以下简称南纺)的同时,将南针厂并入南纺厂,降格为生产车间,产品不变。南针人不讲条件,不计较得失,用多年积累的技术力量和管理经验,又肩负起老厂带新厂,老厂养新厂的重任。并厂后,增加职工人数和生产班次,生产能力稳步提高,默默地为振兴福建省纺织工业而奉献着。

在南针厂的基础上,南平市相继成立了南平第二、第三、第四、第五、第六针织厂。同时南针厂还抽调出一批又一批技术骨干力量,到省内沿海城市帮助扶持兴建了一个又一个针织厂,他们如同一颗颗种子在八闽大地生根、开花、结果。

南纺建厂时的机器设备在国内纺织企业中算是先进的,据说是原援建柬埔寨纺织厂的,后因柬国政变动乱,滞留国内的一批出口设备。大批"文革"时下放闽北山区的老干部,纷纷被"解放"分配到南纺厂。一时间厂里厅、处级的领导干部多如牛毛,还有不少师团级的军转干部,所以就有了"将军楼""厂长楼""科长楼"之说。当时戏称单身女工宿舍区叫"三八沟",母子宿舍区叫"步步高",男工宿舍区叫"夹皮沟"等。

南纺建厂时,招收了大批闽北各地的上山下乡知青进厂,新工人中福州知青居多。每到傍晚黄昏时,年轻漂亮的纺织姑娘便三三两两、三五成群散步，徜徉在夕阳余晖下建溪河畔附近的公路旁，成了安丰桥头一道亮丽的风景线。他们当中有许多文体骨干，充满青春活力，给南纺厂带来了朝气蓬勃的新气象。厂里专门成立了篮球队、业余文艺宣传队、萌芽诗歌社、青工理论学习小组、新闻报道组等青工社团，丰富活跃了职工业余文化生活，满足了青工们的精神需求。

有一年厂里还特别邀请到福建省著名诗人蔡其矫老师，来厂为青工诗歌爱好者讲座授课。厂团委、宣传科创办青工诗歌刊物，辅导写诗创作，组织诗歌朗诵会。青工自发组织马列主义理论学习，广泛开展车间新闻报道，进行宣传墙报评比活动等等。当年，从南纺厂工人中走出去有好几位文人作家与学者。特别是南纺文艺宣传队人才济济，队员能歌善舞，吹拉弹唱皆在行，还自创自演。每逢元旦、春节、五一、国庆等都在厂礼堂为全厂职工及家属表演节目，还到南平各兄弟单位进行慰问演出，还参加全市职工文艺活动会演，在地区厂矿企业单位中颇有名气。

我是在下乡插队三年多后，1976 年初被招工进南纺，在针织大车间成衣车间当印花调色工，跟着赵师傅学制版、配色、调浆。班组里全都是上海老阿姨及福州老知青，数我年纪最小。我父亲是位老工人，迁厂南平时五十多岁了，是党龄比我年龄还长的老党员。我进厂工作四年后，也成为一名党员，是在南纺分厂时入的党，算是分厂后南针第一批入党的新工人。

南纺每年都有举办元宵灯展传统，已经连续坚持了 28 年，全厂职工家属欢度新春共庆佳节。据我所知，起初是因为山区企业春节娱乐活动少而单调，厂工会组织发动各车间职工动手自制各色彩灯展出，供厂内职工及家属观灯欣赏闹元宵，以丰富春节期间职工文化生活。后来逐渐演变成每年元宵灯会传统，充分展示了南纺企业文化多样性和职工们的聪明才智与创造精神。现在每年的南纺元宵灯会，竟然成为南平市民与游人期待的节日赏灯好去处、好景点，成为传统节日盛会的保留节目。

到了1980年，在南纺厂上马10年形成规模后，上级部门决定重新恢复南针厂建制，又从南纺厂分厂出来，成立南平针织总厂，为南平针织业发展进行新的擘画。从20世纪80年代起，南针总厂全面落实"对内搞活，对外开放"政策，根据纺织市场规律，全面调整产品结构"五个转向"的经营决策，从而企业走上了快速发展的轨道，成为福建省最大的针织企业，进入全省百强企业、全国纺织工业先进企业的行列。"武夷山"牌针织产品成为福建省唯一获得国家银质奖的产品。

1984年，南针总厂与中行福州信托咨询公司、福建省纺织工业公司、香港海山行联合投资1 200万元，组建福建省康幸针织有限公司。当年创汇800多万美元，是全省轻工企业出口最多的一个企业。1988年，南针总厂又联合省内外20多家企业单位，组建了全省针织行业首家企业集团——福建华盛针织工贸集团公司。

五、南针厂之痛

2002年10月，一个多事之秋。从上海搬迁至南平36年之后，南针厂大门关闭，工厂停摆了。当我在外地得知南针厂破产了，很是震惊！一个偌大的工厂竟沦落到如此境地。

据说那天，区经委来厂召开中层干部会，有人指责厂领导管理无能，乱象丛生，致使发生车队因厂里拖欠运输费而擅自将棉纱原料拉走的荒唐事。干部们在会上争吵了起来，引得不少职工跑到办公楼围观，大家议论纷纷。厂领导躲进办公室而不敢面对群众，失控的情绪在厂里散开，最终演变成一群工人用电焊把厂大门封死，锅炉也不再供气的过激举动。此导火索竟引发南针厂走上了停产、破产的不归路。南针厂散去了，工人们只好自谋职业，外出打工。有人重操旧业，办起小针织厂创业。一时间南平冒出大大小小几十上百家针织厂，有的厂发展势头好象还不错，生产颇具规模。

想当初，计划经济年代南针厂红火时，厂里许多干部被抽调到外单位或上级部门委以重任。往日南平地市、省里机关的一些领导干部，有的曾经在南针南纺厂工作过。后来，厂里的干部多半是工人出身，有的还是劳模。好工人当领导，不一定是合格的，但许多工人出身领导是熟悉业务的。听说外面调进的厂领导一任换一任，走马灯似的不懂业务瞎折腾。领导班子出问题，队伍乱了，人心不齐，不思进取，产品多积压，货款成“呆账”，甚至有业务员收了客户的货款，卷款跑路而不予追究的。最要命的是南针老一代艰苦创业、爱厂如家的企业精神没有承继，厂里人才流失，队伍涣散，无以为继，积重难返。那年，南针的“天鹅绒和丝光棉”技改项目，已经报纺织部审批通过，数千万的技改款项下拨到省厅，就因时任厂长患病住院，无落实，好端端的一个重大技改项目就这么“黄”了。

接着老南针厂的大门被拆，旧厂区的织造车间、漂染车间、职工食堂连总部大楼等资产土地，被南纺厂一一征用。厂子日渐衰退，如病入膏肓。生活区的平房多年失修，破败不堪。2003 年 6 月 12 日，南平新南针有限公司挂牌成立，系南纺公司的子公司。

六、南纺厂之殇

2010 年 6 月 18 日上午 11 时，受持续特大暴雨影响，南纺厂遭遇建厂 40 年以来最大山洪袭击。汹涌的山洪卷着泥石冲毁桥梁，漫过长达三公里的厂区道路，势不可挡地涌进生产车间、仓库，生产原材料、在制品、成品等被洪水卷走淹埋，生产线机器设备全被浸泡在 1 米多深的黄泥浆里，整个厂区停水停电。滚滚而下的泥石流将公交车冲入溪里，350 公斤重的棉包在洪水中像片片树叶一般被卷走；山上石头纷纷滚落下来，落石最大的有 1 立方米大；河道被乱石杂物堵塞漫堤成堰塞湖，上千名生产工人受困在车间无法动弹，建溪学校、幼儿园有近 1 500 名师生儿童被困教室里；生活区有幢七层职工宿舍楼被塌方压斜成危楼，幸好没有发生倒塌；厂区内顷刻间成了洪湖泥泽，洪水最高水位达 4.5 米，淤泥堆积深的地方竟有 3 米。顿时南纺厂告急！数千人员被困！被山洪冲毁损失达数亿元！

南纺厂灾情惊动了省市领导，南平武警支队官兵迅速赶赴安丰桥南纺洪灾区展开施救，南纺厂各级领导在第一时间内组织员工进行自救，疏散转移受困人员撤离危险地带，有一个分厂 200 多员工被围困一天一夜，于次日上午才从车间的后山绕道安全撤出，所幸全厂人员无伤亡。当日午夜时分，泛滥的洪水逐渐退去。南平市委政府主要领导在第一时间亲临一线指挥与协调救援。在洪灾后的第二天起，福建省委书记、省长等省领导先后深入南纺察看灾情，慰问受灾群众和救灾官兵，指导救灾与灾后恢复重建工作。省国资委系统领导带队工作组进驻南纺厂，指挥部署一线救灾与重建工作。据灾后统计，共投入抢险人员 580 人，调集上百台挖掘机、装载机、自卸车、发电机、泥浆泵等大型机械设备和大量的救灾工具和物资，组织 4 000 多人次连续奋战 6 天进行清淤，共清除淤泥杂物 10 多万立方米，运输 6 000 多吨垃圾，清理场地道路 3 000 多平方米，并进行灾后卫生防疫消毒，为生产自救、重建南纺厂创造了条件。

我曾在南纺、南针工作过 20 年，后来离开了 20 年。这段经历是我的成长经历，跟着往日唤爷叔、阿姨的上海工人师傅们当学徒，去掉青涩，更加成熟，是我生涯中工作热情与精力充沛的最佳时期。尽管南针厂已经成为历史，但是南针老职工们的创业与奉献精神永垂不朽！南针职工及家属当年被动员“支援福建、支援内地”小三线建设，扎根闽北山区创业的无私付出是巨大的！他们为了南针、南纺、南平，在大山沟里艰苦奋斗一辈子，默默无闻地“献了青春献终身，献完终身献子孙”……福建南平市应该永远记得他们，后人也不要忘记过去的南平针织厂！

三、球影闪闪织豪情

陈金昌

回忆者简介：陈金昌，男，1946 年 9 月出生，福建省南安市人，高中文化。1964 年 1 月入伍，1969 年 3 月复员。服役期间，积极参加连、营、团的通讯报道组及战士演出队的创作活动，为部队的文化工作添砖加瓦，作品曾被《解放军报》《厦门日报》《厦门人民广播电台》多次采用。

1970 年 9 月进入新建的福建省南平纺织厂，在机修车间、织布厂、供应科、宣传科等部门工作。参与厂文艺宣传队、厂团委《新芽》诗刊、厂报道组、厂自编自演自摄电视剧等文化活动。1976 年 9 月至 1980 年末，被抽调参加国家出版事业管理局组织的《汉语大词典》部分编写工作。工作期间，所撰写的稿件被《工人日报》《中国纺织报》《上海滩诗叶》《厦门诗词》《南平诗联》《福建能源报》《前线民兵》“阳光诗词”“安平桥”“大渡河”等报刊及诸微刊采用。2002 年 1 月退休后，仍坚持一边学习，一边参加力所能及的社会文化活动。

说起福建省南平纺织厂的体育文化活动，可用一个字来形容：牛！

这是一个年轻的厂。朝气蓬勃的青年人占大多数，他们精力充沛，活泼好动，进取心强。厂领导根据这个特点，结合民兵训练，组织他们进行各种活动，有篮球、足球、乒乓球、羽毛球、广播操、拔河、登山、武术、慢步行走、气排球、门球、射击、泅渡、拉练、中国象棋、围棋、扑克、美术、书法、摄影、根雕艺术、灯展、邮展、歌咏、舞蹈、诗朗诵、演讲、灯谜、服装表演、职工趣味活动、厨艺、跳绳等。工厂每四年举办一届的南纺厂体育运动会，更是调动起职工的运动热情。下班后，整条安丰大沟很任性，成了体育锻炼和文化活动的“范儿”。

下面根据不太全面的记忆，列出几个项目写出来。

一、篮球与足球

篮球运动是 1891 年由美国一位体育教师发明的，1896 年传入我国后，得到广泛的开展。

南纺建厂初期，资金比较紧张，但厂里还是挤出一点钱，发动大伙儿来个义务劳动，建了一个灯光篮球场（位置在现南纺公园）。从此，这里成了热点，晚上经常进行男篮比赛，围观的不老少，场上龙腾虎跃，场外山呼海啸，好不热闹。除了本厂车间之间比赛外，还和南平的兄弟厂竞技，我写过一篇报道《（南平）东区六厂篮球赛降下帷幕》，反映了这件事。

厂里篮球运动开展得如此红火，得益于厂领导的重视。1971 年，我厂职工在上海、厦门、三明等地结束培训回厂后，栗金旺书记指示组建厂篮球队，脱产集训，统一伙食和服装。在尔后参加了南平市篮球联赛，取得了较好的成绩。据叶昌仁回忆，首批男运动员有：陈佑民、陈杰、叶昌仁、王平林、张玉兴、刘金洪、郑秉成、洪老师、蔡老师、姚秋亭、洪良才、方清廉以及随后吸收的孟振远、廖祥琛、阿忠、林健等。后来逐步接手的有：陈鸿厅、许江、王耀民、闻长如、林振文、老扁、陈秀宗、洪斌、李冲、王文威、林强、黄志平、杜毅、李靖、小柯、卓书成、李翔、胡志勇、张坤、黄蕊等。纺部、织部、针织、机修、动力，也有多位小年轻打得不错，但叫不出名来。

车间的女篮比赛也很激烈，各车间的负责人都充任领队，工人端茶送水，鼓劲打气。上班能生产，下班可打球，是那时代工人的能耐。由尖子队员组成的南纺女篮实力很强，在南平市也是响当当的，获得过 1977 年南平市女篮赛第一名。她们当中有：王凤珠、王秀珍、李共青、黄美姬、顾建华、金建秀、陈梅珍等，前四人曾入选南平市队，参加过福建省职工女篮赛，并取得好成绩。我写过一首纺织女工篮球赛的诗，题目叫《球影闪闪织豪情》（附于文后），记录下她们球场上拼搏的飒爽英姿。

足球是厂里男青年的最爱，但由于场地的限制，他们有时只能在空地或篮球场，盘带它一两脚以“解解馋”。后来，厂里“顺从”民意，在三八沟的沟顶山坳里修筑了一个小足球场，四面用铁丝网围了起来，虽然面积不大，也没有绿草皮，但却成了厂脚们释放热情和精力的舞台，下班后或者星期天，他们时常自发地在这里练脚。他们当中有：方寅、吾荣华、沈大年、张宏广、阮杰、温兆果、夏长锋、徐志坚、林钢、范世铭、唐大伟、陈歆、林清华、林永光、唐善发、李志勇、王才瑞、应鸿飞、付春、郑绪、林世杰、郑灿文等。

在这里举行过分厂足球赛，各分厂和部室的领导都亲自带队，还组织一些人员充当后勤及拉拉队员，其热烈气氛和痴迷程度，不亚于世界杯。实际上，它就是我们自己的“世界杯”。

足球要从娃娃抓起。1987 年 4 月，南纺厂子弟学校成立闽北山区第一支儿童足球队，足球队招收 17 名八九岁男女儿童，由体育老师林义雄担任教练。为了办好这支足球队，厂里特地派他去北京，观摩国家体委组织的儿童足球训练，带回有关资料和录像，使球队在课余可进行较正规的训练。我和林大炎、吴民天对此事进行过报道，刊登在《中国纺织报》1987 年 6 月 1 日第 3 版。

二、中国象棋、围棋与扑克

楚河汉界风烟起，跃马驰车炮声隆。中国象棋这项有着上亿爱好者的国粹，不仅能陶冶情操，丰富大众文化生活，还可增进思维能力，培养坚强意志。南纺厂举办的这项赛事，其激烈程度，超乎想象，我保存的 1998 年南纺职工象棋赛计分表，说明了这一点。

参加这次角逐的 24 名棋手，分别代表 8 个分厂或单位：一纱、二纱、一布、二布、染整、机动、部室、社区。在六天的赛事里，每天弈一轮，两盘决出胜负，每盘胜者得 2 分，平者 1 分，输者 0 分。按抽签获取序号后，首轮（以及后面的第三、第五轮）按序号从上到下排出对手：一号对二号，三号对四号……在捉对厮杀后，每人的计分表上就得出三个数据：积分，对手号，对手分；第二轮（以及后面的第四、第六轮）从下向上，以上一轮积分从高到低排出对手，这样，高水平的选手就碰上了。战罢了六轮，依积分排出个人名次。

本次赛事的最后结果，得分前八名为：二纱郑线玉一马当先，独占鳌头（积分18分），尔后一布武保林和一纱李冲同得积分16分，按比赛规则，依照对手分合计数来进行排名，武保林（对手分89分）为第二名，李冲（81分）为第三名。接下来，二布陈金昌和部室詹友清，社区廖兴芝，二布卢少卿积分同为15分，按此规则排出第四名陈金昌（对手分86分），第五名詹友清（81分），第六名廖兴芝（79分），第七名卢少卿（72分），第八名为二纱黄君。

团体名次的排列，把各队选手个人赛的名次相加，少者为胜。本届团体取前三名：二纱拿冠军，郑线玉（第1名）＋黄君（第8名）＋郑金东（第9名）＝18（名）；部室亚军，詹友清（5）＋蔡维聚（10）＋林启炎（12）＝27（名）；二布第三名，陈金昌（4）＋卢少卿（7）＋张国亮（18）＝29（名）。

围棋是中华民族传统文化中的瑰宝，它棋理深奥，妙趣无穷，在中国、朝鲜、韩国、日本、新加坡、马来西亚等国家和地区得到广泛的开展。围棋这种传统智力竞技游戏，吸引众多人参与，我厂也积极开展这项活动，选手水平在省行业里处于中上水平。例如在1985年的省围棋名手赛中，我厂选手陈金水斩获佳绩，获得第8名的好成绩。厂里还曾举办本厂围棋赛，但我没有收集到有关材料，就无从说了。

1987年8月3日，福建省轻工厅工会委托我厂举办“南纺杯”围棋赛，省轻纺系统16支代表队共46名选手参与了这一黑白枰间的手谈。经过11轮253盘的激烈较量，决出团体前六名：南平化纤厂、南平纺织厂、福州棉纺厂、南平造纸厂、福州灯泡厂、厦门感光材料有限公司。个人前八名依次为，蔡书平（南平化纤厂）、凌忠海（青州造纸厂）、陈小成（南平纺织厂）、曾国荣（厦门罐头厂）、黄晴川（厦门感光材料有限公司)、吴自芳(南平化纤厂)、官卫建(福州棉纺厂)、刘谭雄(南平纺织厂)。我厂选手获得不错的战绩。1995 年以后,厂内国棋赛(围棋)好手有:陈贵波、廖兴芝、唐大伟、顾勇等。

扑克这种纸牌游戏,据说起源于中国的"叶子戏"。后来随着丝绸之路传入欧洲,经过演变改进,定型为现代的扑克游戏。这项游戏有着广泛的受众,无论在堂室、俱乐部、公园、路旁,都可看到玩扑克牌的身影。我厂爱打扑克的人,不在少数。厂里举办过多次扑克游戏赛事。我有幸参加过一次打 40 分的比赛,和计划科王振哲配对,经过几轮战斗,居然获得第八名,现在想起来蛮有意思的。

三、服装表演与灯展

1987 年 5 月 5 日晚,厂礼堂灯火辉煌,人声鼎沸,座无虚席。南纺厂团委在此组织举办一场"服装,仪表美表演赛",以此培养和提高青年的审美能力,引导他们树立健康的审美观。服装表演,我厂有着得天独厚的优势,因为年轻的同志多,他们天生爱美而且善于表现美。

这场历时 2 个多小时的表演赛,有各车间、科室 23 个代表队的 236 名代表人员参加。参赛的人员有青年,还有子弟学校学生及托儿所小朋友们。在富有时代感的音乐声中,他们向观众展示了 254 套款式新颖、美观大方的服装。比赛中,评委们根据仪表效果、造型设计、色彩配合、装饰图案和表演效果五个项目等严格打分,最后评选出个人奖和团体组织奖。女工陶慧雅、赖燕瑞、陈婉获个人一等奖。我和吴民天对此事进行过报道。

元宵灯节是南纺厂以及南平市一张绚丽的文化名片。我厂从 1986 年开始举办元宵灯会,至 2014 年已举办 28 届。多么不容易呀!

2014 年 3 月,老友包久江和杨沪玲,分别传来多张当年南纺厂 2004 年元宵灯会的照片,使我又能欣赏这一胜景。这也是一项辉煌的记录。

记得皓月当空，安丰大沟锣鼓喧天，华灯齐放，人们从四面八方扶老携幼，前来观赏这元宵“嘉年华”。元宵花灯从南纺大厦、南纺公园到厂礼堂门前，挨个排列着。这当中，有八骏腾飞、万象更新、双鲤望月、龙马争先等，象征着如意吉祥、喜庆连连的各款灯饰是由各分厂、部室的能工巧匠们制作出来的，这些巧夺天工的艺术品寄托着人们对生活的衷心颂扬和美好憧憬。

四、书法与绘画及体育锻炼

我厂有不少书画业余作者，他们的作品达到了一定水准。记得厂里举办过多次职工书画展，有行书、楷书、隶书、草书、篆刻、及工笔花鸟画、油画等作品，布置在一个展室，琳琅满目。作者中，记得有方金尧、李冰、黄济栋、林家麟、邱金锦、郭荣、黄清杰、林水金、吴育弟、吴炳勋等。厂宣传科最早负责写字的是方金尧，他的行书写得好，他曾写过一幅送我，写的是鲁迅的诗：“万家墨面没蒿莱，敢有歌吟动地哀。心事浩茫连广宇，于无声处听惊雷。”我那时候没有把这幅字装裱起来，怪可惜的。

记得每当晚饭后，人们就自动汇集于花木扶疏的南纺公园，迈开步伐，绕着公园的圆道转起来。我和王金辉、黄清杰、卢济真、包久江等几位“走友”凑在一块，边走边唠，天南海北地拉起呱来，感到身心无比愉悦。我们的步子较大，步速较快，纷纷超越路旁行人。我们一般走 20 圈，约一个小时。退休离开南纺后，我们在各自住地坚持了这一运动，但空气就没有南纺公园那么清新。

南纺厂的体育文化活动，参加的人数众多，门类齐全，时间持续较久，是值得南纺人自豪的。这和领导层的重视是分不开的，厂领导李毅、栗金旺、李斌、牛静华、赵考堂以及各车间主任、书记，他们都把抓好体育文化活动，当成贯彻毛主席“发展体育运动，增强人民体质”，做好“双文明”建设的大事。如纺部薛荆全、苏汉卿、黄法金，织部黄玉芝、潘用尊，针织何复麟、吴秀花、黄芝仙、王绥之以及他们的继任者都积极支持文体活动。这些活动以厂工会为主，厂团委、厂宣传科、厂人武部以及各分厂、车间都积极配合，全体员工踊跃参与，形成了全民健身的热潮。这在南纺厂的厂史里，是浓墨重彩的一笔。南纺厂基层做具体工作的各分厂、车间负责人和班组长，也应该给他（她）们点赞，他（她）们辛勤的汗水成就了南纺厂的辉煌。

2014 年 11 月

附：

球影闪闪织豪情——记纺织女工篮球赛

里三层，外三层，
球场围得密不透风。
哨子嚯嚯吹，
掌声一阵阵，
“好球！”
拉拉队喝彩赛雷鸣。

球员——工人、干部，
观众——干部、工人。
场内——掀涌急流，
场外——急流掀涌。

那矫健的身影，
闪动着巡回车弄的英姿。
那优美的传球，
舒展出捋纱抚布的轻盈。

进攻——
落纱一般的敏捷、勇猛。
防守——
捉疵那样的沉着、机灵。

一个跃身切进，
激起老师傅心潮翻滚。
身手宛如机台上的攻关，
这泼辣辣的劲头不减半分。

暂停，围住商议，
新书记捧进茶水与话音。
胜不骄，败不馁，
要学女排拼搏精神。

1972 年南平纺织厂第一届运动会：体操比赛(照片由叶昌仁提供)

突然，掌声如纱涛布浪回荡，
小李扶起对方跌倒的中锋。
虽然失去一次上篮的机会，
心灵的升华却进了一分。

看！记分牌上的比数，
似生产进度表红箭节节上升。
听！波涛般的砰砰球音，
融入“双文明”建设的嘹亮号声。
闪闪的球影如金梭飞奔，
交织着姑娘们一腔豪情。

四、舞台响彻杼轴声

陈金昌

回忆者简介：陈金昌，见前文。

七律·芳华

草野梨园有妙声，凌霄轩举伴雷鸣。
藏歌悠远丹葩放，蒙舞雄浑紫气迎。
急管繁弦机杼意，清词丽句布纱情。
一番酝酿春无限，几代芳华任点评。

一、成立厂业余文艺演出队

1970年岁末，美丽的建溪之畔安丰大沟里，彩旗招展，歌声震天，寂静的空气沸腾了起来。原来，福建省南平纺织厂招收的新工人纷纷进厂，这些来自闽北各地的下乡知青，带来无限的憧憬和蓬勃的青春活力。他们当中，有许多是插队所在地的各级文艺骨干，这就为厂里的文艺活动带来诸多的有利条件。

厂筹备领导小组重视新工人的思想政治工作，把开展文艺活动，传播正能量当成一项重要的任务。李毅、栗金旺、李斌、牛静华、赵考堂、何良兴等领导对此非常关心，经常过问此事。厂业余文艺演出队（俗称"厂宣传队"）成立时，政工组长李斌是主管领导，他亲力亲为，有一次，还和队员一起讨论、修改报幕词。

宣传队具体事务由政工组丁加荣和军代表李宏山来抓，并确定要我负责。我推辞了，因为当兵时，在部队进行的业余演出活动中，我主要进行文艺创作，没有做过组织工作，但他们鼓励我要挑战困难，勇担重担，在干中学习，我只好勉为其难。

二、十里织城十里春

那时，每逢春节、五一、国庆三大节日，南纺厂宣传队都会进行集中演出。一般是先召集杨启光、许少军（导演组），洪英莉、陈金昌（创作组），王亚联、段云、吴峰峰、邹苏熙（舞蹈组），戴良清、张树民、张仁驰、陈坚（器乐组）等人开会，研究节目内容，确定人员和时间。排练中，大家集思广益，刻苦练习，精益求精。彩排时会请厂领导前来审查节目，定型后才进行演出。首先在厂里连演几场，让早班、中班、夜班的员工都可以观看。尔后，还会到兄弟单位慰问演出，如南纸、南铝、化纤厂、水泥厂、解放军九二医院、闽江水电局、南平电业局、南平军分区、某兵工厂、青州造纸厂、大横公社等，演出一方面是为了宣传南纺厂干部职工"抓革命促生产"的蓬勃向上的精神风貌，一方面是为了增进与兄弟单位间的友谊。

厂宣传队的女演员和乐队演奏员人才济济，水平不低；就是男演员较少。女演员有王亚联、段云、徐英妹、谢林娇、林淑芳、陈兰芳、贾建平、丁军、李丹青，黄苏闽、沈兰美、江玉容、贺汪洋、周少兰、伍默、吴峰峰、邹苏熙、李黎秋，贾榕玲、李秀华、刘秀芳等，后来又增加了福建生产建设兵团转来的高琴、吕霜、史文英、李延平，厂里两位播音员刘秀梅、李黎辉也参演报过幕。男演员有陈秀奇、林义雄、吴挺生、杜家恩、苏晋杰、游振杰以及一个外号叫"小老虎"（钟湘昆）的等。特别是杨启光和许少军的加盟，使演出水平更上一个新台阶，他们既能唱歌跳舞，又能当导演，在宣传队里起很大的作用。

舞台响彻杼轴声，十里织城十里春。结合劳动生产实际，自创节目，宣传纺织、针织工人热爱党、热爱毛主席，抓革命、促生产的豪情壮志，始终是厂宣传队汇演的宗旨。表演唱《我为革命做衣忙》展示了针织工人"金丝银线细装点，密密匝匝排成行"的劳动场面，歌颂了他们无私奉献的崇高精神；快板剧《机修工人献礼来》表现了机修工人开展劳动竞赛，完成修造三台针织开料机、两台木头带锯机，制造650型牛头刨，配合前纺车间完成建造"清花出地龙"的业绩；歌舞表演《洗衣歌》《沂蒙颂》《丰收歌》《绣金匾》《纺织女工》《送军鞋》《扎红头绳》《翻身道情》《山丹丹开花红艳艳》《逛新城》《库尔班大叔你上哪儿》《草原女民兵》《雪里送炭》等，龙腾虎跃的工人们展现了昂扬的风貌，是我们叫得响的节目。

轻快、热烈的女声二重唱《纺织女工坐上幸福车》，由洪英莉、杜虞芬演唱，成为厂宣传队的保留节目，颇受欢迎。所谓“幸福车”，指的是在后纺筒子车台前，装上带轨道的电动座椅，操作工用脚控制皮带，可轻松自如地左右快速移动操作，这既减轻了女工们的劳动强度，又提高了生产效率。它是机修车间以陈浦生为主而制作的，我以此为题材写了歌词，准备车间洪英莉作曲。

鼓书《一寸布》在内容和形式上，获得了很大的成功，它表现了南纺工人发扬勤俭节约，杜绝浪费的优良作风。该节目是针织三车间黄信真创作的，由外单位调来的老李，老陈（他们的名字忘了）以及陈一招等担任导演，洪英莉、徐英妹等四人表演。节目曾在南平大众戏院演出，并录音进行对台广播。

我厂早期会作曲的，有洪英莉、张树民、张仁驰、戴良清，我也算一个，我们都是自学的，懂简谱，能哼出来就是了。祖籍江苏的才女洪英莉，带有江南女子的温婉、灵秀气息，她的作品很有自己的特色，各场次的开场戏，基本上都由她谱曲，由我填词。我和她有过多次合作，写过几首歌，舞蹈《纺织工人心向毛主席》就是洪英莉谱曲的，共有 20 个乐段。第 18 段为歌曲，由我填词，歌词：银锭飞转金梭奔，千纱万线紧相跟。我是人民的纺织工，沸腾车间炼红心。毛主席教导牢牢记，纺纱织布为人民。纺出祖国幸福图，织来全球万年春。

由张树民谱曲，演员们集体创作了一个小舞剧，反映了纺织工人在新旧社会的生活对比。女演员需穿芭蕾舞鞋跳舞，确实有点难度，但她们不怕苦和累，刻苦练习，终于掂得起脚尖，取得演出的成功。

伴唱表演《第二次生命》，由杨启光、许少军、陈秀奇、张仁驰等演出，反映了我厂民兵拉练中的真实故事：有一厂女民兵在行军到南平一山村时突发重病，需送回南平市的医院抢救，但该地交通不便。时间就是生命，经南平市武装部通过福州军区与铁路部门联系，某趟客车在中途非站点铁轨上停下来几分钟。厂民兵在起伏山路中，争分夺秒，用担架把病人按时抬到指定地点上车，及时送医，挽救了生命。

三、厂内厂外齐演出

厂宣传队的舞台后台在南平有点名气。小提琴手有牛辉、林少秋、白少川、李维平等，游瑞蓉外号叫"小日本"，是第一小提琴手，演奏《新疆之春》曲目时，经常获得热烈掌声。陶闽先的笛子(《扬鞭催马运粮忙》)，张树民的手风琴(《骑兵进行曲》)，陈坚的单簧管(《快乐的女战士》)，张仁驰的板胡(《公社春来早》)，也是很出色的。加上林义雄、戴良清、周奎龙、赖永锟、余养兴和我参加的乐曲合奏，摆了半个舞台，还是很来劲的。叶国全、陈春冰、邱耀飞也是后台中坚。负责音响灯光的是陈凤仪。

厂里的文娱活动，具有群众广泛参与的特点，异彩纷呈，热闹无比。有一次，厂组织的全厂汇演中，好几个节目里，都出现"喜儿"扎红头绳，同台揽胜，令人叫好。另一次是纪念伟大领袖毛主席八十三诞辰诗歌音乐会(1976-12-25)，在我保存的当时节目单中，有大合唱、男女声小组唱、诗朗诵、独唱、表演唱等19个节目。各车间以及南纺小学师生均踊跃参与。

在厂外的各种场所，我们也根据需要，配合演出节目。记得1970年在国营上海棉纺织印染一厂培训时，有一次，该厂青委举行国庆文艺汇演，要求南纺厂培训人员出个节目，在培训队领导许林康、方祖英、许金娣的精心组织下，搞了一个歌表演节目《欢度国庆光辉节日》。这首歌由我作词作曲。记得在上海国棉一厂，我们还出过一期墙报，南纺工人写了歌唱党和毛主席，歌颂祖国以及培训中师徒情谊的诗歌、文章，我也写了首诗《阿拉师傅好》，以此感谢上海国棉一厂师傅们的传教培养之恩。

厂宣传队在宣扬勤俭节约、吃苦耐劳的优良传统时，队员们个个身体力行，歌舞中藏族服装是针织三车间的队员利用布头线尾，在下班后拼出来的。花花绿绿，煞是好看。器乐组的谱架，是机修车间的队员用废料制作的。沉重的松木台阶道具，全是队员们搬上搬下的。

末了，用1972年9月1日演出的，庆祝南平纺织厂首次党员大会召开的开场戏，作为结尾。朗诵词和群口快板由我创作，洪英莉谱曲。

看啊！红旗漫卷，红花怒放，
红花簇拥那鲜艳的红旗，
沐浴着红太阳的灿烂光辉。
听啊！战歌如雷，战鼓施威，
紧叩着纺织工的沸腾心内。
为什么大沟这样红扑闪，
为什么南纺这样乐欲醉？
我们的红心赤胆啊，
把喜报张张铺就——
红镶天帷，赤盖嶂垒；
我们的战斗豪情啊，
用优异成绩描绘——
纱涛撼天，布浪遏水。
欢声地唱啊，尽情地舞，
幸福心情飞上了眉。
千歌万曲群山回啊，

千言万语胸头汇：
毛主席的建党路线放光辉，
热烈祝贺南纺厂召开首次党员大会。
万岁万岁共产党！
毛主席万岁万万岁！

五、迁厂点滴回忆

王 键

回忆者简介：王键，男，1966年随父内迁至福建省南平市。

一、原上海勤余织造厂的历史

原上海勤余织造厂是20世纪50年代由几十家弄堂小厂经过社会主义改造政策合并而成，属于公私合营。勤余织造厂分别有公方厂长、私方厂长，总共980多名职工的规模，厂房很分散，建厂初期生产不太正常，特别在“反右”斗争中少数人兴风作浪，聚众闹事，自然影响了正常的生产。我父亲王儒聪是1957年从部队转业到卢湾区委的，是当时卢湾区工业科科长。由于勤余织造厂是当时的“老大难”单位，区委派他来勤余织造厂进行企业整顿，担任工作组组长。在区委的领导和重视下，进驻了工作组。经过整顿，企业形势开始好转，步入正常生产。最后区委正式任命我父亲为勤余织造厂党总支书记，那年他不到四十岁，正是青壮年，可谓干劲十足吧。

在广大干部群众的共同努力下，工厂生产形势一派大好，效益蒸蒸日上、红红火火，被评为全国红旗厂。厂里出了全国劳动模范，到北京出席了全国战斗英雄劳动模范大会，受到党和国家领导人的接见。一时全国各地都来勤余织造厂参观学习，文艺界的明星们也来厂慰问演出。厂里“三羊”牌针织品更是一枝独秀，老百姓以穿“三羊”为时尚和质量的认可。淮海路襄阳路口大大的巨幅“三羊”广告尤为醒目。许多产品还出口，苏联外贸部门还专门给勤余织造厂写信，称“三羊”不仅是优质的针织服装，更是秀丽的艺术品。勤余织造厂在上海还支援外省市筹办针织厂，代培技术人员，派出技术人员到外地进行技术指导，针织行业都在学习勤余织造厂，以此厂为榜样，勤余织造成了针织行业的龙头企业。

三年困难时期来临，到1962年，国民经济调整，许多中小企业面临着被调整，勤余织造厂也不例外。在那单一的计划经济年代里，上级没有给你生产任务，厂子就面临着倒闭，工人被派遣回家下乡务农。看到此景，父亲焦急万分，这么多职工怎么办？好在他长期在部队军需机关工作，便亲自到过去自己的部队要任务。在部队的支持下，下达了生产军需绒衣的任务。绒衣织物厚，要保温就需要拉绒技术，这对普通针织厂来说，不能不说一个“难”字，在勤余厂的广大工人和技术人员努力攻关下，终于生产出合格的绒衣，还受到了部队的好评。就这样勤余织造厂起死回生，再现辉煌。如果当时不动脑筋想办法，在1962年，勤余织造厂就不复存在了。六十年代初大陆发生自然灾害，为防备被反攻，战备也很紧张，当时部队派人来找我父亲，叫他重穿军装回部队，他说他哪能一辈子当兵，又不是命令，协商就不去了，坚持留在勤余织造厂。

二、内迁南平

1965年接上海纺织局指示，响应毛主席“备战备荒为人民”的号召，要迁厂支援外地建设，勤余织造厂有三个地方可供选择：四川、江西、福建。当时的指导思想就是生产、生活要方便。经考虑，四川太遥远，江西也定在边远的老区，交通十分不便。最后厂领导选择了福建，现在看来当时的选择是正确的。迁厂也保密，对外叫607厂。

确定迁厂后不久，福建省分管工业的副省长梁灵光亲自到上海勤余织造厂考察参观、了解情况。当时同时迁到福建的工厂有七八家，如国营上海棉纺织印染二十六厂（三明纺织厂）、邵武丝绸厂、龙岩被单厂等。

1965年，父亲为迁厂到福建出差，到福州后，在轻工业厅有关领导的陪同下考察了邵武、顺昌、龙岩、南平等地，考察后他定在了南平。理由是南平交通方便，有直达上海的火车。与轻工厅签订协议后就紧锣密鼓地展开行动了，派张永辉同志先到南平负责厂房及生活区的建设，并遵循了靠山、分散、隐蔽的方针，以战备的意识建设厂房。烟囱不能直冲天，而是躺在山的斜坡上，这真是一大“奇迹”。厂房占地六十多亩，生活区在黄垱利用闽江水电局下马的旧房子翻修形成，职工上下班是交通牌大卡车接送，生活区离厂区约 4 公里。

1966 年 9 月的一天，父亲下班带来一只朱红色的马桶，我感到奇怪，这时我才知道要迁厂到福建了。那里是没有抽水马桶的，在这之前全然不知。当时我是上海市五十四中学的一名初中生，16 岁年龄也不懂这些，就这样在 1966 年 10 月份与勤余织造厂的职工家属们一起到福建了。当时正式职工 600 多人，连同家属总共 1 800 多人。

三、填补了南平针织行业的空白

到南平一切新鲜，有山有水，风景不错。但随着全国的“文革”到来，斗争轰轰烈烈地展开了。在这之前，由于迁厂党代会没空开，还准备筹备党代会，成立新党委呢！我父亲作为最基层的一个小领导，自然不可避免地受到冲击，靠边站了。父亲受到冲击，但他很坦然，说好人打不倒，坏人保不了，要相信群众相信党。南针人的基本觉悟相当高，当时许多工厂都停产停工不生产而闹革命了，甚至出现武斗，打砸抢，但南针人不管两派如何斗争，始终坚持生产不停工，这真是难能可贵。南平山区本来就贫穷落后，地方财政相当困难，主要财政来源就靠南平针织厂，如果不坚持生产，后果可想而知。南平针织厂未来之前，福建没有针织厂，南平针织厂填补了这一空白，为地方建设作出了巨大的贡献。看今朝，南平针织行业已是遍地开花，这不能不说是南针人的筚路蓝缕功劳。

从 1966 年到 1969 年，“靠边站”的父亲“解放”了，担任南平针织厂革委会副主任，主任是三支二军的军代表蔡付政委。1970 年，南平针织厂与南平纺织厂合并，也就是在南平针织厂的基础厂筹建了一个中型棉纺厂，还专门成立了南平纺织厂核心领导小组，共七名厂级干部。其中军队干部3人：孙部长（沙县武装部长）、蔡付政委、老魏（名字不详，山东人）。地方干部4人：李晋湘、栗金旺、王儒聪、刘改霞（女）。

南平纺织厂当时有三万纱锭，800台织布机。由于南平针织厂有雄厚的资金、成熟的企业管理，是一支要求过硬的队伍。父亲当时负责基建生产、劳工财务及联系到上海、厦门等地工人培训，是相当忙的。两厂合并后职工达4 000多人，可谓小船带大船。人们以工作进南平纺织厂为荣，想方设法进南平纺织厂。例如从食品公司卖肉的，到省领导的女儿等，一大批高干子弟都来南平纺织厂了。就在全面投产前，一张地委令将父亲调至邵武丝绸厂工作了。现南纺股份有限公司已成功上市，是国家大型企业，也是国内规模最大的PU革基布生产基地。说也奇怪，父亲始终与南平、南平针织厂有缘分，1980年国家落实老干部政策，由于父亲在“文革”中受到不公正待遇，建阳地委找他谈话，分配两个地方：一个是邵武县副县长（分管工业），一个是南纺厂。考虑到年事已高，他选择了南纺，直至1983年正式离职休养。

由于时间仓促，加上文化水平又不够，我仅仅提供点滴基本素材而毫无艺术加工成分。总之，要尊重历史、尊重事实，我以这样的态度回忆了那六七十年代的生活经历。

六、我的“南针”破产经历

何幼方

回忆者简介：何幼方，男，共产党员，1952年7月9日生于上海，初中就读于上海黎明中学，1966年随父内迁福建南平。历经知青插队、上调进厂。1984年进修于福建省委党校哲学班，1993年自学考试获厦门大学法律专业文凭。1998年经过国家考试合格成为我国第一批执业的企业法律顾问。福建省企业法律工作者协会会员。1972年，任福建省粮油机械厂车工班长、采购员、政工干事。1980年，任福建省南平针织总厂办公室秘书、宣传科长。1989年，在福建省百家重点企业之一的福建华盛针织工贸集团公司历任总经理秘书、集团总经办主任、法律顾问室主任。2003年春，国企买断后到厦门发展，在多家企业的行政、人力资源管理、职业经理人职位上工作。

一、破产导火线

2002年10月，南平针织厂还真是多事之秋。市经委派出一批人来南针厂，引起了厂里许多职工的猜测，大家似乎都有点大事临头的感觉，总有人时不时地围着厂部办公楼来回打听情况。10月28日，经委召开中层干部会时，有些职工自发地跑到楼上候着，其中有上海迁厂来的老工人范伯约等，大多数是新一代职工干部，大家说南针厂的情况不容乐观。

由于动静大了起来，在会议室里开会的人打开了门，聚在走廊里的职工开始数落某些领导种种无能乱象，更有漂染车间书记陆海生指名道姓地批评时任总经理陈钟贵管理无能，整天只知道一张报一杯茶。围观的群众越来越多，大家议论纷纷，感觉大事不妙的陈经理立刻躲进办公室拒不出来。大家看总经理这样，情绪开始失控，发生了争吵。加之前一天晚上发生了车队因厂里欠运输费而自作主张拉走仓库原材料棉纱的事情，职工可能是为了让厂子减少一些损失吧，最终一群机修工人自发做出了一件导致南针厂发生重大变化的大事——封大门。之后，因为停了煤锅炉不再供气，染整车间也就无法生产。至此，从 1966 年“文革”至 2002 年从没有停过产的南针厂停摆了。

二、从工作组入驻到职工代表产生

封大门事发后，南平经委马上组成工作组入驻南针厂，但事情并不是朝工人们想要的方向发展。经市政府研究，决定“壮士断臂”，根据国家政策，经营不善的轻工企业可进入破产程序。

大多数南针人想不通，曾经的南针厂是多么地辉煌，是福建省最大的针织企业，产品质量上乘，获国家银质奖。1989 年，我曾被借到省里编写《福建经济年鉴》，1990 年初作为编撰者收到了出版的此书。我清楚地记得年鉴记载了南针厂当年创汇八百多万美元，是我省轻工企业出口额最大的一个企业。该刊还记载了福建省百强企业排名，南针厂在第 87 位。

时过境迁，到了新世纪，由于管理者或国企更深层次的问题，南针厂开始步入衰退期，原本老南针厂的一车间、二车间、总部大楼、食堂等资产已经物归他人，看着老南针厂的大门被拆，心中很不是滋味。

破产谁都没有经历过，为了维护南针人的切身利益，工人们开始酝酿推选能为大家说话的职工代表。经大家推荐，选出了我，还有张文华、陆海生、陈明华、朱圣强五人，这里面既兼顾了本地人、上海人，又集聚了法律之士、勇斗之士、稳健之士，张文华年龄最大，称为大哥。由此，我们 5 人代表南针人与政府的谈判也就拉开了序幕。

三、危机得到解决

当职工代表是一项细致而认真的工作，南针厂人群中有上海厂的迁退休职工、上海人二代、青年新工人，大家诉求不同，意见与要求也不相同，收集他们的意见要进行大量的走访。

为工人的利益发声，会碰到一些阻碍。有一天，我在外地上大学的女儿打手机问我，是不是家里有陌生人啊，怎么打家里座机是一个男的接的电话，我一听就明白怎么回事了。于是告诉其他四个人要注意，海生也讲总有人形影不离地跟着他。于是我们只好定下规矩，尽量不用家里的电话说事，可以晚间散步的方式在南纺公园碰头，有时到退休老领导吴秀花、戴忠正家里商量议事。经过收集汇总，意见集中到最为重要的是买断工龄的计算方法、下岗工人新单位接收问题、退休老工人是否可回上海、退休老工人加薪是按迁厂协议还是按上海标准加、旧生活区改造等，我们五位去南平市政府多次，每次总有人跟着，就像《美国队长 2》里在电梯里夹板式“看护”。

在市政府宣布南针厂进入破产程序后的一天晚上，家里门被敲开，一看是好久没有谋面的市政府办公室陈主任(每年一次省重点企业办公室主任会，他都代表市长参加，算是一面之交)。他讲事态紧急，市政府请我帮个忙，具体上车讲，到了车上发现还坐着区公安局的宋局长，他与我弟弟何坚方律师是好朋友。此时我才知道，南针厂工人在市政府外的台阶上与市政府保安发生争斗，有南针厂工人受伤。因而人群越集越多，政府怕引发群众闹事，知道这时我说话大家还会听，立马用车来接我救场。到了现场后，南针人围在我周围诉说被打的经过，要求严厉处罚肇事者。处罚市政府保安就是帮工人，主观立场已经没有可左右摇摆的余地，支持南针工人变成我实际上在做的每一次表态。在我的严正交涉下，双方在事态不可再僵持下去的指导思想下，加上宋局长也顾全大局，同意处理肇事保安。当宋局长向大家宣布给予肇事保安行政拘留七天的决定后，我也向大家表明我们职工代表一定全力处理好有关破产的各项后续工作。陈主任又联系公交公司派车送大家回南针厂，至此人群才逐渐散去，一场危机得到了解决。

与市政府的多次谈判均未取得满意的结果，于是大家希望到省里为南针厂争取一些利益。同时，受退休老工人的委托，即想从迁厂协议中找一找他们是否可以回上海的有关上海市政府的协议条款内容。我们一行在市经委一位干部的陪同下与省经委（原主管单位省纺织工业公司已并入其中）的主管领导进行了多次谈判，但在买断工龄的计算方法问题上，省里没有任何新的协商意思，但插队计入工龄这一点是明确的。受老工人之托的事——查阅迁厂协议总算是得到满足，这份签订于 1965 年的由上海市轻工局与福建省工业局之间的协议内容并不复杂，大概有迁厂规模、迁厂地点、迁厂时间、迁厂代号（607 厂）、迁厂家属安置、新建厂职工工资待遇（按福建当地待遇，但有可参考上海类别的内容）等。

我曾看过凤凰卫视香港台一档讲述贵州省上海内迁厂在改革开放后期破败后近况的纪录片，内中许多上海老职工的情形多因工厂倒闭破产而处境艰难，令人心酸，联想南针厂，这也是改革中的阵痛，令人唏嘘。

何幼方

2017 年 8 月 31 日夜

七、我与龙岩色织厂

王文奎

回忆者简介：王文奎，男，1942 年 8 月 19 日出生于浙江省宁波市，1968 年北京师范大学毕业后分配到上海色织二十九厂；1969 年响应毛主席“备战备荒为人民”的号召随厂内迁福建省龙岩色织厂；1970 年 4 月，龙岩色织厂与龙岩染织厂合并为“龙岩染织厂”后，调任厂政工科干部；1975 年 7 月，加入中国共产党；1984 年 1 月，调任龙岩地区纺织工业公司副经理，后历任龙岩色织厂厂长、龙岩市政府驻沪联络处主任；1997 年，退休投靠子女，再将户口迁回上海。领取福建省龙岩市颁发的养老金。

一、迁厂基本情况

1966 年至 1970 年，上海有 6 家纺织企业内迁到福建山区，支援福建建设。其中迁到三明的有 2 家，迁到龙岩的有 2 家，迁到南平的有 1 家，迁到邵武的有 1 家。

迁厂的宣传、动员口号一是响应党的号召，支援国家建设。二是毛主席挥手我前进，备战备荒为人民。三是听毛主席话，跟共产党走。

内迁到福建龙岩的两家企业迁厂情况如下：上海华光染织厂 441 名职工和 1 045 名家属在 1966 年 11 月至 12 月分批乘坐火车从上海到龙岩，工厂的机器设备及办公用品火车托运至龙岩。上海色织二十九厂（1966 年前为上海经昌染织二厂）的 405 名职工和近 300 名家属在 1969 年 10 月 13 日从上海火车北站乘包车（专列）一次性到龙岩，工厂的机器设备和办公用品火车托运至龙岩。

上海华光染织厂是一个较小型的综合性染织企业，有染有织，还有印花，相对来说职工较多。1966 年迁厂前，要求家属随厂内迁，基本上都是携家带口，所以家属相对较多。1966 年社会在特殊历史时期，“文革”开始，交通不便，没办法华光厂职工和家属只好分批乘火车去龙岩。

上海色织二十九厂(经昌染织二厂)是一个小型专业色织厂,色纱进厂来,织成色织布销售,相对来说职工较少,1969 年迁厂前政策较松,不强求家属随厂内迁,拖家带口的少,所以家属也比较少。1969 年底,交通好转,加上迁厂工作组和纺织工业局工作做得好,色织二十九厂(经昌染织二厂)职工和家属包乘专列一次性到达龙岩。

二、内迁至龙岩的两家企业在龙岩的发展史

上海华光染织厂 1966 年内迁至龙岩后,更名为龙岩被单厂。上海色织二十九厂(经昌染织二厂)1969 年内迁至龙岩后,更名为龙岩色织厂。根据省、地决定,二厂于 1970 年 4 月合并,成立龙岩染织厂。二厂并一厂,资源共享,优势互补。二厂职工艰苦创业,染织厂蒸蒸日上,发展壮大起来。内迁职工发扬上海工人阶级的光荣传统和大公无私、一丝不苟的精神,早上班,迟下班,八小时内拼命干,八小时外多贡献。工厂严格企业管理,狠抓"三基"(基础工作、基层建设、基本功),获得各项先进荣誉称号。随着省、地下放干部、复退军人和知识青年不断进厂,职工队伍素质更高,企业工作更上一层楼,先后成为闽西纺织企业标兵、红旗、先进单位,省纺织系统重点企业等。

1982 年 7 月,龙岩地区经委决定把龙岩染织厂划分为龙岩被单厂、龙岩色织厂、龙岩毛巾厂和龙岩漂染厂 4 个专业厂,并成立龙岩染织总厂(1984 年 1 月改为龙岩地区纺织工业公司)。1984 年 3 月筹建"被单大整理"(因以染织厂技改项目名义上报审批,所以"被单大整理"又称龙岩染织厂)。至此,1984 年后,原龙岩染织厂划分为龙岩被单厂、龙岩色织厂、龙岩毛巾厂、龙岩漂染厂和龙岩染织厂 5 个专业厂。

随着 20 世纪 80 年代改革开放的深入,市场经济的发展,5 个专业厂发生了不同的命运转折。1992 年 6 月,龙岩染织厂("被单大整理")

与龙岩被单厂合并组建龙岩佳丽纺织装饰用品公司，2001 年 7 月更名为福建佳丽斯家纺有限公司（佳丽斯公司发展历程见《闽西日报》和《五十年奋进画册》“山沟沟里飞出金凤凰”）。龙岩色织厂于 1994 年底宣告破产。龙岩毛巾厂和龙岩漂染厂于 1995 年 1 月合并组建福建龙岩喜鹊纺织有限公司，该公司于 2011 年 12 月被厦门一家民营企业收购。

研究篇

本篇汇集了5篇研究论文，主要基于上述档案资料、口述资料和回忆资料等撰写而成。第一篇力求捕捉三线建设动员下职工的复杂心态，并以上海支援福建小三线的立丰染织厂和国棉二十六厂为考察对象，探讨内迁工厂如何具体应对及获得动员成效。第二篇仔细爬梳上海支援福建小三线建设的历史基础、区位条件、双方需求等，揭示地区之间经济协作性质的三线搬迁项目何以开展。第三篇分析福建小三线建设的特点及其影响，福建小三线具有很大特殊性，它不同于其他地区三线建设多为军工项目或军工配套项目，而是军工项目与民用项目并举。民用项目这一点在上海支援福建小三线部分体现得最为显著。第四篇为本书作者进入福建小三线建设研究领域的具体过程和心路历程。第五篇考察1959年芳华越剧团离沪赴闽一事，虽非发生在三线建设时期，但同样属于当代上海对福建的支援项目。

一、到"内地"去：三线建设动员中的职工心态与工厂应对

刘盼红　高红霞

考察三线建设动员中职工的复杂心态及工厂应对策略，有助于理解计划经济时期国家与职工的互动关系。20世纪60年代中期，三线建设决策出台，内迁职工心态大致表现为服从、积极主动、被动焦虑隐忍以及强烈抵触拒迁等多种类型，其产生主要与职工职务、政治身份、年龄、家庭等因素有关。作为基层执行单位的内迁工厂，其应对策略决定了动员成效。以上海支援三线建设的工厂为例，它们重视排摸职工心理状况，采取先党内后党外、先干部后群众，以精神激励为主、以适当的物质激励为必要的动员手段调动工人尤其是青年工人群体的积极性；以家庭为抓手排解职工的后顾之忧；以软硬兼施、工作细致到位等措施加以应对，增强了职工对三线建设的认识，稳定了职工的支内情绪。然而，以上应对措施无法消解职工因迁出地与迁入地发展差异带来的巨大心理落差，造成了部分职工内迁后回流的现象。

20世纪60年代中期，党中央作出以备战为主要目的，在中西部地区进行大规模工业、交通建设的三线决策，掀起自东部沿海向中西部地区的移民大潮。至1980年，共计约400万工人、干部、知识分子、解放军官兵背井离乡支援建设，规模之大，时间之长，行动之快，在我国建设史上空前未有[①]。关于三线建设动员工作学界已有研究，但多采用自上而下的国家视角，至于职工如何反应仅简而述之[②]。三线建设动员工作并非一蹴而就，抛开过程谈动员，易陷入有政策无反馈的线性叙事陷阱。南京大学时昱从国家叙事与青年选择两个角度探讨三

① 陈夕：《中国共产党与三线建设》，中共党史出版社2014年版，第3页。三线建设多为军工及其配套项目，20世纪80年代调整改造之前，“三线”一词因保密需要而被严禁使用，而代之以“内地”。

② 参见陈熙、徐有威：《落地不生根：上海皖南小三线人口迁徙研究》，《史学月刊》2016年第2期，第106—118页；张勇：《三线建设移民的内迁、去留与身份认同——以重庆地区移民为重点》，《贵州社会科学》2019年第12期，第39—46页；刘本森、刘世彬：《山东小三线建设中的民工动员》，《当代中国史研究》2020年第9期，第136—148页；李浩：《上海三线建设搬迁动员工作研究》，华东师范大学2010年硕士学位论文。

线建设动员问题，对本文具有启示意义[①]。除青年群体外，内迁职工还有其他年龄段人员构成，他们的职务、经历、家庭、性格等殊异，面对生活环境的巨大变迁有着各自考量。因此，从整体角度考察内迁职工心态与行为选择仍有很大空间。

三线建设动员工作开启后，职工心态与行为开始发生变化，并对工厂动员方式产生影响。但由于人们的心态比较隐蔽且模糊，难以通过计量史学方法精确统计，研究者需要借助能够反映时人心态的史料，通过移情的方法置身于研究对象的生活世界中。本文综合使用地方档案馆馆藏档案、企业档案、亲历者访谈资料、回忆录、日记、书信等，力求捕捉三线建设动员下职工的复杂心态，并以上海支援福建小三线的立丰染织厂和国棉二十六厂为主要考察对象，探讨内迁工厂如何具体应对内迁及内迁动员的成效。

一、三线建设动员下的职工心态

当时，国家号召内迁职工应当充分认识当时国内外形势的严峻性，以及支内对加快内地建设、建立战略后方和对世界革命的重要意义，要以饱满的政治热情和革命干劲投入三线建设；同时，竭力宣传“备战备荒为人民”“好人好马上三线”，对参加三线建设人员严格把控，设有“六不准”的选拔规定[②]。而职工对三线建设的态度往往被“积极响应国家号召”所简单概括。但是，当我们仔细倾听来自底层的声

① 参见时昱：《政治动员中的国家叙事与青年选择——基于贵州三线建设亲历者口述历史调查》，《贵州社会科学》2021 年第 11 期，第 30—36 页。

② 参见陈夕：《中国共产党与三线建设》，中共党史出版社 2014 年版，第 188 页。此处的“六不准”即凡是属于地、富、反、坏、右和右派分子，直系亲属被镇压而心怀不满的分子，因隐瞒重大历史政治问题而被控制使用的政治嫌疑分子，严重贪污盗窃、投机倒把分子，坚持剥削阶级立场的资产阶级分子，以及有其他严重违法乱纪行为的分子，都不得随厂迁移。

音，会发现历史远比想象中复杂、鲜活。

大致而言，职工对三线建设的心态可划分为四种类型：

第一，服从。部分职工怀抱对毛泽东主席的崇高敬仰、对国家强烈的主人翁意识，完全服从国家安排支援三线建设。如上海支援福建小三线建设的某职工，新中国成立前在日商纱厂做工，备受欺侮，对毛主席建立新中国怀有感恩之情。她坚决服从安排，称："毛主席讲支内，我就要去支内。只要毛主席号召我干什么，我就要干什么。毛主席年纪这么大，还为建设三线这样操心，还处处为我们工人阶级着想。我应当以实际行动使毛主席放心。"[①]王增和丈夫先后赴上海小三线后方瑞金医院工作。据她回忆，丈夫是听从毛主席“备战备荒为人民”指示去的[②]。通过比对诸多三线职工回忆文章，可以发现有类似心态者不在少数。正如已有研究所言，“让毛主席睡个好觉”与“备战备荒为人民”作为三线建设时期流传最深最广的政治动员口号，被受访者们反复提及[③]。原本自上而下的政策动员，被内化为职工群体应当肩负的责任和义务。

这种服从，还体现为将个人利益置于国家利益之后，不计较个人得失、“没多想”的坦然心态。如原在第四机械工业部北京第 761 厂工作的蒋泽汉，1966 年支援陕西三线建设，他称当时人把这种安排看成是国家的需要，较少考虑个人利益[④]。另外，前述王增说："我们那时候根本没说要去几年，去就去了，和插队落户一样，没想过回来。"[⑤]原上

① 《棉纺公司驻国营上海第二十六棉纺织厂工作组关于迁厂工作当前情况的汇报》，1970 年 11 月 30 日，上海市档案馆：B190－2－99－11。

② 《在皖南当医生的日子里——王增访谈录》，中共安徽省委党史研究室编：《上海小三线建设在安徽口述实录》，中共党史出版社 2018 年版，第 134 页。

③ 参见时昱：《政治动员中的国家叙事与青年选择——基于贵州三线建设亲历者口述历史调查》，《贵州社会科学》2021 年第 11 期，第 30—36 页。

④ 蒋泽汉：《岁月如歌：回顾在 762 厂的岁月（1966—1985）》，张勇主编：《多维视野中的三线建设亲历者》，上海大学出版社 2019 年版，第 128 页。

⑤ 《在皖南当医生的日子里——王增访谈录》，中共安徽省委党史研究室编：《上海小三线建设在安徽口述实录》，中共党史出版社 2018 年版，第 135 页。

海光学仪器厂装配车间工艺员李连诚，1965 年的某日清晨突然接到通知，要求下午上火车出发，目的地未知。据其妻子回忆，丈夫此次出差“并没多想”[①]。原在杭州发动机厂工作的韩阿泉，1965 年得知自己需内迁重庆时，“顾虑并不多”[②]。

第二，积极主动。有部分职工主动提出支援三线建设。这种积极主动支内的心态又可细分为追求革命理想、个人生活考虑两种类型。

关于前者，在当时工作报告中体现最多。例如，据相关档案显示：上海支援福建小三线某炉工患有头昏病，且刚动过手术，群众讨论认为他应留沪安排轻便工作，但他数次反映自己身体已有好转，希望举家内迁干革命[③]。某青年工人立下誓言：“干革命不讲条件，为人民就是理由，毫无顾虑打起背包打天下，立志做一个红色的接班人。”[④]这种革命热情的确是真实存在的。如杭州发动机厂孙叶潮本可以留下来，但他向厂长表态：“尽管我现在身体不好，只要我有一口气，我也要为三线建设尽一份力。”1965 年，他内迁重庆新建机械厂[⑤]。还有南京军区复员军人陈鹤良，属于支援贵阳三线建设中的一员。据他讲述：“后来，团部保密干事给我写信说，当时你要说家里有困难，是可以不去的。可我们这批 82 名退伍军人谁都没说有困难，两个机动名额就作废了。”[⑥]当然，需要注意的是，工厂为向国家和上级组织表忠心，或鼓动全厂职工积极支内，往往在工作报告或动员报告中有意突出动员成

---

① 唐宁：《归去来兮》，上海文艺出版社 2019 年版，第 39 页。

② 韩阿泉：《他乡是故乡》，张勇主编：《多维视野中的三线建设亲历者》，上海大学出版社 2019 年版，第 71 页。

③ 《上海市印染工业公司革命委员会关于原立丰染织厂职工杨 * * 要求全家随厂迁往三明的函》，1968 年 4 月 27 日，三明印染厂档案：1-1-27。

④ 《上海市印染工业公司迁厂工作组关于公私合营立丰染织厂迁厂工作现阶段情况的汇报》，1966 年 7 月 25 日，上海市档案馆：B194-1-19-26。

⑤ 孙叶潮：《歌乐山下支内的杭州人》，张勇主编：《多维视野中的三线建设亲历者》，上海大学出版社 2019 年版，第 66 页。

⑥ 唐宁：《归去来兮》，上海文艺出版社 2019 年版，第 50 页。

效，塑造先进事迹，宣扬革命精神。这种现象在官方档案中比比皆是，与实际情况可能存在一定距离，研究者应当理性看待。

关于后者，主要体现在有夫妻分居问题的职工身上。当时国家为稳定职工情绪，鼓励并创造条件让他们举家内迁①。如原在上海柴油机厂工作的王世铭，爱人在天津工作，1971 年两人一道支援四川三线建设。他直言“我们当时支内其实就是为了解决两地分居的问题”②。另据上海市卫生局在安徽包建的后方卫生工作组干部蒋征讲述，当时很多人想去小三线，其中一个原因是可以解决在外地分居的家属户口、工作问题③。

当然，一部分职工考虑个人生活因素而主动支援内地，其中还隐含着无奈情绪。当时全国上下备战气氛浓郁，沿海地区工厂及职工随时可能被纳入支内名单，远则奔赴西南、西北大三线，近则支援各省、市后方工业基地，即小三线。不少人考虑个人生活，基于就近原则主动选择了支援小三线。如据前引蒋征讲述，很多人认为“和大三线相比，小三线在当时是很好的”，而安徽明确是上海的小三线，距离上海近，编制不变，仍然归属上海，因此“当时想去小三线的人不少，很多都拦下来不让他们去”④。另外，瞿惠相等人是从上海华东机要局转到劳动局安排工作的，劳动局考虑到他们各方面条件不错，决定安排参加小三线建设。据瞿惠相讲述，当时一部分人认为“我们在上海也恐怕留不住，不去小三线的话，搞不好要去大三线，考虑到小三线还近一

---

① 《国家经委关于搬厂工作中几个具体问题的规定》，1964 年 12 月 1 日，陈夕主编：《中国共产党与三线建设》，中共党史出版社 2014 年版，第 123 页。此处的“我没辰光考虑这个问题，侬快点帮阿拉迁脱！”是上海方言，意为：我没时间考虑这个问题，你快点帮我迁出去。

② 王世铭：《三线企业的厂办教育》，张勇主编：《多维视野中的三线建设亲历者》，上海大学出版社 2019 年版，第 39 页。

③ 《回忆我在后卫组的日子——蒋征访谈录》，中共安徽省委党史研究室编：《上海小三线建设在安徽口述实录》，中共党史出版社 2018 年版，第 110—111 页。

④ 同上。

些，所以同意劳动局的安排”[①]。

第三，被动焦虑隐忍。得知自己属于支内人员时，有不少职工起初有“突然”“等等看”“吃亏”等被动心理。例如，1969 年 3 月 19 日上午，正在上海另一厂做试验的原上钢五厂职工陆中伟接到一个电话，要求立即回厂商谈要事，赴安徽贵池筹建八五钢厂中心试验室，次日早晨 7 时即离沪赴皖，他感到“突然”[②]。国棉二十六厂接受支内任务时，正陷入“文革”，很多领导和职工都抱着“等一等”“看一看”的心态，迟迟没有迁出[③]。据有内迁任务的上海永昌五金厂党委副书记蔡焕祥讲述，在该厂召开的学习讨论会上，“多数职工都有一种吃亏思想，为什么别厂不迁而永昌厂要迁，见了亲朋好友好像抬不起头来，低人一等。有的调来不久，更感到自己倒霉”[④]。

有顾虑、有困难的职工自然产生了焦虑情绪。当时，中国东西部区域发展水平差异较大，势必使职工产生巨大落差感。据有内迁任务的上海勤余针织厂职工回忆，当时很多职工认为支内是从大城市迁到山区，情感上无法接受。有人眷恋大城市生活，有人担心爱人随迁进厂不能适应新环境，有人怕影响孩子前途等[⑤]。在计划经济时期，职工在工作选择上基本没有太大余地，因此这种抵触情绪往往比较隐忍，多有“饭碗不能丢”的思想[⑥]。如孙叶潮直言：“当时谁敢说不愿意支援

---

① 《难忘小三线》，中共安徽省委党史研究室编：《上海小三线建设在安徽口述实录》，中共党史出版社 2018 年版，第 248 页。

② 陆中伟：《钢厂筹建初期的小故事》，徐有威、陈东林：《小三线建设研究论丛》第 7 辑《上海小三线建设者回忆录》，上海大学出版社 2021 年版，第 107—108 页。

③ 《中共国棉廿六厂委员会关于迁厂工作总结》，1971 年 3 月，三明纺织厂档案：1-17-67。

④ 蔡焕祥：《上海永昌五金厂迁明经过》，袁德俊主编：《崛起在沙溪河畔：忆三明建市初期迁明企业》，福建教育出版社 2009 年版，第 126 页。

⑤ 何馥麟口述，蔡珍整理：《南针厂的创业者》，《难忘岁月——闽北小三线建设实录》，南平市政协文史资料委员会：《南平市文史资料》，第 5 辑，1999 年版，第 27—35 页。

⑥ 唐宁：《归去来兮》，上海文艺出版社 2019 年版，第 45 页。

三线建设?”[①]另据王世铭透露，当时确有不想支内的，他们私下通过各种办法进行逃避，例如装病或找人代替[②]。

第四，强烈抵触拒迁。他们往往以身患重病或家庭生活困难为由坚持留在上海。如立丰染织厂某女工被通知支援福建小三线建设，她自称家中母亲病重，两个弟弟精神不正常，“要我去福建，先要把二个傻子弟弟由国家安排好，否则我不去”[③]。该厂另一青年工人则直言坚决不愿支内，“说不去就不去”；其家属也持相同态度，迁厂工作组前去他家动员时，其母口中念着“喔许，喔许”，双手以赶鸡鸭之势将工作组拒之门外。她还表示宁愿儿子退职，也不同意其支内，自己可养他一辈子[④]。当然，在当时国家计划就业环境影响下，这类情况虽存在，但较少发生。很多内迁职工的回忆证明了这一点。例如，韩阿泉称确有“比较犹豫，不想来的，但是少”[⑤]。自上海有线电厂支援贵州遵义三线建设的杨尔萍也说：“当时的人基本上都服从组织分配，不去的人很少，只有一两个人。”[⑥]

需要说明的是，上述心态并不是单一出现的，在一个职工身上可能同时具备两种或多种心态。而职工的心态也并非一成不变。受外

---

① 孙叶潮：《歌乐山下支内的杭州人》，张勇主编：《多维视野中的三线建设亲历者》，上海大学出版社 2019 年版，第 63—64 页。

② 王世铭：《三线企业的厂办教育》，张勇主编：《多维视野中的三线建设亲历者》，上海大学出版社 2019 年版，第 39 页。

③ 上海市印染工业公司迁厂工作组：《关于原立丰印染厂(现福建三明印染厂)青工孙 * * 不愿随厂内迁的情况》，1967 年 5 月 16 日，上海市档案馆：B194-2-31-1；《立丰染织厂迁厂工作组关于立丰染织厂青工孙 * * 坚决不愿随厂内迁的处理报告》，1966 年 12 月 13 日，上海市档案馆：B194-2-31-5。

④ 《公私合营立丰染织厂关于迁厂工作的总结》，1966 年(具体月日不详)，上海市档案馆：B194-1-19-33。此处的“喔许，喔许”是上海方言，意为赶快走，通常用于赶鸡赶鸭时。

⑤ 韩阿泉：《他乡是故乡》，张勇主编：《多维视野中的三线建设亲历者》，上海大学出版社 2019 年版，第 71 页。

⑥ 杨尔萍：《为航天事业奉献一生的女战士》，张勇主编：《多维视野中的三线建设亲历者》，上海大学出版社 2019 年版，第 90—91 页。

界环境或自身思想影响，职工在不同阶段可能表现出不同的心态类型。并且，职工心态复杂多面，也并非几种类型可以简单概括，这里所择取的仅为其中较为主要且鲜明的部分。

二、职工差异性心态产生的原因与工厂的动员策略

1. 职工差异性心态产生的原因

三线建设决策作出时，中国正处于高度集中的计划经济时期，社会福利制度由所在单位具体实施，职工对单位强烈依赖，普遍抱有“饭碗不能丢”心理。而三线建设却是一场由东部沿海城市向中西部内陆地区的大规模移民运动。中国区域发展水平极其不平衡，支援三线建设意味着放弃优越的工作和生活环境。面对如此两难抉择，因以下原因，职工们产生差异性心态：

首先，职务、政治身份等差异造成支内心态的分化。工厂领导和党团员作为国家制度落实的先进分子，如果做不到率先垂范，那么动员全厂其他职工的工作将无从做起。因此，他们中一部分人表现出强烈的责任感。例如，自上海支援贵阳三线建设的钱忠林是家中独子，父亲瘫痪在床，他曾想请求领导照顾留沪，但经过思想挣扎还是选择服从安排，因为“我是共青团员”[①]。上钢五厂二车间电炉车间团支部书记谈雄欣原本不在支内名单里，但他主动表态代替同车间家有困难的王师傅支内，充分展现了党团员的先锋模范作用[②]。相对而言，普通群众则没有这方面考虑或顾虑。

其次，年龄对职工心态产生影响。不同年龄职工对支内有着不同的理解。青年工人群体具有自我实现意识较强的特点，力求自我价值

① 唐宁：《归去来兮》，上海文艺出版社 2019 年版，第 57—58 页。

② 《我所知道的八五钢厂宣传工作——谈雄欣访谈录》，中共安徽省委党史研究室编：《上海小三线建设在安徽口述实录》，中共党史出版社 2018 年版，第 76 页。

和社会价值的统一[①]，他们在三线建设中多表现出勇于前往的积极心态，同时他们也是选择参与三线建设的重要主体[②]。例如，应长荣1967年初中毕业后被分配到上海无线电九厂，1970年他接到了赴安徽参加三线建设的通知。他回忆当时的心情：“那年我刚20岁，既兴奋又彷徨，有志青年理应为国分忧，响应毛泽东主席‘一定要把三线建设好’的伟大号召，到皖南山区去建设世界兵工厂，打击帝修反。”[③]到安徽参加三线建设的上海青年郭向东也称：“当时我们还只是二十出头的姑娘，雄心壮志比天高，一心只想出去闯闯世界。”[④]

再次，家庭对职工心态产生影响。家人态度直接影响了职工的支内心态。立丰染织厂迁厂工作总结指出，部分职工家属思想斗争十分激烈，给支内职工造成很大压力。例如某党员干部因家属思想不通，工作一直处于被动地位，甚至提出愿意退党[⑤]。据该厂对保全部32名职工家属思想的统计，其中有16名职工受到来自家属方面的阻力[⑥]。当然也有家属支持职工支内的情况，例如某职工家属患有慢性肠胃病，医院催促她尽快开刀。但她却隐瞒病情，让丈夫放心支内[⑦]。

需要说明的是，以上所分析仅为具有代表性的几种，心态的产生有极为复杂的过程，除受到身份、年龄、家庭影响外，还与性别、性格、

① 李晓、邹波：《青年心理特点和思想教育工作》，《当代青年研究》1999年第4期，第21—25页。

② 时昱：《政治动员中的国家叙事与青年选择——基于贵州三线建设亲历者口述历史调查》，《贵州社会科学》2021年第11期，第30—36页。

③ 应长荣：《把青春献给小三线》，中共安徽省委党史研究室编：《上海小三线建设在安徽口述实录》，中共党史出版社2018年版，第226页。

④ 郭向东：《绩溪，我的第二故乡》，徐有威、陈东林：《小三线建设研究论丛》第7辑《上海小三线建设者回忆录》，上海大学出版社2021年版，第290页。

⑤ 《公私合营立丰染织厂关于迁厂工作的总结》，1966年（具体月日不详），上海市档案馆：B194-1-19-33。

⑥ 《立丰染织厂关于保全部设备及人员先去安装工作的初步打算》，1966年7月30日，上海市档案馆：B194-2-32-4。

⑦ 《公私合营立丰染织厂关于迁厂工作的总结》，1966年（具体月日不详），上海市档案馆：B194-1-19-33。

个人经历、社会关系等密切相关。实际上，工厂在整个迁厂过程中一直重视排摸职工心理状况。

2. 工厂的动员策略

上海作为纺织工业基地，先后向福建小三线迁出11家工厂，包括国棉二十六厂、立丰染织厂、经昌染织二厂、华光被单厂、勤余针织厂、锦新丝织厂、曙光锁厂、泰昌胶合板厂、永昌五金厂、上海农药厂和桃浦化工厂。其中，规模较大的为立丰染织厂（1966年迁出后更名为三明印染厂）和国棉二十六厂（1971年迁出后更名为三明纺织厂）[①]。以这两个厂为观察对象，可以发现：立丰染织厂宣布迁厂前，就注意调查摸底每位职工及其家庭情况，详细收集相关资料，充分掌握职工思想动态，并根据各职工具体情况逐个动员[②]；国棉二十六厂也是如此。它们的这项工作贯穿迁厂各阶段，成为工厂开展各项动员工作的重要依据。

当时，针对职工心态特点，工厂采取了如下动员策略：

第一，先党内后党外，先干部后群众。内迁任务下达后，上海市相关部门迅速建立迁厂工作组，统筹领导迁厂工作。同时，在立丰染织厂内成立领导小组，下设各专业组。其中，宣传组具体负责动员工作[③]。迁厂工作组充分利用领导和党员身份的特殊心理，进行先党内后党外、先干部后群众的动员工作。具体来说，采取了层级包干的办法，即厂长、书记包支部委员，支部委员包党小组，党小组包党员，党员包骨干，骨干包群众。第一步，迁厂工作组在立丰染织厂先后召开10余次支委会，学习国家支内政策，重读毛主席著作，通过正面教育和自我教育的方法提高厂级领导对支内的认识。如该厂副厂长就在支委

---

① 国棉二十六厂迁出纺部车间和织部车间，印染车间不动；上海农药厂迁出敌百虫车间；桃浦化工厂迁出樟脑车间；其余为全迁厂。

② 《公私合营立丰染织厂关于迁建工作行动的打算》，1966年5月31日，上海市档案馆：B194-1-19-1。

③ 同上。

会上交流了自己决心支内的过程，以及动员爱人随厂内迁的经验[①]。第二步，在领导核心思想统一后，支委会再讨论将动员工作推向党员。如自 1966 年 7 月 5 日至 15 日，该厂在党员中共召开 12 次会议，进行政治思想教育。最后一步，将动员工作推向广大群众[②]。

第二，以精神激励为主，以适当的物质激励为必要的动员手段，调动工人尤其青年工人群体的积极性。受当时国家经济发展水平限制，三线建设动员以精神激励为主。如立丰染织厂所贯彻的方针是："先讲原则，后讲具体，先讲精神，后讲物质。"[③]其精神动员形式多种多样，主要借助于各种类型的学习班、动员会和报喜队等。如该厂安排全厂党员听取烈士家属的阶级教育报告，了解革命先烈抛头颅、洒热血的英勇事迹，激发党员支内的革命热情[④]。另外，国棉二十六厂在迁入福建三明前，市棉纺工业公司首先针对该厂党委举办"围绕红太阳转"学习班；之后，工厂举办了各车间干部、党团员、骨干参加的"围绕红太阳转"学习班；继而，厂革委会召开会议，重温毛主席关于三线建设的一系列指示。国棉二十六厂为营造人人支内的革命氛围，还专门组织报喜队、欢送队，到每位支内职工家中张贴大喜报，为每批支内职工送行[⑤]。

前面已经提到，当时广为流传"三线建设搞不好，毛主席睡不好觉""备战备荒为人民""好人好马上三线"等口号，这对于唤起工人保

① 《公私合营立丰染织厂关于迁厂工作的总结》，1966 年(具体月日不详)，上海市档案馆：B194 - 1 - 19 - 33。

② 《上海市印染工业公司迁厂工作组关于公私合营立丰染织厂迁厂工作现阶段情况的汇报》，1966 年 7 月 25 日，上海市档案馆：B194 - 1 - 19 - 26。

③ 《公私合营立丰染织厂关于迁厂工作的总结》，1966 年(具体月日不详)，上海市档案馆：B194 - 1 - 19 - 33。

④ 《公私合营立丰染织厂关于搬迁工作的初步打算方案》，1966 年 7 月 2 日，上海市档案馆：B194 - 1 - 19 - 17。

⑤ 《中共国棉廿六厂委员会关于迁厂工作总结》，1971 年 3 月，三明纺织厂档案：1 - 17 - 67。

家卫国的主人翁意识，激发工人阶级身份认同感具有强大威力。尤其对于正处于热血沸腾年纪的青年工人群体，这种激励方式极大满足了他们的意义感和荣誉感。

当然，仅靠精神动员无法消解职工内心的巨大落差感。因此，适当的物质激励也成为必要的动员手段。1965 年 9 月，国家总结一年来搬迁经验，认识到解决三线职工生活福利及家属问题的紧迫性，具体规定了职工工资、津贴补贴、奖励、粮食定量标准、家属安置等实施办法，确保了三线职工福利待遇不变，解决职工家属户口、工作等困难①。

第三，以家庭为抓手，排解职工后顾之忧。工厂在初步动员效果不理想的情况下，往往将行动目标指向职工家属，帮助职工克服来自家庭方面的压力和困难。如立丰染织厂的一般做法是，首先排摸职工家庭地址、家属思想状况等，再逐户访问和召开家属座谈会；在组织职工听取动员报告、形势报告和观看革命电影时，由厂工会邀请所有家属一同参加②。

当某职工因家庭困难不愿内迁时，工厂则直接出面多方协调解决。如立丰染织厂某女工丈夫健康状况不佳，而其住房至丈夫所在的工厂路程遥远，希望工厂帮助调整住房，便于丈夫上下班。工厂得知后，通过与房管部门联系，解决了该职工家属住房问题③。还有，某青年男工的父亲于 1965 年支援大三线建设，妹妹在家待业，另有三个弟弟妹妹在校读书。其母提出，要将其丈夫调回上海，并解决家中女儿工作，方同意儿子支内。工厂研究认为，该职工家庭要求不能满足，但可在经济上作适当补助。最终，厂方、上海市印染工业公司共对其补助 80 元，另外补助停工期间工资 36 元，生活费

---

① 陈夕：《中国共产党与三线建设》，中共党史出版社 2014 年版，第 189 页。

② 《公私合营立丰染织厂关于迁厂工作的总结》，1966 年（具体月日不详），上海市档案馆：B194-1-19-33。

③ 同上。

25.2元，附加工资8.4元，理发费2元，共计151.6元，部分解决了该职工家庭的生活困难[①]。

第四，软硬兼施，工作细致到位。工厂对于确因职工本人或家属患有严重疾病要求留沪者，会妥善安排；而对于少数抵触情绪强烈的职工，有时也采取比较强硬的停发工资、开除党籍或辞退等方式。例如，国棉二十六厂迁厂之初，仍有39名职工因各种原因没有随厂迁出。对此，该厂在广泛听取群众意见后，结合各职工具体情况予以区别对待。其中，10人因确有困难，如职工本人手指残废、母亲半身不遂或配偶患癫痫病等，照顾留沪；6人因暂时患病，手术痊愈后按病假处理；1人困难情况不明，留待进一步考察研究；剩余的22人因不具备留沪资格，要求立即迁出，在未迁出前逐步停发工资和个人生活补助费[②]。

又如，上海支援福建小三线有政策规定，职工原则上均应内迁，经反复动员无故不迁者，作自动离职处理[③]。立丰染织厂某青年女工以家庭劳动无人分担为由，坚持不愿支内，迁厂工作组多次做其思想工作无效后，直接与其兄长联系，研究商量家务劳动安排问题。然而，兄长对妹妹支内也持反对态度。于是，迁厂工作组又联系到该兄长的工作单位，要求单位支持国家三线建设，减少他的工作内容，余出时间分担家务劳动。另外，迁厂工作组还与该职工居住地所在里弄委员会主任联络沟通，希望其对该女工家庭多加照顾[④]。但是，多方协调后，该女工仍然不愿支内。工作组最终讨论决定，先给该女工三个月时间考

---

① 《立丰染织厂迁厂工作组关于青工陈＊＊坚决不愿随厂内迁的处理报告》，1966年12月13日，上海市档案馆：B194-2-31-10。

② 三明纺织厂：《关于对我厂部分在沪职工处理意见的报告》，1971年6月22日，三明纺织厂档案：1-18-17。此处的留沪职工总数39人，档案原文为38人，应有误。

③ 福建省人委：《关于上海迁厂工作若干问题的规定》，1960年8月29日，福建省档案馆：179-10-4-152。

④ 上海市印染工业公司迁厂工作组：《关于原立丰印染厂（现福建三明印染厂）青工孙＊＊不愿随厂内迁的情况》，1967年5月16日，上海市档案馆：B194-2-31-1。

虑，在此期间工资减至原来的70%，作为生活补助费发放；三个月后如仍坚决不愿支内，则对其作自动无故离职处理[①]。

事实上，不仅上海支援福建小三线工厂，其他三线工厂也是如此。如据同样有内迁任务的杭州发动机厂职工韩阿泉讲述："确定名单了，党委动员，确定名单了必须去，不去那就是思想还有差距。党员必须去，不去的话要开除党籍；不是党员的话要批评，或者教育，还是不行的话，只有开除。"[②]

总之，工厂是国家三线建设动员工作的基本执行单位，正如有学者指出的，三线企业是在计划经济时代国家大力支持营建起来的国营企业，与其他单位一样具有经济、政治、社会三位一体的功能[③]。上述工厂对职工心态的精准把握与动员策略，也反映了国家动员工作的绵密性和策略性。

三、工厂迁出后职工心态的变化

总体上说，经工厂反复动员和解决实际问题，职工心态逐渐发生变化，大都能够响应支内号召。如安徽是上海的小三线，是全国小三线中门类最全、人数最多、规模最大的后方工业基地，共有在册职工及家属7万余人。据中共上海市委工业生产委员会统计分析，"在经过厂的领导从上到下，从党内到党外层层做思想工作……百分之九十八的群众都还是响应了党的号召而奔赴内地参加建设"[④]。另外，上海电

---

① 《立丰染织厂迁厂工作组关于立丰染织厂青工孙＊＊坚决不愿随厂内迁的处理报告》，1966年12月13日，上海市档案馆：B194-2-31-5。

② 韩阿泉：《他乡是故乡》，张勇主编：《多维视野中的三线建设亲历者》，上海大学出版社2019年版，第71—72页。

③ 张勇：《介于城乡之间的单位社会：三线建设企业性质探析》，《江西社会科学》2015年第10期，第26—31页。

④ 《中共上海市委工业生产委员会关于迁厂动员工作中各类职工思想特点的分析报告》，1965年2月26日，上海市档案馆：A38-1-343-63。

器研究所所长崔镇华表示，在内迁过程中，那些不愿意去的，后来通过政治思想教育，提高了认识，大多数人都愉快地去了[①]。杭州发动机厂连人带马支援重庆，职工韩阿泉也称，虽存在少数不愿内迁的职工，但经过一系列动员工作，基本都服从组织安排支援重庆三线建设，未出现不迁被开除的情况[②]。

但是，对三线建设动员下职工心态的把握，除了要关注工厂迁出前的时段外，还应看到工厂迁出后很长一段时间内职工的心态变迁，因为这在一定程度上反映了工厂动员效果的持续性和稳定性。

应该说，工厂内迁后不久，大部分职工能够适应当地生活，安心投入到生产工作当中。如上海支援江西小三线某职工在家信中表示：江西小三线的生活比上海艰苦，但是“日子一多就会习惯的，也就安心在山里的生活了”，并乐观地称“一切都是向着好的方面在起变化”，“我看晚来还是早来好，早来可以早点熟悉情况，住的宿舍也可以住在上面”[③]。但同时也要注意到，确实有部分职工存在回流现象，他们往往以自己或家人生病，要求照顾回沪，或以病为由返沪不归。

这里先以立丰染织厂为例。该厂共有党员49名。迁厂任务下达后，工作组首先动员的对象是厂领导及党员，鼓励他们全家内迁，带动群众支内的积极性。然而部分党员及其家属思想不通，比较被动，使动员全厂工作遇到障碍。工作组因此召开支委会、党员大会及家属动员会，并通过个别访问串联、验收等工作疏通他们的思想。该厂工会主席、党员傅春连作为工厂领导带头表态支内，在其他党员中产生了良好的影响。他在党员交流会上表态说：“支内建设是革命，共产党员

---

① 《关于迁建工作会议情况简报(二)》，1965年9月12日，上海市档案馆：A38-1-345-135。

② 韩阿泉：《他乡是故乡》，张勇主编：《多维视野中的三线建设亲历者》，上海大学出版社2019年版，第71—72页。

③ 《写信记录》，第4、19页，该写信记录由上海支援江西小三线建设某职工誊抄，共来往信件27篇，分家信和其他信件两类，现由笔者个人收藏。

应带头。父母妻子思想通，小囡孩子听命令。一家七口全武装，待等出发号令响，打起背包进山区。"[①]经宣传动员，立丰染织厂大部分党员积极主动内迁，全部党员愿意服从国家安排，多数党员家属愿意随迁。据统计，坚决支内的党员有39名，占该厂全部党员的80%；8名党员也愿意服从国家安排；2名党员干部因病重提出最好不去，如必须去也无意见。38名党员家属中92%愿意随迁，仅3名家属存在思想不通的情况，但他们并不反对爱人支内[②]。应该说，该厂党员及家属动员工作基本是成功的。

但是，立丰染织厂迁入福建一年内，共有34人返回上海。具体来看：一是有1名男工以轻度肺病为由，未经领导同意返回上海。二是有16名职工以治病为由返沪不归(其中，某李姓职工患有肝硬化，工厂允许其回沪疗养，但该职工抵沪后坚决不愿再返回内地；其余15名职工则以类风湿性关节炎、肺结核、气管炎及低血压、脑震荡等各种疾病为由回沪不归)。三是有3名职工以家属患病、需回沪照顾为契机返沪，不再回到内地。四是3名职工因参加武斗返沪。五是11名职工均以其他各种理由返沪，拒不内迁[③]。

还有三明纺织厂。1979年底，上海市劳工局革命委员会办公室给三明纺织厂[④]发去一封信函，询问某上海支内职工要求调沪问题[⑤]。从信的内容可知，该职工1971年由上海市纺织局毛麻公司支援福建三明纺织厂，家里颇为困难，上有多病缠身的母亲，下有两个年幼体弱的孩子，其丈夫也身体有恙，均留在上海。其母亲从1974年至1979

---

① 笔者采访傅春连记录，时间：2018年4月17日，地点：三明印染厂旧址。

② 《上海市印染工业公司迁厂工作组关于公私合营立丰染织厂迁厂工作现阶段情况的汇报》，1966年7月25日，上海市档案馆：B194-1-19-26。

③ 上海市印染工业公司内迁小组：《关于所属原立丰印染厂迁往福建三明市后留沪人员及返回上海人员情况的报告》，1967年11月8日，上海市档案馆：B194-2-31-15。

④ 国棉二十六厂1971年迁入福建三明后更名为三明纺织厂。

⑤ 《上海市劳动局来函》，1979年12月25日，三明纺织厂档案：2-6-84。

年多次向上海市劳动局和上海市革命委员会反映，要求将该职工调回上海。而据三明纺织厂复函，该职工“属我厂职工，已有多年未上班工作，曾多次来信要求调沪”。实际上，该职工1974年即请假回沪，一直未返回福建。并且，该厂所反映的类似情况为数不少。截至1979年，该厂因各种困难要求调沪者达200余人。从上海市劳动局革命委员会办公室与三明纺织厂来往函件可以看出，该厂也曾多次报告上级有关部门要求统筹解决，并上报上海市劳动局要求及时接收确有困难的支内职工，但始终没有得到有效回复①。不少职工返沪的合理诉求没有得到回应，只好通过非正规方式回到上海，反映了他们无奈的心理。

据统计，立丰染织厂迁厂总职工为405人，国棉二十六厂迁厂总职工为1 362人②。因此推算立丰染织厂迁厂1年内职工回流人数约占总人数的8.4%，国棉二十六厂迁厂8年内职工因家庭困难要求调回上海人数约占总人数的14.7%。该数据虽无法涵盖全国几千个建设项目和几百万人力，不能反映全部三线职工心态变化，但仍可在一定程度上说明职工支援内地后存在心态不稳定性的情况。

总体来说，在三线建设动员下，大部分职工能够转变心态，克服焦虑情绪，服从国家安排；只有极少数职工坚持留在上海，抵触支内；还有部分职工在迁出后由于种种原因又擅自回到上海。从工厂的动员工作看，由于当时过于强调精神激励而忽视职工物质诉求的做法，也确实造成职工中存在被迫内迁的情况。因此，迁入内地后，一些本就思想不稳定的职工，在看到眼前异常艰苦的工作和生活环境后，更加归心似箭。

---

① 《给上海市劳动局的复函》，1979年12月31日，三明纺织厂档案：2-6-83。

② 该数据根据以下资料统计得出：《20日止上海迁厂工作进展情况》，1965年11月22日，福建省档案馆：184-11-23-3；上海市经济计划委员会：《关于搬迁十一个工厂给福建省的通知》，1965年11月26日，上海市档案馆：B134-3-27-1；福建省赴沪迁厂工作组：《迁入职工人数表》，1966年10月15日，三明纺织厂档案：1-15-25。

四、结语

三线建设动员下职工的心态复杂且处于变动中，总体而言经历了一个由被动到主动、由焦虑到放心、由抵触到服从的过程。对三线建设动员下职工心态的考察，有助于我们进一步认识计划经济时期国家与职工的关系。国家在职工中广泛进行三线建设宣传，赋予三线建设以世界革命的神圣意义，号召职工以革命的精神和态度参加三线建设，同时塑造三线职工“好人好马”的光辉形象，这客观营造了人人应上三线、人人想上三线的竞争氛围。但职工并非是完全沉默的个体，他们的疑虑、不满甚至抵触情绪，主要是基于自身利益关切的本能反应。同时，职工心态与行为也形塑了国家动员策略和方式。三线建设开始一年后，国家总结工作经验，适当放宽了选拔标准，一般要求技术过硬、身体状况良好、且本人无严重政治问题。部分企业甚至只要求第三条。作为基层执行单位的工厂也注意到了在整体宣传的同时，要根据不同职工心理特点，逐层动员、逐个动员，帮助他们解决实际生活困难。在国家与职工之间，形成一显一隐的双向互动。

中国当代史上的一系列重大事件都是以发动群众运动的方式展开的，民众的心态与行为也是历史的重要组成部分，推动着这些事件进程的演变与发展。广泛挖掘民间资料，从心态史角度展开相关研究，本文或许能起到抛砖引玉的作用。

（本文作者：刘盼红、高红霞，原刊于《上海师范大学学报（哲学社会科学版）》2023 年第 2 期，人大复印报刊资料《中国现代史》2023 年第 8 期全文转载。部分内容有所修订。）

二、经济协作与工业调整：上海对福建小三线建设的支援

刘盼红　陈　琳

上海支援福建小三线不仅是国家三线建设项目重要组成部分，也是历史上沪闽经济协作的延续，是沪闽双方的共同需要。上海支援福建小三线11家轻纺工业项目，推动了福建工业结构的完善。上海工厂迁闽不仅有当地提供的良好的自然地理条件和基本社会经济条件，而且有利于上海工业结构的调整和工厂的长远发展。从经济协作与工业调整的视角对上海支援福建小三线建设作专门探讨，有助于丰富和深化目前的三线建设研究。

20世纪60年代中期，中央在中西部地区开展以战备为中心，大规模建设工业、交通、国防、科技设施的三线建设战略，沿海城市大批企事业单位的设备、技术和人员搬迁至内地。三线搬迁计划分四类：大三线搬迁计划；为建设大区后方而搬迁的地方项目；各省、市、自治区搬往自己后方的地方项目；地区之间经济协作性质的搬迁项目①。学界关注较多的是前三类，诸如周明长关于东北支援大三线地区四川的研究②，张志军等关于上海支援华东地区大后方江西的研究③，徐有威等关于上海小三线的研究④。但关于地区之间经济协作性质的搬迁项目无人问津。

上海支援福建小三线建设为我们研究地区之间经济协作性质的三线搬迁项目提供了很好的个案。20世纪60年代中期，福建省委将闽西、闽北地区设为小三线区域。1965年6月，福建省计委与上海市经委联合向华东局计委等，提出从上海迁出11个厂支援福建小三线。

---

① 《全国搬迁工作会议纪要（草稿）》（1965年9月2日），陈夕主编：《中国共产党与三线建设》，中共党史出版社2014年版，第185页。

② 周明长：《嵌入式运作：东北对四川三线建设城市的支援》，《江淮论坛》2022年第1期。

③ 张志军、徐有威：《成为后方：江西小三线的创设及其初步影响》，《江西社会科学》2018年第8期。

④ 陈熙、徐有威：《落地不生根：上海皖南小三线人口迁移研究》，《史学月刊》2016年第2期；徐有威：《新中国小三线建设档案文献整理汇编》第1辑，上海科技文献出版社2021年版。

经同意，上海11家轻纺工业企业被列入1966年福建小三线迁厂计划。上海计委副主任就此在国家建委召开的迁厂会议上请示，得到的结果是“因系省、市支援关系，已表示口头同意，不再下文”[①]。本文通过仔细爬梳上海支援福建小三线建设的历史基础、区位条件、双方需求和情感因素等，揭示地区之间经济协作性质的三线搬迁项目何以开展，以期补充和丰富三线建设研究。

一、沪闽经济协作的历史进程

上海向福建小三线大规模迁厂，是历史上沪闽经济往来的延续。沪闽之间开展经济贸易由来已久，早在近代以前，沪闽两地便开展以粮、棉、丝、烟草、糖、木材、纸张等为主要品类的帆船贸易。鸦片战争后，上海替代广州成为新的贸易重心，沪闽之间贸易往来更为密切[②]。两地长期贸易交流，为三线建设时期上海迁厂提供了深厚的历史根基。

新中国成立后，沪闽贸易往来被纳入国家计划轨道。1953年，国家开始实施国民经济第一个五年计划，但福建省地处海防前线，海上交通遭到封锁，尚不具备建设现代工业的条件[③]。1958年开始进入第二个五年计划时期，中央提出“在优先发展重工业的基础上发展工业与发展农业同时并举”的方针，并发出“要在15年左右的时间内，在钢铁和其它重要工业产品产量方面赶上和超过英国”的号召[④]。福建贯

① 福建省赴沪迁厂工作组：《20日止上海迁厂工作进展情况》(1965年11月22日)，福建省档案馆藏，档案号184-11-23-3。

② 高红霞：《上海福建人：1843—2008》，上海人民出版社2008年版，第21—26页。

③ 福建省地方志编纂委员会编：《福建省志·纺织工业志》，方志出版社1999年版，第2—6页。

④ 刘少奇：《中国共产党中央委员会向第八届全国代表大会第二次会议的工作报告》(1958年5月5日)，中共中央文献研究室编：《建国以来重要文献选编》第11册，中央文献出版社1994年版，第285页。

彻国家精神，制订省第二个五年计划，提出加快工业生产建设，以钢为纲全面“跃进”[①]。综合考虑水源、能源、地质、安全等因素，选择在三明县建立省重工业基地，成立三明重工业建设委员会（以下简称三明建委）。从三明重工业基地建设前景考虑，三明建委领导班子讨论认为必须配套一批轻纺工业和服务设施，解决工人生活保障问题[②]。这为上海支援福建工业埋下伏笔。

1959年初，三明建委改制为三明人民公社。次年，中央批准将三明人民公社改建为三明市[③]。在三明第一份城市规划中，体现了配套建设轻纺工业及其区位分布的内容，即计划将三明市建成以钢铁工业为主的钢铁、机械及化工联合基地，主要分布在列西、列东、富兴堡及荆东。其中，列西工业区包括钢铁联合企业、焦化厂、机械厂、化工厂、热电厂、变电所、水厂、水泥厂等，列东工业区包括水电设备厂、冶金矿山机械厂、纺织厂等，服务性工业安排在富兴堡及荆东[④]。

与此同时，中共中央提出“全国一盘棋”战略，要求上海、天津、辽宁等沿海工业城市和工业基地立足全国，支援中小城市地方工业发展。为落实这一战略，中央在全国实施协作区工作模式，将全国按区域划分为7个协作地区。其中，华东协作区早在1957年已经成立，由上海、江苏、浙江、福建、山东、江西六省一市组成，中央要求上海以协作区为平台，发挥技术、设备、人才和资金等方面优势，尽可能给予其他地区支持[⑤]。1958年7月20日，上海局召开上海与福建各省经济协作会议。会议同意在上海局领导下成立经济协作委员会，研究地方经

① 卢增荣主编、福建省地方志编纂委员会编：《福建省志·计划志》，方志出版社2001年版，第67页。

② 伍洪祥：《伍洪祥回忆录》，中共党史出版社2004年版，第583页。

③ 陈从贤：《三明建市经过》，中国人民政治协商会议福建省三明市委员会、文史资料研究委员会编：《三明文史资料》第8辑，1990年，第3—7页。

④ 《三明城市规划说明摘要》（1958年），福建省档案馆藏，档案号179-3-270-14。

⑤ 《上海市计委综合计划处关于上海市与华东六省的经济协作情况》（1957年），上海市档案馆藏，档案号B29-1-252-1。

济协作问题，组织物资交流和互相支援，加强联系和交流工作经验等[①]。

根据经济协作会议精神，上海与福建之间展开广泛的经济协作。据不完全统计，1959～1960 年，双方共达成经济协作 8 次[②] 1960 年上海与福建又开展经济协作 3 次[③]。三明被设为重工业基地后，生产任务较重，劳动力尤其是技术人员严重紧缺。仅 1958 年春节前后，包括福建在内的华东省份要求上海调配技术工人达 6 073 人[④]。1960 年，《福建省上海市协作协议书》签订，明确上海市为福建省加工汽轮发电机、蒸汽机等各类工业设备，为三明钢铁厂生产轧机、平炉、焦炉等设备[⑤]。上海从上钢三厂、上钢五厂、机修总厂等单位抽调大批骨干和技术力量，参加三明钢铁厂筹建和投产工作[⑥]。

随着地方工业建设步伐的加快，技术、设备和人才等支援已经无法满足需要，各省纷纷向上海提出以“连人带马”整体搬迁模式，整建制支援部分工厂。1958 年 11 月，福建省人委向上海市提出“根据福建实际需要和资源情况，迁移大批中小型工厂至我省”的要求，具体希望上海迁出部分纺织、轻工食品、机电、化学等行业工厂 68 家[⑦]。福建的

---

① 《中共中央上海局经济协作委员会办公室关于送上海市对华东六省计划执行情况和计划外互相支援情况表的函》(1958 年 7 月 20 日)，上海市档案馆藏，档案号 B76 - 3 - 260 - 166。

② 《福建省人民委员会驻上海办事处 1959 年工作总结》，中共上海市委党史研究室编：《上海支援全国(1949—1976)》上卷，上海书店出版社 2011 年版，第 115 页。

③ 《福建省人民委员会驻上海办事处 1960 年工作总结》，中共上海市委党史研究室编：《上海支援全国(1949—1976)》上卷，上海书店出版社 2011 年版，第 115 页。

④ 中共上海市委党史研究室编：《上海支援全国(1949—1976)》上卷，上海书店出版社 2011 年版，第 40 页。

⑤ 中共上海市委党史研究室编：《上海支援全国(1949—1976)》上卷，上海书店出版社 2011 年版，第 38 页。

⑥ 余震岳：《上海人民的无私援助》，袁德俊主编：《崛起在沙溪河畔：忆三明建市初期迁明企业》，福建教育出版社 2009 年版，第 33 页。

⑦ 福建省工业厅：《福建省对上海迁厂的初步意见》(1958 年)，福建省档案馆藏，档案号 184 - 7 - 180 - 1。

请求受到上海方面高度重视。时任上海市委书记兼上海市基本建设委员会主任陈丕显，于 1960 年 4 月代华东局第一书记柯庆施赴福建考察工作[①]。陈丕显 1960 年福建一行成为沪闽双方领导人达成迁厂协议的契机。据时任福建省委副书记梁灵光回忆，自己提出希望上海将部分里弄小厂支援福建，陈丕显表示："要什么厂，任你们挑。不过，要考虑福建的资源条件。否则，你们就会背包袱。"[②]

在国家力量主导和地方领导人推动下，自第二个五年计划至 20 世纪 60 年代早期，共有两批上海工厂迁闽。福建省森林资源丰富，但木材加工业相对落后。1959 年，上海计划外迁上海锯木厂、普陀锯木厂、三星糖果厂至福建[③]。1960—1961 年，上海迁入福建工厂 22 家。其中轻工业系统 6 家，分别是裕成昌丝绸厂、鼎顺染绸厂、长宁印刷厂、傅振兴锁厂、奇美衬衣厂、永久皮鞋厂；机械系统 7 家，分别是金星玻璃厂、明艺玻璃厂、五金螺丝加工组、中国金属制品厂、王和兴拉链厂、丽明电瓷厂和天光德记汽灯厂；化工系统 3 家，分别为茂雄化工厂、大达橡胶厂和淮海制药厂；交通系统两家，分别是兴华橡胶厂和协丰橡胶厂；出版系统两家，分别为大同印刷厂和新联照相制板厂；邮电系统和燃料系统各一家，分别是星火有线电器厂和合成兴铁工厂[④]。

第二个五年计划时期沪闽经济协作初步解决了福建工业建设中的门类配套问题。迁建项目以轻工业为主，辅之以小型化工业、机械工业、燃料工业等，总体规模不大，职工人数最多者仅 252 人。厂址主

① 中共江苏省委党史工作办公室编：《陈丕显年谱：1916—1995》，中共党史出版社 2000 年版，第 157 页。

② 梁灵光：《梁灵光回忆录》，中共党史出版社 1996 年版，第 344 页。

③ 中共上海市轻工业局党组、中共上海市经济计划委员会：《关于上海锯木厂、普陀锯木厂、三星糖果厂外迁福建生产的报告》(1959 年 4 月 25 日)，上海市档案馆藏，档案号 B163－2－760－1。

④ 福建省计划委员会：《关于上海迁厂问题等文件》(1960 年 12 月 31 日)，福建省档案馆藏，档案号 179－2－690－57；福建省轻工厅：《请批准将上海新光玩具厂调换中国金属制品厂迁来三明市》(1960 年 12 月 10 日)，福建省档案馆藏，档案号 179－5－1077－69。

要设在福州、三明地区。第二个五年计划时期沪闽经济协作为上海支援福建小三线建设创造了条件，使得后者在项目认定、厂址选择、职工动员和工厂迁建等方面皆有迹可循。

二、福建具备发展上海迁闽轻纺工业的优势条件

闽西、闽北被设为福建小三线区域后，轻纺工业作为国防工业基础设施建设配套被提上日程。福建也具备发展轻纺工业的地理和经济社会条件。

（一）小三线建设的需要。第二个五年计划时期，尽管上海对福建轻纺工业给予支援，但因受"大跃进"等因素影响，福建不少工厂停工待料，1962 年纺织工业总产值仅达 1 892.3 万元，为 1959 年的 42.21%。从 1963 年起，福建纺织工业经过三年调整渐趋正常，但现代纺织工业仍不成规模，全省仅厦门纺织厂一家，其余均为实行半机械化生产的小型工厂[①]。福建地理位置特殊，军事上长期处于备战状态，民兵建设、巩固海防等工作一直处于重要地位。至三线建设前后，福建国防工业和重化工业已有一定基础，当地民众日常穿衣吃饭问题再次遇到困难。

20 世纪 60 年代中期，国家开展大规模三线建设计划。根据当时提出要在沿海各省建立后方基地的要求，福建省委将闽西、闽北地区设为小三线区域，创建一批军工项目，这就急需再迁入一批轻纺工业作为配套。1965 年 6 月，上海 11 家轻纺工业企业被列入 1966 年福建小三线迁厂计划。

上海共迁入福建小三线 11 家工厂，包括全迁厂和分迁厂两种类型。纺织系统中的立丰印染厂、经昌染织二厂、华光被单厂、勤余针织

---

① 福建省地方志编纂委员会编：《福建省志・纺织工业志》，方志出版社 1999 年版，第 3 页。

厂、锦新丝织厂，以及轻工系统中的曙光锁厂、泰昌胶合板厂、永昌五金厂均属于全迁厂，其余静安棉纺织印染厂迁出纺部车间和织部车间，印染车间不动，上海农药厂迁出敌百虫车间，桃浦化工厂迁出樟脑车间[①]。迁出后分别更名为三明印染厂、龙岩色织厂、龙岩被单厂、南平针织厂、邵武丝绸厂、福建无线电厂、三明胶合板厂、三明无线电元件厂、三明纺织厂、三明农药厂乐果车间、建阳化工厂合成樟脑车间。迁厂涉及职工约 3 891 人，家属约 5 709 人[②]。

（二）福建区位优势。除小三线建设需要迁入一批轻纺工业外，福建具有发展轻纺工业的自然地理条件和社会经济条件，构成上海迁厂的重要前提。一是多山多林，可满足部分轻工业对木材的需求。福建是重点集体林区，南方 48 个重点林业县中，福建占 28 个，分布在南平、三明、龙岩等地区[③]。二是具备发展轻纺工业的水源和能源条件。福建西北部处于闽江中上游流域、九龙江上游流域、汀江流域及霍童溪、古田流域，水系发达，便于工厂用水和污水排放。受福建地形特点影响，河流汇流速度快，落差大，形成丰富的水力资源[④]。1951 年，古田水电站一级电站动工，至 1973 年 4 个梯级电站先后建成投产，该水

① 福建省轻工厅：《上海迁厂需由上海市和省共同研究决定的几个问题》（1965 年 12 月 14 日），福建省档案馆藏，档案号 184－11－23－26；《上海市纺织工业局与福建轻工业厅签订关于所属立丰印染厂等六厂迁往福建三明等地的协议书》（1966 年 6 月），上海市档案馆藏，档案号 B194－2－30。

② 上海市纺织工业局：《关于拟将上海静安棉纺织厂等七个厂搬往福建省的请示报告》（1965 年 6 月 14 日），上海市档案馆藏，档案号 B134－3－27－3；《20 日止上海迁厂工作进展情况》（1965 年 11 月 22 日），福建省档案馆藏，档案号 184－11－23－3；上海市经济计划委员会：《关于搬迁十一个工厂给福建省的通知》（1965 年 11 月 26 日），上海市档案馆藏，档案号 B134－3－27－1；福建省赴沪迁厂工作组：《迁入职工人数表》（1966 年 10 月 15 日），三明纺织厂档案室藏，档案号 1－15－25。

③ 福建省地方志编纂委员会编：《福建省志·林业志》，方志出版社 1996 年版，第 1 页。

④ 福建省地方志编纂委员会编：《福建省志·地理志》，方志出版社 2001 年版，第 94 页。

电站距离三明150多公里，可满足三明梅列地区用电①。三是多山间丘陵，能为上海小厂提供广阔的发展空间。福建向有“东南山国”之称，山地和丘陵面积占全省土地总面积的82.39%，其中山地占53%，丘陵占29%。山地丘陵所占比重在全国沿海各省区位居前列②。上海工厂搬到福建后，可以征地扩大规模，发展生产。

从各厂选址情况亦能反观福建发展轻纺工业的优势所在。

首先，以城市为依托，集中分布在三明市内。上海支援福建小三线工厂多以城市为依托，设于市区、城镇或近郊。其中，5家分布在三明和南平城区，分别是静安棉纺织厂、立丰印染厂、上海农药厂、泰昌胶合板厂与曙光锁厂，2家分布在龙岩市溪南镇，其余4家分别分布在三明市、建阳县、邵武县和政和县的近郊。例如永昌五金厂虽处在三明市郊台江，但该地距离所在城镇仅4公里。即使1971年再次搬迁到泰宁县王石坑，其距离县城也只5公里，且有公路连通③。

以城市为依托，一则便于利用城市已有工业基础，二则靠近市场。“大跃进”时期，三明被作为福建省重工业基地，新建了一批重化工业，三明钢铁厂、三明化工厂、三明化肥厂、重型机器厂等迅速投资建成，同时配套建设一批热电厂、水厂、机修厂、焦化厂以及铁路、桥梁等交通运输工程，进一步完善了三明水、电、道路等市政建设④。再加上20世纪60年代初期，上海曾支援三明一批轻工企业，将上海工厂迁入三明，可充分利用已有生产生活条件。

---

① 李扬强主编、古田县地方志编纂委员会编：《古田县志》，中华书局1997年版，第242页；伍洪祥：《福建工业建设史上的奇迹》，袁德俊主编：《崛起在沙溪河畔——忆三明建市初期迁明企业》，福建教育出版社2009年版，第3页。

② 福建省地方志编纂委员会编：《福建省志·地理志》，方志出版社2001年版，第1页。

③ 原三明市副市长、市委副书记余震岳：《三明市电子工业的兴起与发展》，袁德俊（主编）：《崛起在沙溪河畔——忆三明建市初期迁明企业》，福建教育出版社2009年版，第121页。

④ 伍洪祥：《伍洪祥回忆录》，中共党史出版社2004年版，第590页。

其次，沿鹰厦铁路布局，交通便利。上海支援福建小三线工厂中，有 8 家分布在邵武、三明、龙岩等鹰厦铁路沿线城市，分别是锦新丝织厂、静安棉纺织厂、立丰印染厂、永昌五金厂、泰昌胶合板厂、上海农药厂、经昌染织二厂与华光被单厂，其余几家虽不在铁路沿线，但也有较为便利的公路与鹰厦线相连接。位于三明的 5 家工厂，距火车站仅 5 公里。三明重型机器厂已建有铁路专用线过江桥梁，这 5 家工厂仅需与三明重型机器厂接通 2 公里的交通线，即可与鹰厦铁路相联结①。锦新丝织厂定于邵武市沿山公社鹤林坪，该地有公路直达②。勤余织造厂安排在南平市政和县安丰桥附近，该地交通便利，南出安丰大沟与南武公路相接，北进茫荡山，即闻名的"三千八百坎"古道③。据原勤余织造厂党总支书记王儒聪之子王健回忆，当时父亲将厂址定在南平，是因为这里有直达上海的火车④。这些工厂在选址时都遵循取交通之便的原则，沿铁路或公路布局。

第三，沿河谷布局，取水排水条件较好。落至三明的 5 家上海工厂皆位于沙溪河畔。勤余织造厂位于建溪河畔，靠近建溪安丰水电站⑤。锦新丝织厂所选地区为谷中盆地，依山傍水⑥。经昌染织二厂与华光被单厂设于龙岩溪南，靠近溪南溪⑦。立丰印染厂充分利用沙

① 福建省计委：《关于我省拟在三明建设印染厂请追列 1965 年基建计划的报告》(1965 年 2 月)，福建省档案馆藏，档案号 179 - 2 - 902 - 17。

② 宋育棠、沈金河：《福建省邵武丝绸厂简史》，政协邵武市文史资料征集研究委员会(编)：《邵武文史资料选辑》第 7 辑，内部出版，1986 年，第 70—80 页。

③ 吴民天：《昔日山区扎根，今朝纺织明星》，《难忘岁月—闽北小三线建设实录》，南平市政协文史资料委员会编：《南平市文史资料》第 5 辑，内部出版，1999 年，第 174 页。

④ 王健：《迁厂点滴回忆》，手稿，本文作者收藏，第 5—6 页。

⑤ 吴民天：《昔日山区扎根，今朝纺织明星》，《难忘岁月—闽北小三线建设实录》，南平市政协文史资料委员会编：《南平市文史资料》第 5 辑，内部出版，1999 年，第 174 页。

⑥ 宋育棠、沈金河：《福建省邵武丝绸厂简史》，政协邵武市文史资料征集研究委员会编：《邵武文史资料选辑》第 7 辑，内部出版，1986 年，第 70—80 页。

⑦ 林国平、邱季端主编：《福建移民史》，方志出版社 2005 年版，第 280 页。

溪河进行排水。该厂将污水清浊分道，分别处理，可达完全无害[1]。

总体而言，福建小三线具有良好的自然优势，能够为轻纺工业提供丰富的原材料、便利的水源和广阔的地理空间。尽管福建在社会经济方面不及上海，但也具备基本的城市基础和交通条件。唯一不足是福建不产棉花，沪闽两地在协商迁厂时也充分考虑了这一问题。例如围绕静安棉纺织厂搬迁问题，当时上海市计委、纺工局等领导曾有过讨论，有人指出，该厂规模大，所需原料多，但福建不产棉花，不宜将该厂迁入，提议仅支援技术力量和设备。也有人认为，上海原料也靠外地，且福建已在试种棉花，可将该厂迁入福建。当时福建省轻工业厅领导参观上海工厂时，发现该厂能够生产人造棉，可解决福建原料不足的问题，最终确定将该厂列入搬迁计划[2]。因此，从福建角度看，该省急需迁入一批轻纺工业，且具备发展轻纺工业的良好区位条件。

三、上海的支援中也包含自身调整与发展的需要

上海支援福建小三线不仅为了发展福建轻纺工业，而且也是上海工业结构调整与改造的需要，以及内迁厂自身长远发展的需要。

（一）上海工业结构调整需要。上海纺织工业历史悠久，1889 年上海机器织布局成立，开创上海近代纺织工业新纪元，至 20 世纪 60 年代已形成相当规模。1949 年，全市归并 22 个纺织行业，共有企业 4 552家。纺织行业门类齐全，1956 年全行业实行公私合营后，共有 15 个行业 4 000 多家企业[3]。60 年代，上海在原有基础上对纺织工业进

---

① 福建省轻工厅设计院：《三明印染厂扩大初步设计说明书》(1966 年 3 月)，福建省档案馆藏，档案号 184 - 11 - 417 - 178。

② 福建省三明纺织厂厂办：《有关迁厂工作材料》(1967 年 3 月 1 日)，三明纺织厂档案室藏，档案号 1 - 22 - 22。

③ 中国近代纺织史编委会编著：《中国近代纺织史》上卷，中国纺织出版社 1996 年版，第 261—273 页。

行技术改造和设备改建，机械化、半机械化程度达到88%。至1963年，上海大体形成轻纺工业比较完备的行业和产品体系，1965年上海轻纺工业产值已超过1960年的水平，达到142.66亿元[①]。

“大跃进”之后，上海面临精简城市工业和人口的现实压力。建成具有高度生产技术水平的中国综合性工业和科学技术基地，是调整时期上海的奋斗目标和具体任务。根据不同时期发展要求，上海从1956年至1963年先后进行3次大规模调整改组，裁并改合轻纺企业，加强机械和原材料工业等。公私合营后，针对轻工业户数过多、规模过小、零星分散、生产效率不高等情况，上海先后裁并改组6 093家企业。1958年，根据“充分利用，合理发展”方针，上海对一部分任务不足、生产过剩的老企业，采取转产、合并、填平补齐等改造措施，发展新兴行业。1961年后，贯彻中央经济调整战略，上海根据国家要求缩短工业和基建战线，加强金属加工业和原材料工业，减少城镇人口和精减职工[②]。1963年之后，上海仍然继续贯彻执行工业调整原则。

（二）内迁工厂自身发展的需要。沪闽两省市领导在讨论迁厂时，不仅考虑到上海工业结构调整问题，还有迁出厂的发展。时任福建省委书记叶飞向上海提出迁厂要求时称，“为有利于上海疏散人口和福建省的经济建设”，希望上海将一部分轻纺企业迁往福建，这些企业搬迁以后，上海生产规模相应缩减，但花色品种仍可保持[③]。当时上海市纺织工业局与福建省轻工厅领导根据福建省要求提出迁厂原则：“1. 有利于华东三线建设的迅速上马，搬迁设备力求配套、平衡；2. 有利于上海的改造，迁出厂尽量选择设备比较完好而厂房条件较差的工

① 孙怀仁主编：《上海社会主义经济建设发展简史（1949—1985年）》，上海人民出版社1990年版，第303页。

② 贺贤稷主编、上海轻工业志编纂委员会编：《上海轻工业志》，上海社会科学院出版社1996年版，第8—9页。

③ 上海市纺织工业局：《关于福建拟迁一部分纺织企业的报告》（1965年6月25日），上海市档案馆藏，档案号B134-3-27-8。

厂；3. 迁出厂以生产内销产品为主，迁出后不影响上海的品种，并力求不影响外销。”[①]时任纺工局局长张惠发的讲述补充了该迁厂原则，“郊区厂一律不外迁，只迁市区”[②]。市区工厂受空间限制，外迁对其发展更加有利。故上海支援福建小三线建设是建立在不影响上海产品结构、有利于内迁厂长远发展、有利于上海工业结构调整基础上的。

最终迁入福建小三线的上海工厂基本符合上述原则，大多是里弄工厂，设备不是很先进，且在上海发展受到原料、发展空间等限制。例如泰昌胶合板厂在上海的问题是原料无法供应。据 1965 年统计，泰昌胶合板厂所需木材均来自东北，每年耗用原木 9 000 立方米。“大跃进”之后，上海轻纺工业某些原料、能源、运输面临困难，原木供应不能正常从东北运沪，导致该厂生产无法进行[③]。福建多山多林的资源条件正好符合该厂发展需要。

曙光锁厂和锦新丝织厂在上海的问题则是厂房和福利设施过于简陋。南平地区派往上海参观的程利田曾这样描述锦新丝织厂的生产、生活环境：“厂区是在弄堂的旧木板平房内，楼上、楼下（鸽楼式）布满织机，非常拥挤，光线又很差，生产条件很简陋，织机都是老旧的，抽丝还是靠手工操作。至于生活设施更差，没有职工宿舍，职工们都是分散居住。”他认为该厂在上海由于受客观条件限制，“如再发展有一定的困难”，且职工在这种简陋的条件下生产、生活，“实在太辛苦了”[④]。曙光锁厂与锦新丝织厂类似，行政办公室、主车间和福利建筑

---

① 上海市纺织工业局：《关于拟将上海静安棉纺织厂等七个厂搬往福建省的请示报告》（1965 年 6 月 14 日），上海市档案馆藏，档案号 B134－3－27－3。

② 福建省三明纺织厂厂办：《有关迁厂工作材料》（1967 年 3 月 1 日），三明纺织厂档案室藏，档案号 1－22－51。

③ 福建省赴沪迁厂工作组：《20 日止上海迁厂工作进展情况》（1965 年 11 月 22 日），福建省档案馆藏，档案号 184－11－23－3；原三明胶合板厂副厂长王昌鸾：《三明胶合板厂迁厂前后》，袁德俊主编：《崛起在沙溪河畔：忆三明建市初期迁明企业》，福建教育出版社 2009 年版，第 145 页。

④ 程利田：《赴沪商谈迁厂的经过》，《难忘岁月—闽北小三线建设实录》，南平市政协文史资料委员会编：《南平市文史资料》第 5 辑，内部出版，1999 年，第 24—26 页。

均利用原有民房，车间内没有特殊通冷措施，夏季天气较热；厂区周围无福利建筑和职工宿舍，工人及家属住房均分散于市内[①]。

即使是规模最大的静安棉纺织厂，迁入福建也更有助于其自身发展。据时任该厂厂长顾以强讲述，之所以只将纺织车间迁出，而留下印染车间，是因为印染车间规模比较大，纺纱和织布车间与印染车间不配套，"所以它（笔者注：印染车间）是吃不饱的，还要其他单位供应它布"。同时他还提到其他规模比较小的厂，如立丰印染厂、锦新丝织厂等，"我理解呢，对双方都有利的。这些厂在上海，发展可能性比较小，受到各种条件限制，到那边去可以扩张"[②]。

上海工厂迁入福建后，与福建已有工业资源进行整合，共同推动了福建小三线的发展。静安棉纺织厂和立丰印染厂在行业内部属于上下游企业。福建省考虑这一点，将两厂地址均选在三明列东，利用原特殊钢车间周围的土地，作为两厂生产区，毗邻而建，极大便利了上下游企业之间的合作与沟通。福建省同时对上海迁入工厂缺乏的设备进行填平补齐，对工厂生产的产品依照福建需要重新规划，对技术进行升级改造。如立丰印染厂在上海时，部分设备依靠外厂协作，部分设备不能拆迁，迁至福建需要填补的设备有煤气站、次氯酸钠设备、碱回收设备、动力设备、胶体研磨机、汽车等。为适应福建省穿衣需要，改变某些产品品种需要增加的设备如丝光机、烘干机、平洗机、烫布锅等。技术改造主要项目包括硫化轧染机的蒸化、皂蒸设备以及树脂整理的轧车等，在流程上漂炼部分增添绳洗机，达到连续化生产[③]。

由此可见，上海对福建小三线建设的支援，是基于经济协作基础上的一次工业调整。它既是福建的需要，也是上海的需要，还是内迁

---

① 《曙光锁厂基本情况》（1965 年 11 月 22 日），福建省档案馆藏，档案号 184-11-23-3。

② 笔者采访顾以强记录，时间：2018 年 5 月 14 日，地点：上海平型关路顾以强家。

③ 福建省轻工厅：《三明印染厂设计任务书》（1966 年 3 月），福建省档案馆藏，档案号 184-11-417-1。

工厂本身发展的需要。上海工厂确定迁入后，福建充分利用工厂本身的协作关系，并结合本地资源进行选址重建，结合市场需要进行填平补齐，实现了资源的有效整合，有利于上海工厂和福建小三线的整体发展。

四、结语

三线建设是一场以备战为中心的国家战略，但上海对福建小三线的支援却属于地区经济协作性质，与备战并无关联。究其原因，上海支援福建小三线是历史上沪闽经济往来的延续，是福建和上海经济发展的共同需要。适逢国家三线建设政策出台，福建将其与军工项目捆绑列入三线规划。笔者推断，这可能是"借势行事"，旨在减小动员工作的阻力，能够最大程度调动职工支内的积极性。

除历史因素、经济因素外，上海对福建小三线建设的支援，还是地方领导人积极推动的结果。陈丕显 1960 年福建一行，拉开了沪闽之间展开大规模迁厂的序幕，同时影响了三线建设时期上海支援福建的决定。据时任三明市委书记张维兹称，陈丕显遵守承诺，纺织厂、印染厂、食品厂、衬衫厂、胶合板厂、标准件厂、皮鞋厂等 20 余家工厂便是在此次协商后决定搬迁，填补了三明轻工业生产的空白①。其中纺织厂、印染厂、胶合板厂、标准件厂均为三线建设时期上海迁入。

当然我们不能因此否定三线建设的军事目的。当时中国面临的国际局势可谓四面受敌，南面美国插手越南的侵略战争逐步升级；北面苏联多次派兵进驻边境地区；西南面印度军队悍然向中国领土入侵。国家内部国民党军队屡次从台湾海峡窜扰大陆。国家强调应加强备战，提出"备战、备荒、为人民"的战略口号，践行"靠山、分散、隐

① 袁德俊：《崛起在沙溪河畔：忆三明建市初期迁明企业》，福建教育出版社 2009 年版，第 18 页。

蔽、进洞”的选址原则，三线建设备战动机显而易见。本文关于上海支援福建小三线建设的研究，揭示了三线建设并非只有备战一个面相，在地方实践过程中呈现出复杂而多元的特点。

（本文作者：刘盼红、陈琳，原刊于《上海党史与党建》2024年第4期，部分内容有所修订。陈琳为三明市档案馆编研开发科科长。）

三、福建小三线建设特点及其影响研究

刘盼红

20世纪60～80年代，党中央在内地13个省区开展了一场以战备为中心、以工业交通和国防科技为基础的三线建设运动，同时在全国28个省区市腹地建设小三线①。目前学界关于三线区域个案研究已经较为成熟，形成四川、重庆、贵州、青海、甘肃、宁夏、湖北、陕西、山西、辽宁、上海、安徽、江西、福建、广西等区域研究网络②。三线建设工业门类均以军工及军工配套项目为主，辅之以学校、医院、运输、管理机关等服务项目，由国家或地方政府投资建设。但福建小三线具有特殊性，工业门类除以上项目外，还包括不少与战备无关的民用企业；资金方面除国家和地方政府投资外，还引入了华侨投资，这些都揭示了三线决策在落地过程中的多元性和复杂性。已有的关于福建小三线研究，多介绍其建设过程，③或聚焦企业布局问题④。本文就整个福建小三线的特点及其成因、影响作进一步探讨，以期丰富全国三线建设研究内容。

一、福建小三线建设的特点

相比较全国，福建小三线建设开展时间较早、项目结构不同、资金

---

① 冯明等：《三线建设历史回眸》，《中国社会科学报》2022年7月4日。

② 相关研究例如秦颖：《三线建设中的土地征用问题研究——以四川816工程为例》，《当代中国史研究》2021年第2期；张勇：《三线建设移民的内迁、去留与身份认同——以重庆地区移民为重点》，《贵州社会科学》2019年第12期；周晓虹：《口述史、集体记忆与新中国的工业化叙事——以洛阳工业基地和贵州"三线建设"企业为例》，《学习与探索》2020年第7期；周明长：《三线建设与宁夏城市化》，《宁夏社会科学》2018年第3期；徐有威等：《得失之间：江西小三线"军转民"问题研究》，《安徽师范大学学报（人文社会科学版）》2020年第4期；徐有威等：《2021年三线建设研究述评》，《三峡大学学报（人文社会科学版）》2022年第5期；崔海霞：《小三线建设研究论丛》第八辑《飞地：上海小三线社会研究》，上海大学出版社2022年版等。

③ 钟健英：《六十年代福建的"小三线"建设》，《福建党史月刊》1998年第5期；谷桂秀：《闽北的小三线建设及其对当前经济建设的借鉴意义》，《福建党史月刊》2012年第21期；贺明：《上海支援福建小三线建设及其时代启示》，《上海党史与党建》2019年第6期。

④ 叶青等：《福建小三线建设企业布局及其特点刍议》，《当代中国史研究》2019年第1期。

来源多元。福建是最早完成全面部署后方建设工作和设立三线建设领导机构的一、二线省份，领先于全国其他小三线地区。福建小三线建设不仅包括军工及配套项目，还包括与军工及配套项目同等数量的民用项目。这在全国三线建设中比较罕见，也直接影响了该省小三线建设资金构成。

（一）开展时间较早，领先于全国其他小三线地区

目前学界比较熟知的是广东省率先提出小三线建设并作为典型推广至全国。但实际上，福建与广东均是较早开展小三线建设的省份，前者甚至更早完成全面部署后方建设工作、更早设立三线建设领导机构。

1964 年 6 月，毛泽东主席在中央政治局常委扩大会议上指出，"沿海各省要搞些手榴弹、炸药厂、军工厂，讲了几年了，都没有搞起来，打起仗来，不能等二、三线给运去。每个省都要有一、二、三线嘛！"[①]次月，毛泽东在听取周恩来等汇报工作时，再次提出"各省要搞兵工厂"[②]。福建省委于 8 月 26 日召开扩大会议，分析当前小三线建设与过去战备思想的不同。过去主要考虑海上防登陆、天上防空降、地上防暴乱，仅仅局限于建设军工厂、公路和仓库等，没有打大仗的思想准备；当前应做好早打、大打、独立作战的准备，建设一个政治、军事、经济、文化各方面独立自主的后方。福建省委要求各级党委有计划地进行地方小型军工建设，加强老革命区和山区的建设工作[③]。广东省也于 8 月份作出指示：一方面立即专门组织人员进行深入调研，并作实地勘察之后，组织有关专家和工业部门的负责人反复论证；另一方面要求各地区行政公署、专署和自治州计委，提出 1965 年"小三线"建设的意见，

---

① 毛泽东在中央政治局常委扩大会议上的讲话要点，1964 年 6 月 8 日，陈夕：《中国共产党与三线建设》，中共党史出版社 2014 年版，第 52 页。

② 毛泽东在听取周恩来等汇报工作时谈话的要点，1964 年 7 月 2 日，陈夕：《中国共产党与三线建设》，中共党史出版社 2014 年版，第 54 页。

③ 中共福建省委党史研究室：《50 年 · 50 事——1949—1999 年福建大事实录》，中央文献出版社 1999 年版，第 202 页。

并于 1964 年 8 月 15 日前报到省计委①。

1964 年 9 月，福建省委又在福州召开常委会议，全面部署福建后方建设工作。会议划定了三线地区范围，即第一线为福州、厦门、漳州、泉州沿海地区；第二线为鹰厦线南段，由建瓯、南平至漳平、龙岩地区；第三线为闽赣边区，武夷山以南，鹰厦线以西，包括长汀、连城、清流、宁化、建宁、泰宁、光泽、邵武、顺昌、建阳、松溪、政和一带。会议要求充分利用闽西、闽北的有利地形，采取靠山、分散、隐蔽、打洞等措施，一面将沿海地区的重要企事业单位分批迁往二、三线，一面加强二、三线建设，在三至五年内实现这一战略任务。会议还确定了第一批迁建工厂、高校、医院，以及国防公路、发电站、物资仓库建设项目②。

而广东省相关工作直到该年 10 月才正式部署完成。1964 年 10 月 18 日，广东省委向中央和中南局呈送关于国防工业和三线备战工作的请示报告，全面研究和部署了广东后方建设工作。正是这份报告引起中央领导人的注意，毛泽东阅后写下批语，“广东省是动起来了”，请周恩来等人谈谈“是否可以将此报告转发第一线和第二线各省，叫他们也讨论一下自己的第三线问题，并向中央提出一个合乎他们具体情况的报告”③。10 月 29 日，周恩来、罗瑞卿亲自草拟了关于一二两线各省、市、区建设自己后方和备战工作的报告，提出相关工作要求和基本原则，敦促一、二线的各省、市、自治区于 12 月提出后方建设和备战工作具体规划④。经中共中央同意并转发，一、二线的各省、市、自治区纷纷效仿广东经验，轰轰烈烈的小三线建设运动由此发端。

---

① 中共广东省委党史研究室：《中国共产党广东历史》第 2 卷，中共党史出版社 2014 年版，第 621 页。

② 中共福建省委党史研究室：《50 年 · 50 事——1949—1999 年福建大事实录》，中央文献出版社 1999 年版，第 202—203 页。

③ 毛泽东对广东省委关于国防工业和三线备战工作的请示报告的批语，1964 年 10 月 22 日，陈夕：《中国共产党与三线建设》，中共党史出版社 2014 年版，第 93 页。

④ 周恩来、罗瑞卿关于一二两线各省、市、区建设自己后方和备战工作的报告，1964 年 10 月 29 日，陈夕：《中国共产党与三线建设》，中共党史出版社 2014 年版，第 96—98 页。

由上可知，福建与广东几乎同时意识到加强后方建设的紧迫性，福建甚至更早全面部署后方建设工作。闽、粤两省共同开启了全国小三线建设运动。

（二）项目结构不同，军工企业与民用企业并举

1964 年 9 月的福建省委常委会议，除划定该省三线地区范围，还确定了三线建设的基本原则，即平时和战时相结合、军工生产和民用生产相结合、远期和近期相结合①。根据这一原则，福建新建、迁建与改扩建军工企业约 22 家；迁建民用企业约 22 家。具体名单如下。

表 1　福建小三线军工企业一览表(据不完全统计)

序号	厂　　名	地址	序号	厂　　名	地址
1	永安机械厂	永安	12	三明锻冲件厂	三明
2	永安化工厂	永安	13	515 库	三明
3	建设机器厂	宁化	14	755 库	三明
4	革新机器厂	宁化	15	东海机电厂	三明
5	烽林机器厂	明溪	16	前线机电厂	明溪
6	龙江化工厂	龙岩	17	前进机电厂	泰宁
7	风动工具厂	龙岩	18	前卫机电厂	顺昌
8	红旗机器厂	长汀	19	红卫机电厂	顺昌
9	洪流机器厂	清流	20	红波机电厂	南平
10	福建机械厂	清流	21	东风机电厂	南平
11	福建工模具厂	三明	22	红光机电厂	南平

资料来源：《关于调整小三线军工厂职工、家属粮油定量的通知(1978 年 8 月 15 日)》，三明市档案馆：158－28－4－68。

① 中共福建省委党史研究室：《50 年・50 事——1949—1999 年福建大事实录》，中央文献出版社 1999 年版，第 202—203 页。

福建是第一批中共中央批准建设地方军工项目的省份之一。1964年9月21日，国防工办主任罗瑞卿在给毛泽东主席、中共中央并中央军委的报告中提出："第一步规模先搞小一点，三年内建设起来，然后再根据形势的发展，安排第二步。"要求处于战备前线和沿海的省区，如新疆、云南、广东、广西、福建、浙江等，尽可能搞快一点。首批建设项目包括半自动步枪、枪弹、手榴弹及地雷、迫击炮等。次年6月16日，中共中央批转罗瑞卿《关于小三线建设问题的报告》，提出增加建设项目，作为第一批建设项目的配套，福建省也在增建项目较多的省份之列[①]。

1965—1966年，福建陆续新建、改建或迁建6家军工项目，包括半自动步枪厂、枪弹厂、冲锋枪厂、硝酸炸药厂、雷管厂、手榴弹及地雷厂；新建5家军工配套项目，包括硝酸铵厂、火电厂、工模具厂、锻冲件厂、110千伏输变电线路[②]。至1979年，福建小三线共建成约22家军工及军工配套项目。如漳州仪表机床厂于1970年改归福建省国防工办管辖，易名为福建电信专用设备厂，次年更名为东海机电厂，1973年由漳州搬迁至三明[③]。

表2　福建小三线民用企业一览表(据不完全统计)

福建沿海迁厂					
序号	厂　　名	地址	序号	厂　　名	地址
1	厦门杏林农药厂	三明	3	福州电池厂	南平
2	福州机器厂、漳州内燃机配件厂	三明	4	泉州木工机床厂	邵武

① 庞高鹤：《地方军事工业》，内部刊物，1992年，第17—19页。

② 福建省计委：《1965年小三线建设计划执行情况表(1965年5月)》，福建省档案馆：179-1-140-41。

③ 袁德俊：《崛起在沙溪河畔——忆三明建市初期迁明企业》，福建教育出版社2009年版，第165页。

续　表

福建沿海迁厂					
序号	厂　　名	地址	序号	厂　　名	地址
5	泉州蓄电池厂	建阳	9	厦门电机厂	南平
6	福州机床厂	三明	10	福州第一塑料厂	三明
7	福建林业机械厂	南平	11	福州轮胎厂	邵武
8	福州电线厂	南平			
上海迁厂					
序号	厂　　名	地址	序号	厂　　名	地址
1	静安棉纺织厂	三明	7	曙光锁厂	南平
2	立丰印染厂	三明	8	泰昌胶合板厂	三明
3	经昌染织二厂	龙岩	9	永昌五金厂	三明
4	华光被单厂	龙岩	10	上海农药厂	三明
5	勤余针织厂	南平	11	桃浦化工厂	建阳
6	锦新丝织厂	邵武			

资料来源：参考黄腾飞：《福建小三线建设研究(1964—1978)》，福建师范大学 2018 年硕士学位论文，第 130—131 页。

福建小三线除军工及军工配套项目外，还包括从福建沿海和上海迁建的民用企业。福建沿海迁入民用企业约 11 家，来自厦门、福州、泉州、漳州等地，主要迁入三明、南平、邵武、建阳等小三线地区，涉及化学、机械、电力、轻工等多个门类。例如福州机床厂的齿轮工段于 1966 年 7 月内迁三明，10 月正式建立福建省三明齿轮厂，同时从福建农械厂、三明机床厂抽调部分业务骨干，从社会招收百余名职工[①]。

① 袁德俊：《崛起在沙溪河畔——忆三明建市初期迁明企业》，福建教育出版社 2009 年版，第 116 页。

上海迁厂项目为省市支援关系，由福建省计委与上海市经委联合向华东局计委等提出，再由上海计委副主任在国家建委召开的迁厂会议上请示，得到口头同意后被列入1966年福建小三线迁厂计划。上海迁入福建小三线共11家民用企业。其中，市纺织局所属企业有6家，分别是立丰印染厂、经昌染织二厂、华光被单厂、勤余针织厂、锦新丝织厂、静安棉纺织厂纺部车间和织部车间；市轻工局所属企业有3家，分别是曙光锁厂、泰昌胶合板厂、永昌五金厂；市化工局所属企业有2家，分别是上海农药厂敌百虫车间、桃浦化工厂樟脑车间①。上海迁厂涉及职工约3 891人，家属约5 709人。规模最大的是静安棉纺织厂，有职工1 362人，家属约2 000人②。

这些民用企业迁入福建小三线后，大部分继续生产民用产品，只有少数合并改建为军工性质，生产军工产品。如厦门杏林农药厂与上海农药厂的敌百虫车间合并成立三明农药厂③。1971年，三明市革委会又将三明市电化厂并入，三明农药厂逐步形成磷、氯、碱初步配套的农药化工产业体系④。静安棉纺织厂、立丰印染厂迁入三明后，分别更名为三明纺织厂、三明印染厂，生产的"奔鹿牌"细纱、"跳鲤牌"大红布在当时的福建享誉盛名。仅少数改为军工性质，例如曙光锁厂迁入福建南平后，并入福建无线电厂；永昌五金厂迁入福建三明后，更名为三明无线电元件厂，均逐渐划归国防工办。

福建小三线军工企业与民用企业并举，与全国其他三线地区存在差异。以大三线地区四川为例，该省共兴建攀枝花钢铁公司、长城钢厂、长江起重机厂、东方汽轮机厂等450家企业，涵盖机械、冶金、化

---

① 福建省赴沪迁厂工作组：《20日止上海迁厂工作进展情况(1965年11月22日)》，福建省档案馆：184-11-23-3。

② 王毅：《四川三线建设企业布局与工业发展刍议》《当代中国史研究》2020年第3期。

③ 福建省计委：《复三明农药厂乐果车间设计任务书(1965年5月4日)》，福建省档案馆：179-11-1167-46。

④ 袁德俊：《崛起在沙溪河畔——忆三明建市初期迁明企业》，福建教育出版社2009年版，第113页。

学、电子、能源、兵器、航空、航天、船舶及核工业等工业门类[①]。即使是小三线地区亦不例外。1964 年 11 月，中共中央批转周恩来、罗瑞卿关于一二线各省、市、区建设自己后方和备战工作的报告，报告明确指出一二线后方建设工作包括地方军工厂；小煤矿、小电站和修配工厂等配套项目；公路、桥梁、渡口、通讯线路等基础设施；粮食、原盐和汽油等战略物资仓库；后方农业建设；医院和学校；省委和军区领导机关的防护工程[②]。由此可见，无论大、小三线建设，工业门类均以军工为主，辅之以学校、医院、运输、管理机关等服务项目作为配套，而福建小三线除军工项目外，还迁建了与军工项目同等数量的民用项目，比较罕见。

（三）资金来源多元，国家投资、省投资、部门自筹与华侨投资结合

项目门类影响了资金构成，福建小三线建设资金投入包括国家投资、省投资、部门自筹和华侨投资多种类型。其中，上海迁厂几乎全部为华侨资本。这既是福建省将地方民情与国家政策相结合的结果，也是福建小三线建设区别于全国其他地区的地方。

1966 年 5 月，福建省轻工业厅根据省委要求，制订 1966 年福建小三线轻纺工业基建计划，规定了资金来源及其数额[③]。

表 3　1966 年福建省轻工业厅小三线基建计划　　单位：万元

项目名称	总投资	1965 年已投资	1966 年计划	资金来源
总计			2 253.2	
一、纺织			1 552	

---

① 王毅：《四川三线建设企业布局与工业发展刍议》，《当代中国史研究》2020 年第 3 期。

② 中共中央批转周恩来、罗瑞卿关于一二线各省、市、区建设自己后方和备战工作的报告，1964 年 11 月 3 日，陈夕：《中国共产党与三线建设》，中共党史出版社 2014 年版，第 96—97 页。

③ 《福建省轻工业厅下达 1966 年基本建设计划的通知（1966 年 5 月 21 日）》，三明纺织厂档案：1 - 15 - 3。

续 表

项目名称	总投资	1965年已投资	1966年计划	资金来源
南平人[化]纤厂	508	108	400	华侨投资
上海迁厂	1 382	255	1 127	华侨投资
厦门纺织厂	404	338	25	省投资
二、轻工			701.2	
三明彩印厂	106	56	50	华侨投资
莆田糖厂	260	0	260	国家投资
漳州罐头厂	70	0	70	国家投资
福州纸厂	374.55	161.55	213	华侨投资
德化瓷厂			84	部门自筹34万元 国家投资50万元
霞浦东安盐坊			15.7	部门自筹
龙岩纸厂			5	省投资
龙溪盐业公司			3.5	国家投资

资料来源：《1966年基本建设计划表(1966年5月21日)》，三明纺织厂档案：1-15-5。

据表3，福建省轻工业厅计划1966年在小三线轻工业领域投资701.2万元，在小三线纺织工业领域投资1 552万元，共计2 253.2万元。其中，华侨投资共计1 790万元，占该年计划总投资的80%；国家投资共计383.5万元，占该年计划总投资的17%；部门自筹共计49.7万元，占该年计划总投资的2%；省投资共计30万元，占该年计划总投资的1%。

就整个福建小三线建设而言，1965年实际总投资3 274.76万元，其中国家投资2 627.1万元，占该年实际总投资的80%；地方投资

647.66万元，占该年实际总投资的20%。1966年计划投资6 136.5万元，其中国家投资3 566.5万元，占该年实际总投资的58%；地方投资2 570万元，占该年实际总投资的42%①。这里的地方投资包括省投资、部门自筹、华侨投资，在1966年计划投资中与国家投资几乎持平。

一般而言，三线建设以军工项目为主，筹建资金主要从国家财政中支出。四川三线企业第二重型机器厂是国家重点建设项目之一，至1980年国家累计投资4.95亿元②。上海小三线建设在皖南徽州、宣城、安庆3个专区和浙西临安县境内建成81家全民所有制独立单位，国家共投资7.52亿元③。上海支援江西小三线20个项目，全部由上海机电一局、化工局、冶金局、仪表局等包建包产，国家投资近2亿元④。福建小三线投资规模不大，但在资金来源上却呈现多元化的特点，反映了三线建设战略在落地过程中的复杂面貌。

除此之外，福建小三线建设还在原有工业基础、工业布局等方面有别于全国其他地区。三线建设地区原有工业基础往往比较薄弱，如攀枝花三线建设者吴忠仕回忆称，来之前这里只有几户人家，居无定所，水电不通，道路闭塞⑤。福建小三线建设前已具备一定生产条件，如南平已拥有南平电机厂、南平铝厂、南平化纤厂等大型企业，三明在“大跃进”时期被列为福建省重工业基地，至60年代中期已建有三明钢铁厂、三明化工厂、重型机器厂等重化工业。再加上20世纪60年代初期，上海曾支援三明一批轻工企业，包括糖果厂、内衣厂、制鞋厂、

---

① 福建省计委：《1965年小三线建设计划执行情况表(1965年5月》，福建省档案馆：179-1-140-41。

② 王毅：《四川三线建设企业布局与工业发展刍议》，《当代中国史研究》2020年第3期。

③ 中共上海市委党史研究室等：《口述上海：小三线建设》，上海教育出版社2013年版，第9页。

④ 张志军等：《成为后方：江西小三线的创设及其初步影响》，《江西社会科学》2018年第8期。

⑤ 张勇：《多维视野中的三线建设亲历者》，上海大学出版社2019年版，第79页。

印刷厂等[①]。福建小三线充分利用已有工业基础进行工业布局，工业区靠近城市，交通便利[②]。

二、福建小三线建设特点成因分析

福建小三线建设之所以呈现以上特点，与福建独特的自然地理环境和人文环境有关，与沪闽之间长期经济往来的历史有关，还受到新中国成立初期福建工业规划和城市规划的影响。

（一）与福建独特的自然地理环境和人文环境有关

一方面，福建位居东南沿海前线，与台、澎、金、马诸岛隔海相望，长期处于作战状态，影响着该省小三线建设时间进度和项目结构。

福建能够较早对国家三线建设战略作出反应，与其独特的自然地理环境休戚相关。首先，作为前线省份，福建备战意识浓烈。新中国成立后，国民党残余军队不断侵扰中国大陆特别是东南沿海地区。福建与台湾岛隔海相望，成为同国民党军进行军事斗争的焦点地区。福建一直具有较强的备战观念。其次，福建在备战方面已具备一定的组织基础。1956 年 7 月组建福州军区，辖福建、江西军区和公安、边防、内卫、水兵等部队，并领导、指挥两省境内的野战军部队。次年成立福建省军区，除领导各军分区和守备、边防、内卫部队外，并领导民兵和兵役工作。这为迅速建立起高效统一的小三线建设领导机构准备了条件。最后，前期备战工作为快速开展小三线建设提供了直接的防御基础和经验参考。1962 年支前运动中，驻闽部队开始大规模的国防工程建设，构筑了以坑道为骨干，与永久性、半永久性掘开式工事及野战工事相结合的防御阵地，同时加紧人民防空工程建设，在各个人防重

① 伍洪祥：《伍洪祥回忆录》，中共党史出版社 2004 年版，第 590 页。

② 叶青等：《福建小三线建设企业布局及其特点刍议》，《当代中国史研究》2019 年第 1 期。

点城市构成具有一定抗力的、平战结合的地下防空工程体系[①]。因此当1964年6月毛泽东提出每个省建设小三线时，该省早有准备，首当其冲。

福建自然地理环境还影响着该省小三线建设项目结构。1964年6月，毛泽东指出沿海各省也要搞手榴弹、炸药厂、军工厂。闽西、闽北相对福建沿海属于内陆，根据小三线要求，福建在闽西、闽北地区新建、迁建与扩建一批军工企业。但福建总体属于沿海前线，闽西、闽北实际上是"危险的后方"。出于安全考虑，上海不可能将重要的工业项目迁入该地。据三明标准件厂(1969年由三明金属制品厂抽调部分职工成立)副厂长傅振华分析，上海将很多重工业迁到西南、西北地区，迁到福建的一般是轻纺小厂，原因在于福建是前线，重工业迁过来并不安全[②]。

另一方面，福建是全国重点侨乡，独特的人文环境影响了该省小三线建设资金的构成。

据福建省华侨事务委员会于1955年编制的《本省华侨分布情况》统计，全省华侨人数约为368万。据1989年不完全统计，福建籍华侨、华人数目约有884万，占全国华侨、华人总数的约35%，分布在世界100余个国家和地区[③]。福建省于1952年开始采取各种优惠政策，辅导华侨回国投资，参加侨乡建设。该年7月，福建省华侨投资股份有限公司成立，主要业务是引导华侨、侨眷投资本省地方工业和其他生产建设事业，使华侨投资的企业纳入国家经济建设计划，促进侨乡经济繁荣。1957年8月，国务院公布华侨投资于国营华侨投资公司的优待办法后，福建华侨投资股份有限公司改为国营福建省华侨投资公

---

① 福建省地方志编纂委员会：《福建省志·军事志》，新华出版社1995年版，第9页。

② 据2018年4月15日笔者对傅振华的访谈记录。

③ 福建省地方志编纂委员会：《福建省志·华侨志》，福建人民出版社1992年版，第26、191页。

司。自1952年至1967年，华侨投资公司在福建省的27个县市中新建、扩建47个工矿企业[①]。在福建省轻工业厅1966年小三线建设计划投资构成中，华侨投资名列前茅，这是福建省充分利用本省华侨资源优势的结果。

（二）与沪闽之间长期经济往来历史上和领导人的推动有关

上海迁厂是福建小三线建设的重要组成部分，福建省也高度重视上海迁厂工作，1966年8月，将上海的静安棉纺织厂、立丰印染厂、经昌染织二厂、华光被单厂、勤余针织厂、锦新丝织厂，与福建的莆田糖厂7家单位复建工程，列为福建小三线建设重点项目[②]。因此，专门讨论上海迁厂的原因，对于分析福建小三线建设特点成因尤为关键。

上海向福建小三线大规模迁厂，可以说是历史上沪闽经济往来的延续。沪闽之间开展经济贸易由来已久，早在近代以前，沪闽两地便开展以粮、棉、丝、烟草、糖、木材、纸张等为主要品类的帆船贸易。鸦片战争后，上海替代广州成为新的贸易重心，沪闽之间贸易往来更为密切[③]。两地长期贸易交流，为三线建设时期上海迁厂提供了深厚的历史根基。

新中国成立后，沪闽贸易往来被纳入国家计划轨道。1957年，中央批准成立由上海、江苏、浙江、福建、山东、江西六省市组成的华东协作区，要求上海以协作区为平台，发挥技术、设备、人才和资金等方面优势，尽可能给予其他地区支持[④]。次年7月20日，上海局召开上海与福建各省经济协作会议。会议同意在上海局领导下成立经济协作委员会，研究地方经济协作问题，组织物资交流和互相支援，加强联系

---

① 林国平等：《福建移民史》，方志出版社2005年版，第394页。

② 福建省轻工业厅：《关于我厅系统1966年基本建设上半年计划执行情况与下半年部署的意见（1966年8月8日）》，三明纺织厂档案：1-15-7。

③ 高红霞：《上海福建人：1843—2008》，上海人民出版社2008年版，第21—26页。

④ 上海市计委综合计划处：《关于上海市与华东六省的经济协作情况（1957年）》，上海市档案馆：B29-1-252-1。

和交流工作经验[①]。根据经济协作会议精神，上海与福建之间展开广泛的经济协作。据不完全统计，1959—1960 年双方共达成经济协作 8 次。上海支援福建设备、技术和人才，福建为上海提供大量原材料和广阔市场[②]。

自第二个五年计划至 20 世纪 60 年代早期，共有两批上海工厂迁闽。1959 年，上海外迁上海锯木厂、普陀锯木厂、三星糖果厂至福建[③]。1960—1961 年，上海迁入福建裕成昌丝绸厂、长宁印刷厂、傅振兴锁厂、奇美衬衣厂、永久皮鞋厂、金星玻璃厂、中国金属制品厂、茂雄化工厂、兴华橡胶厂、大同印刷厂、星火有线电器厂和合成兴铁工厂等 22 家工厂，涉及门类包括轻工业、机械工业、化学工业、出版行业、邮电燃料等[④]。上海纺织工业历史悠久，至 20 世纪 60 年代形成了轻纺工业比较完备的行业和产品体系。上海充分发挥工业优势，60 年代前后两次迁厂均以轻工业为主，初步解决了福建工业建设中的门类配套问题，同时为福建小三线上海迁厂创造了条件，使得后者在具体迁建工作中有迹可循。

值得一提的是，福建小三线上海迁厂离不开两地领导人的积极推动。时任上海市委书记陈丕显，出生于福建省长汀县南阳区（现福建省上杭县南阳镇，1951 年至 1997 年隶龙岩地区专员公署）。他回馈桑梓情意浓，始终心系家乡发展和民众生活，并且其与当时福建省委书记叶飞、福建省委副书记梁灵光均为老战友、老同事。陈丕显与叶飞

---

① 中共中央上海局经济协作委员会办公室：《关于送上海市对华东六省计划执行情况和计划外互相支援情况表的函（1958 年 7 月 20 日）》，上海市档案馆：B76-3-260-166。

② 中共上海市委党史研究室：《上海支援全国（1949—1976）》上，上海书店出版社 2011 年版，第 115 页。

③ 中共上海市轻工业局党组、中共上海市经济计划委员会：《关于上海锯木厂、普陀锯木厂、三星糖果厂外迁福建生产的报告（1959 年 4 月 25 日）》，上海市档案馆：B163-2-760-1。

④ 福建省计划委员会：《关于上海迁厂问题等文件（1960 年 12 月 31 日）》，福建省档案馆：179-2-690-57；福建省轻工业厅：《请批准将上海新光玩具厂调换中国金属制品厂迁来三明市（1960 年 12 月 10 日）》，福建省档案馆：179-5-1077-69。

相识于抗日战争时期，两人均在新四军工作。军旅数载，战友情深，叶飞在追忆陈丕显文中写道：“多年共事，相知很深，追怀往事不胜感慨。”[①]陈丕显与梁灵光亦相识于抗日战争时期，属上下级关系[②]。1960 年 4 月，陈丕显代华东局第一书记柯庆施赴福建考察工作，其间与福建省领导口头达成迁厂协议。其中就包括三线建设时期上海迁入福建的纺织厂、印染厂和胶合板厂[③]。

（三）受福建工业规划和城市规划的影响

第二个五年计划时期福建工业规划和城市规划，也对该省三线建设项目结构与投资结构产生影响。

1958 年，中央发出“要在 15 年左右的时间内，在钢铁和其它重要工业产品产量方面赶上和超过英国”的号召，全国掀起大炼钢铁运动[④]。福建省综合考虑水源、能源、地质、安全等因素，选择三明县作为省重工业基地，成立三明重工业建设委员会。委员会讨论认为必须配套一批轻纺工业和服务设施，解决工人生活保障问题[⑤]。

1959 年初，三明重工业建设委员会改制为三明人民公社。次年，中央批准将三明人民公社改建为三明市[⑥]。在三明市第一份城市规划中，三明市将建成以钢铁工业为主的钢铁、机械及化工联合基地。其中，列西[⑦]工业区包括钢铁联合企业、焦化厂、机械厂、化工厂、热电厂、

---

① 中共江苏省委党史工作办公室：《陈丕显在苏南》，中共党史出版社 1998 年版，第 251 页。

② 黄方生：《归侨省长梁灵光》，暨南大学出版社 2008 年版，第 23 页。

③ 袁德俊：《崛起在沙溪河畔：忆三明建市初期迁明企业》，福建教育出版社 2009 年版，第 18 页。

④ 中共中央文献研究室：《建国以来重要文献选编》第 11 册，中央文献出版社 1994 年版，第 285 页。

⑤ 伍洪祥：《伍洪祥回忆录》，中共党史出版社 2004 年版，第 583 页。

⑥ 中国人民政治协商会议福建省三明市委员会等：《三明文史资料》第 8 辑，内部刊物，1990 年版，第 3—7 页。

⑦ 福建省三明市地名，地处三元区西部，沙溪河以西。1957 年冬，设立列西人民分社。1963 年 5 月，改为列西公社。1969 年，设立城区公社，列西属于一个大队。1980 年 7 月，成立列西街道。

变电所、水厂、水泥厂等，列东[①]工业区包括水电设备厂、冶金矿山机械厂、纺织厂等，服务性工业安排在富兴堡[②]及荆东[③]。重化工业是该市建设的重中之重，但大规模建设必将带来更多人口，满足人们日益增长的生活需要亟待解决。因此三明在建市之初就考虑到工业配套、布局问题，计划新建纺织厂和服务性工业，主要安排在列东、富兴堡及荆东地区。

从后续福建沿海迁厂和上海迁厂来看，三明的小三线建设基本按照规划予以实施。如福州第一塑料厂于 1965 年 11 月迁入三明市富兴堡，改名三明塑料厂。该厂主要生产塑料布，满足人民生活需要[④]。静安棉纺织厂、立丰印染厂均迁入三明市列东工业区，继续生产棉纱棉布等以供市场需要。

综上，福建位居沿海前线的自然地理特点，影响了该省的备战意识、组织基础和防御经验，使其能够较早对国家三线建设战略作出反应，华侨较多的人文环境，促进了该省小三线建设资金来源的多元化；沪闽之间长期经济往来、两地领导人积极推动，则使福建小三线不仅发展了一批军工企业，还引入相当数量的民用企业，并进一步影响了投资结构，形成别具一格的三线建设面貌。

三、福建小三线建设的影响

福建小三线建设使闽西、闽北地区迅速建立起一批技术力量较

---

① 福建省三明市地名，地处三元区东部，沙溪河以东。1959 年 9 月，设列东街道。1960 年 1 月，列东街道改为城关公社列东分社。1961 年 8 月，又改为列东公社。1980 年 4 月，三明市成立列东街道，

② 福建省三明市地名，地处三元区南部，沙溪河以东。

③ 《三明城市规划说明摘要（1958 年）》，福建省档案馆：179－3－270－14。荆东，福建省三明市地名，地处三元区南部，沙溪河以东。

④ 袁德俊：《崛起在沙溪河畔：忆三明建市初期迁明企业》，福建教育出版社 2009 年版，第 147 页。

强、基础较好的工业企业,完善了福建的工业结构,调整了福建工业布局,促进了新兴工业城市的崛起。20 世纪 80 年代初,小三线建设开始调整。福建小三线企业或破产、或重组、或改制、或转型,部分目前仍活跃在国内外市场上,如福建省三明纺织股份有限公司、福建省佳丽斯家纺有限公司、福建南平南孚电池有限公司等。

(一) 推动福建工业结构更加完善

三线建设以前,福建省工业结构的特点是国防工业和重化工业较强、轻纺工业薄弱。这与该省位居沿海前线的特殊地理位置有关,军事上长期处于备战状态,民兵建设、巩固海防等工作一直处于重要地位。第二个五年计划期间,福建主要发展糖、纸和盐三个轻工行业。经济调整后,轻工业投资规模大大压缩,主要开展的是第二个五年计划时期在建工程扫尾投产项目①。福建省纺织工业在第二个五年计划时期得到较快发展,但"大跃进"期间不少工厂停工待料,至三线建设前期福建现代纺织工业仍不成规模,全省仅厦门纺织厂一家,其余均为实行半机械化生产的小型工厂②。

上海工厂的迁入极大地推动了福建纺织工业的发展,不少产品填补了福建的空白。如勤余针织厂迁入南平后成立南平针织厂,出产的棉毛衫裤、针织内衣等产品,填补了闽北山区的空缺③。静安棉纺织厂迁入福建后,改变了福建长期纱布由省外调拨供应的局面。工厂不断发展壮大,成为全省生产规模最大的纺织企业。1975—1980 年,三明纺织厂利用老厂技术优势,挖潜力扩建二纺车间,增添国产新型纺纱机械设备,使纺纱生产从 3 万纱锭增加到 6 万纱锭。1980—1986 年

① 福建省地方志编纂委员会:《福建省志·轻工业志》,方志出版社 1996 年版,第 265 页。

② 福建省地方志编纂委员会:《福建省志·纺织工业志》,方志出版社 1999 年版,第 3 页。

③ 南平市政协文史资料委员会:《南平市文史资料》第 5 辑《难忘岁月——闽北小三线建设实录》,内部刊物,1999 年版,第 32 页。

间，15 个产品品种被评为优质产品，其中 1 个获 1984 年部优产品，3 个为省优产品[①]。

上海工厂不仅致力于自身发展，还积极援建福建当地企业。三明纺织厂利用自身技术、设备、协作关系等，帮助福建省建立了福州纺织厂、南平纺织厂、三明棉毯厂等。20 世纪 60 年代，福建尚无一家工厂专业生产棉毯[②]。至 1975 年，仅三明纺织厂和厦门纺织厂两家工厂生产棉毯[③]，年产三万条左右。福建省利用国家整顿企业的时机，提出依靠三明纺织厂已有资源，将三明市棕棉合作社建成三明市棉毯厂，全力生产棉毯[④]。1978 年，三明市棉毯厂成立，成为福建省第一家专业生产棉毯厂家[⑤]。南平针织厂主要采取老厂带新厂、老厂养新厂的方式，援建当地纺织工业。1970 年 7 月，南平针织厂为筹建南平纺织厂，取消自身建制，成为南平纺织厂一个车间。80 年代起，在南平针织厂[⑥]的基础上，南平市相继成立南平第二、第三、第四、第五、第六针织厂[⑦]。

如今，福建省纺织行业位居全国前列。据统计，2019 年全省纺织产业规模超 7 000 亿元，居全国第 5 位，已形成化纤、纺纱、织造、染整、服装、纺机等完整产业链和产业集群发展格局[⑧]。回溯福建纺织工业

① 中国人民政治协商会议福建省三明市委员会等：《三明文史资料》第 6 辑，内部刊物，1988 年版，第 68 页。

② 福建省地方志编纂委员会：《中华人民共和国地方志 · 福建省志 · 纺织工业志》，方志出版社 1999 年版，第 168 页。

③ 三明纺织厂投产后不久，利用废棉纺成纱作原料，成立棉毯车间。

④ 《会议记录(1975 年 12 月 27 日)》，三明纺织厂档案：1 - 91 - 113。

⑤ 福建省地方志编纂委员会：《中华人民共和国地方志 · 福建省志 · 纺织工业志》，方志出版社 1999 年版，第 168 页。

⑥ 由于发展南平市针织工业的需要，1980 年市轻工业局恢复南平针织厂建制，成立南平针织总厂。

⑦ 南平市政协文史资料委员会：《南平市文史资料》第 5 辑《难忘岁月——闽北小三线建设实录》，内部刊物，1999 年版，第 27—35 页。

⑧ 《福建纺织产业规模超 7 000 亿元，位居全国第 5 位》，《福建日报》2019 年 3 月 18 日。

从无到有、从弱到强的历史，三线建设时期上海工厂的支援功不可没。经过十年的小三线建设，福建内陆地区初步形成具有冶炼、造纸、电力、电子、机械、化工、森工、纺织、建材、制药、食品等门类比较齐全的工业体系。

（二）带动福建新兴工业城市崛起

三线建设期间，福建将发展重心转到闽西、闽北山区，沿海部分工业被迁入内地，缩小了沿海与内地经济发展差距，促进了福建工业布局趋于合理，三明、南平等内地新兴工业城市因此崛起。

三明、南平、龙岩是福建小三线建设重点城市，三线建设前后三地国内生产总值和第二产业总值占比的变化，基本能够反映该时期福建工业布局调整情况。1963 年，福建省国内生产总值为 23.6 亿元，第二产业总值为 5.38 亿元。位居内地的三明市、南平市、龙岩市国内生产总值为 64 094 万元，占全省国内生产总值的 27.16%；第二产业总值为 15 909 万元，占全省第二产业总值的 29.57%。至 1984 年三线建设调整改造之际，福建省国内生产总值为 157.06 亿元，第二产业总值为 56.39 亿元。三明市、南平市、龙岩市国内生产总值为 469 053 万元，占全省国内生产总值的 29.86%，比三线建设前提高了 2.7%；第二产业总值为 185 368 万元，占全省第二产业总值的 32.87%，比三线建设前提高了 3.3%①。

这里先以三明为例。1958 年福建将三明设为重工业基地，但三明真正成为门类比较齐全的工业城市，应归功于小三线建设。福建小三线 22 家军工企业中，有 14 家分布在三明市及三明市下辖的永安县、宁化县、明溪县、清流县、泰宁县。22 家民用企业中，有 9 家分布在三明市。这些企业大多历史悠久，技术设备先进，具有很强竞争力，机床、五金、纺织、印染等工厂均属福建省同行业一流企业。

① 编委会：《光辉的历程——福建五十年》，中国统计出版社 1999 年版，第 248、307、316、319 页。

例如福州机器厂、漳州内燃机配件厂迁入三明后成立三明机床厂，成为福建省第一家综合能力较强的设计、制造各类铣床的专业厂[①]。三明重工业城市开始向门类齐全的工业城市转化，三明工业城的框架基本成型。

南平是在三线建设中崛起的另一新兴工业城市。1949年前后，南平工业基础十分薄弱，仅一些小型电厂、自来水厂、碾米厂、火柴厂和手摇车床的机器厂[②]。三线建设时期，南平作为福建小三线吸引了大批工厂和技术力量，该省小三线军工企业中有5家分布在南平市及其下辖的顺昌县，民用企业中有8家分布在南平市及其下辖的建阳县。南平逐渐建成了包括造纸、针纺、机械、电子、化学、冶金等门类比较齐全的工业城市。

（三）凤凰涅槃的福建后小三线建设

自1981年小三线建设进入调整至今，被学界称为后小三线建设时期[③]。福建小三线企业也迎来发展的机遇与挑战。1993年4月，三明印染厂改全民所有制为股份制，创办福建省立丰印染股份有限公司，成为福建省首批改革试点企业之一[④]。至21世纪初期，福建小三线企业全部改制或破产。

军工企业多数难以适应经济环境变化，面临破产命运。三明无线电元件厂后合并改组为八四七〇厂，厂址位于三明市泰宁山区。1984年，八四七〇厂从泰宁迁回三明市，与三明市无线电一厂联营，成立福建三明无线电元件总厂[⑤]。为顺应市场需要，该厂不断开发新产品，开

---

① 袁德俊：《崛起在沙溪河畔：忆三明建市初期迁明企业》，福建教育出版社2009年版，第104页。

② 南平市政协文史资料委员会：《南平今昔》，内部刊物，1995年版，第22页。

③ 徐有威：《开拓后小三线建设的国史研究新领域》，《浙江学刊》2022年第2期。

④ 《福建省立丰印染股份有限公司1989—1995年大事记（1997年1月）》，三明印染厂档案：B-1.025-26。

⑤ 福建三明无线电元件总厂：《关于购买商品厂房的申请报告（1984年5月21日）》，八四七〇厂档案：2-52-2。

拓国际市场。但因历史包袱沉重、负债技改拖累、经营管理和市场变化等主客观原因，工厂连年亏损，严重资不抵债。1996 年该厂被福建省九州集团收购，2000 年实施政策性破产①。

民用企业或破产、或重组、或改制、或转型，部分目前成为国内乃至国际上的知名企业。首先以三明纺织厂为例。该厂在 20 世纪八九十年代迎来发展鼎盛时期，据原厂长顾以强回忆："1984 年至 1990 年，我在这个厂做厂长，这段时期可以说是这个厂最辉煌的时候。我们去的时候纱锭是 2.5 万锭，1990 年发展到 6 万锭，翻了一番，布机从 616 台发展到 1 100 多台，1990 年还建了一条牛仔布生产线。"②2000 年 7 月，时任福建省省长习近平同志率省市有关领导赴三明纺织厂调研座谈，确定通过政策扶持，帮助该厂以国有资产退出全员持股的形式改制为有限责任公司。2013 年 6 月企业为谋求更大发展，按现代化经营模式要求变更为股份有限公司。至 2017 年，福建省三明纺织股份有限公司拥有意大利、日本、德国进口的先进装备以及国产清梳联设备、水刺无纺布生产线，生产规模为棉纺锭 25 万枚，水刺无纺布生产线 2 条，年产"金雀"牌各类纱线 3 万吨、无纺布 1.6 万吨，年销售收入 7 亿元。"金雀"牌纱线被评为"福建名牌产品"③。

再如龙岩被单厂与龙岩色织厂（在上海时厂名为华光被单厂和经昌染织二厂），根据福建省及龙岩地区革委会决定，两厂于 1970 年 4 月合并成立龙岩染织厂。1982 年 7 月，龙岩地区经委将龙岩染织厂划分为龙岩被单厂、龙岩色织厂、龙岩毛巾厂和龙岩漂染厂四个专业厂，并成立龙岩染织总厂。1984 年 1 月，龙岩染织总厂改为龙岩地区纺织工业公司。3 月，筹建"被单大整理"。至此，原龙岩染织厂被划分为 5

① 三明市经委：《关于九州集团控股、兼并我市四家国有企业的一些意见（1996 年 10 月 22 日）》，八四七〇厂档案：5－24－6；福建电子元件厂：《关于申请福建电子元件厂实施政策性破产的请示（2000 年 7 月 25 日）》，八四七〇厂档案：5－65－4。

② 据 2018 年 5 月 14 日笔者对顾以强的访谈记录。

③ 三纺公司简介，福建省三明纺织股份有限公司官网，2023 年 4 月 5 日。

个专业厂。随着市场经济的发展，5个专业厂命运各异。龙岩色织厂于1994年底宣告破产。龙岩毛巾厂与龙岩漂染厂于1995年1月合并组建福建龙岩喜鹊纺织有限公司，并于2011年12月被厦门一家民营企业收购。龙岩染织厂（"被单大整理"）与龙岩被单厂于1992年6月合并组建龙岩佳丽纺织装饰用品公司，2001年7月改制成立福建省佳丽斯家纺有限公司①。公司总部设在福建龙岩，下辖上海佳丽斯家纺有限公司，并在上海设立产品设计研发中心。公司总部作为精加工组合套件和被枕产品生产基地，占地面积8万平方米，生产设备500台套，拥有国内专业的深加工生产线②。

又如南平电池厂（在福州时厂名为福州电池厂）。1988年10月8日，由省外经贸委正式批准成立"中外合资福建南平南孚电池有限公司"，成为中国电池工业第一家合资企业。经过引进、消化、吸收、创新，公司拥有代表了中国电池工业最高水平的碱锰电池生产、开发的技术能力，先后开发新产品、新工艺21项，其中无汞碱锰电池等5项填补国内空白，达到国际先进水平③。1997年，南孚牌电池被国家技术监督局列入49个优产品。2008年，聚能环升级版新电池成功开发。2014年3月福建省国家税务局、福建省地方税务局授予南孚电池有限公司2013年度"纳税百强"称号。如今，南孚电池有限公司已成为中国电池龙头企业，产品畅销全国并出口50多个国家和地区④。

福建小三线建设对该省工业结构、工业布局和城市化等产生了积

① 据2019年4月10日笔者对王文奎的访谈记录；《三千里路云和月，五十年轮写传奇——纪念上海华光染织厂（福建佳丽斯家纺有限公司前身）内迁龙岩50周年》，《闽西日报》2016年12月6日。

② 品牌简介，福建佳丽斯家纺有限公司官网，2023年4月5日。

③ 南平市政协文史资料委员会：《南平市文史资料》第5辑《难忘岁月——闽北小三线建设实录》，内部刊物，1999年版，第62—67页。

④ 南孚历程，福建南平南孚电池有限公司官网，2023年4月5日。

极作用，影响深远而持久，但我们也不可忽视问题与不足，例如按照“靠山、分散、进洞”原则设厂，忽视了经济效益与长期生产要求，造成生产生活不便以及调整时期的严重浪费，不少企业面对突如其来的市场经济转向，受各种因素限制难逃破产或被兼并的命运等，这为当前国有企业改革和发展提供了历史借鉴。

四、结语

中国幅员辽阔，区域之间自然地理、人文社会环境差异较大，各地区三线建设特点既存在共性，也具有地方性特点。共性在于，因三线建设的备战属性，所建工厂主要为军工及配套项目，所以各地方在执行三线建设决策过程中有一定自主性，形成了各具特色的区域三线建设面貌。例如福建在进行小三线建设规划时，除以上军工及配套项目外，还将上海 11 家轻纺工业纳入其中。实际上，上海迁厂属于省市支援关系，主要受历史上沪闽长期经济往来、时任领导人的推动和福建城市规划等因素影响，与备战并无关联。适逢国家三线建设政策出台，福建将其与军工项目捆绑列入三线规划，揭示了三线建设的复杂性。

笔者推断，这可能是“借势行事”，旨在减小动员工作的阻力。三线建设是当时国家一项重要战略，国家号召职工要充分认识国内外形势的严峻性，以及支援三线对加快内地建设、建立战略后方的重要意义，塑造三线职工“好人好马”的光辉形象。将沪闽经济协作项目纳入三线建设计划，能够最大程度地调动职工支内的积极性。

三线建设运动推动了福建工业结构更加完善，福建现代纺织工业得到迅速发展，同时促进福建工业布局趋于合理，缩小了沿海与内地经济发展差距，带动内地三明、南平等新兴工业城市的崛起。目前，不少企业拥有自己的著名品牌和自主研发能力，前景十分广阔。此外需要指出的是，福建小三线建设离不开上海人民的大力支援，这是历史上沪闽经济协作的延续，也进一步加深了沪闽之间的合作情谊。

（本文作者：刘盼红，原刊于《福建史志》2024年第3期。）

四、情牵八闽：我与福建小三线研究

刘盼红

史有四长：才、学、识、德，世罕兼之。我于2020年6月获得上海师范大学博士学位，当上海大学徐有威教授交给“研究三线建设的回忆录”这样一个命题作文时，我起初感到松弛，继而慌乱，最后思绪万千、下笔难言。松弛在于这不似博士论文写作的严肃，但仔细想来，回忆录撰写恰好是对作者史学素养的较高要求，文采、学识、方法、品德样样不可少，不禁乱了心。打开博士论文后记，落款时间是2020年4月7日，前溯约三个年头，那是我刚刚接触小三线研究的日子，点点滴滴，萦绕心头。特别感谢徐老师给予机会，让我能够重拾那段艰难又美好的回忆，以弥补短短两页纸博论后记无法畅明谢意的缺憾。

一、师徒携手，初赴八闽

我有幸进入三线建设研究领域，得益于我的导师，上海师范大学历史系高红霞教授。高老师做学术一丝不苟，在我攻读硕、博学位六年时间里，大到论文选题、框架，小至标点符号、错别字，无数次耳提面命。老师长期深耕上海福建移民史领域，在从原福建省驻沪办陈广蛟主任处得知，福建省尤其该省三明市藏有一批小三线档案资料，并且愿意帮忙联络时，老师心中便有了福建小三线这样一个选题。幸运的是，因当时我成为她第一个博士研究生，便接下了这项重要而艰巨的研究任务。资料是历史研究的基础和关键，选择福建小三线作为博士论文题目，也与此相关。尽管关于三线建设已经产出不少优秀成果，但就福建小三线而言，这是一项全新的研究，从资料搜集整理，到研究方法突破，皆需要我去自主发掘与摸索。背负着压力和动力，在2017年8月博士入学前的那个暑假，我开始了福建小三线研究之旅。

研究当代史，必须外出田野“动手动脚找东西”，首去之地便是福建。老师担心我一个女孩子单独外出考察不安全，便陪同前往。后来在与其他博士同学聊起这段经历时，他们感到惊讶和羡慕，我也为遇到这样的好导师而深感幸运。首次考察计划为期两周，先“取”三明，再“攻”福州，依老师说法，这次是“摸个底，了解一下情况”，下次我就可以单独“行动”了。

三明市档案馆位于三明市梅列区，依山傍水，风景绮丽。在博士论文写作整个过程中，该馆馆长和其他工作人员都提供了无私的帮助，至今我们仍互相挂念，交好有年。而此次调研，是我们第一次见面。魏素凤、陈琳当时负责接待阅档人员，他们严谨专业，热情周到，不厌其烦地为我们调档还档，免费提供资料复印服务。该馆藏有大量小三线资料，时间上纵跨整个三线建设时期，甚至延至改革开放之后企业改制时期，内容覆盖该市三线企业迁建和发展工作，同时涉及福建省、华东区、国家有关三线决策等。分散资料见之于三明市统计局、工业局、轻工业局、纺织工业局、重工业局等，集中资料主要包括八四七〇厂、三明市标准件厂、三明纺织厂、三明印染厂等企业资料。值得一提的是，该馆较为完整地保存了《三明日报》、三明印染厂企业报刊《山鹰报》等重要报刊资料，为这项研究提供了有价值的参考。这次三明之行，还有幸结识了福州大学硕士研究生张李欢。学建筑专业的他也选择了三明迁建企业作为论文选题，不同专业间的碰撞使我获益良多，他无私地帮忙绘制《三明市工业分布图》，更使我感激不尽。由此我们成为很好的朋友，之后多有见面交流。

结束了在三明的考察任务，我们乘火车前往福州，目标福建省档案馆。福州因其四面环山、一面向海的地势特点，夏季极为闷热，被列为中国“新四大火炉”之一。老师每日陪我辗转于酒店和档案馆之间，真正体会到什么叫作“脚下生烟”“打着伞还能被熏黑”。福建省档案馆阅档手续不同于我所熟悉的上海市档案馆，在我寻求隔壁女生帮助的过程中，得知她是福建师范大学历史系叶青教授的硕士，而叶教授与吾师是相识多年的好友。历史学术圈真得是“小”，他乡遇“故知”，福州查档过程非常顺利，基本摸清福建省档案馆馆藏小三线资料概况，主要包括福建省相关决策资料，以及与各市、县的来往公文等，基本填补了中观层面资料的空缺。在这里，我还结识了福建省档案馆工作人员陈惠芳，她得知我们要研究福建小三线后，非常热情地接待了我们。另外想讲述一个发生在三明市火车站的小插曲，或许最能体现老师的为人。当时我的背包拉链坏了，而我们这时才结束三明的行程，剩下一半福州行程我的电脑、衣物等收纳都仰赖这个包，真是“关键时刻掉链子”。老师只简单说了句“我有办法”，很快从她的包里掏出一盒针线，缝补起来。看着她埋首“密密缝”的画面，我心生暖意，偷偷拿出手机将这一幕定格。这张照片至今保存在我的电脑里，成为我博士学习阶段的温馨回忆。

当然，工作之余，我们在美丽的八闽大地还享受了诸多美食、美景。品尝到正宗的“国民美食”沙县小吃，扁肉、烧卖、白果、拌面等，琳琅满目。八月份的福州炎热可炙，但鼓岭山顶却别有一番清凉。那个夏天，我们师徒二人满载而归。

二、人间四月，我们同行

为使研究内容更加鲜活、生动，2018 年春，我决定独自前往三明，进行为期一周的访谈工作。三明市档案馆陈琳和魏素凤得知我的计划，主动帮忙联系当地三线建设亲历者，在我到达之前相关沟通工作已经完毕，为我节约了不少精力和时间，感激之情无以言说。当时有意识地记录每日行程，借此机会将访谈日记原样呈上，以表真实心迹：

2018 年 4 月 14 日，星期六，三明，多云

这是我今天在微信朋友圈写下的文字：

来不及卸下行李，便将自己置身于沙溪河畔，感受历史的温度。滨江路上，人们迎着夕阳在奔跑，在垂钓，在生活。对面就是三明化工厂、三明钢铁厂，同面就是三明食品厂。公园里遇见两个老爷爷榕树下纳凉，心想这个年纪的人，对这段历史一定有说不完的故事，忍不住上前去与他们侃侃。没能录音，却也解决了我一些困惑。文字记不下来温度，他们能。

行走在沙溪河畔，看到这座城市现在的模样，假设自己穿越到四五十年前，新旧对比，那该是怎样的震撼与感动。陈琳说，浮桥是那一代人的美好回忆。公园里的老爷爷说，沙溪河过去就是一条臭水沟，两边都是茅草屋，住着忽然而至的成千上万人。当我行走在沙溪河畔、列东大桥前，会对历史肃然起敬。是他们——支内职工，给予这个地方活力。

2018 年 4 月 15 日，星期日，三明，阴雨天

首先，得隆重介绍一下今天新成立的“迁明企业研究小分队”。魏素凤，领队，三明市档案馆科长，我们称她魏姐；陈琳，女司机，时任三明市档案馆副科长，我们称她陈姐或小姐姐；张李欢，摄影师，福州大学建筑专业硕士，我们称他 zangzang（外号来源于厦门一对情侣的醉酒视频）；我，所谓记者，上海师范大学历史专业博士生，人称小刘。这些人在两年后，都将出现在我的博士学位毕业论文的致谢里。先码上，以免遗漏。当然，三明的这次采访经历是不会忘却的，因为愉悦、充实。

上午，我们在老三元人陈姐的带领下，品尝了三元的特色早餐：鸭汤粗粉、烫鸭肝和烫鸭血。陈姐说这是她小时候的味道，她家就住在附近。饭毕，女司机开着她的白色福特，带我们来到三明市富兴路 214 号，原三标厂（三明市标准件厂）副厂长傅振华家中，也是三标厂家属楼旧址。傅振华先生看起来容光焕发，精神气质绝佳。下车的地点就是三标厂厂址所在地，东面是办公楼和篮球场，篮球场两侧书写有“发展体育运动”6 个大字，锈迹斑斑，却也依稀可见。西面是三标厂宿舍楼，红砖砌成，现在看来颇有些破旧，抱着历史学者必须具备的“同情之了解”的心态，它们在当年还是相当辉煌的。红砖楼房建在小山坡，错落有致。楼房之间是年代味儿十足的石阶，我们拾级而上。傅先生就住在原三标厂托儿所里，我们的谈话地点也在此。这可能是傅先生现在小憩的地方，内壁四周挂有党员权利与义务、支委职责、组织生活制度、党支部目标管理和党员目标管理的宣传牌，最引人注目的是进门就能见着的中国共产党誓词。傅先生说，这些都是当年挂在三标厂办公室里的。在这里访谈，仿佛自己亦是三标厂的一员，更能感同身受。历史虽不能复原，也许可以通过改变自己的心境和位移，达到肉体、心灵与历史的共生。

上午的采访对象有三位，原三标厂副厂长傅振华；原三标厂职工李金木、杨升斗。简单说一下感受，也许是我们的阵势有点大，三支录音笔，三位小年轻。（张李欢中间加入，记录一件趣事，听陈姐说，张李欢因为背着单反，颇有专业摄影师的气派，门口的人以为电视台来采访了。）看得出阅历丰富的傅先生也有些紧张，正襟危坐，说话也有些结巴。畅谈之后，傅先生才放松下来。他思路清晰，谈吐文雅，不愧是老厂长。另外两位是他请过来的。

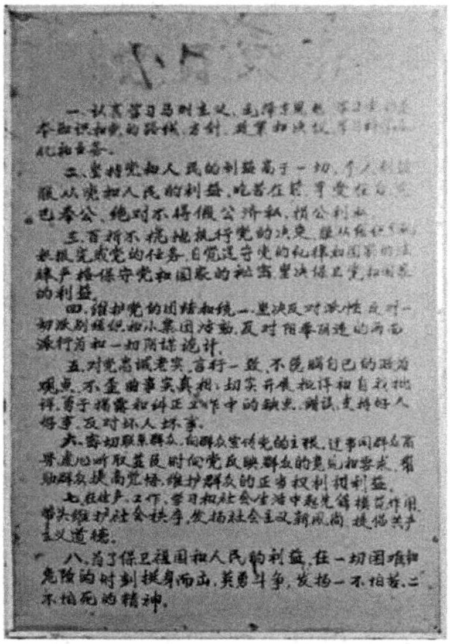

中午回酒店小憩过后，我们下午的采访地点在三明市永兴路60

号东霞新村，原八四七〇厂（三明市无线电元件厂）职工套房内，现在是路玉华（原三明市无线电元件厂科长）家。魏姐提前帮我联系的是原八四七〇厂留守处负责人赵明枢，他与路先生（我们称他路老）交好，应该是他的下属，他带我们到路老家中。路老家就是八四七〇厂在80年代建的职工套房，魏姐不禁感叹，这样一间套房，在如今都是非常不错的，何况当时。八四七〇厂的辉煌可见一斑。上午的采访，由于访谈对象不止一个，局面有些许混乱，我的提问和指引比较多。下午的采访，路老十分健谈，温文尔雅，典型的上海知识分子形象。我只是偶尔提几个关键性问题，剩下的时间全部交给路老，即使路老谈及的内容与我的课题无关，我依然没有打断他。访谈开始没多久，路老侧过脸去，有些动容。其实在此之前，他并未提到什么动情之处，可想他怎样抑制住内心的情感，才会在平淡言辞中动容。路老良久没有说话，我们五个人也都心有灵犀，沉默不语，不忍打扰一个老人的沉思。赵先生一定是非常懂路老的，他言及别处，打破了这略显尴尬的局面。与路老的访谈让我们四个年轻人很受感染，回来的路上，我们依旧沉浸其中，从路老聊到三线建设，聊到老一辈人，聊到当下社会，聊到我们自己。

2018年4月16日，星期一，三明，阴雨天

昨天因为是休息日，陈姐给我们安排的采访地点都是在采访对象家中。今天上班第一天，采访地点安排在三明市档案馆四楼，魏姐和陈姐所在的编研科室内。昨日奔波一天，加之撰写口述日记到半夜，当早上陈姐问我“coffee or tea”的时候，不假思索选择coffee。今天的采访对象有两个共同点：1. 都是夫妻；2. 心态和精神状态都很好。

上午的采访对象是原地辖三明市委副书记余震岳及其爱人王昌鸾（1971年任三明市胶合板厂革委会主任，副厂长）。余老幽默风趣，思维清晰，记忆也好；王阿姨声音清脆，亲切和蔼。余老的名字我早有耳闻，因为“沙溪河畔”那本书。那本书里好几篇文章都由余老撰写。

这次近距离接触，才对这个名字有了更深刻的认识。据余老说，他在这本书的编写中是主力，书里一半篇目都是他写的，考虑到美观，署名里有些是真名，有些是化名。这些细节，如果不是这次口述，又有谁会知道“沙溪河畔”这本书里的小故事呢？这里的化名又是谁呢？余老心很细，知道我们这次来的目的，还带了文件资料和标准件厂生产的锁来。余老和王阿姨与下午将来的两位在食品厂的老人（陈伟民、严林美夫妇）熟识，余老和陈伟民老人都爱好集邮，昨日刚一起参加了三明市的集邮兴趣爱好者爬山活动。二老临走前开玩笑说，下午他俩来的时候，你们问他们鹅牌咖啡茶带来了没有。

陈伟民说女同志的第六感是很准的。这句话我也十分认同。中午我快走到档案馆的时候，一对老夫妻互相搀扶着走在我前面。他俩的背影像极了上午的那对老人，我总感觉他俩可能就是陈伟民及其爱人严林美。本打算一直跟在他俩后面，如果他们也往档案馆走，那我的预言肯定是正确的了。尽管二老身体不错，但毕竟上了年纪，走路速度较慢。我既不想慢吞吞地跟在后面，也不想做个尾随者，只好从侧面超过去，走在他俩前面了。走进档案馆后，回头看他俩也走了上来，这下可以肯定了。我迎上前去，问老先生：“您好，请问您是陈先生吗？”他回答：“是啊，你是刘博士？”这就是我们的第一次会面。（2017 年暑假来三明的时候，档案馆给我两位老人的联系方式和旧照片，所以他们的名字我早已熟悉在心，电话号码也一直躺在手机里）我们未曾蒙面，却似曾相识，第一次见面就备感亲切。带他们进编研室后，陈姐跟陈老开玩笑，被魏姐无比宠溺地说：“陈老，你看，小陈越来越调皮了哈！”我们下午的访谈就在欢快的谈笑声中开始了。陈老热情爽朗，严阿姨比较多愁善感。严阿姨在说到带着身孕迁厂的故事时，魏姐和陈姐眼睛都有点湿润。

2018 年 4 月 17 日，星期二，三明，天气晴

今天的经历充满戏剧性。本打算白天查档，晚上去邵武。看档案目录的时候，发现还要补充的档案太多，一天根本不够，遂跟邵武的老先生说了抱歉，不能前去调研。打算今明两天查档后，直接从三明回沪。上午，陈姐跟我说我可以试试联系立丰印染厂的书记叶平。中午吃完饭回到酒店，我给叶书记发了一条短信，大致作了自我介绍说了下我的来由。兴许是因为态度比较诚恳，或者博士光环，叶书记回复我："小刘，下午三点钟过来吧。"这句话让我激动得睡不着。要知道，陈姐和魏姐之前千方百计联系他，他都不愿意接受采访。下午打车到老印染厂后门，在岔路口的地方走错了路，一个年纪不算太大的老先生喊我说："你是小刘吧？不是往那边走，是这条路。"我好一会儿才反应过来这人就是叶平书记了。跟在他后面进了山鹰文化中心一楼。房间里有十来个老人在聊天，据叶书记介绍，他们都是当年迁厂来的上海人。在互相介绍认识之后，他们说："我们都说上海话，你听得懂吗?"我说听不太懂。兴许是知道我是上海来的，他们觉得亲切，很是兴奋。傅春莲老人是印染厂原党委书记、工会主席，采访对象主要是他。傅老身材高大魁梧，面色红润。我刚打开录音笔，还没等我提问，他便开始说起来，看得出来是个爽利人。口述当中，好几次我眼眶湿润，不是因为感伤，而是他们说的很多细节，让我感到我这次采访多有意义，多么珍贵。感动我自己的努力，感动这个课题的价值，感动这么多人的帮助和支持。所有的情绪只有我自己知道。印象最深的是说到芳华越剧团，傅老说当时三明没有什么正规的宾馆，印染厂里有男女浴室，芳华剧团来三明的时候，是在印染厂洗澡的。这样的细节让我很震撼。

我想，傅老对于我的到来是很开心的。访谈过程中，他几次拿起手机给我拍照。访谈结束后，叶书记提议我们合个影，傅老很是兴奋，不等叶书记找人帮我们拍照，先拿起手机拍起我来。

三、岁末将至，三顾沙溪

2018 年 12 月，我第三次前往三明市。其时正值博士学位论文开题报告撰写之际，我基本整理好前两次搜集的档案和口述资料，发现还有不少查缺补漏之处。另逢原三明纺织厂退休职工顾忠发先生由沪返闽，参加老朋友的聚会，询问我是否愿意一同前往(2017 年承蒙陈广蛟主任牵线搭桥，我结识不少支援福建三线建设的上海职工)。考虑到前两次考察时间比较紧张，难于仔细爬梳和获取这批丰富的资料，这次我计划在三明住上一个月。出发之前联系陈琳，原打算拜托她帮我找一间可拎包入住的短租房，没想到这位小姐姐人美心善，免费提供给我她自己的一套新房子。这对于我简直是雪中送炭。

尽管三明的冬天很冷，这里的人却深深温暖着我的心。抵达新房，室内装修新潮，整体明亮。陈琳小姐姐已为我铺好床，安置好生活所必需的电器设备等，我意识到这将是充实而美好的一个月。与此同时，顾先生也已抵达三明，当天下午他就带领我拜访了福建省三明纺织有限公司(原上海迁建的三明纺织厂)两位总经理骆国清、樊峰，以及立丰印染股份有限公司(原上海迁建的立丰印染厂)办公室主任刘明、党委书记叶平。从他们口中获知这些三线工厂的变迁历史，以及他们的切身感受，自己仿佛也回到 20 世纪六七十年代，继而至改革开放，一直到现在我所身处的新时代。我们原来离历史那么近，写下它是我义不容辞的责任。

在这一个月时间里，我几乎每日蹲在档案馆，翻阅那些镌刻着历史的泛黄纸张，与不远的过去对话。这次的目标主要不是三明市档案馆，而是企业档案室。先是福建省三明纺织有限公司档案室吴姐说，他们这里的档案从来没有人翻过，即使工作人员也都只是在需要的时候才会找来看一下，我是唯一这样完整看过的人。那几日，我俨然成为他们公司一员，早上八点半准时打卡，中午吃饭休息一下，下午五点跟随大部队一起下班。不同的是，我觉得我是在为自己工作。每天吴姐拿出一摞摞文件袋，大部分尘封已久。内容从 1969 年上海迁厂到如今的发展，其中还有完整的企业报刊《三纺简讯》《三纺团讯》《新芽》，一应俱全。每当我看到珍贵的史料时，就像“发现新大陆”一般，恨不得晚上回去就着手撰写论文。越是充实，时间过得越快，大约两周时间，我将三明纺织厂档案基本刨尽。临走前，吴姐带我逛了整个厂区和生活区，向我一一介绍每栋建筑的前世今生。吴姐儿子正读高中，听说母亲每天在公司接待一个博士姐姐，希望能与我取得联系，以便日后请教历史方面的问题。我欣然答应，他们如此帮我，真心希望多一点这样的机会予以回报。接着翻阅三明印染厂档案，这里的档案目前存放在原三明印染厂山鹰文化中心，由叶平书记保管。该厂档案不似三明纺织厂保存完整，但也基本能够反映工厂变迁全貌。

此次之行最后一站是三明市物资大厦陈小红办公室，陈女士原为三明印染厂党委工会主席。我们早先约好 12 月 22 日会面，不料陈女士感冒加重，几乎不能发声，短信向我表示歉意。而我已买好次日下午的车票准备回沪，参加博士学位论文开题，以为这项访谈计划就此终止。次日上午，陈女士问我是否有时间，可以去聊一聊。我当即将火车票改签，打车到她办公室。实际上陈女士感冒并没有减轻，她说：“我女儿现在跟你一样在读博。你约我采访时，我想到我女儿可能也会遇到像你一样的情况，那我一定要帮你。”听到这番话，我差点哭出来。很多人不理解为什么要读博士，尤其是女博士，而当你因为博士身份被人善待和尊重的时候，那一刻就会觉得什么都是值得的。她足足和我聊了两个小时，向我描述工厂的辉煌历史，她的青葱岁月。讲到她最爱的工厂厂歌，甚至顶着沙哑的嗓音，为我献上其中一首《春色满园》：“这里的荷花在冬夜里怒放，这里的蜡梅在夏日里飘香。不是神话，不是神话，不是幻想。我们心爱的车间，四季是春色满园。”

实际上在顾先生等人带领下，我还拜访过沪闽两地其他近 30 名三线职工，例如原龙岩毛巾厂厂长虞铭娣、原龙岩色织厂厂长王文奎、原三明印染厂党委书记闪福香、原三明纺织厂退休职工徐嵩古（曾参加抗美援朝战争）、原三明纺织厂党委书记严筱莉、原三明纺织厂车间主任蒋蓉娟、原三明纺织厂厂长顾以强、原三明纺织厂工人马凤琴，等等。他们接受我的访谈，并且愿意敞开心扉，使我深深感动，铭记于心。

在博士论文开题、预答辩和正式答辩过程中，上海师范大学的苏智良老师、邵雍老师、姚霏老师和蒋杰老师，复旦大学金光耀老师，上海大学徐有威老师，福建师范大学叶青老师毫无保留地提出宝贵意见，激励我后续继续对论文加以修改与完善。徐有威老师作为小三线研究领域的专家，始终关心和关注我的写作进度，这成为我认真完成博士论文的重要动力。上海大学廖大伟老师也是我的学术领路人之一，在他的指引与帮助下，我得到很多宝贵的学习与实践机会。同样需要感谢的还有我的师弟师妹们，匡罗乐和王烨锋曾多次陪我开展访谈和帮忙拍摄照片，姚泽勋担任我博士论文答辩秘书。论文最终能够呈现，离不开曾经帮助过我的所有前辈师友，原谅我不能将他们的名字一一列举，但我的感激之情是真挚、热烈的。

如果用一个词来分享这段旅程的经验，我想应该是“认真”。历史研究没有捷径，我们走的每一步都会在将来某一刻发挥功用，而当我们在某一步懈怠了、逃避了，也会在将来以更大代价弥补。如果每一步都走得坚定、有力，那么好运一定会与我们不期而遇，途中的下坡只是为继续爬坡蓄积力量。学术是这样，人生更是如此！

（本文作者：刘盼红，原刊于《小三线建设研究论丛》2020 年第 6 辑，部分内容有所修订。）

五、国家因素与当代越剧的跨地域传播

——以芳华越剧团离沪赴闽为考察中心

刘盼红

历史上，越剧大致经历了两次规模较大的跨地域传播过程：它于19世纪末叶发源于浙江嵊县，并逐步流行于杭州、宁波等地，三四十年代在上海形成规模；中华人民共和国成立后，越剧突破江南文化藩篱，传播全国。目前学界对越剧地域性及其跨地域传播的研究并不少见[①]，但多集中于前一阶段，关于1949年以来的相关历史仍有很大挖掘空间。中国幅员辽阔且各地域间差异较大，越剧作为一个地方剧种能够在较短时间内遍地开花，其成因及过程应当受到关注和探讨。

随着国民经济的恢复和第一个五年计划的开始，国家着力调整文化团体布局，以解决全国日益增长的文化需求。1956年，全国越剧团主要集中于上海、浙江两地，共约130个，其他省份仅福建、江苏、江西、安徽有少数流动演出的民营职业越剧团。至1961年，全国专业越剧团体达到154个，广布于浙江、上海、天津、北京、江苏、福建、安徽等20个省、市、自治区[②]。由尹桂芳[③]创办的芳华越剧团，时为沪上实力极为雄厚的国营剧团，也于1959年响应国家号召支援福州。笔者以芳华越剧团离沪赴闽事件为中心，探讨当代越剧跨地域传播的复杂动因、具体过程，以及其中反映的国家与社会互动关系等问题。

一、全国文化一盘棋：芳华越剧团支援福建

1958年，中央提出“全国一盘棋”战略，要求在中央集中领导和全面安

---

① 姜进教授研究越剧在上海的传播时，关注到上海大众文化现代性中的地域性特征，她认为上海江浙移民众多是越剧在上海生根开花的重要影响因素。（参见姜进《女性、地域性、现代性——越剧的上海传奇》，《史林》2009年第5期，第40—50页）。张雯在此基础上，进一步探讨战争对上海越剧行业发展的影响。参见张雯《从乡村到都市——近代上海女子越剧的流行与社会文化变迁》，《天津音乐学院学报》2013年第3期，第39—46页。

② 参见应志良《中国越剧发展史》，第3—4页。

③ 尹桂芳，1919年生于浙江新昌，10岁入越剧之乡嵊县学艺，出科后先于宁波、绍兴、杭州等地演出，1946年在上海创建芳华越剧团。

排下，将全国经济、技术、文化等各个方面组成一盘棋[①]。作为中国重要工业基地和文化高地，上海在贯彻"全国一盘棋"战略中具有重要地位。该城市不少工厂被迁往内地，大批工程建设者和家属随厂搬迁。他们中不乏忠实的越剧观众，调整越剧团布局问题呼之欲出。应该说，当代越剧跨地域传播主要体现为国家的意志、观众的需要以及剧团、演职员的积极呼应。

为落实"全国一盘棋"的构想，中央将全国划分为七个协作地区，促进协作区各省市彼此支援。华东协作区由上海、江苏、浙江、安徽、福建、山东、江西六省一市组成。福建虽被同时划分在华东协作区和华南协作区，但按照经济关系密切程度，以参加前者为主[②]。1958 年 11 月，华东六省一市文化协作会议召开。由于上海集聚了全国大批文化单位和人才，文化实力最为雄厚，市领导在会上明确表示将发挥自身优势，给予华东六省极大文化支援[③]。

1959 年，福建省政府要求上海抽调越剧团前往福州落户，以满足支闽越剧爱好者的文化需求。福建虽不是越剧兴盛之地，但却集聚了一批懂越剧、爱越剧的沪浙籍群体。新中国成立前夕，福建是人民解放军继续南下的直接目标。为充实该地区干部力量，负责福建解放任务的叶飞等人向党中央提出在沪积极招收 3 000 名知识青年和职工到闽工作的请求[④]。截至 1949 年 6 月 22 日，上海各校动员报名人数在 6 000 人以上。除 340 名闽籍学生外，南下服务团吸收了广大上海大、中学青年加入[⑤]。1958 年，

---

① 参见《全国一盘棋》，《人民日报》1959 年 2 月 24 日第 1 版。

② 参见《中共中央关于召开地区性的协作会议的决定》，1958 年 2 月 6 日，载中央文献研究室编《建国以来重要文献选编》（第十一册），中央文献出版社 1996 年版，第 157—158 页。

③ 参见《上海市文化局关于华东六省一市文化协作会议的情况和问题的报告》，1958 年 12 月，上海市档案馆藏，档案编号：B172-4-894-33。

④ 参见中共上海市委党史研究室、上海市档案馆编《南下服务团》，中共党史出版社 1999 年版，第 558 页。

⑤ 参见谢忠强《反哺与责任：解放以来上海支援全国研究》，中国社会科学出版社 2017 年版，第 180—181 页。

我国台湾海峡陷入紧张局势，又有大量江浙籍官兵以及企业工人支援福建[①]。他们中不少为越剧爱好者，构成福建独特的越剧消费群体。

此前，上海已有不少越剧团迁往外地。20 世纪 50 年代初，部分民间职业越剧团自发奔赴外地，他们成为越剧团从上海走向全国的先行者[②]。1956 年 1 月，上海新新越剧团迁至西安，这是上海支援外地越剧建设战略的首次实践。《解放日报》对此给予充分肯定："新新越剧团这次在党和人民政府的协助下搬往西安，对于满足西安地区工人们的文化要求，贯彻文艺为工农兵服务的方向，是有着重大的意义的。"[③]这在当时上海文艺界产生示范作用，很多剧团感到光荣而羡慕，纷纷提出要求给以同样的任务[④]。上海陆续派出越剧团支援外地，其中不乏大团、名团。

上海市委高度重视福建省政府提出的要求，挑选当地实力极为雄厚的芳华越剧团以为支援。当时该团为大型剧团，归属黄浦区文化局领导，在上海名声斐然。据著名戏剧家许寅回忆，芳华越剧团几乎场场客满，一票难求，"许多观众都背了铺盖，到剧场门口通宵排队买票，有的甚至连排三天三夜"[⑤]。市委要求调动中的具体问题由文化局党组和黄浦区委共同妥善解决，保证调动工作的顺利进行，并且芳华越剧团调走后黄浦区剧场演出问题，亦由他们研究统一安排[⑥]。福建省领导担心上海方面舍不得输出好剧团，对已挑选的剧团不放心，专程到上海剧院观看芳华越剧团的演出。据随同尹桂芳支援福建的老生

---

① 参见景艳《根植八闽盛芳华》，《闽都文化》2017 年第 2 期，第 58—63 页。

② 如云华、艺汇、姐妹、华新及出新二团等越剧团先后在江苏南京、无锡、南通、镇江等市落户。参见应志良《中国越剧发展史》，中国戏剧出版社 2002 年版，第 180 页。

③ 参见佚名《欢送新新越剧团搬往西安》，1956 年 1 月 5 日，载中共上海市委党史研究室编《上海支援全国（1949—1976）》（下），上海书店出版社 2011 年版，第 296 页。

④ 参见《上海市机械局、市文化局等关于迁移工厂、输送剧团支援外地建设的意见和情况报告》，1956 年，上海市档案馆：A11-2-18。

⑤ 许寅《女子越剧之"阳春白雪"——简析尹桂芳在〈屈原〉中的表演艺术》，载李惠康《一代风流尹桂芳》，上海文艺出版社 1995 年版，第 89—90 页。

⑥ 参见《中共上海市委关于黄浦区委将芳华越剧团调赴福建意见的批复》，1959 年 1 月 10 日，载中共上海市委党史研究室编《上海支援全国（1949—1976）》（下），第 152 页。

演员袁少珊讲述，福建省领导是在看了芳华越剧团的演出之后才拍的板，“一般的剧团还没有资格，一定要挑好的”[①]。1959 年 1 月 25 日，芳华越剧团 66 人[②]，连同家属 83 人前往福州落户，支援福建文化建设。

芳华越剧团赴闽虽是国家文化战略构想的地方性实践，但也不能忽视地域文化生态、剧团发展需要，以及团长尹桂芳的推动作用。

20 世纪 50 年代初，毛泽东提出中国戏曲百花齐放的思想，上海越剧团体在这一时期骤然增加，趋于饱和。据越剧工会登记数据显示，这一时期上海越剧团数量达 60 余个，比 40 年代高出一倍。1956 年社会主义改造运动时，在上海市文化局登记的越剧团为 48 个[③]。相同的问题也发生在上海其他戏剧团体中。据市文化局 1956 年报告，上海有国营及民办公助剧团 109 个，未登记剧团 11 个，数量过多，且部分演出质量不高，上座率低下，入不敷出[④]。上海将剧团支援外地，不仅能够满足外地文化需求，而且是精简本地区文化团体，提高剧团演出质量的内在需要。芳华越剧团虽为大团、名团，但在其他剧团纷纷支援外地的情势之下，也不免被裹挟其间。

就芳华越剧团本身发展而言，支闽是尹桂芳为提升剧团身份，对国家文化战略作出的一次积极呼应。20 世纪 50 年代，文艺界展开体

---

① 景艳《根植八闽盛芳华》，第 58—63 页。

② 关于芳华越剧团赴闽人数，有三种说法：一份福建省文化局关于芳华越剧团的情况汇报称“全团 66 人（现 78 人）并连同家属 83 人”来到福州，但来福州后，编剧人员因思想不通留在上海；导演因有政治问题依法做了处理；美术设计因不愿离开上海，再加与尹关系不太好，借故返沪。参见福建省文化局《关于芳华越剧团的情况汇报》，1963 年 6 月 29 日，福建省档案馆藏，档案编号：154-2-530-1。一份上海市文化局关于十年来支援外地剧团情况表显示芳华越剧团有 71 人支援福州。参见上海市文化局《关于十年来支援外地剧团情况表》，上海市档案馆藏，档案编号：B172-1-359-3。据曾经和尹桂芳长期共事的严永来老人回忆，当时全团不包括家属有 63 人离沪。参见严永来《桂子飘香·誉满八闽》，载李惠康《一代风流尹桂芳》，第 326 页。因此笔者推测严永来回忆的人数不包括因各种原因又离开福州的编剧、导演和美术设计 3 人。

③ 参见卢时俊、高义龙主编《上海越剧志》，中国戏剧出版社 1997 年版，第 71 页。

④ 参见《中共上海市委对于上海市文化局党组关于动员上海剧团支援外地工作计划的批示》，1956 年 4 月 19 日，上海市档案馆藏，档案编号：B172-1-207-38。

制整顿和改造。在当时的情境下,追求政治进步的艺术家们都希望尽快真正融入国家公有体制,以获取更大的格局、更广阔的平台。1956年初,上海市文化局批准芳华越剧团为国营剧团,但该剧团的实际运作仍是集体所有制①。尹桂芳积极率领该剧团支援福建,顺应了实现完全改制的愿望。该剧团迁往福州后,真正改为国营剧团②。

还应注意的是,团长尹桂芳在剧团支闽中扮演着关键性角色。不少演职员之所以愿意放弃上海大都市的优越生活,主要受到她的精神感召与鼓舞。尹桂芳的艺术水平和为人处事皆备受赞誉,可以说芳华越剧团由尹而生,因尹而存。观众将她封为“越剧皇帝”,其凝重洗练、清醇质朴的演艺特点,成为越剧艺术的重要特征;同行姐妹将她唤作“大姐”,其舍己为人、献身艺术的高尚品德,是为艺术工作者的楷模垂范③。据曾在芳华越剧团担任舞美设计的仲美回忆,新中国成立后不久,华东戏曲研究院实验越剧团邀请尹桂芳个人加入,但尹誓与芳华共存,这一事件为演职员坚定拥护尹桂芳,并在尹桂芳率团支援福建时毅然追随创造了条件④。当时在福建省话剧团工作的青年蔡怀玉也有相同感受:“她能够把剧团一个星期就拉来了,我觉得这是她的人格的魅力。”⑤

除芳华越剧团外,同时期还有不少越剧团体在国家文化战略推动下扎根异域。

---

① 参见景艳《根植八闽盛芳华》,第58—63页。

② 参见《福建省文化局关于芳华越剧团的情况汇报》,1963年6月29日,福建省档案馆藏,档案编号:154-2-530-1。

③ 参见朱玉芬《尹桂芳的“深情”》,载中央人民广播电台文艺部戏曲组编《戏曲演员印象录》,中国广播电视出版社1985年版,第171—174页;沈祖安《永远的尹桂芳》,载福建省芳华越剧团、福建省越剧之友联谊会编《折桂越坛·流芳百世:人民艺术家尹桂芳周年祭》,福建美术出版社2001年版,第29—30页。

④ 参见仲美《她是一位十分可敬的艺术家——尹桂芳的艺术追求》,载李惠康《一代风流尹桂芳》,上海文艺出版社1995年版,第316页。

⑤ 蔡怀玉《不能忘却的纪念——追思尹桂芳先生》,载福建省芳华越剧团、福建省越剧之友联谊会编:《折桂越坛·流芳百世:人民艺术家尹桂芳周年祭》,福建美术出版社2001年版,第46页。

表1 1956—1960年上海市文化局支援外地越剧团情况①

剧团名称	支援何地	支援时间	剧团名称	支援何地	支援时间
新新	陕西西安	1956年1月	春光	甘肃兰州	1956年8月
荣艺	浙江岱山	1956年5月	上海闵行	贵州遵义	1956年
光海	浙江玉环	1956年5月	华艺、光艺、红花	宁夏银川	1958年10月
朝民	浙江嵊泗	1956年5月	红星、新艺、群力	青海西宁	1958年10月
文华	浙江昌化	1956年5月	芳华	福建福州	1959年1月
精华	浙江象山	1956年5月	天鹅、合众	北京	1960年4月
合力	浙江建德	1956年5月	越剧院一团	北京	1960年4月
更胜	浙江天台	1956年5月	永乐	甘肃酒泉	1960年秋
少少	浙江洞头	1956年5月			

据统计，自1956至1960年，上海市有新新、春光、华艺等10余家越剧团，分赴陕西、浙江、甘肃、贵州、宁夏、青海、福建、北京等地落户。作为当时上海最大的国营越剧团，上海越剧院共设有一团、二团和实验剧团，也没有被排除在外。1960年4月，该院一团奉调赴京，组成北京越剧团②。

综上可知，新中国成立后，越剧跨地域传播作为国家文化战略的一部分，带有明显计划经济的烙印；但同时我们不能忽视文化社会因素的作用，芳华越剧团支援福建也符合沪闽两地文化发展、剧团自身

① 资料来源：卢时俊、高义龙主编《上海越剧志》，第28—35页；中国戏剧志编辑委员会编《中国戏曲志·贵州卷》，中国ISBN中心2000年版，第76页。

② 参见《陈克寒致石西民的信》，1959年6月14日，上海市档案馆藏，档案编号：B172-1-359；袁雪芬《求索人生艺术的真谛：袁雪芬自述》，上海辞书出版社2002年版，第155—156页。

经营和福建越剧爱好者的需要，不可谓不是一个美好的构想。

二、如同相隔两重天：越剧跨地域传播的困境分析

那是一个为理想而生的火红年代，然而现实的骨感还是让许多芳华人始料未及。“与沪上，如同相隔两重天。团员情绪甚沮丧，我心也沉重如挂铅。遥望星月思故园。”[①]芳华越剧团初入福州时的境遇及尹桂芳的心境，在这句台词里体现得淋漓尽致。中国疆域广博，各地域间自然环境、经济水平和文化风俗等差异较大。基于这样的国情，当代越剧跨地域传播具有跨文化传播[②]的特质。正如移民文化适应领域研究专家金英润所认为的，跨文化传播是一个动态过程，个体在其中必然要经历诸多困难和“文化休克”[③]。尹桂芳率领芳华越剧团演职员赴闽后，面临前所未有的困境与压力，这种压力在1961年回沪风波中终于爆发。

演职员初入陌生城市首先在生理方面感到不适。福州与上海虽同属亚热带季风性气候，但前者盆地地貌形成夏季气温较高的气候特征，引发剧团演职员及家属水土不服。福州盆地面积576平方千米，东、西、北三面为中低山，南面和东南面为丘陵，使盆地成为向东南开口的簸箕状地形。这样的地貌特征对冬季冷空气具有一定的阻挡作用，但夏季东南季风顺

---

① 林瑞武《越剧〈尹桂芳〉》，《福建艺术》2017年第1期，第63—80页。

② 目前国内外学界关于“跨文化传播”缺乏明确的定义，一般认为它指的是来自不同文化的个体（或群体）之间的传播，它不仅在不同民族、国家之间出现，还可以在个人、组织之间出现。

③ 参见［美］William B. Gudykunst, ed. Theorizing about Intercultural Communication, Thousand Oaks, CA: Sage, 2005, pp.383 - 384. 而“文化休克”是美国人类学家奥博格(Kalvero Oberg)提出来的一个概念，指一个人进入到不熟悉的文化环境时，因失去自己熟悉的所有社会交流的符号与手段而产生的一种迷失、疑惑、排斥甚至恐惧的感觉。参见Oberg K. Cultural shock: Adjustment to New Cultural Environments [J]. Practical Anthropology, 1960(7), pp.177 - 182.

盆地较低缺口进入且不易扩散，造成高温潮湿的气候特点[①]。不少演职员及家属感到不适，健康状况下降。例如副团长徐天红因腹泻诱发眼疾，时任福建省委书记叶飞和上海市委文化局局长徐平羽将其调回上海，安排进入上海越剧院[②]。

他们的困难还表现为心理上产生巨大落差。福建因地处沿海前线，随时准备承担战争的代价，城市基础建设资金投入十分有限。芳华越剧团演职员对初入福州的情形记忆犹新：列车抵达终点站福州后，目及之处一片荒凉，火车站以芦苇搭棚而建，通往市区的道路两侧皆是破旧歪斜的木板房和荒芜的农田。由于没有固定的剧团地址，演职员被暂时安顿在仓前山[③]顶上的天主教堂内。剧场在离住所相距甚远处，演职员每天需往返于剧场和居住地之间，布景、道具、服装、乐器等也需搬去运来，极为不便[④]。然而，这已是福州能提供的最好待遇了。据剧团演员袁少珊回忆，“以前外国人住的教堂，楼梯好宽好大，唯一有抽水马桶的房子也让给了尹桂芳。给我们的点心特别好吃，是上海平时吃不到的”，剧场也是当时福州最好的戏院——人民剧场，可容纳上千人[⑤]。尽管如此，福州仍与繁华都市上海相去甚远。

其实早在剧团离沪赴闽前，演职员已有这样的顾虑和抵触情绪。剧团演员袁少珊所言应该代表了当时多数人的真实想法：“之前，芳华派人到福建前线慰问，大家都想去，我申请了但没有被选上，心里难过

---

① 参见张文开《福州城市地貌与城市气候关系分析》，《福建师范大学学报(自然科学版)》1998年第4期，第96—102页。

② 参见百家出版社编著《齐天之红徐天红：记著名越剧表演艺术家徐天红》，百家出版社2001年版，第67—68页；中共上海市委宣传部《关于芳华越剧团要求回沪向华东局、市委的请示报告》，1961年5月15日，上海市档案馆藏，档案编号：A22-2-965。

③ 仓前山，福州老地名，位于南台岛北，闽江以南，天宁山一带。鸦片战争后，福州被列为五口通商口岸之一，英国将领事馆和闽海关建于此。随着进出口贸易的发展，闽海关不断扩大地盘，大兴土木。新中国成立后，仓前山归属仓山区，不少西式建筑被保留下来。

④ 参见严永来《桂子飘香·誉满八闽》，载李惠康：《一代风流尹桂芳》，第325—330页。

⑤ 参见景艳《根植八闽盛芳华》，第58—63页。

得不得了。没有想到，有一天，领导突然告诉我说，你不是想去福建吗？现在就满足你的要求，把你们调到福建去了。我一听，就傻眼了，我想去慰问，但没想调过去啊。"[①]当时福建处于战争阴影下，贫穷落后且危机四伏[②]。芳华越剧团演职员在上海时便清楚前线局势，主动要求慰问演出是为顺应支援全国潮流，并以较小代价获取文化资本，而扎根前线却需要付出更大的代价，这并不是演职员希望看到的结果。因此，在离沪赴闽这件事上，剧团演职员多有无奈之感[③]。更有思想不通者，拒绝随迁，留在上海[④]。

越剧由江南进入闽南并非易事，文化传播的前提是当地观众能够"破译"，进而与演员心灵彼此进入[⑤]。沪闽两地文化环境存在明显差异，首先是语言的区隔。越剧兴盛之地均属吴语区，而福建主要为闽方言区和客方言区，只有小部分地区如浦城县中部和北部属于吴方言区[⑥]。其次是剧种的区隔。福建地方剧种以闽剧、莆仙戏、梨园戏、高甲戏和芗剧等为主，越剧只少量分布在闽北一带。当地观众对风格内敛的越剧知晓不多[⑦]。演员茅胜奎清楚记得芳华越剧团在福建的尴尬处境："福建是戏剧之乡……越剧是外来剧种。我们听福州方言是鸟

① 参见景艳《根植八闽盛芳华》，第 58—63 页。

② 参见福建省地方志编纂委员会编《福建省志・军事志》，新华出版社 1995 年版，第 299 页。

③ 例如剧团演员茅胜奎回忆当时的无奈：家有一个四岁的儿子和一个尚未断乳的女儿，自己独自带着儿女在接到通知后一周之内匆匆来到陌生的福州。参见《"芳华"前辈——花脸泰斗茅胜奎》，2016 年 10 月 9 日，戏曲文化网，访问时间：2018 年 11 月 17 日。

④ 例如剧团编剧人员和美术设计。参见福建省文化局《关于芳华越剧团的情况汇报》，1963 年 6 月 29 日，福建省档案馆藏，档案编号：154-2-530-1。

⑤ 参见[法] 于贝斯菲尔德著，宫宝荣译《戏剧符号学》，中国戏剧出版社 2003 年版，第 134 页。

⑥ 参见福建省地方志编纂委员会编《福建省志・方言志》，方志出版社 1998 年版，第 1、401 页。

⑦ 参见福建省地方志编纂委员会编《福建省志・戏曲志》，方志出版社 2000 年版，第 45 页。

语，福州观众听我们是鸟语，台上台下没有互动，看了字幕就看不了舞台。"[①]最后是对尹桂芳的认知区隔。沪上观众将尹桂芳奉作"越剧皇帝"，认为她的离开使上海越剧舞台失去了许多光彩，甚至有人不远千里到福州观看她的演出[②]。而福建观众对尹派艺术感到陌生，有人以为"青年演员也比尹桂芳嗓子亮、唱得好"。演职员王艳霞等人也回忆称，当尹桂芳在福建表演时，"真正能品读她的越韵的观众并不多"[③]。以上语言、剧种及对演员的认知区隔，使福建观众难以"破译"芳华越剧团演职员精心创造的文化世界。

因剧团缺乏观众、难以为继，演职员产生巨大的精神迷失和物质压力。1959 年初一，芳华越剧团首次与福建观众正式见面时备受冷遇。有演职员将剧团在沪闽两地受欢迎程度进行比较："在上海，九角一张票，大家还通宵排队抢。到了福州，四角钱一张票还没有人看。"[④]还有人抱怨道："我们老远从上海兴冲冲到这里，人家却如此冷淡，不欢迎我们，早知道就不来了。"[⑤]芳华越剧团在上海时多有盈余，来到福建后却入不敷出。自 1959 至 1962 年，国家补贴芳华越剧团共达 29 万余元。其中，补贴生活开支 16 万元左右[⑥]。

需要说明的是，福建要求迁入越剧团是为满足支闽越剧爱好者的文化需求，但芳华越剧团来到福建后却面临上座率低的局面。究其原因，笔者推测沪浙籍支闽群体虽不少，但仍属小众，不能满足芳华越剧团的票房需求。加之这批支闽群体主要在福建前线，而芳华越剧团为

---

① 景艳《根植八闽盛芳华》，第 58—63 页。

② 参见蒋志康《观众眼里的尹桂芳》，载李惠康《一代风流尹桂芳》，第 84 页。

③ 福建省文化局《关于芳华越剧团的情况汇报》，1963 年 6 月 29 日，福建省档案馆藏，档案编号：154-2-530-1；王艳霞等《芳华越剧团支援福建的前前后后》，载中共上海市委党史研究室编：《上海支援全国(1949—1976)》(上)，第 263 页。

④ 景艳《根植八闽盛芳华》，第 58—63 页。

⑤ 之江《尹桂芳的艺术道路》，载李惠康《一代风流尹桂芳》，第 179—272 页。

⑥ 参见福建省文化局《关于芳华越剧团的情况汇报》，1963 年 6 月 29 日，福建省档案馆藏，档案编号：154-2-530-1。

前线作慰问演出毕竟不是常态，较多时候还是为福州市民众公演。据该团演职员报告，自落户福州至1961年3月，该团为前线部队共作三个月慰问演出，其余时间均为全市干部、居民公演①。

演职员在福建的不适、迷失甚至排斥，终于在1961年国家政策调整之际得到爆发。该年3月，尹桂芳向福州市文化局提出将剧团调回上海的要求，遭到该局反对。27日，演员们将这一问题反映到中央文化部。4月初，演员张海庚、冯曼莉等人写信给周恩来提出相同要求。之后，中央文化部又陆续收到8件反映该问题的群众来信②。上海市文化局亦表示曾听到同样反映和收到类似的来信③。福建省文化局将这一系列行为定性为剧团的一些老艺人、主要演员和其他部分工作人员"闹回上海事件"④。信中除反映演职员生活困难和观众上座率低外，还指出剧团演出水平下降的问题：首先，由于演出剧目和场所反复更换，保留剧目无暇修改与整理，新剧目更无时间创作；其次，芳华越剧团在福建一枝独秀，缺乏竞争、交流的环境；最后，剧团多年未回沪参加公演，缺乏与质量上乘的越剧团进行艺术交流的机会，导致剧团质量每况愈下⑤。

相似的情况也发生在同时期其他支援外地的越剧团内。1960年4月，上海越剧院一团奉调赴京后，该院院长袁雪芬急忙写信至上海市文化局，表示越剧团落户北京不利于剧团艺术发展⑥。次年4月，福建召开全省越剧团座谈会，与会者包括建阳县越剧团、邵武县越剧团、

① 参见中共上海市委宣传部《关于芳华越剧团要求回沪向华东局、市委的请示报告》，1961年5月15日，上海市档案馆藏，档案编号：A22-2-965。

② 参见中华人民共和国文化部《关于处理芳华越剧团留在福建问题的情况报告》，1962年2月17日，福建省档案馆藏，档案编号：154-2-312-1。

③ 参见中共上海市委宣传部《关于芳华越剧团要求回沪向华东局、市委的请示报告》，1961年5月15日，上海市档案馆藏，档案编号：A22-2-965。

④ 参见福建省文化局《关于芳华越剧团的情况汇报》，1963年6月29日，福建省档案馆藏，档案编号：154-2-530-1。

⑤ 参见中共上海市委宣传部《关于芳华越剧团要求回沪向华东局、市委的请示报告》，1961年5月15日，上海市档案馆藏，档案编号：A22-2-965。

⑥ 参见袁雪芬《求索人生艺术的真谛：袁雪芬自述》，第155—156页。

宁化县越剧团、厦门市越剧团、松溪县越剧团、政和县越剧团、光泽越剧团等代表。这些剧团多由浙江和上海援建而来。代表们纷纷表示剧团对外交流少，演职员思乡情切，希望安排剧团至浙江、上海巡回演出，以便做到公私兼顾。甚至有代表揭露，光泽越剧团演职员未经省相关部门同意，自己跑到上海演出，历时半年有余①。

当代越剧跨地域传播的困境具有一定普遍性，这里面反映出国家战略的划一性与区域文化差异性、区域经济不平衡性的紧张关系。当代越剧跨地域传播蕴含的是各地区越剧协调均衡发展的"完美逻辑"，但一方面文化具有区域性，语言、剧种、竞争环境等都是文化赖以生存的土壤；另一方面，传播者在陌生地的生存状态对文化跨地域传播至关重要，中国区域文化差异较大，区域经济发展水平极不平衡，文化跨地域传播必然要经历诸多困难。

三、尹韵芳香醉八闽：政府介入、剧团改良与越剧在地化

个体必须通过努力，满足文化适应所需的条件，方能真正完成文化的在地化过程②。然而正如前述当代越剧跨地域传播主要体现为国家的意志，其在地化过程也离不开政府多方的干预。休伯·埃林斯沃斯(Huber W. Ellingsworth)曾指出，所有的传播活动都会涉及不同程度的文化差异，适当地运用一些说服策略有利于传播的进行③。可见，各级政府正是采取谈心渗透和言行结合的策略，才说服芳华越剧团扎根福建。

---

① 参见福建省文化局、戏剧家协会福建分会《全省越剧团座谈会简报(1—5)》，1961年4月16日，福建省档案馆藏，档案编号：154-2-128-1。

② 参见[美] William B. Gudykunst, ed. , Theorizing about Intercultural Communication, Thousand Oaks, CA: Sage, 2005, pp.383-384.

③ 参见[美] Ellingsworth W. Huber. Anthropology and Rhetoric: Toward a Culture-Related Methodology of Speech Criticism. Southern Speech Journal. 1963. Vol.28.

沪闽两地政府对芳华越剧团回沪要求的看法存在龃龉，分别采取不同措施予以应对。福州市文化局将尹桂芳要求回沪视为大是大非的问题，采取“大跃进”以来大批判、大辩论的办法，公开批评和指责以尹为首提出回上海的人[①]。剧团回沪问题悬而未决，不久演职员将问题反映至上海和中央相关部门。周恩来收到演职员信件后立刻批交中央文化部处理，随即文化部办公厅将该信件转致福建省文化局和上海市文化局，要求尽快研究和处理该事件。不同于福州市文化局的激进做法，上海市政府各部门处理方法较为谨慎。市文化局在接到中央文化部办公厅来信后，将信函转致市委宣传部。市委宣传部未直接给出解决办法，而是请示上级机关华东局和上海市委，建议将芳华越剧团调回上海，以后由上海市每年组织赴闽巡回演出，理由是：“该团所反映的问题，虽然存在着有些不健康的情绪，但由于语言限制，观众较少，对提高演出效果和艺术质量确存在客观困难，长此下去演职员的思想情绪也不易巩固。”[②]

鉴于此，1961 年 11 月中旬，中央文化部派办公厅副主任程浩飞等三人前去沪闽两地，协同福建省文化局和福州市文化局组成工作组调查处理该事件。经研究，工作组批评了沪闽两地相关部门原来的做法，指出福州市文化局召开群众大会是一种过于简单、片面的处理方法，缺乏冷静、客观的分析，使尹桂芳受了委屈[③]。同时指出上海市委宣传部的意见亦属不妥，芳华越剧团在福建受到前线战士和支闽工人的热烈欢迎。更为关键的是，如果同意芳华越剧团调回上海，上海市支援外省市的近 30 个剧团必然提出相同要求，这将不利于控制上海城市人口[④]。

---

① 参见福建省文化局《关于芳华越剧团的情况汇报》，1963 年 6 月 29 日，福建省档案馆藏，档案编号：154－2－530－1。

② 中共上海市委宣传部《关于芳华越剧团要求回沪向华东局、市委的请示报告》，1961 年 5 月 15 日，上海市档案馆藏，档案编号：A22－2－965。

③ 参见福建省文化局《关于芳华越剧团的情况汇报》，1963 年 6 月 29 日，福建省档案馆藏，档案编号：154－2－530－1。

④ 参见中华人民共和国文化部《关于处理芳华越剧团留在福建问题的情况报告》，1962 年 2 月 17 日，福建省档案馆藏，档案编号：154－2－312－1。

工作组主要采取谈心渗透和言行结合的策略，说服尹桂芳及全团演职员留在福建。一方面，工作组动之以情、晓之以理，对芳华越剧团进行了半个多月的思想教育工作。他们强调福建省及福州市领导向来重视和关心芳华越剧团，同时指出芳华越剧团艺术水平较高，留在福建有助于提升全省越剧艺术事业发展。另一方面，尽可能帮助解决演职员的困难，为芳华越剧团扎根福建创造条件。尹桂芳向福建省提出三项要求，即剧团由福州市文化局领导改为福建省文化局领导；定期安排剧团到上海等地观摩学习；福建省文化局为剧团充实部分编导人员。福建省委及福州市委均表示尽可能给予解决。[①] 1961 年底，福州市文化局安排剧团每年四个月至半年的时间到上海、浙江等地巡视演出，与姐妹剧团相互观摩学习，并缓解演职员思乡思亲之苦。同时，剧团制定普遍提高和重点栽培的人才培养原则，有计划地安排创作干部、主要演员和主要艺术人员参加离职进修、外出观摩、政治和文化学习等活动，请剧团最有经验和修养的艺术人员对青年演员进行教学[②]。1962 年初，芳华越剧团改由福建省文化局领导，走上国家剧团的正规化道路[③]。尹桂芳的要求基本得到满足。

为使芳华越剧团长期留在福建，福建省文化局进一步加强对该团的领导。一方面，加强党、团力量。首先为团长尹桂芳和团支部书记陈国政召开转正大会，继而在团内发展党、团员。至 1963 年 6 月，剧团党员数量由刚来福州时的 1 人增至 10 人，团员达到 9 人。另一方面，加强政治审查和政治教育工作。回沪风波发生后，福建省文化局对团内有政治问题的人员分别作出审查结论。1962 年元旦剧团首次回沪巡演前，剧

① 参见中华人民共和国文化部《关于处理芳华越剧团留在福建问题的情况报告》，1962 年 2 月 17 日，福建省档案馆藏，档案编号：154 - 2 - 312 - 1。

② 参见福州市芳华越剧团《福州市芳华越剧团工作制度试行草案》，1961 年 11 月，福建省档案馆藏，档案编号：154 - 2 - 534 - 1。

③ 参见陈虹《复越剧尹桂芳汇报》，1962 年 3 月 10 日，福建省档案馆藏，档案编号：154 - 4 - 783 - 1。

团团支部在全体团员和青年中加强组织工作和思想教育工作[①]。

国家为芳华越剧团扎根福建扫清了“障碍”，但芳华确确实实变成福建人的芳华，还是剧团自身努力适应本土文化的结果。尹桂芳相信：“越剧这么好的艺术，应该不会只是江浙和上海人喜欢，只要我们紧跟时代，多演好戏，就一定会让福建人喜欢的！”[②]一方面，她率领剧团走出剧场深入前线，寻觅沪浙籍越剧知音。如前所述，福建的越剧爱好者集中分布在沿海前线。芳华越剧团在城市演出受挫，促使尹桂芳改变受众定位，将戏送到前线阵地、营房、兵舰，甚至岗楼、坑道和病房。据演员李金凤回忆，剧团经常为前线解放军作慰问演出，通常一天演两场或三场，演出间隙还为战士们洗衣服、补军装。演员严永来的回忆也可作印证：“有一次，芳华越剧团代表福州市文艺界到闽东北慰问部队时，在十四天中竟演了四十一场戏，行程达一千五百余里……期间，她们曾收到了战士们四百六十多封感谢信与严守海防的决心书。”[③]另一方面，与当地剧团挂钩，编演反映当地生活和革命题材的现代剧目，苦练内功迎合福建观众需求。据当时还是福建省话剧团青年演员的蔡怀玉回忆，芳华越剧团常与该团互相观摩学习，当时该团将福建地方戏芗剧《碧水赞》改编成话剧《龙江颂》，尹桂芳率领芳华越剧团又在此基础上改编成越剧的《碧水赞》，并邀请该团人员观看指教[④]。芳华越剧团来到福建后陆续排演了呈现福建现实风情的《闽江旭日红》，百姓喜闻乐见的《红楼梦》，福建名剧改编的《团圆之后》，以及革命现代戏《江姐》等 30 余个剧目[⑤]。

---

① 参见中华人民共和国文化部《关于处理芳华越剧团留在福建问题的情况报告》，1962 年 2 月 17 日，福建省档案馆藏，档案编号：154-2-312-1；共青团福建省越剧团团支部《1962 年工作总结》，1963 年 3 月 19 日，福建省档案藏，档案编号：154-2-276-17。

② 林瑞武《越剧〈尹桂芳〉》，第 63—80 页。

③ 李惠康《一代风流尹桂芳》，第 306、325—330 页。

④ 参见蔡怀玉《不能忘却的纪念——追思尹桂芳先生》，载福建省芳华越剧团、福建省越剧之友联谊会编《折桂越坛・流芳百世：人民艺术家尹桂芳周年祭》，福建美术出版社 2001 年版，第 46 页。

⑤ 参见林瑞武《越剧〈尹桂芳〉》，第 63—80 页。

经历不断的压力—适应[①]过程，至60年代中叶，芳华越剧团终于又重现沪上辉煌。剧团在前线演出受到部队的热烈欢迎和省领导的高度赞扬，东海舰队陶勇司令员一到福州便指调“芳华”去前线演出，叶飞、刘培善、韩先楚、聂凤智等高级将领也都对剧团爱护备至。前线部队每次立下战功需要慰劳时，首先指名要“芳华”慰问演出[②]。1965年，该团编演的《江姐》轰动一时。尹桂芳跳出小生行当，塑造了江姐坚贞不屈的女共产党员形象。据著名京剧编剧高义龙讲述，这出戏以新颖的戏曲形式和悦耳动听的唱腔赢得观众的喜爱，标志着尹派艺术有了新的突破[③]。

“一花独放不是春”，在芳华越剧团的影响和帮助下，越剧芬芳香溢八闽。尽管早在芳华越剧团进入福州之前，福建已有越剧团10余家，但这些多为浙江到福建演出并扎根当地的民间剧团，总体规模较小，演出水平不高。据1961年的数据统计，该省14家越剧团中，团员数量最少者仅28人，大部分为五六十人，而芳华越剧团规模高达130余人，且艺术水平最高，经常指导其他剧团进行编排表演[④]。至1965年底，福建省共有市、县级专业越剧表演团体17个。在福建流行戏曲剧种中，越剧拥有的专业剧团已跃居第二位[⑤]。福建省话剧团演员蔡怀玉认为，福建越剧的兴盛与芳华越剧团须臾不可分离[⑥]。

观之全国，20世纪50年代由上海支援的诸多越剧团基本回沪或

---

① 移民文化适应领域研究专家金英润提出的传播适应理论，即跨文化传播是一个“压力—适应—成长”的动态过程。参见[美] William B. Gudykunst, ed., Theorizing about Intercultural Communication, Thousand Oaks, CA: Sage, 2005, pp.383 - 384.

② 参见李金凤《和尹团长相处的日子》，载李惠康：《一代风流尹桂芳》，第306页。

③ 参见高义龙《奇葩夺目 艺苑流芳——论尹派艺术的成就和魅力》，载李惠康：《一代风流尹桂芳》，第41页。

④ 参见福建省文化局、戏剧家协会福建分会《全省越剧团座谈会简报(1—5)》，1961年4月16日，福建省档案馆藏，档案编号：154 - 2 - 128 - 1。

⑤ 参见应志良《中国越剧发展史》，第185页；王耀华主编《福建文化概览》，福建教育出版社1994年版，第418页。

⑥ 参见蔡怀玉《不能忘却的纪念——追思尹桂芳先生》，载福建省芳华越剧团、福建省越剧之友联谊会编《折桂越坛·流芳百世：人民艺术家尹桂芳周年祭》，第47页。

不复存在。1960年中旬，国务院总理周恩来在听闻上海越剧院一团落户北京的消息后，批评北京市委："搞什么戏剧大楼集中八个著名剧种，不是要造成这些剧种脱离土壤、脱离群众吗？越剧团马上回上海去。"[①]该团在周恩来干预下被调回上海。而其他上海支援的越剧团基本不复存在，例如上海永乐越剧团1960年落户酒泉后，更名为酒泉市越剧团。1963年剧团赴浙江巡回演出时，就地解散[②]。上海新新越剧团1956年支援西安后，成立西安越剧团。随着老一辈演员逐渐退出舞台，青年演员回到上海，以及大环境下戏剧的整体性衰微，1988年剧团撤销[③]。

而芳华越剧团至今依然活跃在福建戏剧舞台上，尹桂芳培养的青年演员很多成为当下中国戏坛名人、越剧业界翘楚，其中包括上海的"越剧王子"赵志刚、浙江小百花越剧团团长茅威涛和福建的越剧（尹派）国家级非物质文化遗产代表性传承人王君安等[④]。中国戏剧家协会常务副主席刘厚生先生认为，"芳华"在福建盛开不败，反映尹桂芳及其舞台艺术的生命力之强[⑤]。应该说，芳华越剧团真正使越剧融入八闽大地，成为越剧第二次大规模跨地域传播的重要组成部分。究其缘由，芳华越剧团前期是在国家说服教育下决心扎根福建，后期则主要依靠自身努力适应本土文化，真正实现福建越剧在地化过程。

---

① 袁雪芬《求索人生艺术的真谛：袁雪芬自述》，第155—156页。

② 参见中国戏曲志编辑委员会、《中国戏曲志・甘肃卷》编辑委员会编《中国戏曲志・甘肃卷》，中国ISBN中心，1995年版，第124页。

③ 参见中国戏曲志编辑委员会、《中国戏曲志・陕西卷》编辑委员会编《中国戏曲志・陕西卷》，中国ISBN中心，1995年版，第136页；雒福秀《追寻西安越剧团的足迹》，《金秋》2018第12期，第47—49页。

④ 赵志刚，男，尹派小生，有"越剧王子"美誉，2004年获中国戏剧梅花奖；茅威涛，女，尹派小生，中国戏剧家协会副主席，浙江小百花越剧团团长，1985、1994、2007年三度获得中国戏剧梅花奖；王君安，女，尹派小生，2015年获中国戏剧梅花奖，2018年5月8日被评为越剧（尹派）国家级非物质文化遗产代表性传承人。

⑤ 参见李惠康《一代风流尹桂芳》，第23—34、85—86页。

四、结语

当代越剧跨地域传播应被置于更广阔的时空范围内加以讨论。从空间上来看，当代越剧从江南流向全国，是中国越剧发展历史中的一次重大飞跃。中国越剧的第一次跨地域传播主要受经济、战争及剧种本身发展等因素的影响。新中国成立后，其传播过程则更多体现为国家的意志以及剧团演职员的积极呼应。而从时间上看，当代越剧跨地域传播过程是当代整个戏剧文化生态的个案反映。在计划经济的宏观历史背景下，文化繁荣地区承担着支援全国文化建设的任务，无论是越剧，还是京剧、沪剧、杂技等，都在这一时期突破地域文化限制，向全国其他地区扩散。当然，我们无法忽视诸多文化工作者所付出的汗水与泪水。他们以国家利益为重的爱国精神与精益求精的艺术品格，值得被铭记与书写。

笔者还试图立足中国国情，探寻跨文化传播理论在中国的适用情况，以及中国文化的独特性对该理论的升华意义。中国历史悠久、幅员辽阔，各地域间自然环境、经济水平和文化风俗等差异较大，任何西方理论的简单植入都有适履削足之嫌。跨文化传播成为一个研究领域始于 1959 年，至今尚未形成成熟、完整的学科体系。研究者更多思考的是文化在国家、组织等主体间流通的表层问题，关于超越“民族—国家”的单一视角，扩充跨文化传播研究的内涵与外延问题尚未引起重视①。中国当代越剧跨地域传播具有跨文化传播的特质，表明地理、疆界、语言等文化要素也可能构成跨文化传播主体的文化边界，为建立含括文化边界不同指向的跨文化传播思想研究提供了经验参考。

（本文作者：刘盼红，原刊于《戏曲研究》2021 年第 1 期，部分内容有所修订。）

---

① 参见汪罗《跨文化传播思想史研究亟待深化》，《中国社会科学报》2020 年 2 月 21 日第 2 版。

Appendix | 附录：影印档案原件

一、三明市标准件厂档案

（1）

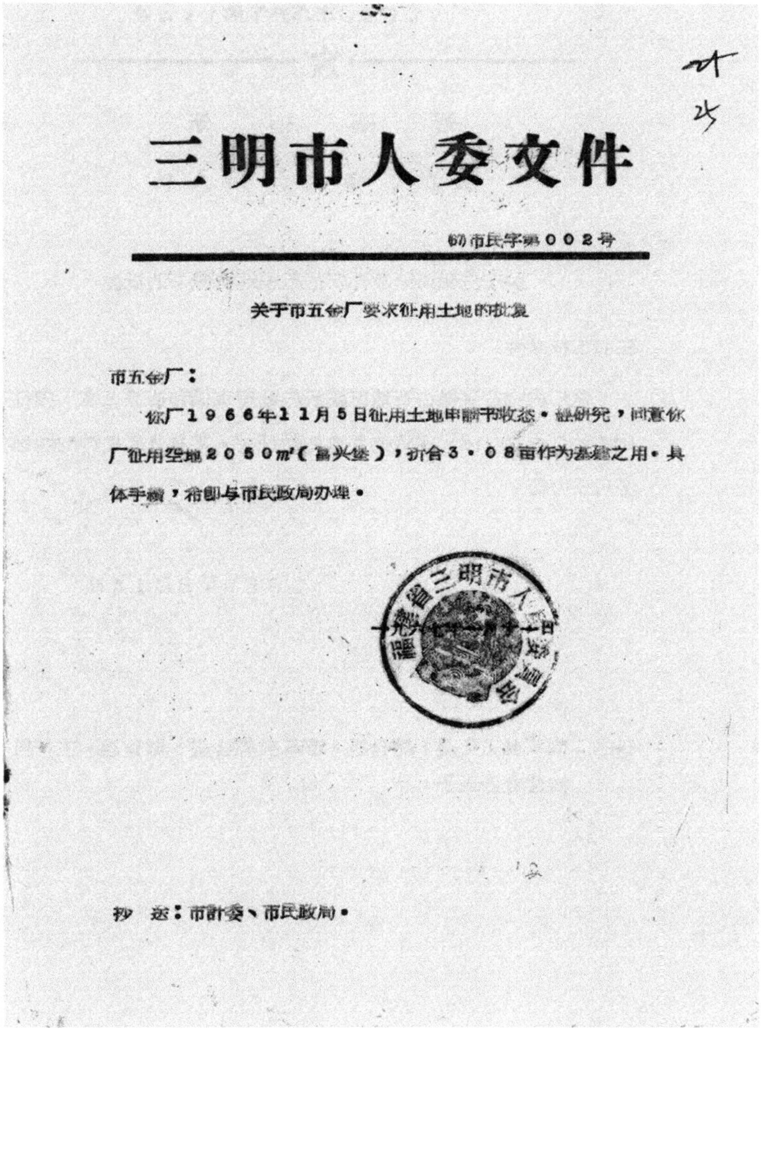

三明市人委文件

67市民字第002号

关于市五金厂要求征用土地的批复

市五金厂：

你厂1966年11月5日征用土地申请书收悉。经研究，同意你厂征用空地2050m²（富兴堡），折合3.08亩作为基建之用。具体手续，希即与市民政局办理。

抄送：市計委、市民政局。

（2）

三明市革命委员会生产指揮組（批　复）

（69）市革产字第114号

最　高　指　示

备战、备荒、为人民。

关于三明市标准件厂征用土地申請书的批复

三明市标准件厂：

你厂欲在富兴堡白石地区建設热处理車間和成品仓庫，须征用山坡地2772M²。經研究同意如数征用。其具体手續請向城建业务班子办理。

1969年8月14日

抄送：专革会工交組、綜合組，市革会綜合組、財貿組、工交組、城建业务班子。

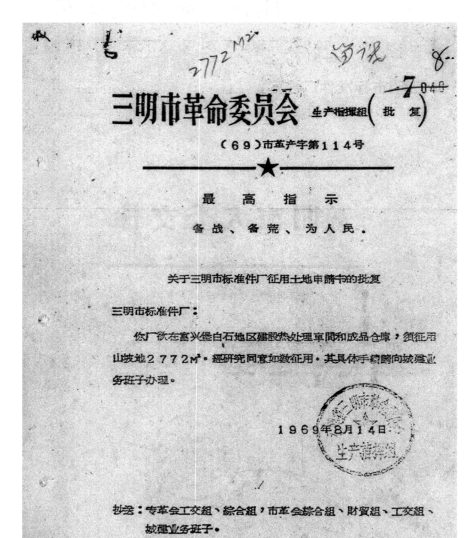

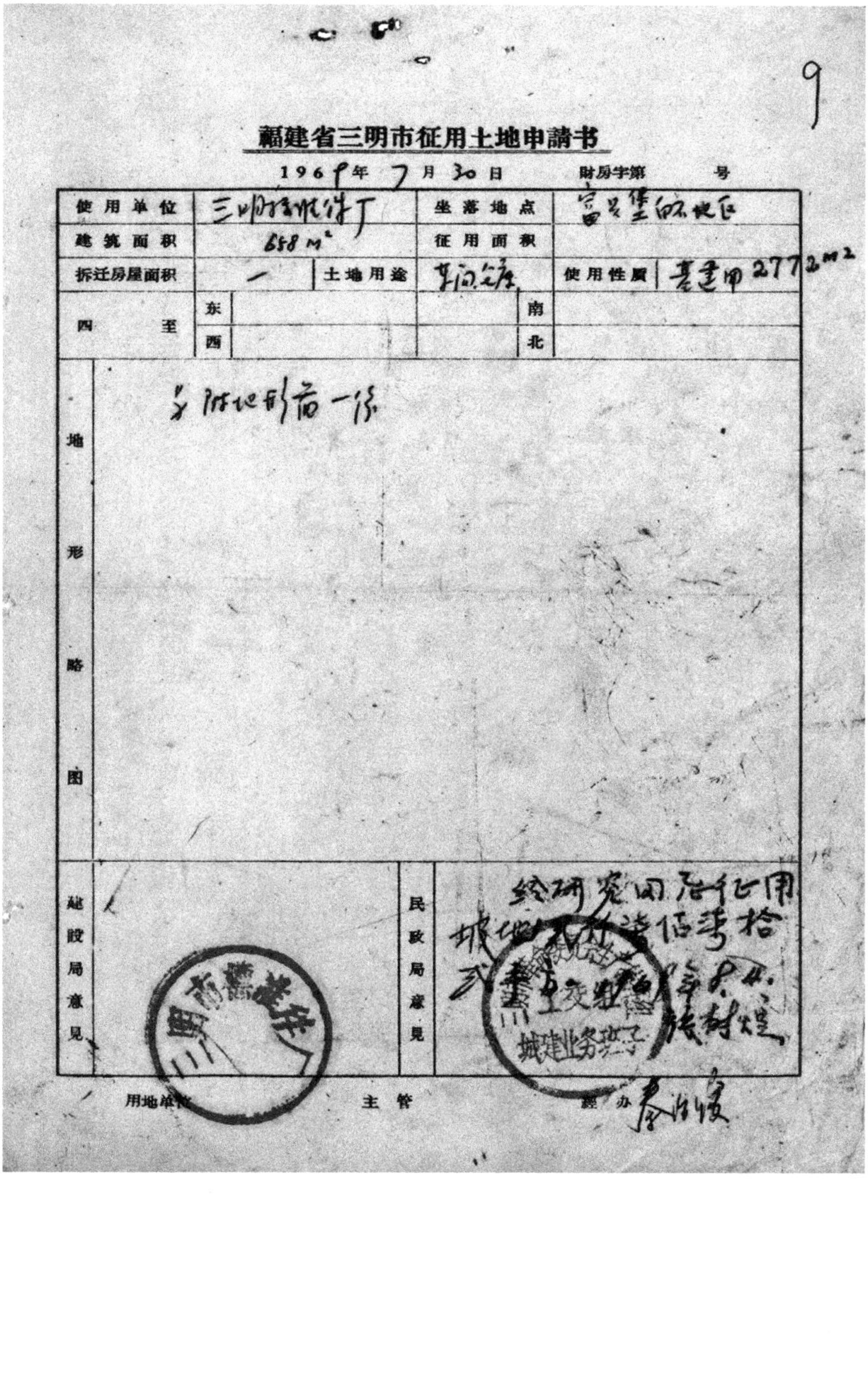
9

福建省三明市征用土地申請书

196[illegible]年 7 月 30 日　　财房字第　　号

使用单位	三明预制件厂	坐落地点	富兴堡白[illegible]地区
建筑面积	658 M²	征用面积	
拆迁房屋面积	— 土地用途 车间仓库	使用性质	基建用 2772M²
四至	东　　　南		西　　　北

地形略图：另附地形图一份

建設局意見：（印）

民政局意見：经研究同意征用城北人民公社[illegible]柒佰柒拾贰[illegible]平方米　张树煌（印：城建业务组）

用地单位　　主管　　經办 [illegible]

（3）

工业总产值及主要产品产量年报

一九六八年度

填报单位：市标准件一厂

	单位	全年实际数 合计	第一季度	第二季度	第三季度	第四季度
一、工业总产值（按57年不变价格）	万元	31.48	3.7	4.37	7.9	15.51
二、主要产品产量：						
标准件螺栓	件	1821298	272760	314348	396800	837400
米吊	吨	8.463	1060	841	3522	3040

补充资料：1.独立核算企业增填：主要产品年底生产能力(1)在一般情况下还能正常(3)

2.非独立及集体所有制企业增填：年底职工人数　人其中：工人　人年底职工平均人数　人。

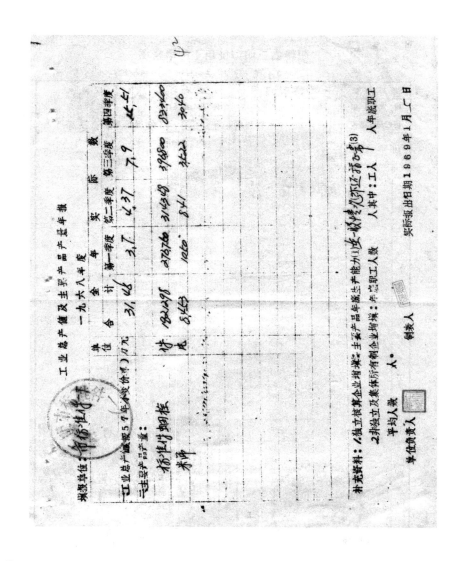

单位负责人　　制表人　　实际报出日期1969年1月5日

（4）

17

三明市标准件厂费用报销制度

一、旅差费的报销：

1、市内交通费：公出人员凭车票叙述事由签字报销。

2、出差到省内外的旅差费：公出人员由厂革委会确定后凭批条预借旅差费。回厂三天内按市革字84号文件标准报销。并结清预借旅差费。

3、探亲假路费按规定标准，经生产组（劳工）审查，本人签字报销。

二、办公用品的报支：

根据节省的原则，办事组按月提出采购计划并负责采购，保管，凭发票签字报销。

三、宣传费用的报销：

根据节省的原则，按月由负责宣传的同志提出采购计划，经政工组审批后，由负责宣传的同志采购，凭发票，签字报销，如有超计划需要应办理追加手续。

四、医药费的报销：

1、医务室用药应事先提出计划，经办事组审批后由医生负责采购，凭发票签字报销。

2、职工转院，请假或公出生病，发票经医务室签字报销。

3、职工（固定工）供养的直系亲属医药费，居住在本市的经生产组（劳工）审查，职工在发票上签字报销50%。

五、劳保费用的报支：

1.劳保用品由生产组（供销）按计划采购入库，并填制收料单登帐，凭发票签字报销。

2.高温及夏令保健费，按规定的标准统一交食堂掌握，凭食堂收据报销。

六、生产费用报销：

统一由生产组（供销）按计划采购入库，并填制收料单登帐，凭发票签字报销。

（5）

16

三明市标准件厂职工请假暂行规定

一、职工请假，先提出书面申请，三天以内由连长批准，三天以上由厂革会批准，批准后到生产组（劳工）开具请假单。

二、享受探亲假的职工（固定工、合同工）每年给探亲假一次，时间十二天，另加路程假。不能提前或推迟使用，如因本年生产（工作）需要，不能给假，可以于下年度一并使用。

享受探亲假的职工，因生产（工作）需要，本人当年不能回去探亲，要求直系亲属来三明探望，经厂革会批准，路费按规定标准给予报销。

因公出差回家或病假回家或病假回家与亲属团聚十二天以上者，不另给探亲假。

三、职工（固定工、合同工）本人结婚或直系亲属死亡，给婚丧假三天，另加路程假。

四、职工病假在本厂治疗的经本厂医务室证明给假。在厂外治疗的，证明需要经本厂医务室审查给假。

在请探亲假、事假期间不得以病假抵扣天数。假期满后如有特殊情况需要继续请假，应及时办理续假手续，（外地的以函或发电信申请），如患急性病，病假需要凭公立医院或保健院（站）证明，（慢性病应回厂治疗）。

五、女职工（固定工、合同工）产假五十六天。双生、难产增加十四天。流产按医生证明休息。

（6）

17

三明市标准件厂劳保待遇有关条例试行草案

一、职工（固定工、合同工）病假、产假、婚丧假、假期工资照发。探亲假一年以上固定工，三年以上合同工假期工资照发，三年以下一年以上合同工给报销路费，假期按规定不发工资。事假按请假天数扣发工资（包括干部在内）计薪方法按三十天。

二、劳保用品分工种发放。

1、生产工人（包括红冲、锻工、拉丝、制钉、电镀、电工、机修、电气焊、热处理、冷冲、车床、镦床、铣床、磨床、洗工、冷作、包装、钳工、刨工、木工、泥水等）发工作服一套，使用时间一年半。

2、非生产人员（仓管员、服务员、干部）发背带裤一条、袖套一付，使用时间仓管员、服务员一年半，干部两年。

3、帽子随同工作服、背带裤一起发放。全厂职工（固定工、合同工）每人每年一双鞋子，每人每年两条毛巾，每人每季三块肥皂。

4、高温鞋发给高温操作人员，使用时间一年半。电镀、拉丝、酸洗发雨鞋，使用时间不限，以旧换新。

5、为了照顾家属工、外包工的实际需要，在物资供应可能的条件下，每人一年半发给一套卫生布工作服，每一年发给一双鞋子，每一年发给一条毛巾，每季度发给两块肥皂。

三、电镀、酸洗、电气焊、热处理、磨床、洗工、锻工、炉前工每月享受保健待遇，红冲享受6—9月份四个月，标准分等级，电镀工一至三级，热处理工二级，酸洗工二至三级，其余均为三级（一级每月六元、二级每月五元、三级每月4元）。

~~17~~
18

试事假半个月以下照发、半个月以上一个月以下发半个月。保健供应的食物由食堂代购，保健费结余金额代给现金。

四、夏令时间（6—9月份四个月）全体职工享受夏令保健待遇，发放食物，标准每人每月一元，交食堂统一掌握。

五、职工（固定工）供养的直系亲属患病的医药费、手术费，及居住在本市的经保健站给予报销50%，居住在异地的原则上由本人自理，本人负担确有困难者，可适当给予补助。

六：家属工、外包工、工伤事故工资照发，医药费报销。平时生病在厂医务室治疗的不收药费，厂外治疗的药费自理。

七、职工（固定工）供养的直系亲属死亡的丧葬补助费，死者年龄在十六周岁以上30元，十周岁以下一周岁以上20元。

(7)

企业名称：三明市标准件厂

主管机关名称：三明市重工局

主要工业产品生产能力

（年报用）

省計基7表

主要产品名称	計算单位	1971年底到达的生产能力	1971年实际生产量	备注（附簡要計算說明）
甲	乙	1	2	
标准件	万件	2300	2309.02	
[illegible]	把	15000	12546	材料不足有停产
元钉	吨	420	302.3	材料不足有停产

规定上报日期：1月8日前

负责人 制表人 陈文建 报出日期：1972年1月10日

41

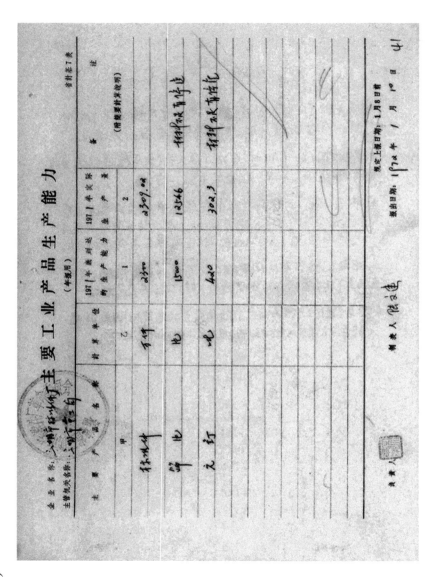

（8）

7 ~~143~~ 4

福建省三明市征用土地申请书

1971年1月16日　　财房字第　　号

申请单位	市标准件厂		坐落地点	富兴堡白石地区	
建筑面积	480		征用面积	480平方	
拆迁房屋面积	480	土地用途	车间	使用性质	建车间
四至	东	本厂区	南	公路	
	西	农田	北	农田及本厂区	

地形略图

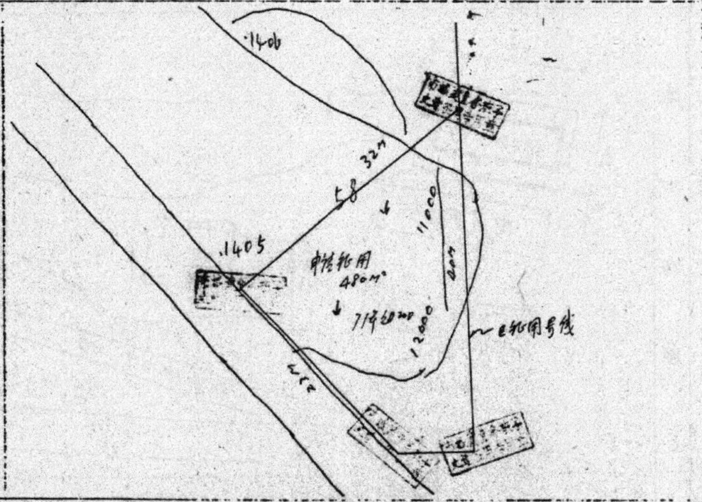

市基建交通局意见	同意	市革命委员会意见	

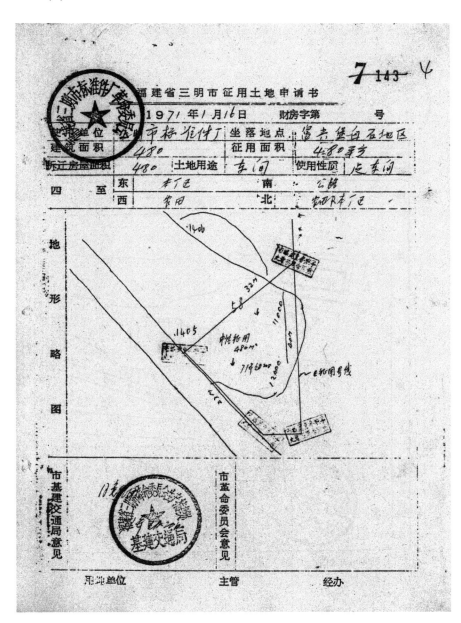

用地单位　　　　主管　　　　经办

（9）

7 ~~137~~

福建省三明市征用土地申请书

1971 年5月6日　财房字第　号

使用单位	三标厂		坐落地点	富兴堡	
建筑面积	400㎡		征用面积	500平方	
拆迁房屋面积	400m²	土地用途	宿舍	使用性质	山地
四至	东		南		
	西		北		

地形略图

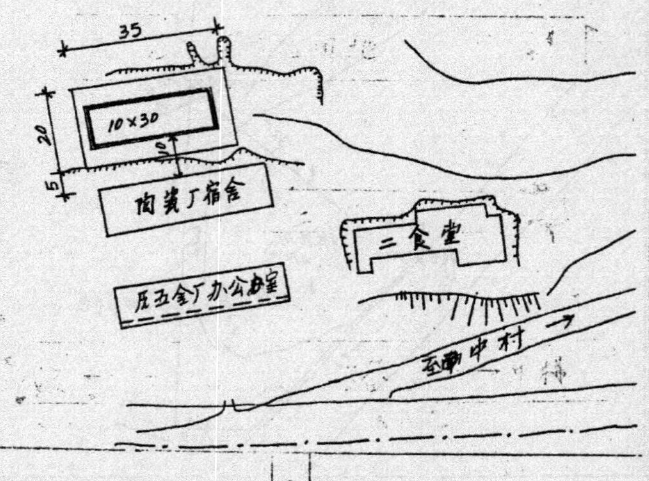

市基建交通局意见	同意征用	市革命委员会意见	

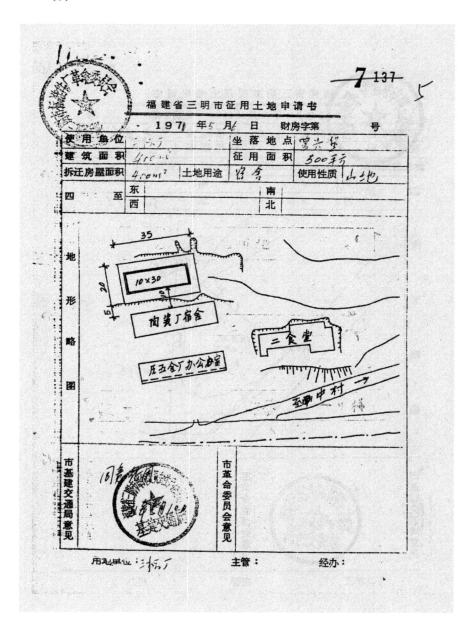

用地单位：三标厂　主管：　经办：

（10）

46

三明市革命委员会 重工业局 （通 知）

市革重工字（72）第08号

★

最 高 指 示

关于标准件厂与铁厂机修分厂分别附设集体所有制企业几个具体问题的通知

为了充分挖掘企业潜力，[redacted]疏通生产渠道，进一步提高现有企业的配套水平及生产能力，更好地服务于工农业生产，经市革会生产指挥处研究同意：在标准件厂与铁厂机修分厂分别附设集体所有制企业。目前，人员即将进厂，现就有关问题通知如下：

一、企业性质与名称：均属集体所有制企业，为便于对外联系工作，开展业务，因此，附设于标准件厂的定名为电镀厂，附设于铁厂机修分厂的定名为机床配件社。

二、学徒年限与待遇：

1.学徒年限：参照国营企业有关规定。

2.凡招收时明确为学徒的，学徒期间生活津贴费为：第一年十八元，第二年二十一元，第三年二十四元，根据政治表现及技术水平，凡符合升工定级的，一般应是期满三年升为一级工，期满四年定为二级工，个别经群众討論与技术考核，不宜按期升工定级的，可視其情况，适当給予延长。

3.学徒期间遇有病假（須持医疗部門証明），事假（一般不准

（11）

48

三明市革命委员会（通知）

市革综（72）第133号

[redacted]

关于成立三明市五金厂的通知

为了有利于发展生产，经研究决定，自七二年十一月一日起，将市标准件厂铁丝、元钉、簖片、电镀（即附设于该厂的集体所有制的电镀厂）车间划出成立三明市五金厂，隶属于市革会轻工业局管理。分厂工作必须从有利于团结，有利于生产出发，为此，应着重掌握以下几个原则：

一、人员：凡目前从事铁丝、元钉、簖片、电镀的生产工人和辅助工人（包括电镀厂的学徒及管理人员），一般不宜变动；个别技术工人确因生产需要，双方应本着相互支援的精神，通过协商给予个别调整。

二、设备：凡属铁丝、元钉、簖片、电镀的生产设备，划归五金厂使用；考虑到标准件厂电镀生产的需要，同时为了充实五金厂机修车间设备，因此决定：从原电镀设备中划出直流电机及硒整流器各一台为标准件厂所有，並从标准件厂调出牛头鉋床一台和原五金厂机修设备应归五金厂使用。

三、房产：厂房除目前标准件拉丝和酸洗部分暂归标准件厂使用外（待该厂拉丝车间建成后，应即移交五金厂），其余划归五金

（12）

三明市标准件厂

企业管理制度汇编

（试行草案）

三明市标准件厂革委会

七六年元月

（13）

9

八五年度工作汇报

一九八五年，我厂在上级部门的正确领导，在全厂职工的共同努力下，克服了种种困难，尤其在原材料严重缺口的情况下，千方百计地完成了预计的生产任务，其他各项工作也都有所加强和进展。

一、加强班子团结，勇于改革创新。

首先，85年初，我们对考核制度重新进行了调整，修改原来的产值考核为多种形式的经济责任制考核，同时，实行超产计奖的奖励办法，从而调动了广大职工的劳动积极性，促进了生产的发展。其次，厂党支部结合整党工作，不断加强政治思想教育，从激发人的积极因素方面入手，配合经济责任制更好地落实，突出地表现在：通过整党学习，我厂中层一级的党员干部，普遍增强了全局观念，加强了团结协作，出现了主动配合的高姿态，在一定程度上扭转了以往存在的互相扯皮的现象。此外，一班人中，新老干部团结配合，大胆开展工作。新同志在工作中，能虚心请教，凡事多商量，尊敬老同志；而老同志也热情扶持，赤诚相见，因而为我厂各项工作的顺利进展，奠定了团结奋斗的力量基础。

二、各项经济指标有较大幅度的增长。

85年我们完成全年产值281·39万元比84年增加30·31万元，增长12·2%；去年由于原材料价格比84年提高52%，从而增加成本支出57·2万元，并且工资费用支出增加5·15万元，尽管有这些不利的客观因素存在，但是85年还是实现利润20·3万元比84年增加16·12万元，增长334·22%，全年销售收入356·72万元比84年增加73·39万元，增长25·9%；流动资金平均占用额减少37·82万元；流动资金周转天数由84年的223天减至139天，加速周转84天，从而可节约流动资金83·37万元。全员劳动

10

生产率人均6292元比84年提高10·4%。

①三 加强企业横向联系，开拓产品销售市场。

85年去年，我厂原材料实际耗用量是1820吨，而有关部门所给的钢材指标仅580吨，在材料严重缺口的情况下，我们毅然打破条条块块发展横向联系，采取走出去跟钢厂直接签订合同的联营方式，所以85年我厂耗用的原材料中有三分之二是我们自己没法解决的。在原材料落实的基础上，我们积极开发产品销售市场。一方面，走工贸结合的道路，开设经销门市部，分布点除本市外，还遍及福州、泉州、厦门、广东等省市，目前共有经销门市部8个，去年全年这些门市部的营业额达136·8万元，占全厂销售收入的38·3%。同时，通过这些分布点，我们能及时了解到用户的需求和标准件的行情，既方便了用户，又为本厂的生产提供了市场信息。另一方面，采取多种订货形式，除了正式订货会外，还时常举行用户座谈会等形式，与用户取得经常联系。签订的合同，有3～5年长期供应协议，也有临时排产非标产品，以满足用户的特殊需要。

②四 努力挖潜力，重视抓质量。

我厂专用设备多，通用设备少，为了跟上市场竞争的需要，我们重视着手于设备更新和技术改造工作。一方面贷款，陆续增进一些新设备，另一方面，挖掘企业的现有潜力，扩大再生产。如：自行设计安装了一台100千瓦的退火电炉，改过去用煤加热为用电加热，改装后节省燃料费19元／炉，电炉加热分为上下二层，能均匀地控制材质的处理，从而使材料利用率提高3%，并且由于材质提高，相应地模具的消耗也减少了，同时工效大有提高，过去三天一炉，现在一天一炉。同样在发黑炉改造后，原十个人操作，现在只要三个人操作即可，既减轻了工人的劳动强度，提高了工效，提高了产品价值又满足了用户的需要。85年我们把质量提到了更为显著的地位，从思想

11

上、人力、物力上予以高度重视．进一步充实了检验、计量人员．增置了检测设备，去年我们购置８台检测设备，投资２·5万元，从而使产品性能和技术检测．更具有可靠性和科学性．８５年我厂光螺栓的成品合格率达97·８％比８４年提高３·6%；光螺钉的成品合格率达94·5%比８４年提高１·7%；去年我们由于质量提高增加收入１·21万元．在８５年我厂通过了三级计量的验收．取得了三级计量合格证书。86年我们打算

△二、发展文明建设，实行综合治理．

今年还要大力度扩大绿化面积。

首先抓了厂容厂貌的治理．去年加高厂区围墙，翻修了二个车间二个仓库的屋顶，修剪了花园，新做了三个育苗圃．其次，拆掉家属区破旧凌乱的柴火房，新建起８５间柴火房，宿舍区周围砌上花池．８５年，我厂被评为三元区“文明单位”和“绿化红旗单位”．去年下半年，我厂实行逐级治安承包制，在实行承包制前，我们查出多项事故隐患，花了近一万元的经费，进行整改．通过承包，大家更重视安全生产，职工中不团结的现象有显著好转．去年，我厂被评为治安安全先进单位。今年我们还要继续保持抓好治安先进称号。

总之，８５年我们做了一些工作，但也清醒地看到了我厂存在的薄弱环节，例如：企管的基础整顿工作，公司验收时，我厂虽然得了97·57分，符合验收标准分，但还有不尽完善的部分需尽快补上；安全生产方面，虽然也做了大量工作，但仍出现一起重伤事故等等，我们既要看到成绩，更应找出不足之处，同时，也衷心地希望上级领导对我厂的工作多加指导．在新的一年中，争取更大的胜利．

三明市标准件厂

一九八六年二月二十三日

（14）

三明市标准件厂简史

三明市标准件厂（简称三标厂）位于富兴堡白石地区。

一九六〇年“上海德振兴五金厂”和“上海中国金属制品厂”分别迁至三明改名为“三明市五金厂”和“三明市金属厂”。二厂先后开始生产标准件，年产量仅为150万件。六九年底二厂合并成“三明市标准件厂”。目前厂区占地面积32000㎡，厂房面积6000㎡，现有职工426人，年产能力1亿件。主要品种有：光、毛螺栓，光、毛螺母，木螺钉，垫圈等。产品远销省内外、东南亚、中东等地区，是目前我省最大的标准件专业厂。

一九八五年元月十七日

三明市标准件厂

15×20=300　　82.11三明市印15万　　第　　页

（15）

44

三明市标准件厂

三标厂[2002]第013号

关于申请三明市标准件厂实施破产的请示

三明市经济贸易委员会：

三明市标准件厂在市场竞争加剧的情况下、由于体制和机制问题，历史遗留负债和负担沉重及经营管理不善等主客观原因，导致连年亏损，1998年开始停产，企业陷于困境，资不抵债、无力偿付到期债务。1996年6月1日起，企业的资产已出租经营、与绝大多数职工已解除劳动关系。为尽可能盘活存量资产，确保资产不流失、维护出资者、债权人和职工的合法权益，根据《中华人民共和国破产法（试行）》等法律法规，请求准予三明市标准件厂依法实施破产。

特此请示，请批复。

三明市标准件厂

2002年11月8日

（16）

~~37~~

三明市标准件厂 38

三标厂[2002]14号

★

关于申请三明市标准件厂破产的报告

三明市中级人民法院：

三明市标准件厂系1968年由上海内迁到三明的企业组建而成的，主要生产各种规格的螺栓、螺钉和螺母等紧固件产品。但由于企业负担重、负债多，产品总体技术含量低，结构不尽合理，适应不了多变的市场发展要求，加上企业管理不善，投资决策失误，导致企业连年亏损的被动局面，1998年开始基本停产，1999年6月开始企业对外租赁经营，2001年底企业与绝大多数职工解除了劳动关系。

目前，我厂的基本状况是：在册职工5名，离退休职工210名，累计亏损1215万元，资产总额497.06万元，负债总额1020万元，资产负债率为205.21%，企业已严重资不抵债，无法生存。

鉴于我厂已与绝大多数职工解除了劳动关系，无法召开职工代表大会，故根据上述状况，召开了职工座谈会，对本厂状况取得了一致认识。为了维护企业职工和债权人的利益，根据三明市经济贸易委员会明经贸[2002]8号文《关于三明市标准件厂申请破产的批复》的精神，特向贵院申报对三明市标准件厂依法实施破产，请予以受理审批。

附件：三明市经贸委《关于三明市标准件厂申请破产的批复》

三明市标准件厂

二〇〇二年十一月二十七日

（17）

45

三明市经济贸易委员会文件

明经贸企业[2002]8号

关于三明市标准件厂申请破产的批复

三明市标准件厂：

你厂《关于申请三明市标准件厂实施破产的请示》（三标厂[2002]第013号）收悉，现批复如下：

三明市标准件厂由于体制和机制问题以及历史负担沉重和经营管理不善等原因，导致连年亏损和严重资不抵债，已于1998年开始停产。根据《中华人民共和国破产法（试行）》和三明市工业企业改革领导小组2002年8月29日会议纪要（[2002]3号），同意你厂实施破产，请依法向三明市中级人民法院提出申请。

此复。

三明市经济贸易委员会（印）

二〇〇二年十一月二十七日

主题词： 经济管理　企业　破产　批复

抄送：刘鑫副市长，刘木荣副秘书长，市中级人民法院，市财政，市劳动局，市国土局，市总工会，有关银行，本委领导，有关科室，存档。

三明市经济贸易委员会　　2002年11月27日印发

（18）

~~38~~

39

福建省三明市中级人民法院

民事裁定书

（2002）三民破字第1号

申请人三明市标准件厂，住所地三明市三元区富兴堡。

法定代表人蔡必琨，厂长。

本院于2002年12月2日依法受理了申请人三明市标准件厂破产还债一案，并组成合议庭对该案进行审理。

现查明，申请人三明市标准件厂系于1968年成立的全民所有制企业，具有独立的法人资格，因企业经营管理不善造成严重亏损，现累计亏损达1215万元，资产总额497.06万元，负债1020万元，资产负债率为205.21%，企业已严重资不抵债，经其上级主管部门三明市经济贸易委员会和厂职工代表讨论同意，向本院申请宣告破产还债。

本院认为，申请人三明市标准件厂经营管理不善，不能清偿到期债务呈连续状态，符合法定破产条件，根据《中华人民共和国企业破产法（试行）》第三条第一款的规定，裁定如下：

一、宣告申请人三明市标准件厂破产还债。

二、由本院指定清算组接管破产企业。

40

本裁定为终审裁定，自宣告之日起生效。

审 判 长 王 文 光
代理审判员 邓 水 清
代理审判员 姜 顺 华

福建省三明市中级人民法院

二〇〇二年十二月三日

本件与原本核对无异

书 记 员 林 信 棋

二、八四七〇厂档案

（1）

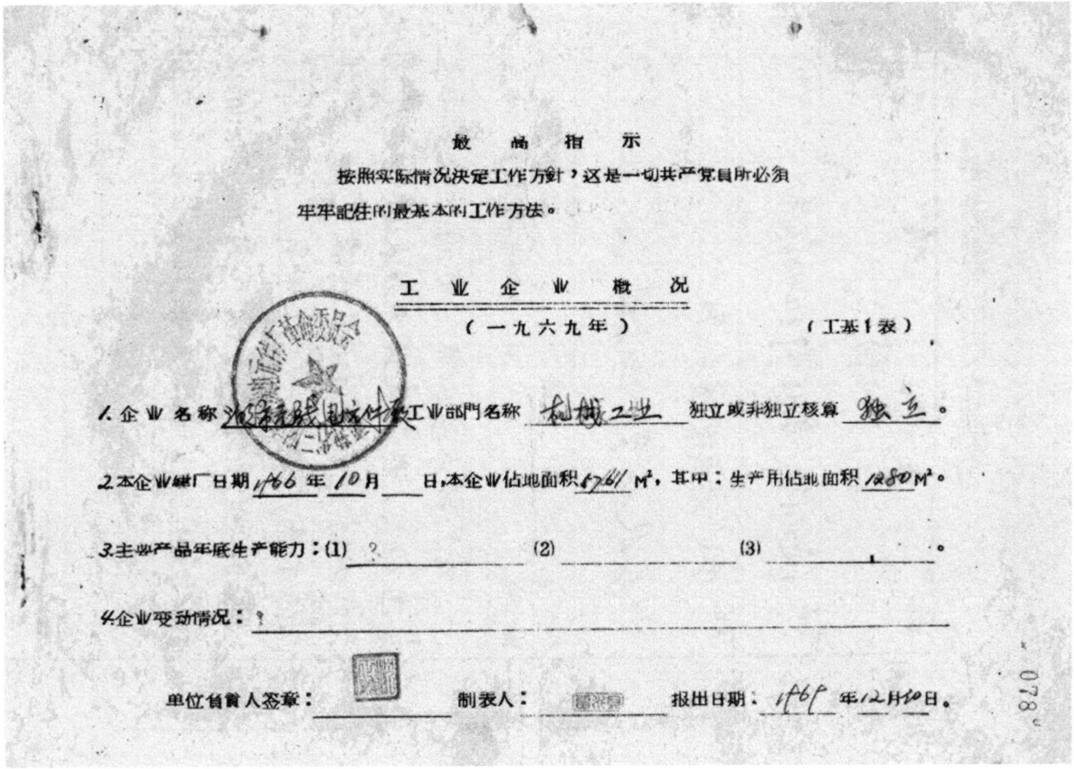

最 高 指 示

按照实际情况决定工作方针，这是一切共产党員所必須牢牢記住的最基本的工作方法。

工 业 企 业 概 况

（一九六九年） （工基1表）

1.企业名称 [illegible] 工业部門名称 机械工业 独立或非独立核算 独立。

2.本企业建厂日期 1966 年 10 月 __ 日，本企业佔地面积 5761 M²，其中：生产用佔地面积 1280 M²。

3.主要产品年底生产能力：(1) ? (2) ___ (3) ___。

4.企业变动情况：?

单位負責人签章：___ 制表人：___ 报出日期：1969 年 12 月 10 日。

078

（2）略

（3）

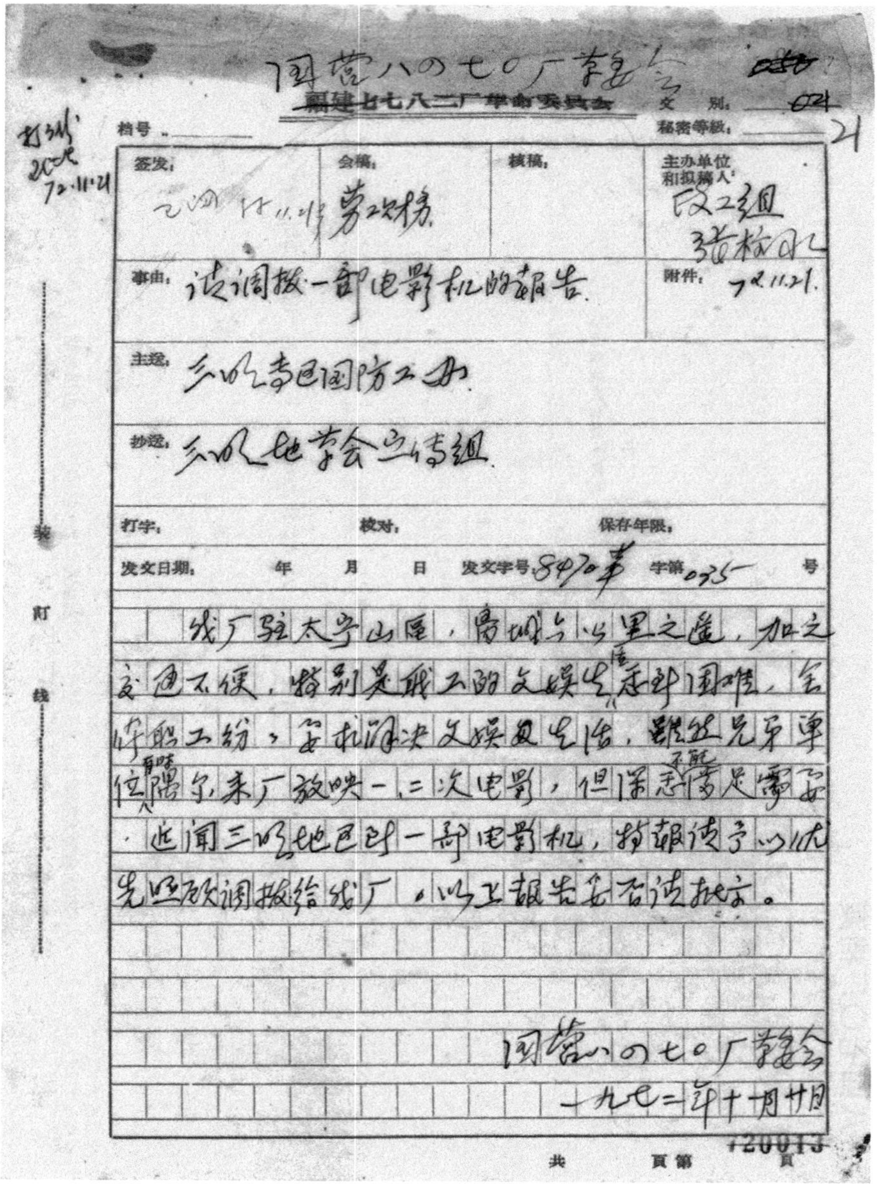

国营八〇七〇厂革委会

~~福建七七八二厂革命委员会~~　文别：024

档号：　秘密等级：

签发：[illegible]　会稿：[illegible]　核稿：　主办单位和拟稿人：政工组 [illegible]

事由：请调拨一部电影机的报告　附件：72.11.21.

主送：三明专区国防工办

抄送：三明地革会宣传组

打字：　校对：　保存年限：

发文日期：　年　月　日　发文字号：8070革 字第025号

我厂驻太宁山区，离城六十里之遥，加之交通不便，特别是职工的文娱生活很困难，全体职工纷纷要求解决文娱及生活，虽然兄弟单位有时偶尔来厂放映一、二次电影，但远不能满足需要。近闻三明地区有一部电影机，特报请予以优先照顾调拨给我厂，以上报告妥否请批示。

国营八〇七〇厂革委会

一九七二年十一月廿日

共　页第　页

（4）略

（5）

64 ~~063~~

国营八四七〇厂革命委员会

下发"关于开展工业学大庆的社会主义劳动竞赛试行草案"的通知

目前我厂社会主义劳动竞赛已经在年终评奖的基础上全面开展起来。为使竞赛更加深入扎实，评比内容、方法更加具体，我们参照福州军区国防工办转发的九四四六厂革委会关于开展工业学大庆的社会主义劳动竞赛和发放月附加工资的试行草案，根据我厂实际情况，拟定了我厂"关于开展工业学大庆的社会主义劳动竞赛试行草案"，现打印分发各车间、科室、班组，希认真组织讨论，並从一九七三年元月开始试行。

在试行中必须：

一、以批修整风，路线教育统帅竞赛的全过程，做到竞赛之前分路线，竞赛当中学路线，竞赛总结讲路线，排除刘少奇一类骗子在竞赛问题上的"左"右干扰，划清正确路线和错误路线的界线，使竞赛坚持社会主义方向健康地向前发展。

二、各车间、机关党支部要把开展社会主义劳动竞赛作为政治工作的一项重要内容，列入议事日程，大胆领导，认真抓好。

三、各班组在开展劳动竞赛中，要敢于负责，坚持原则，切实抓紧、抓好，真正把竞赛在班组全面落实，充分调动全体职工的社会主义积极性，更好地完成国家交给的各项任务。

~~720071~~

~~0644~~ ~~0050~~ 65

本试行草案下发后，原厂政工组所发的“开展社会主义劳动竞赛的意见”统由各车间、科室收回上交政工组。

另附发九四四六厂革委会“关于每月发放“附加工资”的试行草案”。凡现享受“附加工资”者，从一九七三年元月起，按此试行草案规定执行。希各班组、车间、劳工财务科切实按照试行草案，认真负责地做好考核和发放工作，坚决纠正目前“附加工资”平均分配和奖惩不明的现象。

国营八四七〇厂革命委员会

一九七二年十二月二十三日

国营八四七〇厂革命委员会

关于开展工业学大庆的社会主义劳动竞赛试行草案

遵照伟大领袖毛主席关于"必须实行劳动竞赛，奖励劳动英雄和模范工作者"的教导，在当前批修整风运动中，开展工业学大庆的社会主义劳动竞赛，是调动广大群众积极性，全面贯彻党的社会主义建设总路线，落实"抓革命，促生产"的伟大方针，加速社会主义建设的一项重要措施，各车间、机关党支部必须认真组织，各班组必须切实抓紧抓好。

一、指导思想

社会主义劳动竞赛，必须以路线斗争为纲，以毛主席规定的无产阶级革命事业接班人五项条件为方向，以大庆为榜样，以高产、优质、安全、低耗为内容，以各项经济指标为考核依据。在开展社会主义劳动竞赛中，要认真学习马列主义和毛泽东思想，开展革命大批判，排除"左"右干扰，提高广大职工的阶级斗争和路线斗争觉悟，划清正确路线和错误路线的界线，加强革命团结，推动各项工作，更好地完成国家计划。

二、组织领导

社会主义劳动竞赛，既是经济工作，又是重要的政治工作，充满着两种思想、两条路线的斗争。要坚持无产阶级政治挂帅，加强领导，列入各党支部的重要议事日程，大胆领导，认真研究，统一布署，深入实际，分析情况，具体指导，发现问题，及时解决。竞赛的组织领导，在厂党委、革委会领导下，由政治处和劳工财务科负责具体工作。各车间在党支部领导下，成立五——七人的劳动竞赛领导小组，由领导干部、老工人、技术人员和青年、女同志代表参加。厂组织各车间、科室之间的竞赛；车间、机关支部负责组织班组、个人之间的竞赛。

三、评比条件

（一）先进集体

1. 认真组织职工学习马列主义和毛主席著作，深入进行思想和政治路线的教育，狠抓阶级斗争和路线斗争，开展革命大批判。

2. 遵守党和国家法令，坚决执行党的方针政策和上级的决定，遵守各项规章制度。

3. 认真落实党的团结胜利路线，做到团结、紧张、严肃、活泼。

4. 发扬共产主义风格，主动搞好革命协作。

5. 全面完成各项经济指标和各项任务：

车间八项指标：品种产量、质量、非生产费用（包括低质消耗费用）、工时利用率、设备利用率、出勤率、劳动生产率、产品成本；

班组五项指标：产量、质量、非生产费用（包括低质消耗费用）、工时利用率、出勤率。

科室按职责范围和分管经济指标进行考核。

~~067~~
~~0053~~
68

各单位农付业生产按厂下达指标考核。

（二）先进个人

1.认真学习马列主义、毛泽东思想，积极参加各种政治运动，提高阶级斗争和路线斗争觉悟。

2.积极工作，敢于负责，见难而上，抢挑重担，为革命学技术、学业务，大胆革新，按时保质保量地完成各项任务。

3.服从生产指挥，服从统一调度，发扬共产主义风格。

4.遵守"三大纪律，八项注意"，遵守党和国家法令、方针、政策和企业管理制度，并敢于同违法乱纪现象进行斗争。

5.自觉地执行党的团结胜利路线，维护革命团结，敢于同破坏团结的思想和行为作斗争。

四、评比方法

按班组评议，领导批准的原则，进行月考核、季度比、年终总评比。月考核在第二个月五号前进行；季评比在下一季度的第一个月十号前进行。

1. 个人：月度考核，季度评比，优胜者由车间、机关党支部审批，报厂备案；年终总评比由厂审批。

2. 班组：每季评比一次，发流动红旗，年终总评比授奖。由车间党支部审查，报厂审批。

3. 车间、科室：每季评比一次，发流动红旗，年终总评比授奖，由厂革委会审批。

4. 劳动模范、先进生产（工作）者、技术革新能手和五七标兵均

~~720073~~

068 ~~005~~ 69

在年终评比授奖。

五、授奖称号

1.先进集体

车间、科室、班组全年累计获得三次流动红旗的单位，由厂革委会审批授予先进集体单位称号，并发奖状。先进班组发适当的物质奖。

2.劳动模范

符合评比条件並对国家有特殊贡献者，经群众评议，各单位党支部审查，厂党委审批，授予厂劳动模范的称号，并发奖状和适当的物质奖。

3.先进生产（工作）者

符合评比条件，解决生产关键，成绩显著，经群众评议，党支部审查，厂党委审批，授予厂先进生产（工作）者的称号并发奖状和适当的物质奖。

4.技术革新先进集体和革新能手

动脑筋，想办法，改进工艺过程和操作方法，改进工装设备，推广新技术、新工艺等方面作出积极贡献者，根据其提高产品质量，提高生产效率，节约原材料，减轻劳动强度的效果，经群众评议，车间党支部审查，厂党委批准，授予技术革新先进集体或技术革新能手称号，并发给奖状和适当的物质奖。

5.五七标兵

积极参加农付业生产，成绩显著，经群众评议，厂党委审批，授予厂五七标兵称号，并发奖状和适当的物质奖。

069
0055
70

六、奖励办法

根据以精神鼓励为主，和适当给予物质奖励的原则，对评比出来的先进集体（车间、科室、班組）和个人，分别发给奖旗奖状或适当的物质奖。（具体奖励办法另定）

七、凡有下列情况之一者，不参加季度或年终评比：

1.病、事假累计在十五天以上者不参加季度评比。

2.病、事假累计在六十天以上者不参加年终评比。

3.进厂不到六个月的艺徒。临时工不参加年终评比。

4.造成严重质量、设备、工伤事故的责任者，按损失大小，本人一贯表现，经群众评议，领导审定，确定其能否参加季度、年终评比。

5.检验人员失职造成重大质量事故，不得参加评奖。

6.严重违法乱纪和受处分者（见附发的九四四六厂关于每月发放"附加工资"的试行草案的六、七两条），不参加季度、年终评比。

7.有严重政治问题正在审查者，不得参加季度、年终评比。

一九七二年十二月二十三日

720074

~~0058~~ 0370　71

国营八四七〇~~福建七七八三~~厂革命委員会

档号：　　　　文　别：　　　　秘密等級：

签发：	会稿：	核稿：	主办单位和拟稿人：
[illegible]			办公室 李[illegible]勇 22/12

事由：	附件：
下发"关于开展工业学大庆的社会主义劳动竞赛试行草案"的通知	

主送：

（印章：国营八四七〇厂革命委员会）

打字：　　校对：　　保存年限：

发文日期：　年　月　日　发文字号：　字第　号

目前我厂社会主义劳动竞赛已经在年终评奖的基础上全面开展起来。为使竞赛更加深入扎实，评比内容、方法更加具体，我们参照福州军区国防工办转发的六四四六厂革委会关于开展工业学大庆的社会主义劳动竞赛和发放月附加工资的试行草案，根据我厂实际情况，拟定了我厂"关于开展工业学大庆的社会主义劳动竞赛试行草案"，现打印分发各车间、科室、班组，希认真组织讨论，~~贯彻执行~~并从一九七三年元月开始试行。

在~~执~~试行中步骤：

720076

共　页第　页

~~0334~~
~~0059~~
~~071~~
72

最高指示

备战、备荒、为人民。

福建七七八二厂革命委員会

国营八四七〇厂革命委员会

关于开展工业学大庆的社会主义劳动竞赛试行草案

遵照伟大领袖毛主席关于"必须实行劳动竞赛，奖励劳动英雄和模范工作者"的教导，在当前批林整风运动中，开展工业学大庆的社会主义劳动竞赛，是调动广大群众积极性，全面贯彻党的社会主义建设总路线，落实"抓革命，促生产"的伟大方针，加速社会主义建设的一项重要措施，各车间、机关党支部必须认真组织，各班组必须切实抓紧抓好。

一、指导思想

社会主义劳动竞赛，必须以路线斗争为纲，以毛主席规定的无产阶级革命事业接班人五项条件为方向，以大庆为榜样，以高产、优质、安全、低耗为内容，以各项经济指标为考核依据。在开展社会主义劳动竞赛中，要认真学习马列主义和毛泽东思想，开展革命大批判，排除"左"右干扰，提高广大职工的阶级斗争和路线斗争觉悟，划清正确路线和错误路线的界线，加强革命团结，推动各项工作，更好地完成国家计划。

二、组织领导

社会主义劳动竞赛，既是经济工作，又是重要的政治工作，充满着两种思想、两条路线的斗争。要坚持无产阶级政治挂帅，加强领导，列入各党支部的重要议事日程，[illegible]大同级领导，认真研究，统一布置，

~~720077~~

035
072
73

最高指示
备战、备荒、为人民。

福建七七八二厂革命委员会

深入实际，分析情况，具体指导，发现问题，及时解决。竞赛的组织领导，在厂党委、革委会领导下，由政治处和劳动财务科负责具体工作。各车间在党支部领导下，成立五—七人的劳动竞赛领导小组，由领导干部、老工人、技术人员和青年、妇女代表参加。厂组织各车间、科室、班组之间的竞赛；车间、机关支部负责组织个人之间的竞赛。

三、评比条件

（一）先进集体

1、认真组织职工学习马列主义和毛主席著作，深入进行思想和政治路线的教育，狠抓阶级斗争和路线斗争，开展革命大批判。

2、遵守党和国家法令，坚决执行党的方针政策和上级的决定，遵守各项规章制度。

3、认真落实党的团结胜利路线，做到团结、紧张、严肃、活泼。

4、发扬共产主义风格，主动搞好革命协作。

5、全面完成各项经济指标和各项任务：

车间八项指标：品种产量、质量、非生产费用（包括低值消耗费用）、工时利用率、设备利用率、出勤率、劳动生产率、产品成本。

班组五项指标：产量、质量、非生产费用（包括低值消耗费用）、工时利用率、出勤率。

科室按职责范围和分管经济指标进行考核。

各单位农付业生产按厂下达指标考核。

720078

最高指示
备战、备荒、为人民。

福建七七八二厂革命委员会

（二）先进个人

1. 认真学习马列主义、毛泽东思想，积极参加各种政治运动，提高阶级斗争和路线斗争觉悟。

2. 积极工作，敢于负责，抢挑重担，迎难而上；为革命学技术、学业务，大闹革新，按时保质保量地完成各项任务。

3. 服从生产指挥，服从统一调度，发扬共产主义风格。

4. 遵守"三大纪律，八项注意"，遵守党和国家法令、方针、政策和企业管理制度，并敢于同违法乱纪现象进行斗争。

5. 自觉地执行党的团结胜利路线，维护革命团结，敢于同破坏团结的思想和行为作斗争。

四、评比方法

按班组评议，领导批准的原则，进行月考核、季评比、年终总评比。月考核在第二个月五号前进行；季评比在下一季度的第一个月十号前进行。

1. 个人：月度考核，季度评比，先进者由车间、机关党支部审批，报厂备案；年终总评比由厂审批。

2. 班组：每季评比一次，发流动红旗，年终总评比授奖，由车间党支部审查，报厂审批。

3. 车间、科室：每季评比一次，发流动红旗，年终总评比授奖，由厂革委会审批。

75

最高指示

备战、备荒、为人民。

福建七七八二厂革命委员会

四、劳动模范、先进生产（工作）者、技术革新能手和五七战士均在年终评比授奖。

五、授奖称号

1. 先进集体

车间、科室、班组全年累计获得三次流动红旗的单位，由厂革委会审批授予先进集体单位称号，并发奖状。先进班组发适当的物质奖。

2. 劳动模范

符合评比条件并对国家有特殊贡献者，经群众评议，各单位党支部审查，厂党委审批，授予厂劳动模范的称号，并发奖状和适当的物质奖。

3. 先进生产（工作）者

符合评比条件，解决生产关键，成绩显著，经群众评议，党支部审查，由厂党委审批，授予厂先进生产（工作）者的称号，并发奖状和适当的物质奖。

4. 技术革新先进集体和革新能手

动脑筋，想办法，改进工艺规程和操作方法，改进工装设备，推广新工艺、新技术等方面作出积极贡献者，根据其提高产品质量，提高生产效率，节约原材料，减轻劳动强度的效果，经群众评议，车间党支部审查，厂党委批准，授予技术革新先进集体或技术革新能手称

0003 0025 76

最高指示

备战、备荒、为人民。

福建七七八二厂革命委员会

号，并发给奖状和适当的物质奖。

5、五七标兵

积极参加农付业生产，成绩显著，经群众评议，厂党委审批，授予厂五七标兵称号，并发奖状和适当的物质奖。

六、奖励办法

根据以精神鼓励为主，和适当给予物质奖励的原则，对评比出来的先进集体（车间、科室、班组）和个人，分别发给奖旗、奖状或适当的物质奖。（具体奖励办法另定）

七、凡有下列情况之一者，不参加季度或年终评比：

1、病、事假累计在十五天以上者不参加季度评比。

2、病、事假累计在六十天以上者不参加年终评比。

3、或厂不到六个月的学徒，临时工不参加年终评比。

4、造成严重质量、设备、工伤事故的责任者，按损失大小，本人一贯表现，经群众评议，领导审定，确定其能否参加季度、年终评比。

5、检验人员失职或造成重大质量事故，不得参加评奖。

6、严重违法乱纪和资本主义分子（见四川省的九○四四厂关于每月发放"附加工资"的改什革命的六、七条），不参加季度、年终评比。

7、有严重政治问题正在审查者，不得参加季度、年终评比。

一九七二年十二月廿二日 20081

039/076
0064 77

最高指示
备战、备荒、为人民。

福建七七八二厂革命委员会

一、以批修整风、路线教育统帅竞赛的全过程，做到竞赛之前分路线，竞赛当中学路线，竞赛总结讲路线，排除刘少奇一类骗子在竞赛问题上的"左"右干扰，划清正确路线和错误路线的界线，使竞赛坚持社会主义方向健康地向前发展。

二、各车间、机关党支部要把开展社会主义劳动竞赛作为政治工作的一项重要内容，列入议事日程，大胆领导，认真抓好。

三、各班组在开展劳动竞赛中，要敢于负责，坚持原则，切实抓紧、抓好，真正把竞赛在班组全面落实，充分调动全体职工的社会主义积极性，更好地完成国家交给的各项任务。

本试行草案下发后，原厂政工组所发的"开展社会主义劳动竞赛的意见"统由各车间、科室收回上交政工组。

另附发六四四六厂革委会"关于每月发放'附加工资'的试行草案"。凡现享受"附加工资"者，从一九七三年元月起，按此试行草案规定执行。希各班组、车间、劳动财务科切实按照试行草案，认真负责地做好考核和发放工作，坚决纠正目前"附加工资"平均分配和奖惩不明的现象。

国营八四七〇厂革命委员会

一九七二年十二月二十三日

720082

(6)

一九七二年

劳工统计年报表

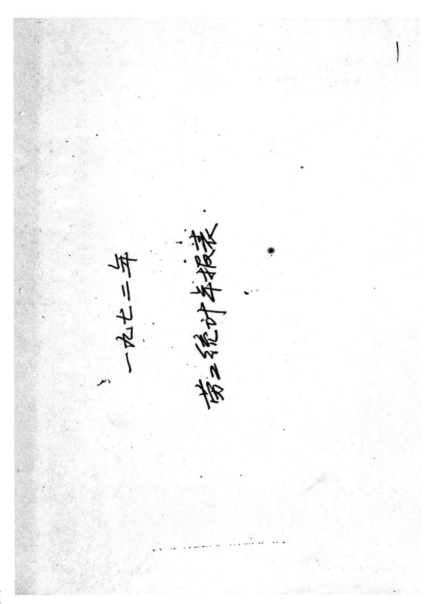

一

00001

2

劳動生產率季(年)报

一九七二年 季

省·市·自治区名称 福建省

工厂代号 8470厂

工机劳统基层定03表
季报季后七日
年报一月一日 前报出

指标名称	計算單位	計划	实际	历史最好水平	
				年度	最好水平
甲	乙	1	2	3	4
工业总产值	万元	86.6万元	91.06万元	1971	126.26万元
全部职工平均人数	人		613	1972	613
工人平均人数	人		498	1972	498
全员劳动生产率	元/人		1485	1971	4047
工人劳动生产率	元/人		1829	1971	4838

注：1. 历史最好水平只报全年数，季报免报。历史最好水平要以1970年不变价格计算。
2. 計算公式

全员劳动生产率 = 工业总产值 / 全部职工平均人数　　工人劳动生产率 = 工业总产值 / 工人(包括学徒)平均人数

单位负责人　　主管部门负责人　　填表人　　填报日期：1973年1月3日

~~00002~~ 3

省·市·自治区名称：福建省国防工办　　**职工人数增减变动季(年)报**　　劳统基层定02表

工厂代号：8470厂　　一九七二年　　季　　季报季后七日前报出　年报一月十日前报出

一、上年末职工总数	560	三、本期减少固定职工合計	37
其中：固定职工 55	559	1、減出固定职工范围的人数	4
二、本期增加固定职工合計	87	(1)退　休	2
1.新增固定职工	72	(2)退　职	
(1)招收的城镇劳动力	23	(3)死　亡	
(2)招收的农村劳动力	49	(4)开　除	
(3)统一分配的大、中专学生		(5)其　它〈参军〉	2
(4)统一分配的复员、退伍军人		2.调出固定职工人数	33
(5)临时工转为固定工	1	其中：(1)支援新厂	
其中：計划外临时工转为固定工		(2)调出部外系统	33
(6)由集体所有制转入		四、临时工期末期初比較增(+)减(-)人数	1:1
2.由其他全民所有制单位调入的固定工	14	五、本期末职工总数	610
其中：(1)老厂支援		其中：固定职工	609
(2)部外系统调入	15		

注：由外省·市·自治区调入的职工人数 1 人；调出外省·市·自治区的职工人数 5 人。

单位负责人［印］　　主管部门负责人［印］　　填表人［印］　　填报日期：　年　月　日

（7）

46
54
0033

福建前进机电厂革命委员会

有关开设服务部问题的请示报告

省国防工办：

我厂由三明迁来太宁以后，由于厂址地处偏僻，离太宁县城较远，职工购买日常生活用品十分不便。原来泰宁县商业局曾在我厂开办服务厂一所，今年二月服务厂又被改为太宁县城关公社供销社的一个供销点，致使职工日常必需的日常百货、食杂、棉布等物品的供应越来越缺乏，职工思想很多。最近县商业部门又向我们提示：有关厂矿生活供应要自行解决。对此我们不知如何处理，如自己开办服务厂应办理什么批准手续，货物来源由何处批发，以及是否可以按批发价格批给我们等等。特报告请示，请予示复为盼。

国营八四七〇厂革命委员会

73.6.17

经手：李本尚．批准：宋昊勇

000026

（8）

福建省革命委员会
中国人民解放軍福建省軍区 国防工业办公室

（73）閩革軍工便字3-024号

八四七〇厂革委会：

你厂六月七日关于衛生所工程要求調整建設的报告悉。经研究新址建的衛生所由于受地形限制，土方工程數大，同意将原25#宿舍作为衛生所，另在合适位置建筑一幢同等面积的宿舍。宿舍改建衛生所和新建宿舍投资仍按原計划执行，不得突破。希请抓紧施工。

福建省国防工办
一九七三年六月廿四日

抄送：太宁县建設銀行

~~000090~~

51

~~0059~~

报　　告

省国防工办批准的我厂今年基建项目中，规定新建卫生所一幢300㎡。经现场勘察，无法找到合适地点修建，有的地点基础难以处理，有的地点土方量很大。而根据卫生所的特点，要求其位置既接近全厂中心，又要与其他建筑物保持一定距离，同时要求行走、交通方便，四周地形好。如建在原28#卫生所东侧，则因地形狭窄，建楼房势必使造价超过原定指标，并且周围无活动场地。经反复考虑比较，我们意见改为25#宿舍作为卫生所，此处位置理想，比较符合上述要求。另在原~~24#~~廿一办公楼北侧山上新建干部宿舍二幢平房，总建筑面积仍为300平方米，土方量较小，造价较低。以上意见当妥否，请批示。

此呈

省国防工办计划处

国营八四七〇厂革委会

一九七三年六月七日

~~000023~~

基卅七办。

52

最高指示

备战、备荒、为人民。

叶锦玲 7/6

福建七七八二厂革命委員会

報告

省国防工办批准的我厂今年基建项目中，规定新建卫生所一幢300米²。经现场勘察，无法找到合适地点修建，有的地点基础难以处理，有的地点土方量很大。而根据卫生所的特点，要求其位置既接近全厂中心，又要与其他建筑物保持一定距离，同时要求行走交通方便，四周地形好。如建在原28#卫生所东侧，则因地形狭窄，建楼房势必使造价超过原定指标，并且周围无活动场地。经反复研究比较，我们意见改为利用原25#宿舍作为卫生所，此处位置理想，比较符合上述要求。另在原卅#办公楼北侧山上新建干部宿舍二幢平房，总建筑面积仍为300米²，土方量较小，造价较低。以上意见当否，请批示。

此呈

省国防工办计划处

国营八四七〇厂革委会

1973年6月7日

（9）

63
0001

关于增设厂保卫科的请示报告

根据省革命委员会闽革（73）12号文件“关于各级人民保卫组改用名称和领导关系的通知”指示精神，经研究，我厂拟增设“人民保卫科”。此科的职责任务是：负责全厂的保卫工作和民兵武装工作，（不另设武装部门）。此编制人员3至4人。设科长一名，工作人员三名，既做保卫工作，又做民兵工作。一个牌字，两个任务。即：武装、保卫。

以上报告当否，请予批示。

中共八四七〇厂委员会
一九七三年七月[illegible]日

主　送：省国防工办。

000055

~~0002~~ 64

最高指示

备战、备荒、为人民。

福建七七八二厂革命委员会

关于增设"厂保卫科"的请示报告

根据省革命委员会闽革〈73〉12号文件"关于各级人民保卫组改用名称和领导关系的通知"指示精神，经研究，我厂拟增设"人民保卫科"。该科的职责任务是：负责全厂的保卫工作，和民兵武装工作。（不另设武装部门）。其编制人员3至4人，设科长一名，工作人员2至3名。既做保卫工作，又做民兵工作。一个牌子，两个任务，即：武装、保卫。

以上报告当否，请予批示。

中共七七八二厂委员会

73.7.3.

（10）

74
0010
75

有关乘坐交通车的通知

遵照伟大领袖毛主席关于“抓革命，促生产，促工作，促战备”“关心群众生活，注意工作方法”的伟大教导，我厂交通车应从有利于工作，有利于生产，也要考虑到不在食堂就餐人员购买一些付食品，前所规定开车时间是不利于社会主义企业管理，正如有的职工反映说：一到买菜就是半天，怎样进行考勤。我们认为这些意见是对的。为此现决定今后凡交通车开往太宁，定期为星期二、三、四、五上午十点半开出，十二点开回，星期天和接送学生按原来规定。票价一律壹角（单趟）。平时外调和开会视情停开。

以上通知从十二月一日起执行。

国营八四七〇厂革命委员会

1973年11月26日

000015

~~打字发单向科室 25~~
~~0011~~

中共八四七〇厂委员会

76

~~通知~~

有关开[illegible]交通车的通知。

遵照伟大领袖毛主席~~[illegible]~~"抓革命，促生产，促工作，促战备，关心群众生活"[illegible]的教导，我厂交通车之后有个别同志[illegible]，有个别干部[illegible]也要求在[illegible]人员[illegible]一些[illegible]，[illegible]规定开车时间已不利于[illegible]。[illegible]职工反映说：一部分[illegible]。我们认为这些意见是对的，因此决定了今后交通车开往[illegible]定期为星期二、三、四、五上午十点半开，下午12.30点开回。星期天（按班送学生）按原来规定。[illegible]（[illegible]）[illegible]停开。

厂通知

略阳8470厂革委会
1973年11.26

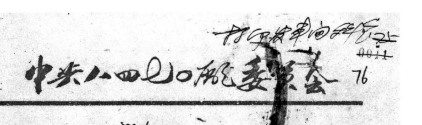

（11）

32

关于建立办公会议与阅看文件制度的意见

为加强机关工作的计划性和及时传达学习上级有关文件並加强保密工作起见，根据厂领导指示，建立办公会议和阅看文件制度，並自五月份起执行。

一、办公会议：

每周星期一上午为厂办公会议。参加人员：革委会正付主任、全体党委委员，各处、室、科负责人。主要内容研究确定一周工作，互相通气，搞好协作。为此，各处、室、科应提出下列各项汇报：

1.本周工作中需要其他部门协作、合办的问题；

2.本周主要工作中需由领导决定的问题；

3.上周接到上级业务部门有关指示需向领导汇报的；

4.需经领导批示和有关部门了解、协作的其他问题。

对于各处、室、科提出的问题，经讨论后，由各分管领导在会议上提出处理意见；分管领导不在时，由主管领导负责处理。

二、阅看文件制度：

每周二、四、六上午为革委会正付主任、党委成员阅看有关文件时间。届时由办公室负责管理文件的同志将上级发来的文件放在党委会议室，供上述领导同志阅看（无文件时另行通知）。每人阅后，须在文件头上签字和注明日期；须批给有关部门阅、办者，亦请在文件头上批示，由办公室转给有关部门。

办公室

一九七三年四月二十六日

送：厂领导、党委成员、各处、科领导。

000026

关于建立办公会议和阅看文件制度的意见

为加强机关工作的计划性和及时传达上级有关文件并加强督促工作起见，根据厂领导指示，建立办公会议和阅看文件制度，并自五月份起执行。

一、办公会议：

每周星期一上午为厂办公会议。参加人员：革委会正付主任、全体党委委员、各处、室、科负责人。主要内容研究确定一周工作，互相通气，搞好协作。为此，各处室科应提出下列各项汇报：

1. 本周工作中需要其他部门协作、合办的问题；

② 本周工作中需由领导决定的问题；

③ 上周接到上级业务部门有关指示需向领导汇报的；

④ 需要领导批示和有关部门了解、协作的其他问题。

对于各处、室、科提出的问题，经讨论后，由各分管领导在会议上提出处理意见；分管领导不在时，由主管领导负责处理。

二、阅看文件制度：

每周二、四、六上午为革委会正付主任、党委成员阅看有关文件时间。届时由办公室负责管理文件的同志将上级发来的文件放在党委会议室，供上述领导同志阅看（无文件时另行通知）。每人阅后，须在文件头上签字和注明日期；须批转有关部门阅、办者，亦请在文件头上批注，由办公室转给有关部门。

办公室

一九七三年四月廿六日

送：厂领导、党委成员、各处科室领导。

（12）

47

国营八四七〇厂革委会办公室通知

为加强企业管理，节约经费开支，保证生产正常进行，根据厂领导的指示，特对使用电话的有关规定通知于下：

1.各车间及水泵房、传达室等处电话，主要为本厂内部联系工作用。除车间领导因工作需要可向太宁县有关部门挂电话外，其他人员一律不得向厂外挂电话，如发现有因私事对外使用电话者，总机有权不予挂。

2.生产时间外单位因私事来电话找本厂生产人员者，除特殊情况外，总机一律不予挂往车间找人。

3.应尽量减少长途电话以节约经费开支。外挂长途电话仅限于厂领导和机关各处、室、科对外联系工作用，（车间一般不能外挂长途电话，如因工作需要外挂长途电话者，需经厂领导批准。）各处、室、科外挂长途电话前应做好通话准备，拟出通话提纲，经处、室、科负责人同意后方可外挂。通话中应力求简短，尽量减少通话时间。

4.外发电报规定同长途电话。

上通知希各部门和车间督促执行。

国营八四七〇厂革委会办公室
1973.6.18

最高指示

备战、备荒、为人民。

福建七七八二厂革命委员会

（国营八四七〇厂革委会办公室通知）

为加强企业管理，节约经费开支，保证生产正常进行，根据厂领导指示，特对使用电话的有关规定通知于下：

1. 各车间及水泵房、传达室等处电话，主要属本厂内部联系工作用，除车间领导因工作需要可向太宁县有关部门接电话外，其他人员一律不得向厂外挂电话。如发现有因私事对外使用电话者，总机有权不予挂。

2. 生产时间外单位因私事来电话找本厂生产人员者，除特殊情况外，总机一律不予接往车间找人。

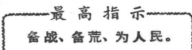

3. 应尽量减少长途电话以节约经费开支。外挂长途电话仅限于厂领导和机关各处、室、科对外联系工

49

~~0007~~

最高指示

备战、备荒、为人民。

福建七七八二厂革命委员会

作用。〈车间一般不能外挂长途电话，如因工作需要外挂长途电话者，需经厂领导批准〉。各处、室、科外挂长途电话前应做好通话准备，拟出通话提纲，经处、室、科负责人同意后方可外挂。通话中应力求简短，尽量减少通话时间。

4. 外发电报规定同长途电话。

上通知希各部门和车间督促执行。

办公室

1973.6.18.

（13）

51

~~0046~~

关于客车行驶规定

遵照伟大领袖毛主席“关心群众生活，注意工作方法”的教导，根据我厂的实际情况，特作重新规定如下：

一、供运科按此规定给行政管理科派好车辆，行政管理科负责指挥好。其他科、处、室在此规定以外所需要客车时应及时向供运科联系解决。

二、乘坐客车的同志，必须坚持无产阶级政治挂帅，发扬共产主义风格，按照尊老爱幼和照顾孕妇的原则，老年人和孕妇优先上车，其余同志按次序排队上车，不得插队、拦车、抢上等，希望每个同志自觉遵守，如有违反者，售票员和驾驶员有权制止其乘车。

三、客车按规定坐32人，强行乘坐超载，驾驶员有权停开。

四、客车行驶班次如下：

星期二至星期五每天上午7点开往太宁，9：30返厂。（乘车人数少于15人时，则当天停开）

星期日上午四班：7：30、8：30、9：30、10：30。由本厂开出；从太宁返回即8：00、9：00、10：00、11：00。下午开2班：13：00、14：00返回即13：30、14：30。

五、星期天随车卖票，平时按附表人数，必须在前一天下午四点到行政管理科预购第二天的车票，否则不保留，票价五分。

六、到太宁买菜所误工时，每次补两小时，由车间安排补工。

七、下列人员免票：㈠太宁中学学生的接送。㈡持卫生所当日证明到太宁医院看病者。㈢经批准回家探亲者。㈣因公外出者（凭单位当日证明。㈤一公尺以下儿童。除上述人员外一律买票乘车。

以上规定希各单位很好进行传达教育。贯彻执行。

此规定从六月三日起执行。

国营八四七〇厂革委会

1973·5·31·

~~000022~~

356 ~~0047~~

单位	户数	各车间买菜人数安排				备注
		星期二	星期三	星期四	星期五	
一车间	5	1	1	1	2	
二车间	6	1	2	2	1	
三车间	6	1	2	2	1	
四车间	9	3	2	2	2	
五车间	15	4	4	4	3	
六车间	9	1	3	2	3	
行政科	19	5	5	5	4	
生产科	2		1		1	
供运科	4	1	1	1	1	
劳财科						
技术科						
检验科	2	1			1	
政治处	2			1	1	
办公室	3	1		1	1	
农场	20	6	5	5	4	
合计	102	25	26	26	25	

说明：1.双职工包括进厂家属在内。

2.按车间女方计算。

（14）

~~0007~~ 76
77

国营八四七〇厂革命委员会

关于营房营具管理有关问题的暂行规定

为加强政治思想工作，加强企业管理，在现有条件下，安排好职工生活，特根据我厂实际情况，经研究对营房营具管理有关问题作以下规定：

一、凡属本厂职工，及其直系供养亲属，有城镇户口，人与户口均在本厂方可分配住房。

职工的直系亲属系五类分子者，或职工的非直系供养亲属，如保姆，不得作为分房条件。

二、房屋分配标准：

㈠全家2—3口住小户，4—5口住中户（目前住大户者，要视房子情况逐步调整到中户），六口以上住大户；

㈡单身职工八年以下工龄的四人住一间，八年以上工龄（按下发本通知时间算）三人住一间（25幢三人住一间），小小户住三人，大小户住四人，小中户住五人，大中户住六人，大户住七人；已婚女职工有小孩者可分配小户一间；

㈢机关处、室、科和车间主要领导干部，可视住房实际情况，适当放宽，目前车间正付职单身干部可以二人住一间。

三、凡正式职工，一律按标准收房租费、电费。（学徒未转正前不收。收费标准：房租费每平方5分；电费、家属宿舍房间可装40W灯泡一只，每个灯头收费2角；集体宿舍3人以下装40W灯泡二只，

~~000046~~

78 ~~77~~ ~~0005~~

每只每月收费2角，由住房人分摊。如发现私自使用60W以上灯泡者，则按每瓦每月2分收费。

四、集体宿舍每个房间配有桌子一张，方凳一个，由宿舍所有人员共同使用。

五、为照顾少数职工家属，随时来厂探亲，厂根据现有房子情况和各车间（机关）家属不在本厂的职工人数，分别给1—2间房子（配有床、桌等用具）给各车间（机关）掌握使用。凡需家属来厂探亲者，均需先由职工本人提出申请，经车间（机关）批准方可，否则不予接待。

来厂家属如职工本人不再回家探亲者，一个月内房租、电费免收。已享受过探亲假，家属又来厂者，居住期不得超过一个半月，房租、电费按专住房标准收费；超过一个半月不走者，每天按叁角收取房屋与用具折旧费，由职工工资中扣除。

六、职工家属　宿舍的房屋建筑是国家的财产，职工对所居住的宿舍必须予以爱护，不得随意拆、改门窗、钻孔、挖洞，以延长房屋寿命。严禁私自装灯、移线、不准用电炉。如有意损坏者要计价赔偿。

七、职工家属　宿舍周围环境要保持整洁卫生，经常自觉打扫。

八、住房经调整固定后，非经行政管理科同意，不得随意搬动。如需调整房间者，应由本人提出申请，车间审查，报经行政管理科同意方可。

以上各条，希望各车间、机关各部门向所属人员传达教育、贯彻执行。

0007 78

79

贯彻实行中，请注意收集职工家属对房产管理方面的意见，並向行政管理科反映，以便今后根据各方面意见及上级有关指示精神作修改充实。

国营八四七〇厂革命委员会

一九七三年十一月三十日

发：各车间、机关各部门。

0000:7

（15）

~~00~~45

45

机密

中共国营八四七〇厂委员会

关于当前经济方面存在问题的
情况和解决办法的请示报告

中共省国防工办临时委员会：

今年以来，我厂经济发生严重困难，已经在一定程度上影响了企业的正常生产和职工的思想情绪。

对此情况，我们除多次向省工办汇报反映外，也采取了一些相应措施，增加收入，节省开支，收到一定效果。最近，我们在贯彻省计划会议精神中，又专门召开了党委扩大会议，对当前资金情况进行了认真的检查分析；並组织了人员，对库存物资情况进行了认真的清理。进一步查清了我厂资金占用情况，和我们在财务管理上的薄弱环节。现将清查情况和我们的意见报告于下：

一、资金占用情况：至五月底止，我厂共占用资金255·74万元。其中：正常生产占用120·96万元；新产品试制占用18·86万元；老产品转轨积压材料占用41·86万元；超储备26·95万元；在途材料占用1·36万元；库存产品占用45·75万元。

二、资金来源：国家拔给流动资金64·55万元；银行贷款160万元；四机部拔给产品储备资金15万元，以及动用更新改造资金、福利基金、大修理资金和应上交的折旧费未上交等等。

此外，至五月底止，购买材料及电费、税金等欠款12·96万元（共三十笔）尚无法承付。

1

~~000024~~

~~0025~~
46

三、资金困难的主要原因：

造成目前经济困难的原因是多方面的，有我们主观方面的原因，也有客观方面的原因。从我们的工作来检查，主要有以下几个方面。

1.党委对加强企业管理抓的不够，有管家不理财的现象。对物资采购、经费开支等方面掌握不严，管理制度不够落实、对资金占用过多的情况发现的不及时，没有引起严重注意，及早反映和采取更有力的措施，使困难的局面日益严重。

2.产品品种多变。从工办接收本厂三年多来，我厂共生产了二十四种产品，上上下下，长期不能稳定生产，既影响厂的正常生产，又造成相当大的原材料积压，仅转轨产品材料这一项就积压资金41·86万元。（产品转轨后，有的原材料原可调剂出去又舍不得，工办有关部门曾有通知不准随便外调，去年以来想往外调剂又无人要。）

3.产销不平衡。从我厂目前生产能力和职工干劲，是可以大大超过116万元全年总产值计划的，但由于无销售出路，不仅不能发挥现有生产能力，连计划内产品也销不出去，（目前产品占用资金已达45万元，计划产值116万元，至五月份订货只34·65万元，尚有81·35万元产品无落着）。目前全厂十一条生产线，有订货的正常产品只两项（三联可变电容器和金属管壳），而且订货数与实际生产数也仍有很大距离，其余各项均无销路，但为了维持小量生产，也需购进一定材料，这在相当程度上造成资金占用过多，也影响了资金的正常周转。

销不出去的原因有的是质量不够稳定，影响销路，说明我们对提高产品质量抓得不力；当然也有些产品质量比较稳定也没有订货。

47 ~~0049~~

乂勤俭办企业的思想不够。采购人员和车间人员对一些比较紧张的分配物资，怕买不到，想计划大一点，多采购一点，而我们领导则缺乏严格审查，造成部分物资超计划采购，也造成一些积压。

另外，由于正式计划下达时间较晚，订货会议时按初步计划订货，造成一些物资超储备。如金属管座原订250万，正式计划100万；金属膜、氧化膜电阻原订各50万，正式计划各10万；铌电解电容原订10万，正式计划1万。造成超储备近27万元。也说明我们的思想不符合客观实际，没有掌握生产的客观规律性。主观愿望想多为国家创造财富，而客观上却造成了资金积压。

总之，主要是我们党委对企业管理，尤其是财务管理的重要性认识不足，对社会主义的企业管理这门科学学习不够，长期似懂非懂。在作风上深入实际不够，对情况的了解忽明忽暗，有的生产关键问题抓不住，如个别老产品的质量较长时间不稳定，时好时差，领导也没有集中力量认真去抓，致使长期未能解决，影响产品销路。在财务管理上，虽搞了经济核算制度，也下达了一些核算指标，订了一些制度，但由于措施跟不上，车间一级核算基本没有形成，大手大脚，浪费的现象仍然存在。

四、解决意见：

从目前资金方面存在问题看，我厂正处在上上不去，下又下不来的为难状况。要克服目前的困难，除我们认真从思想上检查，进一步提高认识，加强社会主义企业管理，严格经济开支外，还需从以下两方面解决：

1.从我厂主观努力解决。我们已采取三项措施：(一)深入开展增产节约运动，充分发动群众，提高产品质量，降低消耗，节约开支；(二)大搞军民

48

结合，增加收入，手铸、电动机两项，今年1－5月的产值有6万多元，占总产值14%以上，今后再加把劲，多生产一些；㈢设法调出积压物资，近两年我们利用参加调剂会议和通信、登门等办法已调出积压物资共12万元（其中今年调出3.12万元），最近我们又在查清仓库家底的基础上，再次派出人员，到省内外各地一面征求订货，一面出售积压物资。尽最大努力减少资金积压。

2.从我厂目前情况看，要解决目前困难，仅靠我们本身努力是解决不了的。银行增加贷款看来也不可能（我们已与太宁县支行、三明中心支行联系多次）。而如果生产资金不解决，老产品无法正常生产，新产品搞不上去（主要是无钱购买必要的原材料及付电费、油费、税收等），则明年将更加困难。为此，我们想采取以货抵贷的办法，将我厂库存50万元原材料给工办，工办先付给我厂50万元。（材料可仍由我们保管，我们也积极组织向外调剂出售，销售出的钱就算工办收入），以把我厂的生产搞上去，扭转目前的困难处境。

上报告当否，请批示。

中共国营八四七〇厂委员会

一九七三年六月九日

4.

党系统 0028

49

中共国营八四七〇厂委员会　　报　6.8日

关于当前经济方面存在问题的情况和解决办法的请示报告

中共省国防工办临时委员会：

今年以来，我厂经济发生严重困难，已经在一定程度上影响了企业的正常生产和职工的思想情绪。

对此情况，我们除多次向省工办汇报反映外，并也采取了一些相应措施，增加收入，节省开支，收到一定效果。最近，我们在贯彻省计划会议精神中，又专门召开了党委扩大会议，对当前资金情况进行了认真的检查分析；并组织了人员，对库存物资情况进行了认真的清理。进一步查清了我厂资金占用情况，和我们在财务管理上的薄弱环节。现将检查情况和我们的意见报告于下：

一、资金占用情况：至五月底止，我厂共占用资金255.24万元。其中：正常生产占用120.26万元；新产品试制占用18.86万元；老产品转轨积压材料占用41.86万元；超储备26.25万元；在途材料占用1.26万元；库存产品占用45.75万元。

二、资金来源：国家拨给流动资金64.55万元，银行贷款160万元，四机部拨给产品储备资金15万元，以及动用更新改造资金、福利基金、大修理资金和应上交的折旧费等等。

此外，至五月底止，购买材料及电费、税金等欠款12.96万元（共三十笔）尚无法承付。

装订线

~~0029~~ 50

三、资金困难的主要原因：

造成目前经济困难的原因是多方面的，有我们主观方面的原因，也有客观方面的原因。从我们的工作来检查，主要有以下几个方面：

1、首先对加强企业管理抓的不够，有管家不理财的现象。对物资采购、经费开支等方面掌握不严，管理制度不够落实。对资金占用过多的情况发现的不及时，没有引起严重注意，因而没有及时采取更有力的措施，使困难的局面日益严重。

2、产品品种多变。从工办接收本厂三年多来，我厂共生产了二十四种产品，上上下下，长期不能稳定生产，既影响了的正常生产，又造成相当大的原材料积压，仅这一项转产产品材料积压资金41.85万元。（产品转产后，而原材料虽可调剂出去又舍不得，二来有关部门曾布通知不准随便外调，去年以来想往外调剂又无人要。）

3、产销不平衡。从我厂目前生产能力和职工干劲，是可以大大超过116万元全年总产值计划的，但由于无销售出路，不仅不能发挥现有生产能力，连计划内产品也销不出去（计划产值116万元，至五月份订货只34.65万元，尚有81.35万元产品无落着），目前产品占用资金已达45万元，目前全厂十一条生产线，有订货的正常产品只两项（三联可变电容器和金属壳），而且订货数与实际生产数也仍有很大距离，其余各项

51

均无销路，但为了小量维持生产，也需购进一定材料，这在相当程度上造成资金占用过多，也影响了资金的正常周转。

销不出去的原因有的是质量不够稳定，影响销路，说明我们对提高产品质量抓得不力；当然也有些产品质量比较稳定也没有订货。

4、勤俭办企业的思想不够。采购人员和车间人员对一些比较紧张的分配物资，怕买不到，想计划大一点，多采购一点，而我们领导则缺乏严格审查，造成部分物资超计划采购，也造成一些积压。

另外，由于正式计划下达时间较晚，订货会议时按物资计划订货，造成一些物资超储备。如金属管座原订250万，正式计划100万；金属膜、氧化膜电阻原订各50万，正式计划各10万；铝电解电容器原订10万，正式计划1万。造成超储备达27万元。也说明我们的思想不符合客观实际，没有掌握生产的客观规律性。主观愿望想多为国家创造财富，而客观上却造成了资金积压。

总之，主要是我们党委对企业管理，尤其是财务管理的重要性认识不足，对社会主义的企业管理进行科学学习不够，长期似懂非懂。在作风上深入实际不够，对情况的了解忽明

装订线

52

忽略，有的生产关键问题抓不住，如个别老产品的质量较长时间不稳定，时好时差，领导也没有集中力量认真去抓，致使长期未能解决，影响产品销路。在财务管理上，虽搞了经济核算制度，也下达了一些技术指标，订了一些制度，但由于措施跟不上，车间一级核算基本没有形成，大手大脚、浪费的现象仍然存在。

四、解决意见：

从目前资金方面存在问题看，我厂正处在上也上不去，下又下不来的为难状况。要克服目前的困难，除我们认真从思想上检查，进一步提高认识，加强社会主义企业管理，积极挖潜开支外，还需从以下两方面解决：

1. 从我厂主观努力解决。我们已采取三项措施：①深入开展增产节约运动，充分发动群众，提高产品质量，降低消耗，节约开支；②大搞军民结合，增加收入，手表、电动机两项，今年1—5月的产值有6万多元，占总产值14%以上，今后再加把劲，多生产一些；③设法调出积压物资，近两年我们利用参加调剂会议和通信、登门等办法已调出积压物资共12万元（其中今年调出3.5万元），最近我们又在查清仓库底的

53

基础上，再次派出人员，到市内外各地一面催求订货，一面出售积压物资，尽最大努力减少资金积压。

2，从我厂目前情况看，要解决目前困难，仅靠我们本身努力是解决不了的。银行增加贷款看来也不可能（我们已向太宁县银行、三明中心支行联系多次）。而如果生产资金不解决，老产品无法正常生产，新产品打不上去（主要是无钱购买必要的原材料及付电费、油费、运杂费），则明年将更加困难。为此，我们想采取以货抵贷的办法，将我厂库存50万元原材料暂交工办，工办先付给我厂50万元，（材料可仍由我们保管，我们也积极向外调剂出售，销售出的钱就算工办收入），以把我厂的生产搞上去，扭转目前的困难处境。

以上报告当否，请批示。

中共国营八四七〇厂委员会

一九七三年六月九日

（16）

56

机关各处、室、科，各车间：

党委拟在下周召开扩大会议，专门研究进一步加强企业管理问题。现将近几天召开的一些座谈会，以及个别交谈中群众的一些反映，简要归纳整理如下，供机关各部门，和各车间研究。並希针对这些问题提出改进意见及措施，以便在党委扩大会议上进行讨论，逐步提高我厂社会主义企业管理水平，搞好社会主义革命和社会主义建设。

最近，全厂机关和车间都组织学习了“国营东方红机械厂管理制度汇编”，並联系我厂的实际，对照检查我们在企业管理中存在的问题。大家认为，总的来说，我厂在社会主义企业管理方面日益有所进步，广大群众的路线觉悟是高的，劳动积极性也是高的，成绩还是主要的。在政治思想、生产管理、生活管理三个方面，机关各部门做了不少工作，一些同志是认真负责的，这些应该肯定。但从领导角度来讲，从目前企业管理的实际情况看，企业管理中还存在不少问题，突出表现在机关工作还适应不了生产的发展，一些部门和领导人员差距还较大，有的人形容是“官有人当，事无人干；功有人领，过无人担。”这种说法虽不恰当，但反映了一部分群众对我们领导机关的看法，应引起我们一些同志的注意和改进。

一、政治思想工作方面。针对性地加强路线教育，调动一切积极因素还不够，如怎样根据我厂青年多的特点，加强青年人的思想教育，引导他们提高路线觉悟、为革命学技术钻研业务做得不够。日常政治学习内容布置很多，重点不明确，抓得也时紧时松。抓典型，及时表扬好人好事、宣传先进抓得不力等等。

上报工办 …… 工 ……

000057

~~0035~~

57

在加强党的一元化领导方面，对党支部使用多，教育少。

二、生产管理方面。意见较多。综合起来四个字：浮、乱、拖、推。

浮：作风不深入，很少下车间。情况不明，决心乱下。有布置无检查、有要求无落实。经常纸上谈兵，电话来往。

乱：生产计划乱，技术管理乱，材料供应乱，质量管理更乱。群众讲我们厂生产是"打乱仗，打混仗。"是心中无数，计划不周，调度不灵。工艺没有，图纸差错多，材料跟不上，检验不管事。机关部门失去了领导的责任。有的同志讲"现在不是上面领着下面干，而是下面推着上面动。"

拖、推：处理问题不及时，遇到问题经常扯皮，推来推去，"踢皮球"，"管时大家都管，出了问题时谁也不肯负责。"有时则这个科讲可以，那个科说不行，弄得车间很难办。说负责时谁都不敢负责，但权力又特别大，那一个科因某一个问题都可以决定一个产品停止生产，甚至一停许多天，他也不着急。还有一种极不负责的工作态度。几个科经常用的三句话："你们来找"、"你们去挑"、"你们看看"。即到仓库要某种材料时，管理人员不知有无，叫领料人到仓库里"你们找找看"；对一些零部件装配工序提出质量方面意见时，生产部门就叫"你们挑着用"；遇到一些质量问题找到检验部门时，检验部门经常是不表态，而是叫其他人"你们看看！"

对各项具体管理方面：

生产计划管理：缺乏严肃性，有为计划而计划的现象。计划不是根据劳力、技术情况、设备、材料供应各方面条件下达，而是任务观点下

58
0038

下计划。为计划而计划。只管下计划，不管完成不完成。有的举例是：“六月的生产计划，七月下图纸，八月原材料还不知在那里？”

技术设备管理：无工艺，图纸差错多。有时设计要求脱离实际，设备维修基本未管起来。

质量管理：检验部门不管质量。检验工作本末倒置，“不管半成品，只想当法官。”有事推车间，自己不负责，平时不下去，遇事不表态。有些质量问题是非颠倒，好被讲成坏，坏被说成好。车间意见很大。

材料供应：心中无数，计划不周，老是被动。急用的东西供应不上，不用的东西大量进。几种产品曾因某种原材料缺少而停产。

劳动管理：对劳力使用心中无数，不深入实际，不了解下情，基本无调整，下面忙闲不均。

三、生活管理方面：有关管理制度抓得不紧，对职工生活，尤其双职工付食品的供应积极设法解决不够。食堂管理有早下班吃好菜，按时下班的吃不到好菜的现象。卫生部门在提高服务质量，做好预防工作，减少疾病方面做得不够。

车间同志对机关部门的个别领导意见很大，说他们对工作很不负责，这边推、那边拖，当面不表态，回来打电话。怕这怕那，怕负责任，怕犯错误，就是不怕国家受损失；做的事不多，架子不小，不懂装懂，常常误事。有的同志生气地说：“叫这些人负责怎能搞好生产！”

从上述意见可以看出，车间对机关的意见是不少的。这些问题表现在下面，主要责任还是在我们领导；意见是对机关部门提的，但实

一

000058

~~0037~~

59

际是讲我们领导在抓企业管理上存在的薄弱环节，没有抓好机关的革命化。当然，在另一方面，也希望机关各部门从这些意见中得到教益，结合学习东方红机械厂的经验，联系实际，提出改进意见和措施，做好今后的工作。这就是我们整理和印发这些意见的目的。

国营八四七〇厂革委会

一九七三年八月二十三日

最高指示

备战、备荒、为人民。

已作参考给主任阅过，问题纤[illegible]不发。

60

福建七七八二厂革命委员会

机关各处、室、科、各车间：

党委将在下周召开扩大会议，专门研究进一步加强企业管理问题。现将近几天召开的一些座谈会，以及个别交谈中群众的一些反映，简要归纳整理如下，供机关各部门、科、各车间研究，并希望针对这些问题提出改进意见及措施，以便在党委扩大会议上进行讨论，逐步提高我厂社会主义企业管理水平，搞好社会主义革命和社会主义建设。

最近，全厂机关和车间都组织学习了"国营东方红机械厂管理制度汇编"，并联系我厂的实际，对照检查我们在企业管理中存在的问题。大家议论，总的来讲，我厂在社会主义企业管理方面日益有所进步，广大群众的路线觉悟是高的，劳动积极性也是高的，成绩还是主要的。

十

~~0033~~ 61

最高指示

备战、备荒、为人民。

福建七七八二厂革命委员会

在政治思想、生产管理、生活管理三个方面，机关各部门做了不少工作，一些同志对工作是认真负责的，这是应该肯定。但从领导角度来讲，从目前企业管理的实际情况看，企业管理中还存在不少问题，突出表明在机关工作还适应不了生产的发展，一些部门和领导人员差距还较大，有的人形容是"官有人当，事无人干；功有人领，过无人担。"这种说法虽不恰当，但反映了一部分群众对我们领导机关的看法，应引起我们一些同志的注意和改进。

一、政治思想工作方面，针对性地加强路线教育，调动一切积极因素还不够，如怎样根据我厂青年多的特点，加强青年人的思想教育，引导他们提高路线觉悟，关心帮助学技术钻研业务做得不够。日常政治学习内容布置很多，重点不明确，抓得又时紧时松，

62

最高指示

备战、备荒、为人民。

福建七七八二厂革命委员会

抓典型，及时表扬好人好事，对付先进抓得不够等等。

五、加强党的一元化领导方面，对党支部使用多、教育少。

二、生产管理方面，意见较多。归纳起来四个字：浮、乱、拖、推。

浮：作风不深入，很少下车间。情况不明，决心乱下。有布置无检查，有要求无落实。经常纸上谈兵，电话来往。

乱：生产计划乱，技术管理乱，材料供应乱，质量管理更乱。群众讲"我们厂生产是"打乱仗，打混仗"。是心中无数，计划不周，调度不灵，工艺没有，图纸差错多，检验不管事，材料跟不上，机关部门失去了领导的责任。有的同志讲"现在不是上面领着下面干，而是下面推着上面动。"

63

最高指示

备战、备荒、为人民。

福建七七八二厂革命委员会

拖、推：处理问题不及时，遇到问题经常扯皮，推来推去，"踢皮球"，"管时大家都管，出了问题时谁也不肯负责。"有时则这个科讲可以，那个科说不行，弄得来问很难办。"说负责时谁都不敢负责，但权力又特别大，那一个科因某一个问题都不能决定，一个产品停止生产，甚至一停许多天，也不着急。还有一种极不负责的工作态度，几个科经常用的三句话："你们来找"、"你们去挑"、"你们看看"。即到仓库要某种材料时，管理人员不知有无，叫领料人到仓库里"你们找找看"；对一些另部件装配工序提出质量方面意见时，装配部门就叫"你们挑着用"；遇到一些质量问题找到检验部门时，检验部门经常是不表态，而是叫其他人"你们看看"！

对各项具体管理方面：

~~0064~~

64

最高指示

备战、备荒、为人民。

福建七七八二厂革命委员会

生产计划管理：缺乏严肃性，有为计划而计划的现象。计划不是根据劳力、技术情况、设备材料供应各方面条件下达，而是不计划任务观点，为计划而计划。只管下计划，不管完成不完成。有的举例是："六月的生产计划，七月下图纸，八月原材料还不知在那里。"

技术设备管理：无工艺，图纸差错多。有时设计要求脱离实际。设备维修基本未管起来。

质量管理：检验部门不管质量。检验工作本末倒置，"不管半成品，只想当法官。"有事推车间，自己不负责。平时不下去，过事不表态。有些质量问题是非颠倒，好被讲成坏，坏被说成好。车间意见很大。

材料供应：心中无数，计划不周，专是被动。急用的东西供应不上，不用的东西大量进。以种产品

~~0065~~
65

最高指示
备战、备荒、为人民。

福建七七八二厂革命委員会

曾因某种原材料缺少而停产。

劳动管理：对劳力使用心中无数，不深入实际，不了解下情。基本无调查，下面忙闲不均。

三、生活管理方面：有关管理制度执行得不坚，对职工生活，尤其对职工付食品的供应，积极设法解决不够。食堂管理有早下班吃好菜，按时下班的吃不到好菜的现象。卫生部门在提高服务质量，做好预防工作，减少疾病方面做的不够。

车间同志对机关部门的个别领导意见很大，说他们对工作很不负责，这边推、那边拖，当面不表态，回来打电话，怕这怕那，怕负责任，怕犯错误，就是不怕国家受损失；做的事不多，架子不小，不接近群众，常常误事。有的同志生气地说：“叫这些人负责能否能搞好生产！”

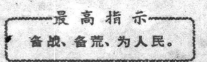

从上述意见可以看出，车间对机关的意见是

最高指示

备战、备荒、为人民。

~~0066~~

66

福建七七八二厂革命委员会

不力的。这些问题表现在下面，主要责任还是在我们领导；意见是对机关部门提的，但实际是讲我们领导在抓企业管理上存在的薄弱环节，没有抓好机关的革命化。当然，在另一方面，也希望机关各部门从这些意见中得到教益，结合学习东方红机械厂的经验，联系实际，提出改进意见和措施，做好今后的工作。这就是我们整理和印发这些意见的目的。

国营八四七〇厂革委会

~~中共八四七〇厂委员会~~

1973.8.23.

~~7~~

（17）

~~0001~~ 67

福建前进机电厂革命委员会
关于“目前资金方面困难情况”的汇报

省国防工办：

今年以来，我厂经济长期发生严重困难，不但在一定程度上影响了企业生产，而且经常违反“中国人民银行结算办法”，长期拖欠货款，目前已经到了有的单位不同意用托收承付结算办法，拒不发货，要汇款提货。对此我厂曾于73年6月9日向工办作了“关于当前经济方面存在问题的情况和解决办法的请示报告”，同时还多次向工办首长作了口头汇报，在上级首长的关怀和支持下，虽解决了一些，但根据今年生产方向来看，我厂确无法解决今年的资金问题，所以再次向工办报告如下：

根据今年生产，经研究后，下半年要缺少生产资金52万元，除六月底拨来15万元外，还缺少37万元。

理由：

一、产销不平衡，如三联电容器计划年产8000台，订出3950台，到目前止发出3918台，预计要积压4000台，价值28万元。又如：管座计划年产100万只，订出20万只，到目前止只销售3·1万只，预计要积压80万只，价值14·4万元。

到七月底止产成品资金达55·8万元。

二、产品多变：

从省工办接收开始到现在止有24种产品，其中由于老产品转轨占用生产资金41·86万元，以前年度试制铌钽电容器一种，到目前止库存材料达20万元，加在制品资金12·1万元，合计占用32·1万元，目前铌钽又无销售，势必又要改变生产方向，根据工办指示，今年又增加薄膜双联、电动机等四个新产品。现在处于老产品转轨材料调不出去，如钶伐皮、钶伐丝一种材料就积压资金30·71万元，新增产品又要采购材料。

~~000038~~

68 ~~0003~~

由于上述原因库存材料七月底止达190·5万元，其中有61万元是新老产品结构积压材料。

现将七月底止资金占用列表如下：

材料190·5万元　　成品55·8万元　　在产品27万元

合计占用273·3万元

资金来源：

国家拨入流动资72·5万元　　银行贷款152万元

四机部借来　　17·4万元（其中：2·4万元是发工资）

更新改造资金占用　16·4万元　四机部借来 15万元

合计来源　273·3万元

73年3—4季度财务收支情况列表如下：

来源：

产品销售收入26·4万元（按订出产品计算）

用途：

采购材料　　26·5万元

工　资　　16万元（包括提10%附加）

各项费用　　21万元　　用途合计63·5万元

收支相应要缺少资金　37万元

由于3—4季度资金不平衡，因此到8月20日对外采购材料无钱承付，拖欠货款如下：

省　外　　10家拖欠5·25万元

省　内　　5家拖欠2·98万元

合计欠　8·23万元

由此而严重违反了“中国人民银行结算办法”对省内外失去信用，如800库计划内分配主要产品材料，由于拖欠货款，已拒绝发货，要汇款

69 ~~00069~~

提货，影响生产。长期下去，我们认为不是800厍一个单位这样做，肯定省内外其他单位也会如此办理，省外拖欠货款，不但是影响了我厂信用，而且还影响了我省国防工业信用，这是关系到我省是否认真贯彻"中国人民银行结算办法"的重大问题。

我厂徐付主任对此已向工办作了汇报，回厂后已向厂党委汇报，我们认为9月—12月份需要如下资金：

(一)目前拖欠货款　8·23万元

(二)9—12月份工资11万元

(三)费　用　　　　16万元

(四)9—12月计划采购材料16万元

合　计需要51·23万元

减除9—12月份产品销售14万元

实　际　不　足　37万元

由于上述资金没有落实，我厂目前已经到了新老产品急需用材料无钱采购，9—12月工资费用又无来源，就是目前拖欠货款也无法归还。

这样下去怎么办？我们感到下一步東手无策。

关于73年6月份上报工办转轨产品积压报废产品、半成品26·5万元，又于6月9日要求核销毛主席像章价值6197元

另外目前还有老三联电容器3058台价值78220·8万元因型号改变，已失去销路，我们意见，要求予以核销。

合计可核销　47。9万元

加上1—7月份止亏损3·7万元

总　计：51。6万元

为此我厂如实上报目前实际情况，希给予研究解决。

上述报告，妥否，请批示。

~~000029~~

70

（此页无正文）

最高指示

备战、备荒、为人民

福建七七八二厂革命委員会

关于"目前资金方面困难情况"的汇報

今年以来，我厂经济长期发生严重困难，不但在一定程度上影响了企业生产，而且经常违反"中國人民銀行结算办法"，长期拖欠货款，目前已经引了省内单位不同意用托收承付结算办法，拒不发货，要汇款提货。对此我厂曾于73年6月9日向上办作了"关于当前经济方面存在问题的情况和解决办法的请示報告"，同時还多次向上办首長作了口头汇報，在上级首長的关怀和支持下，虽解决了一些，但根据今年生产方面来看，我厂確无法解决今年的资金问题，所以再次向上办報告如下：

根据今年生产，经测算后，下半年要缺少生产资金52万元，除6月底拨来16万外，还缺少36万元。

理由：（如上联电容器）

一、产销不平衡，計划年產8000台，订货3950台，到目前止发出3918台，預計要积压4000台，价值28万元。

二、文娱：灯座計划年產100万只，订货20万只，到目前止只销售3.1万只，預計要积压80万只，价值14万元。

到6月底止產成品资金达35.8万元

72

最高指示

备战、备荒、为人民。

福建七七八二厂革命委員会

二、产品更变：

从省工办撤报开始，到现在已有七种产品，其中由于老产品转轨占用生产资金41.86万元，以前年度试制双联继电器一种，到目前止库存材料达20万元，加在制品资金12.1万元，合计占用32.1万元，目前继电器又无销售，势必又要改变生产方向，根据工办指示，今年又增加薄膜双联、电动机等四个新产品。现在处于老产品转轨材料试不出去，如钢丝皮、钢丝等一种材料就积压资金30.71万元，因新增产品，又要採购材料。

由于上述原因库存材料七月底止达190.5万元，其中有41万元是老产品转轨积压材料。

现将七月底止资金占用列表如下：

材料 190.5万元 成品 35.8万元 在产品 47万元

合计占用 273.3万元

资金来源：

国家拨入流动资 72.5万元 银行贷款 152万元

四机部借款 15万元

上级借款 17.4万元（其中：2.4万元是发工资）

更新改造资金 占用 16.4万元

~~00073~~
73

最高指示

备战、备荒、为人民。

福建七七八二厂革命委员会

合计来源 27.3万元

73年3—4季度财务收支情况列表如下：

来源：

产品销售收入 26.4万元（按计划产品计算）

用途：

采购材料 26.5万元

工　资 16万元（包括提10%附加）

各项费用 21万元

用途合计 63.5万元

收支相抵尚缺少资金 37万元

由于3—4季度资金不平衡，自从8月20日对外采购材料先收承付、拖欠货款如下：

省外 10家 拖欠 5.29万元

省内 5家 〃 2.98万元

合计欠 8.27万元

由此而严重违反了"中国人民银行结算办法"对省内外失去信用，如800厂计划内分配生产产品材料，由于拖欠货款，已拒绝发货，要汇款提货，影响生产。长期

~~00084~~
74

最高指示

备战、备荒、为人民。

福建七七八二厂革命委员会

下去，我们认为不是800库一个单位这样做，肯定省内外其他单位也会如此办理，对外拖欠货款，不但是影响了我厂信用，而且还影响了我省国防工业信用，这是关系到我省是否认真贯彻“中国人民银行结算办法”的重大问题。

我厂孫付主任对此已向工办作了汇报，回厂后已向厂党委汇报，我们认为9月—12月份需要如下资金：

(1) 目前拖欠货款 8.23万元

(2) 9—12月份工资 11万元

(3) 费用 16万元

(4) 9—12月计划采购材料 16万元

合计需要51.23万元

减除 9—12月份产品销售 14万元

实际不足 37万元

由于上述资金没有落实，我厂目前已经积了新老产

000275

最高指示

备战、备荒、为人民。

福建七七八二厂革命委員会

故急需用材料无钱来购。9-12月工资费用又无来源。就是目前拖欠贷款也无法归还

这样下去，怎么办？我们感到下一步束手无策。

关于73年6月份工作上办，轻工部应急报废库存外库产品、半成品26.5万元，又有轻工部9110要求报销毛坯库存价值6197元。

另外目前还有老式收音机3378台/3058台价值22万元/20.8万元 20.8万元因型号改变，已失去销路，我们意见，要求予以报销。

合计可报销50.1万元 47.9万

加上1-7月份生产亏损5.7万元

总计55.8万元 51.6万元

因此我厂如实上报目前实际状况，希请予研究解决。

上述报告，妥否，请批示。

（18）

5

福建前进机电厂革命委员会

关于在我厂举办技术训练班的通知

为了培养一批又红又专的工人、干部队伍，遵照毛主席"走上海机床厂从工人中培养技术人员的道路"的教导，根据我厂的实际情况，经厂党委研究决定举办第一期技术培训班，现将有关事项通知如下，希遵照执行。

一、学员选拔条件：表现好、有责任感、并具有初中文化水平和一年以上工龄的青工，同时也适当吸收在职干部参加，选拔方法采用车间推荐，训练班领导小组审批确定，要求各单位对学员的选拔必须保证质量，同时人员抽调后又要保证生产任务的完成。

二、学员的分配：

一车间8名，二车间10名，三车间6名

四车间8名，五车间8名，六车间6名

机关4名。

各车间名额中包括有一名车间干部，由车间党支部确定，上报党委审批。

三、学员的具体名单请各单位于元月25日前报送劳工部门审查。

学员的集中时间拟定在2月9日，请各单位对他们的工作予先做好安排。

~~0047~~ 6

福建前进机电厂革命委员会

6

四、训练班聘请：蔡桂光、吴锡荣、黄绳凤、林炳煌、张金烽、郑锦生、林永德、黄金潘、唐宗禧、路玉华、陈章锦、丁福兴、王士坊、温瑞伟等十四人为教员及辅导员，请各单位给予他们大力支持，必须给他们必要的授课和备课时间。

五、并确定王士坊和温瑞伟两同志为学习班辅导员，请四车间适当安排。

厂革委会

73.元.22.

主送：各车间、机关各科室。

000005

（19）

0001 7

通　　知

关于职工家属来厂问题，厂革委会已于一月十二日作了明确规定。目前发现不少职工在探亲之后又把家属带来厂居住。为了使职工家属在农业战线上积极参加生产劳动，为社会主义建设做出贡献，特重申如下规定：

一、今后凡干部、职工家属来厂团聚已一个月者，其本人不再享受本年度探亲假。

二、今年请探亲假回家探亲的职工，未经领导批准把家属带来厂的，应改按事假处理，车船费不予报销（已报的从下月工资中扣回）但其家属在一个月之内能回原籍参加春耕劳动者，可另行考虑。如超过一个月者，下一年度职工本人不再享受探亲假，但其家属往返车船费可予报销一人次。

三、今后职工家属凡需来厂探亲者，必须事先通过车间领导会同行政科研究批准后方可来厂，否则不予安排宿舍。

国营八四七〇厂革命委员会

一九七三年二月十五日

000013

国营八四七〇厂
~~福建七七八二厂~~革命委员会通知文　8　别：

档号：　　　　秘密等级：

签发：8/1 2.14日	会稿：	核稿：	主办单位和拟稿人：劳资科 4/19 袁代
事由：			附件：
主送：各车间、科室各组室			
抄送：			
打字：	校对：4/19 袁		保存年限：
发文日期：　年　月　日	发文字号：	字第　号	

关于职工家属来厂问题，厂革委会已于一月十二日作了明确规定；目前发现不少职工在探亲之后又把家属带来厂居住。为了使职工家属在农业战线上积极参加生产劳动为社会主义建设做出贡献，特重申如下规定：

一、今后凡干部、职工家属来厂团聚已一个月者，其本人不再享受本年度探亲假。

二、今年请探亲假回家探亲的职工，未经领导批准把家属带来厂的，应按事假处理，车船费不予报销（已报的从下月工资中扣回）

共　页第　页

~~0003~~ 9

福建七七八二厂革命委员会

文　别：

档号：　　　　秘密等级：

签发：	会稿：	核稿：	主办单位和拟稿人：
事由：			附件：
主送：			
抄送：			
打字：	校对：	保存年限：	
发文日期：　年　月　日	发文字号：　字第　号		

但其家属在一个月之内能回原籍参加春耕劳动者可另行考虑。如超过一个月者，下一年度职工本人不再享受探亲假，但其家属往返车船费可予报销一人次。

三、今后职工家属凡需来厂探亲者，必须先通过车间经委会同行政科研究批准后方可来厂，否则不予安排宿舍。

国营八四七〇厂革命委员会

一九七三年二月十五日

共　页第　页

（20）

~~00023~~ 23

各车间、科、室、处：

根据省工办关于《春节期间控制职工探亲假的通知》中关于“安排职工探亲问题，应本着确保均衡生产的原则，生产线上的设备，要能保持正常开动运转的情况下，探亲假的人数比例应控制在20%以内”的指示。並结合我厂生产实际情况，对一九七四年各季度及春节期间享受探亲假人数的比例安排如下，希贯彻执行。

1月份古探亲人数20%；

2、3月份占探亲人数10%；

二、三季度各占探亲人数25%；

四季度古探亲人数20%。

另附：“探亲假有关文件规定摘录”

国营八四七〇厂革委会

1973·11·15

探亲假有关文件规定摘录

一、凡符合探亲条件的职工，当年在下列情况之一与家属团聚时间在二个星期以上的，不再享受探亲待遇。

1、因病在家休养。

000042

~~24~~ 24

2、利用出差的机会。

3、对方前来探望的工人、职员。

二、夫妇双方都是职工分别在两地工作，必须事先由对方所在单位开具证明后，方能享受探亲待遇。

三、关于职工在回家探亲旅途中因交通事故造成超假的应如何处理的问题，职工在探亲往返旅途中，遇到意外交通事故，如塌方，洪水冲毁道路等，造成交通停顿，以至职工不能按期返回工作岗位的，在持有当地交通机关证明，经向行政提出申请后，其超假日期可以算作探亲路程期。但是属于一般的转车、候车时间或车船行驶延误的时间，即使持有证明仍按照一般事假办法处理。

四、职工在探亲期间，因病而超过假期，怎样处理？

职工因患急性病不能按期返厂者，一律凭公社以上医院的证明，经单位签注意见，本厂卫生所批准换取本厂病假"休工证明书"方可按病假处理（但对于一般的慢性病应返厂医疗，不得延假）。

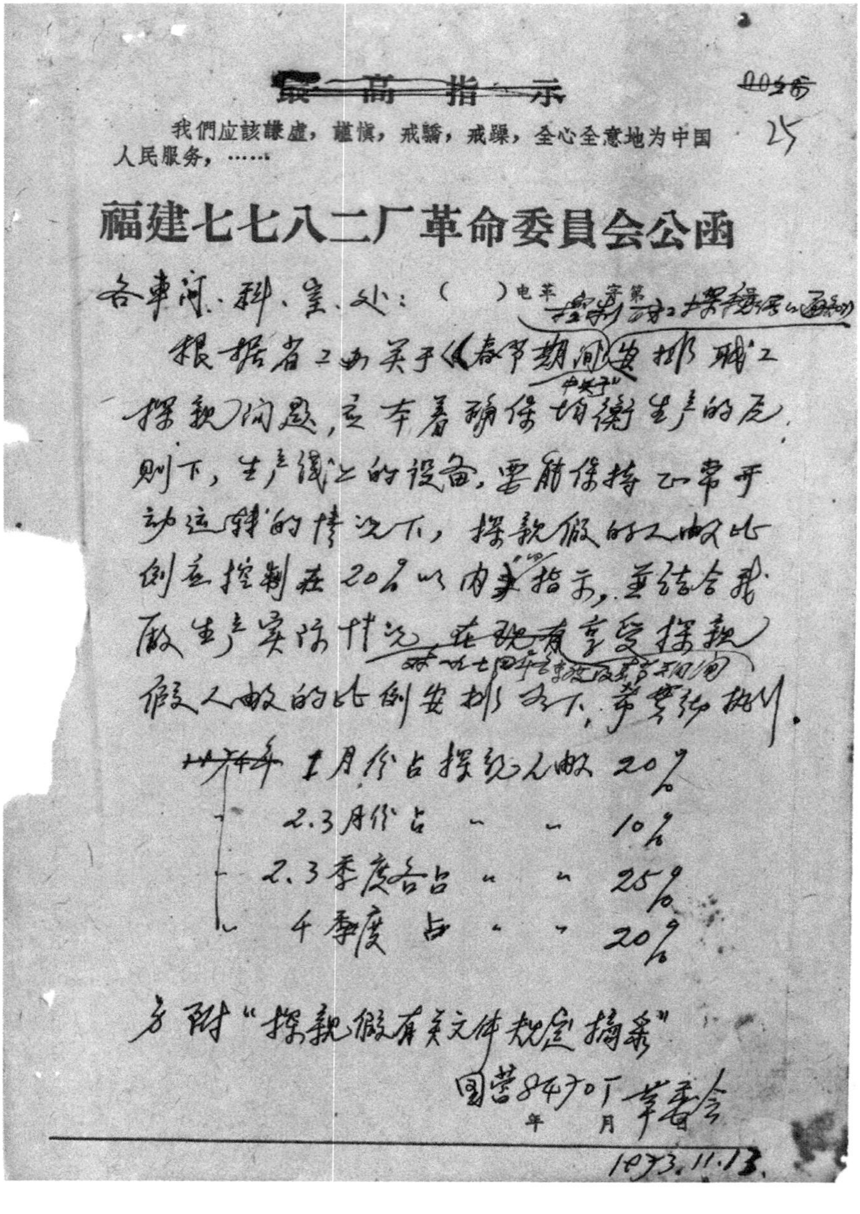

~~最高指示~~ ~~0056~~ 25

我們应該謙虛，謹慎，戒驕，戒躁，全心全意地为中国人民服务，……

福建七七八二厂革命委员会公函

（　）电革　字第　号

各車间、科、室、处：

根据省工办关于《春节期间安排职工探亲问题，应本着确保增产生产的原则下，生产线上的设备，要能保持正常开动运转的情况下，探亲假的人数比例应控制在20%以内》指示，并结合我厂生产实际情况，在现有享受探亲假人数的比例安排如下，希贯彻执行。

~~1974年~~ 1月份占探亲人数		20%
2.3月份占	〃 〃	10%
2.3季度合占	〃 〃	25%
4季度占	〃 〃	20%

另附“探亲假有关文件规定摘录”

国营8470厂革委会

年　月

1973.11.13.

(21)

关于九州集团控股、兼并我市四家国有企业的一些意见

今年以来，九州集团企业兼并工作小组对我市部分工业企业进行了多次调查，10月5日、6日该集团总裁赵裕昌又带队实地考察，并与市直有关部门进行了座谈。十月十二日，九州集团以闽九集字[1996]第20号正式文件向市政府提出“关于控股、兼并三明市四家国有企业的初步意见”，现将九州集团的初步意见和市经委的一些意见汇报如下：

一、九州集团控股、兼并的初步意见

(一)九州集团初步计划控股三明啤酒厂，兼并8470厂、市无线电一厂、三明人造板有限公司。

(二)关于控股三明啤酒厂，九州集团提出了产权转移的两种方式(1)以承认债权债务的方式兼并市啤酒厂。(2)以控股方式与该厂合资经营。其发展思路是(1)投入技改资金，更新设备，使生产规模由5万吨一次扩大到10万吨。(2)该厂原有设备搬迁到宁化，在宁化建立年产5万吨规模的新厂。要求市政府帮助解决的问题(1)帮助相邻的报社印刷厂搬迁，解决酒厂扩大规模的所需用地。(2)协调银行部门解决技改、环保、宁化建厂等所需贷款。(3)保持财产物资、职工队伍的稳定。

(二)关于兼并8470厂，九州集团的意见是(1)以承认债权债务的方式兼并该厂。(2)先注入再贷出流动资金，搞活经营。(3)注入部分技改资金，填平补齐，巩固与提高现有产品的产

量与质量。(4) 开发新项目、多元经营、减少风险。(5) 帮助拓展国际市场，以销促产。请市政府帮助解决的问题：(1) 市财政局原来借给该厂的周转金，作为市政府对企业的拨补，不再索回。(2) 协调银行，对该厂所欠贷款利息作停息挂帐或免息、挂帐处理。

(三) 关于兼并市无线电一厂，九州集团的意见是：(1) 以承认债权债务方式兼并该厂。(2) 兼并后，将该厂并入8470厂，作为其下属分厂或车间。(3) 开发新项目。请求市政府帮助解决的问题：(1) 市财政投入改为拨补，不予收回。(2) 与银行协调，将所欠贷款利息作停息挂帐或免息挂帐处理。(3) 做好8470厂工作，使市无线电一厂与之合并，统一管理。

(四) 关于兼并三明人造板有限公司。九州集团的意见：(1) 以承认债权债务的方式兼并该公司。(2) 调整该公司股权。(3) 投入技改资金，新增和完善刨花板、装饰板、甲醛生产线，寻求新的经济增长点。(4) 投入一定流动资金，盘活企业。(5) 争取海外上市。请求市政府帮助解决的问题：(1) 协调处理股权关系。市财政投入包括国有资产公司与财通公司的股权改为拨补，不予追回。省华福公司的股权，请省政府划拨我司或股权转债权。三家林业系统与内部职工的股权予以保留或转债权。(2) 运用兼并政策，请银行解除长贷利息负担或负息挂帐或停息五年，本金挂帐。

二、市经委对控股、兼并四厂的意见：

(一) 分步实施：

①全国出现之数要讲清楚。②钱到位会同出现之。③这条线不要动。
在这条线上[illegible]一个[illegible]，[illegible]事项。[illegible]市[illegible]
出[illegible]下去[illegible]。[illegible]市[illegible]，[illegible]。[illegible]
[illegible]一[illegible]，[illegible]一下。

何市长：几个区别点、

可能是一个机遇，但这个事不消主观由，[illegible]

9.8号谈话，真心真意谈，纪律[illegible]，几个事情不同好把握。

1、是好事，如何办好。A 好的工作几个：①减轻包袱，

②主要带头长者，③带设备，④带出市场，⑤带出[illegible]，

⑥带好上面。B 不利：①[illegible]方面大，②是理问，[illegible]不一，

③比较乐，学[illegible]还不很明显，[illegible]。[illegible]

4 本位，[illegible]，广泛[illegible]。

2、同意市场支持的意见，①同意谈，分家，以后一个经济。

我们提出：8070与一厂是可以谈，其他还有[illegible]，几年[illegible]

可谈，是使钱全部补[illegible]，8070与一厂单独要谈掉，不再

去就要抓紧做好工作。

3、九如提这些问题，都是[illegible]问题。

就得就会提出厂变化过来，我市肯定借[illegible]问题。

提要支持，其[illegible]怎么办，人员去处都去，包[illegible] 9

兼[illegible]，包[illegible]如何发展，要有方案，我们要[illegible]

~~008~~

先兼8470厂、市无线电一厂；控股市啤酒厂暂缓考虑；兼并三明人造板有限公司，若市林委同意，也可以一并推出。

（二）对九州集团提的一些要求问题：如财政的借款要作为拨补不再索回问题，要我市与银行协调这几家企业贷款本息挂帐停息问题，三股厂的股权调整问题，我们认为，只能按有关规定办理，不能作为是否兼并的条件之一。

（三）企业被兼并后，地方的所得问题，一是被兼并企业原来的财政，税收管理体制不变；二是保持上交主管部门管理费的原基数不变。

（四）被兼并企业的一切人员（包括离退休人员、富余人员，停薪留职人员等）和非经营性资产均由九州集团全部接收。

（五）九州集团对企业兼并后如何发展应有可行的方案。兼并后要按方案实施，若在一定期限内不能兑现，企业不能发展，我们有权收回这几家企业，并由九州集团按合同给予补偿。

（六）在企业兼并前，要经过国家认可的资产评估机构对企业进行全面的资产评估。

三明市经委

一九九六年十月二十二日

10

~~009~~

（22）

国营八四七〇厂

加盟九州集团将给企业带来的好处

1、国家实行"拨改贷"以后，由于企业的长期贷款和流动贷款比较多，将近2700多万元，给企业造成负担很重。每月仅付给银行的利息就达30多万元，每年300多万元，三年的利息1000多万元，如能加盟九州集团、与银行协调，将所欠贷款利息作停息挂帐或免息挂帐处理，企业将还掉部分贷款，轻装上阵。

2、国营八四七〇厂是从事电子元件生产的企业，产品比较单一、更新换代快，风险比较大。九州集团已提出将带电子玩具项目回来，并投入部分技改资金，利用我厂的模具加工优势，不断开发新项目，促进多元化经营，扩大生产规模，将形成规模经济，给企业的经济效益带来极大的好处。

厂址：福建三明市　　电挂：8470　　电话：237135　237991　237728　236515

11

~~010~~

国营八四七〇厂

3、通过九州集团，进一步拓展国内外市场，使我厂的各种产品能更顺畅进入国际市场。

4、加盟九州集团，通过注入资金，扭转观念，转换机制，强化管理，提高产品质量，降低成本，更新促销手段，开拓市场，使企业进入良性循环，不断发展壮大。

国营八四七〇厂

96.10.24

厂址：福建三明市　电挂：8470　电话：237135　237991　237728　236515

（23）

关于加盟九洲集团的意见

今年以来，为了加快我厂改革和发展的步伐，我们以党的路线、方针、政策为指导，以建立现代企业制度为目标，以“三个有利于”为标准，积极探索适合我厂实际的改革方法。通过综合各方面的意见，权衡各方面的利弊，我们认为：从企业当前的实际状况和自身的生产特点出发，从企业的整体利益和可持续发展战略考虑，加盟九洲集团是比较有利的。具体分析如下：

一、特殊的产品性质决定了我厂应该加入大集团。

我厂的产品是电子元件，是为整机配套的。目前，产品一部分出口、一部分内销，销售市场主要在大中型城市。

电子元件是微利产品，靠规模创效益。我厂生产的电子元件虽然属于有市场需求的产品，但是，由于市场竞争激烈，企业又地处电子工业尚不发达的闽北山区，信息不灵，所以，近几年来一直难以争取更多、更大的客户，产品市场占有率难以提高，很难产生规模效益。若能加入九洲集团，通过大集团的社会影响和辐射网络，提高企业和产品的知名度拓宽销售渠道，提高产品的市场占有率，从而实现规模效益。

电子技术的日新月异，电子元件的更新换代很快。瞄准国际、国内市场需求，及时开发适销对路的产品，是企业实现可持续发展的关键所在。而我厂目前的实力难以准

13

~~012~~

确把握市场动向，产品开发明显滞后。加入九洲集团，依靠集团的优势，能够较好地获得市场信息，并通过集团的技术、资金、人才的扶持，实现“生产一代产品、开发一代产品、研制一代产品”的要求，使企业在激烈市场竞争中立于不败之地。

二、沉重的负债状况促使我厂要求加入大集团。

国家实行“拨改贷”后，由于我厂的长期贷款和流动贷款较多，负债情况严重，每月还贷利息３０多万元，资金的困扰使企业举步维艰，生存都困难，更谈不上发展。如果加入九洲集团，争取获准执行中国人民银行(1995)130号文件规定，所欠的贷款作停息挂帐或免息挂帐处理，或者由九洲集团先注入资金偿还长期贷款。这样一来，企业就能解决资金困扰，轻装上阵，加快发展。

三、繁重的“九·五”发展任务鞭策我厂积极加入大集团。

我厂制定的“九五”发展规划中，拟定开发具有广阔市场前景的片状电阻和网络电阻，而且还要求企业在“九五”末实现产值一亿元。可是，由于目前企业负债重，想上大项目已经力不从心了。在与九洲集团的决策层洽谈中，他们已经对我厂今后的发展提出了初步的打算，拟在帮助我厂搞好电子元件开发的同时，引入其他电子产品项目，充分发掘我厂模具生产能力、电镀能力和装配能力，拓展企业的经营范围，扩大企业的生产规模。如果加入九洲集团，我们对实现企业“九·五”规划就更有信心和能力了。

综上所述，我们觉得加盟九洲集团对我厂的改革和发展是一个难得的机遇，一定会对我厂的发展产生很大的推动作用。为此，我们的意見是：同意加入九洲集团。

国营八四七〇厂

一九九六年十月二十九日

15

~~014~~

（24）

福建九州(集团)股份有限公司兼并三明市无线电一厂合同书

三明市无线电一厂是三明市电子局直属企业，资产负债率高，经营状况不好，困难较大。为盘活国有困难企业的资产存量，充分发挥各自优势，经充分协商，就福建九州(集团)股份有限公司兼并三明市无线电一厂事宜，达成如下协议：

一、三明市政府同意将三明市无线电一厂的全部国有资产划归福建九州(集团)股份有限公司，并入该公司的国有资产帐户。

二、福建九州(集团)股份有限公司兼并三明市无线电一厂，采取承担债权债务的方式兼并。兼并标的范围包括一切财产和债权债务。兼并后，福建九州(集团)股份有限公司享有对无线电一厂的所有权、经营权、人事权及重新组建权。原三明市无线电一厂的债权债务由福建九州(集团)股份有限公司承担，职工(包括离退休)由福建九州(集团)股份有限公司接收安置。九州集团兼并该厂后，将把该厂并入福建无线电元件厂，作为其下属分厂，独立核算，对外保留原厂厂名，方便通信业务发展。有关新开发项目的立项、审批、环保等外部建设条件，由三明市政府帮助予以协调解决。

三、兼并债权债务数目以兼并前的财务报表为基本依据，以兼并后双方及双方主管部门组成的交接小组所确认 32 31

的最终结论为准。

四、三明市政府应尽力创造一个良好的外部发展环境。凡给予本地区企业的各种优惠政策，对划归后的企业保持不变。

△ 五、九州集团兼并该厂后，三明市财政原投入资金改为拨补，不予收回；原欠银行贷款利息作停息挂帐或免息挂帐处理，九州集团与市政府共同向银行争取解决。

△ 六、市政府应帮助做好福建无线电元件厂工作，使三明市无线电一厂顺利与之合并，统一管理。

七、三明市无线电一厂划归九州集团后，九州集团将注入管理、机制和必要资金发展企业。目前正在生产的9401交通信息接收机，在质量稳定的前提下，投入流动资金，使月产量达到1～2万台；利用现有条件设施，投入技术改造，开发电子玩具产品和相关品种；配合八四七〇厂，开发高科技的电子新产品。

八、三明市无线电一厂划归九州集团后，行业管理仍属三明市电子局，行业统计所需生产、财务报表仍向三明市电子行业主管报送。

九、本协议未尽事宜，待清产核资后，以补充协议方式予以明确。

十、本协议双方签字盖章后生效，签字生效十五天内正式办理移交手续。福建省经济贸易委员会、福建省国有资产管理局、三明市政府作为鉴证单位。

33

—30

协议方：

福建九州(集团)股份有限公司　　三明市无线电一厂

代表：　　代表：

鉴证方：

福建省三明市政府　　福建省经济贸易委员会

代表：　　代表：

福建省国有资产管理局

代表：

签订日期：

签约地点：

74

55

福建九州综合商社有限公司兼并福建无线电元件厂

合同书

为了深化企业改革、加强山海经济协作、发挥各自优势、共同促进经济发展，福建无线电元件厂、福建九州综合商社有限公司（简称九州综合商社）友好协商，经三明市政府同意，就九州综合商社兼并福建无线电元件厂事宜签订如下合同：

一、三明市国资局同意将福建无线电元件厂的全部资产划归九州综合商社，并入该公司的国有资产帐户。

二、九州综合商社兼并福建无线电元件厂后，根据行业特点，更名为：福建九州无线电元件厂。保留法人资格，重新注册登记，在原址发展生产。为方便业务的开展，八四七〇厂名称作为第二厂名予以保留。

三、九州综合商社兼并福建无线电元件厂，采取承担债权债务的方式兼并。兼并标的范围，包括该厂兼并前的一切财产和债权债务。兼并后，九州综合商社享有对福建无线电元件厂的所有权、经营权、人事权及重新组建权。原福建无线电元件厂的债权、债务由九州综合商社承担，职工（包括离退休）亦由九州综合商社接收安置。

四、兼并债权债务数目以兼并前财务报表为参考，并以福建无线电元件厂与九州综合商社组成的交接小组共同签字确认的数字为准。自兼并合同签订后三个月的交接期内，交接小组应完成债权债务清算（含显性和隐性债权债务），并办理正式移交手续。

五、九州综合商社接管福建无线电元件厂后，注入管理机制，拓宽国内外市场，搞活企业，使现有产品上规模、上档次；在市场可靠的基础上，投入部分技改资金，改造发展片状电位器；利用工厂现有设施和条件开发电子玩具、注塑模具和配件，使之形成第二产品，促进企业发展壮大。

35
34

六、福建无线电元件厂向三明班竹电站担保的500万美元中行贷款继续由该厂担保，今后如涉及担保责任问题，三明市政府负责协调解决。

七、三明市财政局借给福建无线电元件厂的周转金继续借给该厂使用，到期归还。

八、三明市政府尽力为企业创造良好的外部发展环境。凡给予本地区企业的各种优惠政策，对被兼并后的企业保持不变；技改所涉及的建设用地、用水、供电、环保等外部建设条件予以协调解决。同时，对兼并后的福建无线电元件厂可以参照执行三明市人民政府明政[1996]文31号规定的特别优惠政策执行。

九、福建无线电元件厂债务利息，由九州综合商社和三明市政府共同向有关银行争取按闽政[1996]文211号及银发[1995]130号文件精神实行停息处理。

十、福建无线电元件厂划归九州综合商社后，行业管理属三明市机械电子工业局，行业统计所需报表仍向行业主管部门报送。

十一、福建无线电元件厂划归九州综合商社后，涉及地方政府利益的财税体制保留不变。

十二、本合同未尽事宜，今后以补充合同的方式予以明确。该补充合同与本合同具同等法律效力。

十三、本合同经双方签字盖章后生效，签字生效一个月内正式办理移交手续。

合同方：

福建九州综合商社有限公司

代表：

福建省无线电元件厂

代表：

鉴证方：

福建省国有资产管理局

代表：

三明市国有资产管理局

代表：

签订日期：一九九七年 月 日

36

35

- 2 -

（25）

97.3.6

福建无线电元件厂（国营八四七O厂）简介

福建无线电元件厂（国营八四七O厂）是电子工业部电子元件生产定点厂，福建省电子元件骨干企业，国家二级企业，二级计量单位；创建于1970年，现有职工804人，其中专业技术人员105名，中高级职称25名；资产总额为5650万元，其中固定资产原值为2757万元，净值为2097万元；拥有的技术装备属国际先进水平的占50%，国内先进水平的占38%；企业占地面积5.3万M²，建筑面积4.7万M²，生产性用地面积1.26万M²。工厂具有独立研制、开发和生产元件的能力，并且采用国际标准组织生产，对产品质量实现全过程管理，产品质量档次不断提高。所生产的“前进牌”合成碳膜电位器、玻璃釉电位器和薄膜介质可变电容器等主导产品，品种规格齐全，质量稳定可靠，广泛为电视机、收录机、汽车收放机、电冰箱、电子琴、移动通讯机及仪器、仪表等配套，产品销往国内二十多个省、市、自治区一百多家企业，并大量远销港澳、东南亚和西欧等地，产销率达95.6%，创外汇230万美元以上，占企业销售收入50%左右。

福建无线电元件厂原系军工企业，为顺应发展，从1974年起逐步实现“军转民”。转轨后，生产规模不断扩大，产品质量不断提高，1989年被批准为国家二级企业，1993年被外经贸部批准为“进出口经营权”企业，1995年跻于福建省电子行业20家大规模企业。该厂主要产品中曾有五项获部优、七项获省优、十二项获省、部级采用国际标准合格

27

证书，二十一项获生产许可证，四项获上海市仪表局颁发的双免证书；二项通过IECQ质量认证，四项通过CCEE安全认证，企业在我国电子元件行业占有一席之地。

近年来，工厂注重以市场为导向，不断开发新产品，新品规格逐年增多，新品产值逐年增加。仅1994年，新品产值达2541万元，占当年工厂总产值的43.4%。而且，该厂紧紧围绕提高质量、降低消耗、扩大出口的目标，不断加大技改投资力度。在“六五”、“七五”、“八五”期间，分别从英国、日本、台湾等地引进先进技术和关键设备，尤其在“八五”期间，投资近2000万元进行扩大电位器出口能力技术改造项目，形成了年产一亿片电阻体的生产能力，从而使碳膜系列电位器年生产能力增加5600万只，产品质量大幅度提高，加强了企业的整体实力和内外市场的竞争力，取得明显的经济效益，为此该技改项目获电子工业部“八五”技改优秀项目奖。

“九五”期间，企业将再接再励，继续按时、按质、按量提供用户满意的产品，加快发展片式化、小型化、薄型化等高、新、尖元件产品，大力开拓国际市场，力争跨入全国同行业的先进行列，成为全国电子元件的生产骨干企业和出口基地。

厂址：福建省三明市新市南路204号　电话：8337991
8337135
法人代表：陈 友 汀　传真：0598-8336192

（26）

国营八四七〇厂（　）

关于申请三个新品开发技改周转金的报告

九州集团总部：

我厂今年研制开发的三个新产品WHE12D大功率带散热片电位器，WHE09A合成碳膜电位器和WH180合成碳膜电位器，分别用在汽车高、中档音响、彩色显示器和小尺寸电视机上用。其中：

WHE12D是属于小轿车上高、中档汽车音响上使用的。目前国内尚无生产厂家，用户还是依靠进口电位器，年需50万只左右。目前急需用国产电位器替代的有上海、苏州、惠州、徐州、深圳等地整机厂，市场需求量较大。但技术难度大、工艺复杂，不易开发。

WHE09A是属于彩色、黑白监视器和小屏幕电视机上做为对比度，亮度的调节。预测国内年需求量可达千万只，市场前景良好。

47-057

WH180是带电源开关的电位器，是小屏幕电视上用的关键元件之一，其小尺寸电视机出口量大，其中只杭州电视机二厂、绍兴电视机厂年出口量达１５０万台以上，国内市场看好。

三个新品项目我厂分别于９７年开发，并采用确保正常生产和每个产品的间隙来保证生产能力的发挥。因此，各个产品开发进度分别安排如下：

名　称	设计、评审	模具制造	试生产	周期月
WHE12D	97.3	97.6	97.8	6 个
WHE09A	96.12	97.3	97.5	6 个
WH180	96.12	97.1	97.2	4 个

一、资金投入预算： 280万元

1、投入市场调研开发费用： 16万元

2、研制费用： 14万元

3、材料费用： 45万元

4、设备投资费用： 205万元

二、预计产生的效益

单位：万元

一年内	产量万只	销售收入	税　金	利　润	备注
WHE12D	35	630	55.43	105.57	
WHE09A	100	65	5.96	10.84	
WH180	60	87	7.43	15.37	
合　计	195	782	68.82	131.78	
二年内	产量万只	销售收入	税　金	利　润	备注
WHE12D	60	1080	95.03	189.72	
WHE09A	250	162.5	14.89	27.11	
WH180	220	319	27.26	56.34	
合　计	530	1561.5	137.18	273.17	

三、近期急需资金：

1、市场调研、开发费用： 5万元

2、研制费： 10万元

3、材料费： 25万元

其中：模具材料费： 20万元

原材料： 3.1万元

专用材料： 1.9万元

以上合计流动资金： 40万元

4、设备投入：线切割机床3台：20万元

汉川A3C数控电火花机床1台：70万元

以上合计设备投资： 90万元

关于设备投资，鉴于当前现有设备能力可以挖潜，此项资金可暂缓注入。

综上所述，请总部帮助解决急需流动资金40万元。

以上报告，请予审批。

国营八四七〇厂

一九九七年三月十四日

-4-

50 ~~060~~

（27）

福建九州集团股份有限公司文件

闽九集字（1997）第067号

关于三明无线电元件厂请求注入资金报告的批复

三明无线电元件厂、三明无线电一厂：

你厂《关于请求注入资金的报告》和《无线电一厂归并等有关问题的初步意见》均已收悉，经总部领导研究，现批复如下：

一、同意你厂对原技改引进填平补齐，开发高品位电位器等三个技改项目，所需资金应积极向当地银行争取。经总部领导研究决定，同意投入资金100万元，以解决部分自筹基金和流动资金，请你厂抓紧实施，确保技改项目按计划完成。

二、关于三明无线电一厂归并等有关问题的设想和意见，总部原则上同意，请你们抓紧办理；

1、同意你们在移交后，把两厂进行合并，七〇厂从属于总部领导，一厂则直接从属于七〇厂，并直接服从七〇厂的人、财、物等各方面的管理及对口业务指导。

003

2、同意无线电一厂对内使用分厂名称：福建无线电元件厂一分厂。对外继续使用“三明市无线电一厂”的厂名。

3、原则上同意归并后一分厂的发展思路。总部先拨10万元资金，以解决暂时困难。但对筹建纸箱厂项目，待进一步考察后，再作决定。

4、同意对年龄较大的职工实行厂退。但退休职工还是继续实行属地管理的原则。

福建九州集团股份有限公司

一九九七年三月十七日

抄送：财务处、人事培训处

004

（28）

053

国营八四七〇厂（　　）

（97）厂字第028号

关于申请批复《片状电位器扩大出口生产线技术改造项目建议书》的报告

三明市机械电子局：

现代电子产品正在向“短、小、轻、薄”和“高密度、高性能、高可靠”的方向发展，传统的引线元件的市场将不断缩小。据预测，在全球范围内，传统的引线元件将由目前的40%下降到2010年的10%，取而代之的是表面安装元件，将由目前的60%上升到90%。因此，抓住机遇，开发高新元件，促使产品更新换代，增加企业竞争能力，势在必行。根据我厂已有几十年电位器生产的丰富的经验，我厂拟在１９９８年进行“片状电位器生产线”的技术改造。

本项目的主要内容是：根据国内外市场的需要，以及工厂的生产能力逐步扩大的可能，在利用我厂已有的炭膜印刷设备的基础上，引进片状电位器后道部分的设备，为片状电位器生产线设备填平补齐，实现年产5000万只片状电位器的生产规模。

10

69

~~054~~

本项目总投资额1800万元，其中自筹600 万元，贷款1200万元。项目建成后，年出口片状电位器可达3000万只，创汇300万美元。

以上报告，如无不妥，请尽快将本项目转报上级部门批准立项。

附：关于片状电位器扩大出口生产线技术改造项目建议书。

国营八四七〇厂

一九九七年四月十一日

抄报：三明市经委

抄送：三明市机电办产品进出口办公室

71

~~70~~

（29）

三明市经济委员会文件

明经技〔1997〕048号

关于转报国营八四七0厂“片状电位器扩大出口生产线”技改项目建议书的报告

省经贸委、电子工业厅：

我市国营八四七0厂是电子工业部电子元件生产定点厂，为适应市场发展的需要，拟利用原有的炭膜印刷设备，再引进片状电位器后道工序部份生产设备进行填平补齐，开发高新元件，以增强企业的竞争能力和发展后劲，提出了“片状电位器扩大出口生产线”技改项目建议书，该项目概算总投资1800万元（含外汇181万美元），资金来源为：企业自筹600万元、向银行申请贷款1200万元（含外汇181万美元）。项目建成投产后，可年出口片

052

状电位器3000万只，创汇300万美元。

经研究，同意上报，请上级主管部门给予大力支持并审批立项。

附：国营八四七0厂的项目建议书及三明市机电工业局有关该项目的转报文。

三明市经济委员会

一九九七年五月八日

主题词：技改　项目　立项　报告

抄报：省机电进出口办、有关银行

抄送：市机电工业局、环保局、劳动局、职防院、银行等有关单位、八四七0厂，本委有关科室、存档。

69

68

（30）

国营八四七〇厂（ ）

厂字(97)第051号

关于将我厂全部资产上划九州综合商社的报告

三明市国有资产管理局：

为了深化企业改革，加强山海经济协作，发挥各自优势，共同促进经济发展，国营八四七〇厂（即福建无线电元件厂）与福建九州综合商社经过友好协商，并经三明市政府同意，就九州综合商社兼并国营八四七〇厂事宜于一九九七年一月二十七日在厦门签订了兼并合同。

根据兼并合同及三明市政府有关部门与兼并双方的协商，并经三明会计师事务所，三明市资产评估事务所对我厂全厂资产、负债、所有者权益的审计、评估，与三明市国资局对我厂资产评估的确认，现要求将我厂经确认的全部资产、负债、所有者权益上划福建九州综合商社。

以上报告妥否，请批示

国营八四七〇厂

一九九七月九月十二日

97.9.15

抄报：三明市机电局、九州总部

018

（31）

国资局

5

三明市国资局
收文号 188
1997年10月24日

三明市人民政府文件

明政［1997］文 224 号

三明市人民政府关于同意将国营八四七0厂、三明市无线电一厂全部产权并入福建九州综合商社的批复

三明市国资局：

你局明国资(1997)116号请示收悉。鉴于国营八四七0厂和三明市无线电一厂已由福建九州综合商社兼并，同意你局根据《福建省人民政府关于进一步放开搞活国有小型企业若干意见的通知》[闽政(1996)20号]精神和两厂与九州综合商社签订的《兼并合同书》，将国营八四七0厂和三明市无线电一厂的全部国有产权上划给福建九州综合商社有限公司。产权上划后，涉及我市利益的财税体制

6

保留不变。三明市财政局原借给两厂的周转金按原双方签订的合同条款执行。

此复

三明市人民政府

一九九七年十月十四日

主题词：工业　兼并　产权　上划　批复

抄送：省国资局，市委、市人大，市政协办，市财政局、市经委、市机电局、市国税局、市地税局、市人行、福建九州综合商社、国营八四七〇厂、市无线电一厂。

（32）

7

福建省国有资产管理局

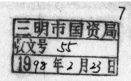

闽国资综（1997）081号

关于同意福建九州综合商社有限公司接收三明市国营八四七О厂、三明市无线电一厂国有资产的通知

三明市国有资产管理局、福建九州综合商社有限公司：

三明市国资局明国资（1997）130号《关于将国营八四七О厂、三明市无线电一厂国有资产上划给福建省国有资产管理局管理的请示》和福建九州综合商社有限公司闽九综（1997）第132号《关于接收三明市国营八四七零厂、三明市无线电一厂、建瓯罐头厂、福建天马集团公司的全部国有资产的申请报告》收悉。同意福建九州综合商社有限公司接收三明市国营8470厂、三明市无线电一厂的全部资产，以一九九六年十二月三十一日为时点，评估确认后总产总额72418084.12元，负债总额52738781.45元，所有者权益19679302.67元，其中土地使用权价值11920637.00元，福建九州综合商社有限公司接收三明市国营8470厂，三明市无线电一厂的全部资产后，应按有关规定办理相关产权变更手续。

8

（此页无正文）

一九九七年十二月九日

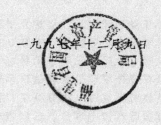

主题词：九州商社　国有资产　接收　通知

抄送：省经贸委、省财政厅、三明市八四七零厂、三明市无线电一厂

签发：李洪荣　　　　　　　　　　校对：占

（33）

国营八四七〇厂（　　）

关于企业流动资金贷款担保问题的请示

九州商社总部：

我厂加盟九州后，征得总部同意继续与三明制药厂作为贷款互保单位，然而，近段三明市工行三元支行提出"该企业９７年效益滑坡，资金信誉评估等级较差，不宜作为我厂担保单位，并提出把原流贷都逐步转由九州股份公司担保"。因为路途较远，办理不便，所以我们曾向三元支行提出希望通融，但经市分行研究后，认定要九州股份公司担保。

我厂现在三明工行三元支行贷流动资金共为1230万元，截止今日由于担保问题影响，已经逾期280万元，为了加速资金周转，减少逾期利息支出，降低成本费用，恳请总部对这一问题给予尽快研究解决。

另外，根据企业的发展情况，考虑到今后有增加贷款的必要，为此，本次上报总担保数为1500万元，在此额度内周转滚动，期限贰年即到1999年12月31日止。以上请示妥否，盼复。

国营八四七〇厂

一九九七年十二月十八日

43

~~049~~

打印5份 陈[illegible] 11/2

第 页

关于企业流动资金贷款担保问题的请示

九州商社总部：

我厂加盟九州后，征得总部同意继续与三明制药厂作为贷款互保单位，然而，工行三明市工行三元支行提出"该企业97年效益滑坡，资金信誉评估等级较差，不宜作为我厂担保单位，并提出把原流贷都逐步转由九州股份公司担保"。因为路途较远，办理不便，所以我们曾向三元支行提出希望通融，但经市分行研究后，认定要九州股份公司担保。

我厂现在三明工行三元支行贷流动资金共为1230万元，截止今日由于担保问题影响，已经逾期280万元，为了加速资金周转，减少逾期利息支出，降低成本费用，恳请总部对这一问题给予尽快研究解决。

另外，根据企业的发展情况，考虑到今后有增

20×15=300格 国营八四七〇厂稿纸

44

第　　页

加贷款的必要，为此，本次上报总担保数为1500万元，在此额度内周转滚动，期限贰年即到1999年12月31日止。以上请示妥否，盼复。

国营四七〇厂

九七年十二月十八日

20×15＝300格　　国营八四七〇厂稿纸

45 ~~051~~

（34）

福建电子元件厂概况

我厂原名：福建无线电元件厂（国营八四七O厂系第二厂名，至今仍沿用）。始建于1970年1月，中型军工企业。1972年从三明迁厂到泰宁，1987年又从泰宁迁回三明。为扩大电子元件生产规模，先后于1985年、1988年、1993年进行了技术改造，生产经营也一度相当"红火"。历史最高水平的1994年工业产值达6340万元/年、销售收入 3534万元/年、实现利税382万元/年。仅从1988年至1996 年九年内，就完成工业产值、销售收入和实现税利分别为3.15亿元、2.06亿元和2356万元。客观地说，建厂三十余年，我厂确实为国防建设和当地的经济发展做出过应有的贡献。

电子企业一直是处于极其激烈的市场竞争之中的。随着市场经济体制改革的一步步深化，我厂转轨变型并不到位，不能适应从传统的计划经济体制加速向市场经济体制的转变，在泛舟"大海"中，不进则退了。

1996年的股份合作制试点改革，由于多数职工缺乏思想准备，且交不起入股款；恰在此时福建九州集团来三明寻求兼并国企。在主管部门的协调及三明市政府的准许下，1997年初，我厂与原三明市无线电一厂同时签约接受了九州集团的兼并。1997年10月，两厂的国有资产正式由三明市国资局核转省国资局并授权福建九州综合商社主管。三明市工商部门注销了这两厂的营业执照，同时注册登记了"福建电子元件厂"。该企业法人继续在原址——三明市三元区从事电子产品生产经营。据福建九州集团闽九集字(1997)第67号批复："把两厂进行合并，七O厂从属于总部领导，一厂则直接从属于七O厂，并直接服从七O厂的人、财、物等各方面的管理及对口业务指导。”

但由于企业在进行高负债的技术改造后，未能及时拓开相应的产品市场，使新增的生产能力几乎处于闲置状态；又因为前几年亚洲金融危机，对我厂电子元件的出口市场造成巨大冲击，再加上九州商社前几年的运行方式、内部经营管理问题，以及企业历史包袱沉重等诸多因素，造成了生产急剧下滑，累计1280余万元的应收帐款无法收回，企业连年亏损，负债一年比一年重，并且大量拖欠职工的工资、医疗费、劳保费用和社保应缴款。目前，企业已严重资不抵债，到了连简单再生产都难以为继的地步。

企业的资产负债情况(另附)

企业占地总面积38166平方米，其中工业用地面积为29319平方米。现有在册职工720人，其中：全民固定工405人、合同工(含混岗集体工)69人、家属工43人；此中包括的离退休人员203人，其中离休干部5人，1949年10月以前参加工作的退休人员5人。

福建电子元件厂

二OOO年七月六日

07

（35）

福建电子元件厂文件

(8470)厂字[2000]14号 7.24

关于申请福建电子元件厂（国营八四七〇厂）实施政策性破产的请示

三明市机械电子工业局：

福建电子元件厂（国营八四七〇厂）由于历史包袱沉重、负债技改拖累、经营管理和市场变化等主客观原因，导致连年亏损、积重难返，无力扭亏脱困、严重资不抵债。二〇〇〇年七月二十四日召开的厂第六届五次职工代表大会，已审议并原则同意《福建电子元件厂（国营八四七〇厂）破产预案》，并通过了同意企业申请实施政策性破产的决议，同时提出了要求上级主管部门和政府重视、解决的意见与建议。

今年是中央提出的实现国有企业三年解困目标的最后一年，为了使我厂这一特困的军工国有企业得以解脱困境，为寻求依法保护债权人、债务人以及企业职工合法权益的有效途径，现正式提出对福建电子元件厂实施政策性破产的申请，妥否，请批复。

附：1. 福建电子元件厂概况；

2. 福建电子元件厂(国营八四七〇厂)破产预案；

3. 国营八四七〇厂六届五次职代会决议（附职工代表意见和建议）；

4. 资产负债表。

福建电子元件厂

二〇〇〇年七月二十五日

抄报：三明市经委、市国资局、市优化办，
福建九州综合商社

（36）

三明市机械电子工业局文件

明机电[2001]26号

关于同意福建电子元件厂实施破产的批复

福建电子元件厂：

你厂《关于申请福建电子元件厂（含三明市无线电一厂）实施破产的请示》收悉，现批复如下：

福建电子元件厂由于负债技改，经营管理不善，导致连年亏损和严重资不抵债，已于2000年6月全部停产。根据《中华人民共和国破产法（试行）》、三明市工业企业改革领导小组8月13日会议纪要（[2001]8号）以及福建九州综合商社有限公司与三明市机械电子工业局签订的《关于委托处置福建电子元件厂和三明市无线电一厂的协议书》，同意福建电子元件厂（含三明市无线电一厂）实施破产，请依法向法院提出申请。

此复。

二〇〇一年八月二十一日

抄　报：叶市长、张志南副市长、许葆立副秘书长

抄　送：市中级人民法院、市经委、财政局、劳动局、土地局、国资局、有关银行、九州综合商社

47

~~43~~

三、三明印染厂档案

（1）

20 12

解放思想、开动机器、同心同德、共奔四化

——福建省三明印染厂一九七九年工作情况汇报

一九七九年是全党工作着重点转移到社会主义现代化建设上来的第一年，也是全厂职工为把我厂办成大庆式企业而同心协力，苦干实干，不断前进的一年。

一年来，在党的十一届三中、四中全会和五届人大二次会议精神的指引下，在上级主管部门关怀指导和厂党委的领导下，我们以生产为中心，以优质、高产、低耗、安全为重点，深入开展了增产节约的社会主义劳动竞赛，狠抓涤棉生产线的扩建，狠抓企业管理，大搞技术革新和技术教育，取得了显著成果。到十月十九日止，提前七十三天超额完成全年国家生产计划。八项技术经济指标除成本外，大部分别达到"三超"的要求。即：超过今年计划，超过去年实际水平，超过本厂历史最好水平。在部颁大庆式印染企业七项质量和消耗标准中，有六项超过了部颁标准。在完成生产任务的同时，基本完成一千万米涤棉生产线的扩建任务。

汇报分三个部份：

一、八项技术经济指标完成情况。

二、围绕生产中心进行的几项主要工作。

三、存在问题，改进措施和明年工作的初步打算。

一、八项技术经济指标完成情况：

1、产量

一九七九年计划5070万米。已于十月十九日提前七十三天超额完成。今年预计可以完成5770万米，比计划增长13·8%，比去年4630·82万米增长24·62%，再创本厂历史最好水平。为了多做贡献，还为本省和外省加工423万米。

2. 品种

根据省纺织工业公司下达的大类品种计划全部超额完成。其中重点考核的品种指标有二个。

(1) 涤/棉卡其。年计划120万米，预计完成147·9万米，比计划增长23·26%。

(2) 印花布。年计划800万米，预计完成879万米，比计划增长9·89%，比去年573·71万米（历史最好水平）增长53·44%。

3. 质量

全国印染行业主要质量指标共有四个。

(1) 印染布入库一等品率。年计划92%，预计达到97·8%，比去年96·30%提高1·55%，再创本厂历史最好水平，比大庆式印染企业水平91·37%提高6·60%。

(2) 涤棉入库一等品率。年计划88%，预计达到94·5%，比去年93·39%增长1·11%，比大庆式印染企业水平88%提高7·39%。

(3) 印染布缩水合格率。年计划95%，预计完成95·4%，比计划提高0·4%。

(4) 印染布漏验率。年计划3%，预计达到1·94%，比去年2·3%下降15·66%，已超过大庆式印染企业水平3%的要求。

4. 消耗：全国印染行业主要考核指标也有三项。

(1) 百米耗煤量。年计划35公斤，预计达到31·5公斤，比计划下降10%，已超过大庆式印染企业的标准（35公斤）。

(2) 百米耗电量。年计划5度，预计消耗4·8度，比去年4·82度下降0·4%。

(3) 百米耗碱量。年计划1·2公斤，预计消耗1·06公斤，比大庆式印染企业标准1·2公斤降低11·66%。

5. 全员劳动生产率。

年计划70000元/人。预计达到84000元/人。比去年66200元/人增长26·8%。

6. 可比产品成本降低率

预计上升0·8%，主要原因是为了保证产品质量，轧液率提高6%，部份染化料价格提高及管理费用增加了。

7. 利润总额：

年计划940万元，预计达到1100万元，比去年921万元增长19·4%，再创本厂历史最好水平。

8. 百元产值占用流动资金：

年计划14元，预计完成14元。(今年纺织厂超产比较多，我们的库存量也比较大，染化料、燃料也库存比较多)

一九七九年工业总产值计划6000万元，预计完成7400万元，比去年5922万元增长24·96%。

总之，一九七九年是我厂历史上完成各项技术经济指标较好的一年。

二 围绕生产中心我们所作的几项工作

党的十一大以来，特别是党的十一届三中全会，确定了我们党的"安定团结，稳定局势，解放思想，鼓足干劲，加速社会主义现代化建设"的政治路线，确定了从今年起，全党工作着重点转移到社会主义现代化建设上来。为了贯彻执行党的这条政治路线，今年我们围绕生产中心，进行了如下九项主要工作：

1. 大力宣传三中、四中全会精神：

为了使党在新时期的路线深入人心，我们利用广播、专栏、标语、大会、小会等各种形式，各种宣传工具，在全厂职工中，大力宣传党的三中、四中全会和五届人大二次会议精神，宣传党的政治路线和思想路线，

—53—

坚持四项基本原则，广泛进行法制教育，宣传国民经济调整、改革、整顿提高的八字方针，宣传党的允许百分之十的农民、百分之二十的职工先富裕起来的政策。把搞好生产和扩建作为全厂的中心任务。同时，按照客观经济规律办事，在加强思想政治工作的前提下，认真贯彻执行按劳分配原则，把行政手段和经济手段结合起来，从而提前七十三天完成国家生产计划，实现了超产再超产。

三中全会确定，看一个企业的党委善不善于领导，领导的好不好，主要看它：实行了先进的管理方法没有，技术革新进行的怎么样，劳动生产率提高了多少，利润增长了多少，劳动者的个人收入和集体福利增加了多少。按照这五条来检查我们的工作，可以说，我们基本上是做的好的，生产发展了，国家、企业和个人的利益都有较大的增长。今年上缴利润可达1004万元，比去年增长25万元，我们试点企业可留成66万元，是去年的两倍半（今年的留成包括生产发展基金）。职工的个人收入除基本工资外，奖金加补贴，每人平均要增加近二百元，今年职工个人的每月平均收入达到六十二元以上。

2. 切实落实党的政策，大胆地纠正冤、假、错案。

今年6月份，我厂为曾被立案审查的三十一位同志，受到批判、斗争冲击的四十一位同志和二位被错划为右派的同志，共七十四位同志平反、昭雪、恢复名誉。并按照党的政策，相应地解决了他们的工作安排和补发工资等各种实际问题，从而团结了一切可以团结的力量，调动一切积极因素，促进了安定团结、促进了生产的发展。

3. 加强党、团的思想建设、组织建设，加强职工队伍的技术培训。

在党内除了采取脱产的短期轮训班方式，组织全体党员和干部认真学习党的三中、四中全会和五届人大二次会议精神和叶付主席在国庆卅周年庆祝大会上的讲话，进行党的思想路线和政治路线的教育外，还利用业余时间，采取上党课的形式，逐条地进行了党的十二条生活准则的教育，健全党员的正常民主生活，提高了党的战斗力。同时注意发展经过实际锻炼的新老积极分子入党，壮大了党的队伍，今年我厂共发展新党员２０名。并提拔了一批懂生产、懂技术的领导干部和技术人员及企业管理骨干，其中付厂长一名，正、付工程师三名，会计师一名。在思想整顿的基础上十一月份各党支部进行了改选，十二月中旬又召开了我厂第一次党员代表大会，总结了首届党委成立九年多来的工作，并充分发扬了民主，选举产生了我厂第二届党委。第二届党委十一名委员中有五名工程技术人员，有力地加强了生产第一线的领导力量。在抓党的建设的同时，团的工作也取得一定的成绩，染色车间团支部组织了学雷锋小组，一年多来，不管平时工作再忙，每逢厂里开大会，都坚持抽出业余时间帮助工会打扫会场，全年打扫五十二次。今年全厂共发展新团员17名，评选新长征突击手标兵1名，突击手5名。

在抓职工文化教育和技术培训方面，今年也有新的发展，脱产技工学校和业余技工学校各增加了一个新班级，并增设了政治经济学和企业管理学专题知识讲座的新课程。党委主要负责同志、技术厂长和计划、技术、财务科的主要负责同志亲自给学员们讲课。明年七月份开始，每年将有２０余名学生毕业，充实技术和管理力量。

４、发动群众，继续开展工业学大庆，创办大庆式企业的群众运动

在学大庆，创办大庆式企业的群众运动中，我们克服、纠正了以往一些形式主义的做法，把大力开展增产节约和提高产品质量，增加花色品种以及技术革新作重点。今年，我们坚持了以厂长、付厂长、生产部门中层领导为主的跟班调度制度。同时，加强了工艺技术条件的检查，初步克服了过去没数据、相互扯皮、问题拖而不解决的现象，工艺上车率正在逐步提高。技术科还组织设计人员进行调研，征求商业部门和广大消费者的意见，设计适销对路的花布。今年参加定产会议染色布样共有７０块，不同花型的花布纸样和布样１２０只（包括有６００个色位），这对今年

25

花色品种的扩大起了保证作用。同时，今年我们还准行了全面质量管理的试点工作，在全厂技术管理干部中上了三次课，目前正以漂练车间为主进行全面试点。

在增产节约运动中，各车间、各部门开展节约一斤煤、一度电、一寸布、一滴碱、一滴油、一滴浆的活动，使燃料、动力消耗均有所下降。据初步估计，今年全厂节约各种原材料及各种费用达11万元。全厂评出增产节约先进车间、科室4个，增产节约小组31个。例如：漂练车间、整装车间回收回用麻绳47741斤，价值两万八千多元，回收铺包纸121361张，价值一千六百多元。染色车间2号轧染机操作工在调换品种时，把悬浮体轧槽内沉积的染料刮起来一年来共收集各种士林染料53公斤。他们利用空余时间把16只红外线金属网修补好再使用，又为国家节约459元。印花车间机印操作工充分利用废浆达9200升。机动车间在保证供汽、供电、供水，搞好设备日常维修，维持正常生产的前提下，今年还自力更生安装了涤棉生产线的大部份主要设备和辅助设备，为厂里节约12万元的安装费用。全车间今年义务加班达2723人次，6169个工时。供销科在原材料不足的情况下，千方百计找米下锅。年初为了满足草绿品种的生产，供销人员到江西、浙江、上海、江苏、山东等兄弟地区、兄弟厂求援，争取货源，满足生产，满足市场需要。同时，加强了运输管理和煤炭等物质的管理。计划科在坯布供应不足的情况下，合理搭配品种，加强计划调度，保证了生产的正常进行，为今年多超产创造了有利条件。技术部门为发展涤富新品种，积极做好工艺技术方面的准备工作，使这个品种的产量在试产第一年就达400万元左右。为了提高"涤卡"产品质量，技术部门为树脂整理上马做了大量工作，并自己合成"二D"树脂，从今年十月份起出厂的"涤卡"全部实行树脂整理工艺。财务部门及时正确反映生产经营情况，并就掌握和了解的数据提供领导参考，当好参谋，出好点子，

26 15

并以搞核算促进生产，为增产增利争取外加工任务，例如在接受江西200万米加工任务中，协同计划科用算帐的办法，以兼顾双方利益为原则做成了生意。为江西的加工共得到20万元利润。

科研室在研究推广水煤气远红外干燥基本成功，为树脂整理预烘提供一种新形式的热源，保证树脂整理的上马。他们还在锅炉间推广应用"电磁分离器"，能除去煤中的铁性杂质，从而减少破碎机的磨损，减少结焦的可能。在治理三废中，利用废碱进行煤气脱硫，以废治废取得成功，即减轻管道设备腐蚀，减少车间空气污染，又节省自来水。在污水处理试验中完成生化处理的中型试验，并着手进行接触氧化法处理污水的试验。

今年来，我厂技术人员深入车间，深入生产第一线解决生产中的各种技术问题，有效促进了生产。例如：热定型机最近出现了異常故障，使车速只能在30米／分左右，影响年底加工任务的完成。经过技术人员认真观察研究，从理论上分析根源，及时排除了故障，使车速由30米／分恢复到原车速40米／分，每天多争回产量一万多米，保证了我厂生产任务和兄弟厂的加工任务的完成。

5. 进行扩大企业经营管理自主权的试点和清产核资工作

在地委工作组的帮助下，我们从十月份开始进行扩大企业经营管理自主权的试点和清产核资工作，二个多月来的试点工作，已经取得一定成果。由于财权的扩大，促进了全厂职工提前十到十五天完成大检修任务，在实现了超产四百万米的任务之后，接着再超产四百万米至五百万米，通过这次清产，比较彻底地摸清了家底，特别是供销科，在人手少，时间紧，任务重，困难大的情况下，搬动了二大仓库物资（坯布库、五金库），完成了1500多吨物资的搬迁清点任务，并使仓库物资堆放条理化，基本达到帐货相符，个别不符的也能查明原因，落实清楚，这为核定资金打下了良好的基础。

6. 抓扩建，一千万米涤棉生产线已逐步形成生产能力

27

在土建方面，已完成汽车库、电工间603平方米，新烧毛车房288平方米，钢材仓库200平方米，烧碱房240平方米，特钢改为棉布仓库3888平方米，职工宿舍23幢已砌五层，24、25各一层，以及简易房屋144平方米等等，其土建面积达5219平方米，土建金额26万元。

设备安装方面，在机动车间和有关部门的积极努力下，涤棉生产线全部廿一台专业设备，除预缩机外，已基本安装完成。并对74型新设备的复杂电气线路的调试进行研究，改变了一些原设计制造上不合理的部份，有力促进了这批新设备在较短时间内都达到空车试车成功，新宽幅丝光机已正常投产，其他新设备也正在试车和逐步投产。这些设备的总金额为195万元，即将转入固定资产。总之，一千万米涤棉生产线已基本形成生产能力。

7. 抓安全生产整改工作

去年，我厂在安全生产方面抓得不够，全年一共发生大小事故七十三起。今年厂部把安全生产提到议事日程，着手抓整改，厂部和车间分别建立安全生产领导小组；各小组设立安全员，厂部、车间每月定期召开一次安全生产会议，建立防护设备维修制度，对新工人实行三级安全教育，并订出安全生产奖惩制度，基本上做到了事故原因不查清不放过，防护措施不落实不放过，群众没有受到教育不放过。因此全年工伤只发生6起，比去年降低89%，因工伤造成损失工作日424日，比去年降低64.3%而且出现了全年无事故车间——整装车间。

8. 关心职工生活

要调动人的积极因素，努力把生产搞上去，就必须关心群众生活。

在当前付食品供应还比较紧张的情况下，我们坚持办好农场，努力改善职工生活，今年农场供应食堂菜猪90头，毛重达18178斤，平均每头206.9斤，每个职工平均吃肉14斤；农场又利用征用的污水处

28/6

理场地种了四亩水稻，收稻谷2,964斤；地瓜500斤，蔬菜38447斤，鱼池养鱼捕获鲜鱼4361斤，全厂职工平均每人4斤多。

为了改善职工的住房条件，今年对57户的老房子进行内粉刷。在第20幢、第23幢建造了32只水斗，改善了这二幢住户的用水，同时自己组织材料，利用废旧料，建造了48间柴火房和九户简易平房，以解决青年职工结婚用房的燃眉之急。

今年我们的食堂在货源十分紧张的情况下，积极组织货源，保证食堂供应，尽量增加花色品种，每天新增加点心供应。粮食管理工作也做得比较细，被市里誉为先进单位。

我们的医务室不单治病，而且在防病方面采取许多积极措施，今年为职工注射预防疫苗达771人次，用滴必太点鼻达10860人次，还用菊花茶预防乙形脑炎，设立肠道门诊室，有效地防止了2号病的传入，这些预防工作深受职工的好评。在抓好晚婚和计划生育方面，也做了大量工作，今年初婚女青年26人，男青年19人中无早婚，我厂连续三年无密胎，连续6年无三胎，全厂30人领取独生子女证一胎结扎有3人，79年又被评为三明市计划生育先进单位。托儿所的幼教质量也有显著提高，并为儿童增设午餐，供应牛奶，使孩子的家长安心生产，解除后顾之忧。今年还建立了一支由[illegible]组成的卫生队伍，改善了厂区和生活区的卫生条件。

为了改善职工文艺生活，今年我厂新增添一架彩色电视机和一架黑白电视机，并组织了一支业余电视放映组为全厂职工服务。

9. 用经济手段管理经济

为了落实按劳分配的原则，调动人的积极因素，用经济手段管理经济是一项行之有效的办法。今年我们先后多次改革奖励办法，对促进生产发挥了巨大的作用。实行了综合奖励制度，全厂的出勤率显著提高，今年满勤人数由去年的157人，提高到今年的338人汽车驾驶班实行了按车次计奖

29

办法后，运输效率大大提高，到火车站运煤由过去的每天4～5车，提高到十一、十二车，甚至超过十五车之多。印花机印实行以质量为主的计奖办法之后，一等品率平均达98·7%，其中八月份达到99·4%；锅炉实行以不结焦为主的计奖办法，使过去每月3～5次的结焦减少为1～2次；车刨组今年二月实行估工记时得奖制度，也大大提高了工作效率，调动了积极性。在大检修中采用的包干计奖制后，大大缩短了检修时间，原计划40天，结果25天就基本完成，提前15天投产。

三 存在问题，改进措施和明年的打算

一年来，在党中央的英明领导下，在上级党组织的关怀下，我们在工作中取得了一定的成绩，但距离党和人民对我们的要求，还有很大的距离，不少问题摆在我们面前，急需解决。归纳起来，主要有以下几个方面：

1. 在经济核算方面，还没有全部落实到基层，虽然产质量和煤电消耗指标和部份低值易耗指标已经下达到各车间机台，但是车间的独立核算，单位产品成本核算等都还没有搞，在一定程度上还存在吃大锅饭的现象。

2. 在管理方面，还比较薄弱，还没有形成一整套行之有效的办法。不少管理工作还不落实，在用经济手段管理经济方面，不少同志还心有余悸。

3. 政治思想工作还不够细致，打架、偷窃的歪风还时有出现。另外在实行物质奖励工作中，平均主义的倾向，单纯追求物质奖励的倾向都还不同程度的存在。

针对以上问题，拟采取以下整改措施。

1. 进一步健全车间、机台、班组考核指标，在已经落实的煤、电、低值易耗品消耗指标的基础上，逐步建立百米产品染化料的消耗指标，进行单位产品成本核算，进一步搞好机台、工种定员。如：机修车间车刨组的工时定额制度，设备保养的包干负责制。

2. 加强干部的经济学和管理学的培养和教育，大胆实践，不断总结

30 X7

按经济规律办事的经验教训。切实进行扩大企业经营管理自主权的试点，不断完善奖励制度，一切以数据说话，改评奖为计奖。

3. 基建方面要积极做好第二期扩建的扫尾工作，新增设备要逐步正常开出，尽快投入生产，形成生产能力。要抓紧污水处理、职工宿舍等在建工程的施工进度。同时印花机厂房、煤气炉房、煤气柜和食堂兼会场等工程要抓紧落实资金、材料、图纸和施工力量尽快投入施工。另外要积极做好第三期扩建（即纺织部安排的1000万米树脂整理技措项目）的准备工作。

4. 继续以抓好生产为中心，在试点的基础上，广泛推行全面质量管理，进一步明确制订各工序工种的质量标准，提高工艺上车率，加强抽查和半制品质量检查，在保证超产的基础上，不断提高产品实物质量水平。堵塞漏洞，降低消耗，保证完成产品成本指标。同时要继续努力发展品种，今年要重点做好富维混纺织物和涤粘中长纤维织物的试产工作和涤棉热熔染色的正常投产。

5. 认真贯彻中央90号文件，加强法制宣传，采取有效措施，打击不正之风，进一步巩固和发展安定团结的政治局面，教育全厂职工做解放思想的促进派，做安定团结的促进派，做实现四化的促进派。并采取切实有效的行政措施和经济手段，消除动乱因素，消除不安定、不团结的因素，同时坚持四项基本原则，切实加强党的领导，不论在党内党外，既要民主也要集中，在某些方面更要集中，既要自由，也要纪律，在某些方面更要纪律，既要个人心情舒畅，也要统一的意志，在某些方面更要统一的意志。

6. 全厂各个方面的工作都要围绕我厂第一次党代会向全厂党员、职工提出的今后二、三年内的奋斗的主要目标来进行、来奋斗。这就是：

(1) 力争在一九八一年内，实现厂党委提出的"苦干实干二、三年，生产能力翻一番"的目标，年产量突破八千万米，年产值突破一亿元，税收利润额突破二千万元，并创造一、二个优良产品，争取出口。

31

(2) 力争在一九八一年内实现：职工的住房每人八平方以上，生活区实现煤气化，职工的月平均收入（包括奖金和补贴在内）达八十元以上，符合招工条件的职工子女全部就业，到一九八三年职工个人的月平均收入达到一百元，实现邓付主席在三中全会上提出的目标。

为了实现上述目标，我们在一九八〇年争取印染布达5700万米，比七九年实际完成增长8·19%，产值争取8000万元，比七九年增长5·1%，利润争取1140万元，比七九年预计完成数增长5·55%。在技术上，推广快速树脂整理，提高涤/棉织物"滑、挺、爽"风格，改善起毛起球质量问题。采取均匀轧车，提高染色均匀度，减少涤/棉印染布色差斑点，提高实物质量水平。

总之，在新的一年里，我们要继续抓紧抓好生产这个中心任务，要同心同德，聚精会神地抓。凡是干扰这个中心任务的，我们都要反对，都要抵制。为了集中精力抓生产、搞四化，当前在思想上、政治上，主要还是要继续解放思想，发扬民主，批判林彪"四人帮"的极左路线，肃清它的流毒和影响。同时，必须坚持集中，加强纪律，开展法制教育，坚决反对无政府主义、极端个人主义和自由化的倾向，维护和发展安定团结的政治局面，齐心协力把生产搞好，把四化建设推向前进。

以上报告如有错误和不妥之处，请批评指正。

一九七九年十二月二十七日

（2）

地区轻工局

印李燕元同志阅。27

1979.2.31.

三明印染厂一九七九年上半年大庆式企业自检情况

三明地区工交办、大庆办：

遵照省经委大庆办关于一九七九年上半年大庆式企业自检的通知精神，我厂七月上旬在各班组、各车间、各科室进行半年工作情况总结的基础上，七月十五日召开厂首居职工代表大会第四次会议，检查总结上半年工业学大庆情况。职工代表首先听取了付厂长付春莲同志代表厂部作关于上半年工作生产情况的报告。在报告中，首先汇报了上半年八大经济技术指标完成情况，并回顾了上半年厂党委和厂部抓的几项主要工作：一狠抓三中全会和四月中央工作会议精神的宣传、贯彻和落实，做好工作着重点的转移；二 落实党的政策，调动一切积极因素；三 用经济手段促进企业管理；四 努力提高产品质量，增加花色品种；五 加强职工技术培训，提高操作水平。汇报后，各车间代表分组讨论，按照大庆式企业新的六条标准检查我厂半年来的工作情况。下午，由主席团成员叶清庚同志，向全体代表汇报各组讨论的情况。最后，由党委负责同志闪福香同志讲话，对下半年深入开展工业学大庆和增产节约运动提出了要求。号召全厂职工，为实现今年增产节约规划，为把我厂办成大庆式企业，同心同德，继续努力。全体代表一致认为，付春莲同志代表厂部所作的工作报告是实事求是的。我厂上半年各方面的任务完成是比较好的，成绩是比较显著的。在生产上，完成的产量是历史的最好水平，6月份首创平均日产25万米，月产646万米的新记录，质量也是创历史最好水平，品种按计划及时供应市场，特别是富棉（T）新产品适销对路，从福州、沙县、永安、三明等地的展销情况看，该产品是深受消费者欢迎的。沙县展销一天的营业额达二万多元，三明展销第一天，五个柜台营业额也达二万多元，有五位消费者为了购买该产品相继被挤昏倒。在原材料消耗上，三项考核指标有两项降低率超过部颁大庆式企业标准，一项接近部颁大庆式企业标准。全员劳

·1·

51

动生产率比去年同期也有较大幅度的增长，产品的利润率上半年平均达17·68元/百米。机动车间在保证正常生产的情况下，自力更生，基本完成第二期扩建的涤棉车间主要新设备的安装任务。厂部还狠抓了去年我厂安全生产的薄弱环节，采取了思想教育和必要经济措施，使上半年工伤事故大大减少，1～6月份只发生了四起较小的工伤事故，比去年同期发生的五十五起工伤事故减少了百分九十三。各部门工作正转移到以生产为中心的轨道上来，绝大多数职工都能坚持岗位，对歪风邪气和不良倾向敢管敢抓，全厂出现安定团结，正气上升。代表们对今年把我厂创办成大庆式企业有充分的信心。

我厂上半年虽然取得显著成绩，但是也存在不少问题。上半年在八大经济技术指标中，成本指标没有完成，代表们分析了成本指标没有完成虽然有客观的原因，也有主观原因。为了使厂里下半年能向更高标准迈进，代表们对厂部提出如下意见和要求：

1. 在生产管理上考核不够严密，漏洞还比较多，应由一级核算过度到二级核算，克服吃大锅饭现象。

2. 各部门的岗位责任制和各车间的工艺操作规程虽然建立起来，但是有的职工没有严格执行工艺操作规程，影响产品的质量。班组管理还要在去年整顿的基础上，继续巩固加強。

3. 设备档案管理方面，要求台台设备建立档案，设备出了事故及时分析原因，并引以为戒。

4. 生活管理上，要求行政科着重抓一下食堂管理和生活区的管理，把食堂卫生搞得好一点，增加花色品种，生活区要下决心狠抓一下煤灰的污染问题。

代表们认为：要把厂办成大庆式企业，下半年要把增产节约当作中心任务来抓，下半年保证提前二个月完成全年生产计划，争取超产600万印染布；要坚持质量第一的原则，把23×21纳夫妥大红布，23×21

5-2 28

纳夫妥浆布，２３×21　１９０士林，３２×３６印花纱夫绸作为赶超国内先进水平的产品。要组织职工算细帐，挖潜力，献计策，订措施，发扬一厘钱精神，节约一度电、一斤煤、一寸布、一滴浆、一滴碱、一滴油一滴水。使下半年的生产成本有显著下降。

代表们表示，要把年终检查作为一个加油站，把会议精神落实到行动中去，争取早日把厂创办成大庆式企业。

三明印染厂

1979·7·28

附件：1. 八大经济技术指标完成情况

~~2. 上半年工作总结~~

抄报：省经委大庆办、省轻工业局办公室、政治处，大庆办；

省纺织公司；地委办公室；地区轻工业局。

三明印染厂一九七九年上半年八大指标完成情况

指标项目	计量单位	大庆式企业部颁标准	全年计划	上半年实际完成情况	去年同期完成情况	上半年完成年度计划 %	上半年比去年同期水平比较增减 %
1.印染布产量	万米		6070	3098·40	2004·25	61·11	+ 54·59
2.主要品种							
(1) T/C	万米		120	68·41	63·34	57	+ 8
(2) 印花布	〃		800	502·98	241·29	62·87	+108·52
3.质量							
(1) 印染布入库一等品率	%	92	92	97·73	95·4		+ 2·44
(2) 印染布缩水合格率	%	98	98	99·06	99·53		− 0·48
(3) 印染布漏验率	%	3	3	1·84	2·42		降低24
4.消耗							
(1) 百米耗煤量	公斤/百米	35	35	32·25	30·35		提高 6·26
(2) 百米耗电量	度/百米		5	4·71	5·14		降低 8·3
(3) 百米耗碱量	公斤/百米	1·2	1·2	1·10	1·17		降低 6%
5.全员劳动生产率	元/人		70000	44184	38252	63·21	+ 15·61
6.可比产品成本降低率	%		−1·43	−0·67			
7.利润总额	万元		873·5	553·80	557·39	63·4	− 0·64
8.百元产值占用流动资金	元		14	13·27	11·53		超 15·10
附工业总产值（70年不变价）	万元		6000	3768·87	3288·20	62·81	+ 14·61

（3）

54 30

加強职工技术培训工作，提高操作水平

——三明印染厂关于开展职工技术教育的情况汇报

为了适应生产发展的需要，近年来，我厂在对职工进行技术教育方面做了一些工作，现简要汇报如下：

一、技术教育的形式

我厂进行技术教育归纳起来共有六种形式：①开办脱产技工学校；②开办职工业余技术学校；③分车间举办短期专题训练班；④开展科普讲座⑤分机台进行操作练兵；⑥对新工人进行技术考核。这六种形式，各有特点，交叉进行，都收到了较好的效果。

1. 开办脱产技工学校。

一九七八年夏天我厂通过自愿报名，文化考核，根据择优入取的原则，在青年工人中挑选了２０名，具有真正初中以上文化程度，作风正派，好学上进的青年，办起了技工学校。后来福州印染厂又送来两名学员，因此第一批学员共２２名。技校系二年制专科学校，根据理论与实践相结合的原则，安排每周劳动一天，其余五天为每天上午四节课，下午及晚上复习、做作业并预习第二天的课程。根据学以致用的原则，二年内计划安排《数学》、《物理》、《基础化学》、《有机染料化学》、《英语》、《工业分析》、《电工》、《制图》、《染整工艺学》（包括漂炼、染色、印花、雕刻、整装）等十三门主要课程，在上专业课之前，安排一个月认识实习，在毕业之前，安排４～５个月的毕业实习、毕业设计和毕业鉴定，全部授课时间为１７０２学时。具体教学月历进度见附表一。

2. 开办职工业余技术学校

今年二月，我厂在开办脱产技工学校之后，为满足广大职工迫切要求学习技术知识的愿望，又开办了职工业余技术学校，共招收６５名学员。

55

业余技校每周上三次课，每次二个学时。早夜班和常日班安排在厂星期一三、五晚上，中班安排在当天上午。也是两年毕业，开设《基础化学》、《英语》、《制图》、《电工》、《漂炼》、《染色》、《印花》、《雕刻》、《整装》等九门课程。全部授课时间为600学时，具体教学月历进度见附表二。

3. 分车间举办专题训练班。

例如机修车间办的制图读图训练班和成品车间办的质量标准学习班等。这种形式由于学习内容和本人实际工作密切相关，学员容易理解和掌握所学的专题知识，而且学了马上就能用，故效果比较显著。

4. 开展科普讲座。

从去年八月份起，我们每隔1～2个月就安排一次科普讲座。讲座内容有科普常识如“水”、“电”等，也有专题知识如“红外线”“印染工艺自控”“环境保护”等。至今已讲了六次群众反映很好。

5. 分机台进行技术练兵。

去年以来各车间主要机台都普遍开展了这项活动，有集体操作，也有个人操作。如我厂2号连续轧染机包括挡车、中车、前后车和化料，每班共七人。在练兵时，三个班全部到场，一个班操作，二个班看。从穿导带开始，一直到整台连续轧染机各单元正常安全开出，看谁的速度快，谁的操作正确，谁前后呼应、相互配合好。在操作练兵时还邀请兄弟车间的同志参加，练兵后，立即进行讲评，在肯定成绩的基础上指出存在的问题。通过练兵，对集体和个人都有促进作用。

6. 进行技术考核。

过去新工人学徒期满，不管是否掌握必要的技术知识，一律转正。这样不能促进新工人学习技术。去年我们改变了这种做法。对全厂173个学徒期满的青年工人进行了一次技术考核，用笔试和口试的方式考核理论知识、操作知识和安全知识，用独立操作的方式考核操作技术，提前两个

56 31

月通知，大家非常紧张，积极进行准备，有的同志反映说二个月中学到的东西比两年还多。考核结果，有一个艺徒不但理论知识掌握较好，而且操作技术超过一般水平，转正后，又考虑列入去年百分之二升级面，当年再升一级。还有一个青工本来还有半年才能定级，由于考核成绩较好，就提前半年定级。而另外一个人不但考核成绩很差，而且平时表现不好，决定延期三个月转正。实践证明，这样做的结果有力地推动了广大职工学习技术。

除了以上六种技术教育形式外，我们还在干部中采取了定期学习生产业务的制度，每隔一周抽出半天时间学习生产业务，用讲课的形式介绍印染生产工艺知识。书记、厂长带头，许多中层干部都积极参加。

二 开展技术教育中的几个具体问题。

开展技术教育必须解决好以下几个具体问题，①组织领导问题；②师资问题；③教材问题；④学员待遇问题。现将我厂的做法介绍如下：

1. 组织领导问题。

我们认为这是一个非常重要的问题，因为开展技术教育，提高职工技术水平是工厂为实现四个现代化所必须做的一项重要而具体的工作。首先厂党委应该重视，应该落实专人来抓，我厂明确分工由一名常委付厂长抓这项工作，下面除脱产技工学校单独设立机构外，职工业余技术学校由工会负责，科普讲座由科技研究室负责，各车间专题讲座由各车间和技术科负责，操作练兵，技术考核由技术科、劳工科和有关车间负责。

2. 师资问题。

这是一个比较麻烦的问题。不知是否由于四人帮的流毒尚未完全肃清许多技术干部都不愿担任教师，我们化了很大力气才落实了五名专职教师。技工学校有十三门课，加上夜校九门课，虽然有些课程技校和夜校是重复的，但五名教师总是不行。为了解决这个问题，我们采取了聘请兼职教师的办法。目前我厂技校和夜校共聘请六名兼职教师，基础课大部份由专

17

职教师担任，基础技术课全部由兼职教师担任，即将开课的专业课也准备聘请兼职教师担任。我们聘请的兼职教师除《英语》课是三明二中的教师外，其余都是本厂的工程技术人员。对于兼职教师，我们全部按中央和省有关规定发给兼课酬金，要求兼课教师在完成本职工作的前题下，充分利用业余时间进行备课、批改作业等教学业务工作。

3. 教材问题。

这也是一个麻烦问题，因为工厂办学必须结合实际，很难找到现成的完全适合的教材，为了解决这个问题，我们编了一本《印染专业基础化学》但上册完成后，下册一直抽不出时间去完成，因此基础课目前大部份仍选用全国通用教材，基础技术课和专业课部份用通用教材，部份用上海纺院、纺专和上海印染公司编的教材。

4. 学员待遇问题。

我厂脱产技校学员的原有工资劳保待遇一律不变，学习期间工龄照算。如遇工资调整照样参加，学徒到期仍可转正定级，但原有岗位津贴暂时停发，并不参加评奖。学员毕业后成绩及格者发给毕业证书，原则上仍回本车间工作。

以上是我厂开展技术教育情况的简要汇报，通过实践，使我们深深体会到，技术教育抓与不抓完全两样。过去没有开展技术教育，许多青年工人业余时间谈吃谈穿，打扑克成风，甚至动脑筋做坏事，现在抓了技术教育，情况变了，技工学校的学员学习都非常认真，不少人几乎每天都要学习到深夜，其他青年工人也都积极要求学习技术。业余技校原打算招50名学员，结果报名的有两百多人，经过做思想工作，定了65名正式学员，但上课时教室里总有100人左右，椅得满满的，有的人没有位置就站着听，上课近二个月了，许多人一直坚持旁听，有些老工人和车间领导干部也坚持旁听，大家深深感到现在不学习技术不行了。

一九七九年四月二十日

附表一

三明印染厂技工学校教学月历

科目 \ 学时 \ 年月		一九七八年				一九七九年												一九八〇年							
		九	十	十一	十二	一	二	三	四	五	六	七	八	九	十	十一	十二	一	二	三	四	五	六	七	八
数学	100	20	20	20	20	20	寒				认		暑						寒	毕	毕	毕	毕	毕	暑
物理	100	20	20	20	20	20	假				识实								假	业实	业实	业实	业设	业设	假
基础化学	180	24	24	24	24	24	12	24	16	8	习（分		假							习	习	习	计	计	
有机染料化学	70								16	24	四	24	6										鉴定	鉴定	
英语	190	16	16	16	16	16	8	16	16	16	组	8	2	8	8	8	8	8	4						
电工	108						8	16	16	16	进行）	16	4	16	16										
制图	120						12	24	16	16		16	4	16	16										
染整工艺	250											16	6	24	24	24	24	24	24	24	24	24	24		
工业分析	56															16	16	16	8						
实习与设计	384										80									56	56	56	56	80	
机动	144																								
														16	16	32	32	32	16						
合计	1702	80	80	80	80	80	80	80	80	80	80	80	22	80	80	80	80	80	40	80	80	80	80	80	

附表二

三明印染厂职工业余技术学校教学月历

课程 \ 学时 \ 年月		一九七九										一九八〇												一九八一		
		三	四	五	六	七	八	九	十	十一	十二	一	二	三	四	五	六	七	八	九	十	十一	十二	一	二	三
基础化学	80	16	8	8	8	8	8	8	8	8																
英语	144	8	8	8	8	8	8	8	8	8	8	8	8	[illegible]	8	8	8	8	8							
练	40										8	8	8	8	8											
染色	40															8	8	8	16							
印花	48																			16	16	16				
雕刻	16																						16			
整装	24																							16	8	
制图	64		8	8	8	8	8	8	8	8																
电工	64										8	8	8	8	8	8	8	8								
机动	80																			8	8	8	8	8	16	24
合计	600	24	24	24	24	24	24	24	24	24	24	24	24	24	24	24	24	24	24	24	24	24	24	24	24	24

19

33

（4）

[illegible]办公室文件[illegible]
编号：020
91年10月29日

福建省经济委员会文件

闽经技[1991]680号

关于三明印染厂引进园网印花设备改造印染生产线项目建议书的批复

省轻工厅、三明市经委：

省轻工厅闽轻纺字(91)第30号文及三明市经委明经技(91)087号文均悉。三明印染厂为适应市场需求，改造传统化纤面料印染产品，提出“前处理改造”和“第二条园网印花线填平补齐”技改项目，已列为纺织部“八五”期间“深、精、高最终纺织产品出口专项”，经研究，同意你们对该项目建议书的审查意见，现批复如下：

一、原则同意引进园网印花机、松式绳状高速退煮漂联合机、高温溢流喷射染色机等先进适用的印染设备，同时改造前处理工段的部分危房和设备；改造后，将

1

47

传统的纯棉、涤棉、普通化纤印染产品改为年产750万米的涤棉花绉布、涤纶仿真丝、富丽绸等新型印染面料。

二、项目固定资产投资1887万元，含外汇288万美元，建设期利息154.2万元。资金来源：人民币资金除企业自筹10%外，其余申请银行贷款解决；外汇288万美元，争取国拨外汇或由市场调剂解决；流动资金请在可行性报告中落实。

三、生产所需坯布仍按省纺织工业公司原计划渠道供给，不足部分由市场采购。

四、企业技术改造，应充分利用现有厂房、公用设施，本项目同意漂染工段危房改造翻建1184平方米，扩建综合仓库600平方米，对于职工宿舍待项目可行性论证时再予核定。

五、环境保护等"三同时"请按有关规定办理。

一九九一年十月二十二日

2

48

（此页无正文）

主题词：纺织　技改　项目　批复

抄送：省政府办公厅、省计委、经贸委、财政厅、税务局、省、市有关银行、三明市政府、市计委、经贸委、财政局、税务局、省机电设备进口审批办、三明印染厂、本委各主任、有关处室、存档

（5）

49

福建省轻工业厅文件

闽轻纺（92）字第1号

关于三明印染厂前处理生产线改造、增加圆网印花机项目可行性报告的审查意见的报告

省技术引进审批小组：

三明印染厂前处理生产线改造、增加圆网印花机项目，省经委以闽经技（1991）680号文批准立项。我厅于一九九二年元月十一日邀请省市有关单位在三明市对项目可行性报告组织了论证，现将审查意见上报如下：

一、同意引进12套色圆网印花机1台，真空滤浆机1台，碱减量处理机1台，高温溢流喷射染色机4台，三辊预缩机1台，均匀轧车2台，配套国产松式绳状练漂联合机1台，高温常压蒸化机1台，松式平洗机1台，洗网机1台（具体国别、型号、规格详见可行性研究报告）。

二、同意可行性研究报告采用的生产工艺流程。

三、年产量750万米，产品方案：

50

园网印花涤棉花绉布　　　２５０万米

纯涤纶印花仿真丝面料　　２００万米

纯涤纶染色仿真丝面料　　１００万米

园网印花富丽绸　　　　　１００万米

园网印花涤黛绸　　　　　１００万米

生产所需坯布仍按省纺织工业公司原计划渠道供给，不足部份由企业自行采购。

四、同意漂染工段危房翻建１１８４㎡，扩建综合仓库６００㎡，职工宿舍２４００㎡。

五、水、电、汽公用设施企业内部统筹调整，不需增加。

六、项目总投资２５００万元，含外汇２３９万美元，建设期利息１８６万元，资金来源由企业自筹１０％，其余人民币资金向工行申请贷款。鉴于此项目属纺织部专项和省重点项目，省市给予部份贴息贷款。所需外汇２３９万美元申请省市留成外汇和中行贷款。

七、环保、劳动安全、工业卫生、消防等方面在扩初设计时要另立专篇，制订切实有效的措施，在现有设施的基础上补充完善，达到国家新颁标准。

八、项目投产可新增销售收入３２７０・６７万元，利税1185・26万元，创汇１５０万美元。

有关该项目享受的优惠政策，请在批文中予以明确批示。

514

附：引进设备清单

设备名称	型　号	数 量
1、12套色圆网印花机及备品备件	SDM-2010	1台套
2、碱减量处理机	DEBACA	1台
3、高温溢流喷射染色机	MK6-140-2LT	2台
	MK6-140-3LT	2台
4、三辊预缩机	FKSG-2	1台
5、均匀轧车	门幅1800	2台套

52

以上意见供审批时参考。

福建省经工办（印）

一九九二年元月十九日

抄送：省经委、计委、经贸委、省统计局、财政厅、税务局、中行、工行、外管局、机电设备进口审查办、招标公司、商检局、福州海关、环保局、三明市经委、计委、经贸委、财政局、税务局、工行、中行、外管局、纺织工业公司、有关单位、三明印染厂。

主题词：纺织　印染　可行性研究　意见

（6）

12　　53

福建省技术引进审批小组文件

闽技引（1992）001号

关于三明印染厂引进国外园网印花机等关键设备并改造印染前处理生产设备项目可行性报告的批复

省轻工业厅：

省轻工业厅闽轻纺（92）字第1号"关于三明印染厂前处理生产线改造、增加园网印花机项目可行性报告的审查意见报告"文收悉。三明印染厂引进国外园网印花机等关键设备并改造印染处理生产设备技改项目可行性研究报告已经你厅组织省、市有关单位评估论证。认为三明印染厂以市场为导向，进行内涵改造，不增加生产总量，可调整产品品种和提高质量档次，经济效益较好，项目是可行的。经研究，原则同意你们的审查意见，现批复如下：

一、同意引进国外12套色园网印花机等关键技术和设备，配套部分国产印染设备后，将原年印染750万米普通纯棉、涤棉产品转为印染涤棉花绉和化纤纺丝／绸产品。

二、产品方案：园网印花涤棉花绉布250万米／年、纯涤纶印

54

花仿真丝面料200万米/年、纯涤纶染色仿真丝面料100万米/年、园网印花富丽绸100万米/年，园网印花涤黛绸100万米/年。

三、同意采用可行性研究报告中提出的生产工艺流程。

四、生产所需的坯布按省纺织工业公司原计划渠道供应，不足部分由市场采购。

五、改造项目应坚持内涵为主，充分利用企业原有的厂房和公用设施。为满足生产和职工基本生活需求，同意新增土建面积4184平方米，投资185万元，其中：漂练工段危房改造1184平方米，投资60万元；增加原料仓库600平方米，投资29万元；职工宿舍2400平方米，投资96万元。职工宿舍的建设要与现房改政策结合。

六、项目总投资2300万元，含外汇239万美元（折人民币1290·6万元），其中按改建设期利息186万元，固定资产投资方向调节税18·5万元，资金来源：配套人民币资金804万元，申请工商银行纺织专项贷款504万元，企业自筹300万元；外汇239万美元由中国银行贷款或申请省、市留成外汇解决。

七、涉及本项目的环保、劳动安全、工业卫生等应按国家有关规定与项目同时设计、同时施工、同时投产。

八、请帮助企业抓紧项目实施，争取1993年上半年建成投产，1996年底前还清项目全部贷款本息。还贷期间可用下列资金还款：

15

1.项目投产后新增利润提留福利基金外，全部用于还贷；

2.全部新增固定资产折旧费（其中：引进设备折旧率按10%提取）；

3.上述两项资金不足还贷时，按税收管理体制报批，适当减征新增的增值税用于还贷。

4.外汇部分还贷允许企业用自管产品出口创汇实行先还汇后分成，或人民币调剂外汇还贷。

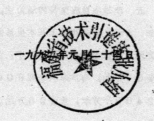

福建省技术引进审批公司

一九九一年元月二十四日

抄报：国家纺织工业部。

抄送：省府办公厅、经委、计委、经贸委、财政厅、税务局、工商银行、中国银行、外管局、商检局、福州海关、环保局、三明市经委、计委、财政、税务、工商行、中行、三明印染厂。

（7）

21

福建省三明印染厂（ 报告）

（1992）三印厂字第112号

关于申请改制设立
福建省立丰印染股份有限公司的报告

三明市体改委：

为广泛吸收社会闲散资金，加速企业技术改造和扩大生产经营规模，引进股份制企业的经营机制，根据《全民所有制工业企业转换经营机制条例》有关精神，结合企业“八·五”期间发展规划所需资金投入情况。本企业经研究决定推行股份制。为此本企业申请改为规范化的股份有限公司。现按照《股份有限公司规范意见》第二章15条中的规定，说明内容如下：

1 发起人名称、住所、法定代表人：

1.1 发起人名称：福建省三明印染厂

1.2 住所：福建省三明市梅列区东新四路

1.3 法定代表人：王桂洲

2 公司名称、目的及宗旨

2.1 公司名称：福建省立丰印染股份有限公司

2.2 目的：引进股份制企业的经营机制，广泛吸收社会闲散资金，加速本企业技术改造和扩大生产规模。

2.3 宗旨：为用户提供名优产品和优质服务，为全体股东获得满意的经济效益，使企业取得稳定和高速的发展，为本地区及本省的经济发展，为社会的繁荣和人类的进步，而尽企业的责任。

60

3 公司的资金投向、经营范围

3.1 资金投向：公司成立后，拟定分两期实施以下二项重大技改项目。

3.1.1 第一期引进国外第二条圆网印花机等关键设备及前处理生产线改造工程，改产750万米涤棉和化纤高级印染后整理产品生产能力，需投资2548万元；

3.1.2 第二期织造技改工程从意大利引进国际先进水平的剑杆织机72台，彻底改造现有织造设备，形成年产各种织物500万米的能力，需投资4000万元；

3.1.3 第二期同时进行房地产开发等第三产业需投资2000万元。

3.2 经营范围

主营：印染布、针织布、装饰布、工业用布、棉及化纤毛毯、服装。

兼营：化工轻工、建材、染化料、助剂、涂料、五金交电、纺机电设备配件、仪器仪表、金属材料、住宿饮食服务、劳保用品、房地产开发及商品房销售、设备安装维修、印染花样商标、制板雕刻、工艺美术装璜、科技信息咨询、对外贸易。

4 公司设立方式、总投资、股本总额、发起人认购比例，股份募集范围及募集途径。

4.1 公司设立方式：采取定向募集方式；

4.2 股本总额及发起人认购比例：第一期注册资金6013万元，商誉资产950万元，占15.63%。依据国际惯例，发起人的商誉资产一般不构成注册资本，因此企业资产3013万元作为国家股参与股本。

4.3 第一期股份募集范围：法人、内部职工；

41

4.4 募集途径：定向发行。

5 公司股份总数各类别股份总数，每股面值及股权结构。

5.1 公司股份总数及类别股份总数：发行6013万元，原国家股3013万元，占50.11%，法人股2500万元，占41.58%，内部职工个人股500万元，占8.31%。

5.2 每股面值壹元。

5.3 股权结构：国家股占50.11%，法人股占41.58%，内部职工个人股占8.31%。

6 发起人基本情况、资信证明

6.1 发起人基本情况：三明印染厂是福建省全民所有制工业企业，前身为上海立丰染织厂，1966年迁建三明。二十六年来，我们坚持走挖潜、革新、改造的内涵扩大再生产道路，先后进行了五期较大规模的技术改造工程，厂容厂貌发生根本变化。目前已发展成年生产能力6200万米印染布、年产200吨针织布、年产360万米绒布、年产600万条织毯、年产540吨纺纱的生产能力。主要产品有纯棉、涤棉的漂、色、花布和化纤、针织、印染布及纯棉、化纤床毯，产品质量上乘，设备精良，管理先进的现代化综合型印染企业。建厂以来，在省市政府及有关部门领导的重视支持下，经过企业历届领导和全体职工的共同努力，工业总产值从迁厂的三千多万元，发展到近二亿元，职工人数从405人增加到近2000人，固定资产原值从400万元，发展到6000多万元。资本和规模的不断扩大，促使经济效益大幅度提高，1987年企业资金利税率、全员劳动生产率、人均创利税三项指标居全国同行业第三位。1990年企业综合经济效益评价居全国同行业第六位，被纺织部评为50家利税大户。二十六年累计向国家上交规费3.20亿元，相当于国家投资的十二倍，企业于89年跨人国家二级企业行列，连续五年被市工商行评为“信用等级

42

一类”和“重合同，守信誉”单位，1991年被列人全国500家最大的工业企业之一。

6.2 发起人前三年和近五年经营情况及资产负债情况

本企业近五年和近三年经营状况和资产负债情况（见附表）。由表可知本企业近五年和近三年的经济效益较好，近五年和近三年有关效益指标居全国同行业前列，90年被纺织部评为全纺系统50家利税大户之一。企业资产负债指标也处于良好状况。

6.3 改组理由，本企业在“八·五”期间要调整产品结构与提高产品质量和档次，扩大生产能力，急需资金投人，如果按老办法靠财政部门贷款，然后再还本付息，风险大，所借的款加利息难以在近期偿还，而通过发行股票筹集资金，一方面实现了社会资金的集中和企业风险分散，企业筹集的资金成了永久性的资本；另一方面有效地转换企业经营机制，促进政企分开，两权分离，并且在产权界定上更加明确。股份制改革将给企业的发展壮大提供更广阔的前景。

7 其他事项说明

个人股，包括企业内部职工和社会自然人投人的股本。

法人代表：王桂洲印　　发起人：福建省三明纺织厂

申请时间：一九九二年八月三十一日

主题词：体制、股份制、公司设立、报告

抄　报：市财政局、市人行、市经委、市工商局、市税务局

—4—

（8）略

（9）

三明市经济体制改革委员会文件

明体改（1993）[illegible]号

关于转发闽体改（1993）33号文件《关于同意设立福建省立丰印染股份有限公司的批复》的通知

三明市印染厂：

你厂（1992）三印厂字第112号文《关于申请改制设立福建省立丰印染股份有限公司的报告》收悉。经上报省体改委审批通过，同意你厂改组为"福建省立丰印染股份有限公司"。现将闽体改（1993）33号文件转发给你们，请按照省体改委的批复要求，依据《股份有限公司规范意见》，精心组织抓好公司设立的一应工作并搞好公司运作。具体实施中有何情况，请及时联系。

附：闽体改（1993）33号文件

三明市体改委

一九九三年三月二十九日

主题词：股份制　股份有限公司　立丰　转发通知

抄报：省体改委、市政府

抄送：市政府办、股办成员、工商局、财政局、税务局、人行、纺织局

廿2

福建省三明市人民政府　　文件拟稿纸

文件标题	关于转发闽体改(1993)33号文件《关于同意设立福建省立丰印染股份有限公司的批复》的通知						
编号	明体改(93)208	机密等级		会稿单位		拟稿单位 拟稿人	李祖耀
发往单位	主送：三明印染厂 抄报：省体改委、市政府 抄送：市政府办、股办成员、二轻局、财政局、税务局、人行、计经局					印发	
单位领导意见	同意发文 刘[illegible] 93.3.18			市府领导批			

你厂(1992)三印厂字第112号文《关于申请改制设立福建省立丰印染股份有限公司的报告》收悉。经上报省体改委审批通过，同意你厂改组为"福建省立丰印染股份有限公司"。现将闽体改(1993)33号文件转发给你们，请按照省体改委的批复要求，依据《股份有限公司规范意见》，精心抓好公司设立的一应工作并搞好公司的运作。具体实施中有何情况，请及时联系。

附：闽体改(1993)033文件。

三明市经济体制改革委员会
一九九三年三月十八日

主题词：股份制　股份有限公司　立丰　转发通知

3

福建省经济体制改革委员会文件

闽体改（1993）033号

关于同意设立福建省立丰印染股份有限公司的批复

三明市体改委：

明体改（1992）13号文《关于三明市印染厂改制成为股份有限公司的请示》收悉。经研究，同意三明印染厂改组为法人持股和内部职工持股的规范化股份制企业。现将有关事项批复如下：

一、公司名称为：福建省立丰印染股份有限公司。

二、同意公司章程，但须经公司创立会议通过，报省体改委；加盖"福建省股份有限公司章程批准专用章"，并经工商行政管理机关核准登记后方为有效。

三、公司经营范围：主营：印染布、针织布、装饰布、棉及化纤床毯，服装。兼营：化工、轻工、建材，染化料，助剂，涂料，五金交电、纺织机电设备配件。

四、公司是自主经营、独立核算、自负盈亏、依法纳税的企业法人，实行董事会领导下的总经理负责制。董事长是法定代表人。董事长不能出任法定代表人时，由公司章程作出规定。

五、公司注册资本6012万元，其中：国家股3012万元，占50.10%；法人股2500万元，占41.58%；企业内部职工股500万元，占8.32%。

44

六、企业内部职工限于三明印染厂1993年2月在册职工。

七、企业内部职工的认购股份方案由公司改制筹委会提出，提交企业职代会讨论，决议通过。法人认股，应出示法人证件，并与公司签订认购协议，明确双方的权利与义务。

八、法人持股可发给缴纳股款的收据。公司内部职工持股采用职工认缴股款花名册的形式，将全部职工持股情况登记在统一制订的表格中，上面须载明认购人姓名、身份证号码、认购股数、缴纳股款额，并加盖公章。公司应给缴款的持股职工出具缴纳股款的收据，收据不发给持股职工，由公司集中管理，并由公司出具代保管缴纳股款收据的凭证，该凭证只填写代保管收据的号码，不记录缴款金额。

九、公司募足股本金，召开创立会议后，到工商行政管理机关办理有关登记手续，到税务机关办理税收登记手续。

十、公司应按闽政（1992）29号文件《福建省规范化股份制改革若干规定（试行）》的精神，建立新的公司经营机制，并享受相应的政策。

十一、公司成立后，应将公司的股东名册、董事会成员名单、注册会计师的验资报告报送省体改委备案。

请你委按照《股份有限公司规范意见》的要求，精心组织、指导该公司的试点工作。试点中出现的问题与建议请及时告我委。

福建省经济体制改革委员会

一九九三年三月二十九日

三明市体改
收文编号：13
93年3月18

福建省经济体制改革委员会文件

闽体改[1993]033号

关于同意设立福建省立丰印染股份有限公司的批复

三明市体改委：

明体改(1992)13号文《关于三明市印染厂改制成为股份有限公司的请示》收悉。经研究，同意三明印染厂改组为法人持股和内部职工持股的规范化股份制企业。现将有关事项批复如下：

一、公司名称：福建省立丰印染股份有限公司。

二、同意公司章程，但须经公司创立会议通过，报省体改委加盖“福建省股份有限公司章程批准专用章”，并经工商行政管理机关核准登记后方为有效。

三、公司经营范围：主营：印染布、针织布、装饰布、棉及化纤床毯，服装。兼营：化工、轻工、建材，染化料，助剂，涂料，五金交电、纺织机电设备配件。

四、公司是自主经营、独立核算、自负盈亏、依法纳税的企业法人，实行董事会领导下的总经理负责制。董事

6

长是法定代表人。董事长不能出任法定代表人时，由公司章程作出规定。

五、公司注册资本6012万元，其中：国家股3012万元，占50.10%；法人股2500万元，占41.58%；企业内部职工股500万元，占8.32%。

六、企业内部职工限于三明印染厂1993年2月份在册职工。

七、企业内部职工的认购股份方案由公司改制筹委会提出，提交企业职代会讨论，决议通过。法人认股，应出示法人证件，并与公司签订认购协议，明确双方的权利与义务。

八、法人持股可发给缴纳股款的收据。公司内部职工持股采用职工认缴股款花名册的形式，将全部职工持股情况登记在统一制订的表格中，上面须载明认购人姓名、身份证号码、认购股数、缴纳股款额，并加盖公章。公司应给缴款的持股职工出具缴纳股款的收据，收据不发给持股职工，由公司集中管理，并由公司出具代保管缴纳股款收据的凭证，该凭证只填写代保管收据的号码，不记录缴款金额。

九、公司募足股本金，召开创立会议后，到工商行政

7

管理机关办理有关登记手续，到税务机关办理税收登记手续。

十、公司应按闽政〔1992〕29号文件《福建省规范化股份制改革若干规定（试行）》的精神，建立新的公司经营机制，并享受相应的政策。

十一、公司成立后，应将公司的股东名册、董事会成员名单、注册会计师的验资报告报送省体改委备案。

请你委按照《股份有限公司规范意见》的要求，精心组织、指导该公司的试点工作。试点中出现的问题与建议请及时告我委。

福建省经济体制改革委员会

一九九三年三月十三日

主题词：股份制　机构　批复

抄送：省府办公厅、省计委、省经委、省财政厅、省人民银行、省国资局、省工商局、省税务局，三明市府办，三明印染厂，存档；　(共印20份)

签发：何龙章　打字：刘　校对：蔡

3

（10）

34
60

三明印染厂技措项目申请报告

三印（79）综字第40号

福建省计委、经委、财办：

福建省财政局、轻工业局：

三明地区计委、轻工业局：

我厂自一九六六年十月从上海迁来三明后，经过挖潜革新改造，生产能力已由迁厂初期（一九六七年）的2028万米／年，增加到目前的5600万米／年左右。品种也从单一的纯棉漂色布扩大为纯棉和化纤混纺漂色花布齐全。为了使明年产量能继续上升，品种能进一步扩大，根据目前生产中存在的不平衡现象和薄弱环节，特提出急需采取的技术措施如下：

一、增添M172八色印花机一台（不包括烘机）

1. 理由：我厂目前的雕刻设备能力足够二台印花机生产的需要，但我厂仅有一台陈旧的十色印花机，由于机配件耗用已尽，加工困难，无法正常运行。为了平衡生产，降低成本，提高花布产量质量，急需新增M172八色印花机头一台。

2. 投资：M172八色印花机头5·30万元，400M² 厂房4·00万元，合计9·30万元。

3. 材料：钢材12吨，水泥50吨，木材30立方。

二、增添600M³ 煤气柜一座

·1·

61

1. 理由：我厂原有150立方煤气柜一座，系根据迁厂时年产3150万米能力设计的配套设备，现我厂实际年产能力已达5600万米以上，而且新增产量中有20%是涤棉化纤产品，煤气消耗量比纯棉产品高一倍以上，为此原有气柜难以适应生产周转，急需增添600M^3煤气柜一座。

2. 投资：600M^3煤气柜一座，10·00万元。

3. 材料：钢材40吨，水泥25吨，木材20立方。

三 一号轧染机局部更新

1. 理由：我厂一号轧染机是迁厂时从上海迁来的旧设备，虽然每年检修，但终因设备过于破旧，无法彻底解决，以致质量和产量均无法保证。为此急需将显色平洗部份更新为LMH641平幅显色皂洗机。

2. 投资：LMH641平幅显色皂洗机一台，46·40万元。

3. 材料：水泥10吨，木材10立方。

以上三项技术措施共需投资65·70万元，钢材52吨，水泥85吨，木材60立方。除我厂从更新资金中自筹25·30万元外，其余40·40万元及全部三材请上级下拨。该三项技措完成后年产量预计增加1500万米（其中涤棉20%），年利润增加270万元，年税收增加240万元。投产二个月

62 35

即可收回全部投资。

十一月四日省委挖潜、革新、改造工作组来我厂检查工作时已口头同意上述技措项目，现再书面呈报，请予批示。

此致

敬礼！

福建省三明印染厂

1979·11·6

（11）

011

福建省立丰印染股份有限公司（报告）

（1993）立丰司字第005号

关于设立福建省立丰印染
（福州）有限公司的请示报告

三明市纺织工业公司：

我公司（原三明印染厂）于1985年经批准在福州市设有经营部（非独立核算单位），随着企业生产经营迅速发展，为更进一步拓展我公司产品市场，增加企业经济效益，现申请成立“福建省立丰丰印染（福州）有限公司”。实行自负盈亏，独立核算，具有独立的法人资格。注册资金100万元人民币，由我公司自有资金划拨，经营范围，主营：纺织印染产品、针织产品、装饰、工业用纺织品、织造产品、服装。兼营：纺织机械，化工轻工产品，建材、染化料、助剂、涂料、五金交电、电器设备、仪器仪表、金属材料、住宿饮食服务、劳保用品、房地产开发等。人员编制全部由我公司委派本公司员工组成。地址在福州市鼓楼区东水路东湖新村10栋。拟请市纺织工业公司同意我设立“福建省立丰印染（福州）有限公司。

特此报请审批！

福建省立丰印染股份有限公司

1993年[illegible]月[illegible]日

012

福建省立丰印染（福州）有限公司章程

第一章 总　　则

第一条　为进一步拓展福建省立丰印染股份有限公司产品销售，提高公司经济效益，规范本公司的行为准则，使公司形成自我发展、自我约束的运行机制，促进公司健康发展。根据《中华人民共和国企业法人登记管理条例》和国家有关法律、法规规定制定本章程。

第二条　本企业经主管机关注册登记核准后，具有企业法人资格。

第二章　名称、住所与经济性质

第三条　企业名称：福建省立丰印染（福州）有限公司。

第四条　企业住所：福州市鼓楼区东水路东湖新村10栋。

第五条　经济性质：股份制企业。

第三章　注册资金及来源

第六条　本企业注册资金为100万元，其中：固定资金40万元，流动资金60万元。

第七条　公司资金由福建省立丰印染股份有限公司自有资金拨入。

第四章　经营范围和经营方式

第八条　经营范围：

主营：针纺织印染产品、工业用纺织品、织造产品、服装。

兼营：纺织机械、轻、化工产品、建材、染化料、助剂、涂料、电器设备、金属材料、住宿饮食服务及房地产开发等。

第九条　经营方式：批发为主，零售为辅。

第五章　组织机构、法定代表人产生与终止程序及其职权

013

第十条　公司组织机构：人秘科、经销科、财务科。

第十一条　本公司法定代表人是：公司经理。

第十二条　法定代表人由福建省立丰印染股份有限公司总经理提名，经常务董事会研究决定聘任，报主管机关批准。

第十三条　本公司实行经理负责制，设经理一名，在公司处于中心地位，对公司的人、财、物、供、销全面负责，是代表公司行使职权的签字人。

第十四条　法定代表人的罢免程序：由福建省立丰印染股份有限公司总经理提议常务董事会研究决定解聘。

第六章　财务管理制度

第十五条　本企业按国家规定制定财务管理制度，设立专职财务管理机构，建立健全帐目，并按期编制资金平衡表，上报各有关部门及福建省立丰印染股份有限公司财务部。

第十六条　本企业按国家规定上缴利税后留利部份按福建省立丰印染股份有限公司规定安排用于上缴数和按比例安排生产发展基金、职工福利基金和奖励基金。

第七章　用工制度

第十七条　本公司劳动用工指标公司经理提出，经福建省立丰印染股份有限公司研究确定。

第十八条　本公司坚持按劳分配，采用承包经营方案，多劳多得。

第十九条　本公司劳动保险制度仍按福建省立丰印染股份有限公司劳动保险制度的有关规定执行。

第二十条　本章程修改仍由本公司拟稿经福建省立丰印染股份有限公司常务董事会讨论审查，报主管机关批准后生效。

第二十一条　本公司撤销、倒闭时，由我公司汇同福建省立丰

014

印染股份有限公司成立清算组织，依法清理债权、债务，并负责出具清理债务债务完结证明。

第二十二条　本章程规定与国家法规、政策相抵触时以国家法规、政策为准。

第二十三条　本章程经主管部门批准后生效。

企业组建负责人：

一九九三年四月十五日

企业主管部门意见：

一九九三年四月廿六日

原则同意以上章程，第十二条中"报主管机关批准"改为"报主管机关备案"。

福建省立丰印染（福州）有限公司

1993年4月15日

（12）

009

三明市纺织工业局

明纺局综字〔1993〕第004号

关于设立福建省立丰印染（福州）有限公司的批复

福建省立丰印染股份有限公司：

你司〔1993〕立丰司字第005号文“关于设立福建省立丰印染（福州） 有限公司的报告”收悉。经研究，同意你司在福州设立“福建省立丰印染（福州）有限公司”。该公司为股份制企业，经济上独立核算，自主经营，自负盈亏。

在“福建省立丰印染（福州）有限公司”登记注册后，原“三明印染厂福州经营部”即注销。

请你们按规定与有关部门办理手续。

专此批复。

三明市纺织工业局

一九九三年四月廿一日

抄 送：三明市经济协作办

010

三明市紡织工业公司文件拟稿纸

文件标题	关于设立福建省三丰印染(福州)有限公司的批复				
编号	明纺司字(93)第四号	机密等级		会稿单位	
拟稿单位 拟稿人	张淑珍				
发往单位	抄送：三明市工商行政管理局。	印发份数	7		
单位领导意见	同意 [签名] 4/21	市府领导批示			

福建省三丰印染股份有限公司：

你司（1993）三丰司字第四号文"关于设立福建省三丰印染（福州）有限公司的请示"收悉。经研究，同意你司在福州设立"福建省三丰印染（福州）有限公司"，该司为股份制企业，经济上独立核算，自主经营，自负盈亏。

在"福建省三丰印染（福州）有限公司"成立后，原"三明印染厂福州经营部"即注销。

请你们按规定与有关部门办理手续。

专此批复。

三明市纺织公司

九三年四月廿一日

（13）

055
56

三明市纺织工业局

明纺局字〔1993〕第29号

关于成立三明市立丰房地产开发公司的批复

三明印染厂：

你厂三印厂字〔93〕27号文“关于成立三明市立丰房地产开发公司的报告”收悉。为适应市场经济发展，扩大企业经营渠道，增加经济效益，改善职工住房条件，经研究同意成立三明市立丰房地产开发公司。

请按有关规定向市工商行政管理部门申请登记手续。特此批复。

三明市纺织工业局

一九九三年三月廿二日

抄送：三明市工商局

~~056~~
57

三明市紡织工业公司文件拟稿纸

文件标题	关于成立三明市立丰房地产开发公司的批复						
编号	明纺司(93)29号	机密等级		会稿单位		拟稿单位 拟稿人	张文榜
发往单位	发：三明印染厂。 送：三明工商局。					印发份数	8份
单位领导意见	同意 (签名) 3/23			市府领导批示			

三明印染厂：

你厂三印厂字(93)27号文《关于成立三明市立丰房地产开发公司的报告》收悉。为适应市场经济发展，扩大企业经营渠道，增加经济效益、改善职工住房条件，经研究，同意成立三明市立丰房地产开发公司。

请按有关规定向市工商行政管理部门申请登记手续。特此批复。

三明市纺织工业局

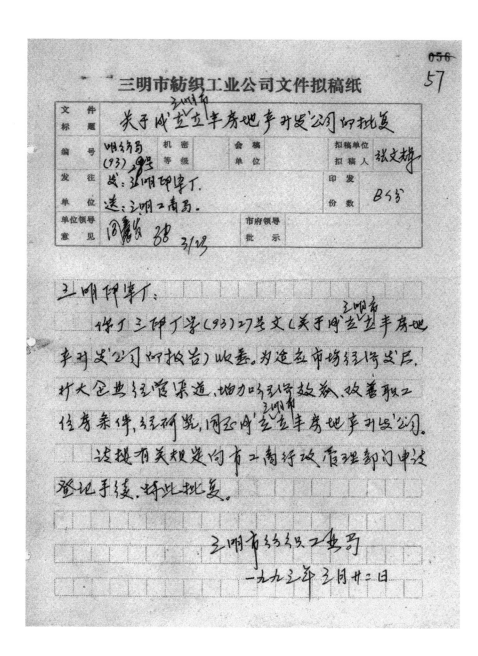

一九九三年三月廿二日

（14）

222601-3310

福建省三明印染厂（请示）

（1993）三印厂字第043号

请范克刚拟批。
93.4.14

关于与福建省厦门福联纺织股份有限公司联合成立工贸公司的请示

三明市政府经济协作办：

为了进一步加快经济步伐，搞活经济，增加创汇创利，我厂与厦门福联公司协商，双方合资在厦门组建联合贸易公司。合营公司的目的和内容如下：

一、合营公司是一个自负盈亏，独立核算的全民所有制联合经济实体，具有独立的法人资格。总投资100万元人民币，双方各出资50万元人民币。

二、根据双方各自优势和特点，利用工厂作后盾，经营工厂产品的出口业务和进口工厂生产所需的物资，进一步扩大出口渠道，开拓国际市场。

三、公司名称：厦门三联贸易发展公司。

四、经营范围：主营：纺织、化工、纺机

兼营：百货、五金、交电、建材以及房地产开发等。

五、经营方式：批发为主，零售兼营。

六、人员编制：暂定10人，双方各派5人。

以上关于成立合营公司的请示妥否，请批示。

附件：1、三明市纺织工业局对组建公司的批复件；

2、关于联合组建三联贸易发展公司的协议；

3、组建三联贸易发展公司的可行性报告书；

4、厦门三联贸易发展公司章程。

福建省三明印染厂
1993年4月

抄送：省纺司、三明市经委

注：已拟文上报。
93.4.15

（15）

40

三 明 市
人民政府 经济技术协作办公室文件

明经协（93）23号

关于成立“厦门三联贸易发展公司”的批复

三明印染厂：

你厂“（93）三印厂字第43号”文收悉。经研究：同意你厂在厦门市成立“厦门三联贸易发展公司”。现将有关事项批复如下：

1、名称：厦门三联贸易发展公司。

2、经济性质：全民所有制企业。

3、隶属关系：福建省三明印染厂
厦门福联公司

4、核算方式：独立核算、自负盈亏。

5、经营方式：批零兼营。

6、经营范围：主营：纺织、化工、纺机
兼营：百货、五金、交电、建材、房地产开发

7、注册资金：壹佰万元人民币
三明印染厂出资伍拾万元
厦门福联公司出资伍拾万元

8、人员编制：暂定10人　三明印染厂派5人
厦门福联公司派5人

此复。

三明市人民政府经济技术协作办公室
一九九三年四月十五日

主题词：设立　驻外　公司　批复

抄　送：市府办、市纺织工业局、市府驻厦办、厦门市经协办、工商局、厦门福联公司

222601—3310 郭

41

福建省三明市人民政府经协办文件拟稿纸

文件标题	关于成立"厦门三联贸易发展公司"的批复						
编号	明经协办（93）23号	机密等级		会稿单位		拟稿单位 拟稿人	詹光舟
发往单位	主送：三明印染厂 抄送：市府办、市纺织工业局、市府驻厦办、厦门市经协办、工商局、厦门发。福联公司。					印发	10份
单位领导意见	陈育家 93.4.15.			市府领导批示			

你厂（93）三印厂字第43号"文收悉。经研究：同意你厂在厦门市成立"厦门三联贸易发展公司"。现将有关事项批复如下：

1. 名称：厦门三联贸易发展公司。

2. 经济性质：全民所有制企业。

3. 隶属关系：福建省三明印染厂
　　　　　　厦门福联公司

4. 核算方式：独立核算、自负盈亏。

5. 经营方式：批零兼营。

6. 经营范围：主营：纺织、化工、纺机

42

兼营：百货、五金、交电、建材、房地产开发。

7. 注册资金：壹佰万元人民币（三明市印染厂伍拾万元
厦门福联公司伍拾万元）。

8. 人员编制：暂定10人（三明市印染厂派5人
厦门福联公司派5人）。

此复。

三明市人民政府经济技术协作办公室

一九九三年四月拾日

主题词：经济 涉外 公司 批复

（16）

017

福建省立丰印染股份有限公司（报告）

（1993）立丰司字第007号

关于设立福建省立丰印染（上海）有限公司的请示报告

三明市纺织工业局：

我公司（原三明印染厂）于1992年经批准在上海市设立三明印染厂上海经营部（独立核算单位）。现我厂经省体改委（93）033号文批准，改制为福建省立丰印染股份有限公司，故申请撤销原“三明印染厂上海经营部”，设立“福建省立丰印染（上海）有限公司”，仍实行独立核算，自负盈亏，具有独立的法人资格。注册资金100万元人民币，由我公司自有资金划拨。经营范围：主营针纺织印染产品、装饰、工业用布、织造产品、服装，兼营：纺织机械、化工、轻工产品、建材、染化料、助剂、涂料、五金交电、电器设备、仪器仪表、金属材料、住宿饮食、劳保用品、房地产开发等。人员编制12人由我公司委派本公司员工组成。地址在上海市愚园路1000弄114号。拟请市纺织工业公司批准。

特此报请审批。

福建省立丰印染股份有限公司

1993年1月21日

福建省立丰印染（上海）有限公司章程

第一章 总 则

第一条 为进一步拓展福建省立丰印染股份有限公司产品销售，提高公司经济效益，规范本公司的行为准则，使公司形成自我发展、自我约束的运行机制，促进公司健康发展。根据《中华人民共和国企业法人登记管理条例》和国家有关法律、法规规定制定本章程。

第二条 本企业经主管机关注册登记核准后，具有企业法人资格。

第二章 名称、住所与经济性质

第三条 企业名称：福建省立丰印染（上海）有限公司。

第四条 企业住所：上海市愚园路1088弄114号。

第五条 经济性质：股份制企业。

第三章 注册资金及来源

第六条 本企业注册资金为106万元；其中：固定资金45万元，流动资金61万元。

第七条 公司资金由福建省立丰印染股份有限公司自有资金拨入。

第四章 经营范围和经营方式

第八条 经营范围：

主营：针纺织印染产品、工业用纺织品、织造产品、服装。

兼营：纺织机械、轻、化工产品、建材、染化料、助剂、涂料、电器设备、金属材料、住宿饮食服务及房地产开发等。

第九条 经营方式：批发为主，零售为辅。

第五章 组织机构、法定代表人产生与终止程序及其职权

第十条　公司组织机构：人秘科、经销科、财务科。

第十一条　本公司法定代表人是：公司经理。

第十二条　法定代表人由福建省立丰印染股份有限公司总经理提名，经常务董事会研究决定聘任，报主管机关批准。

第十三条　本公司实行经理负责制，设经理一名，在公司处于中心地位，对公司的人、财、物、供、销全面负责，是代表公司行使职权的签字人。

第十四条　法定代表人的罢免程序：由福建省立丰印染股份有限公司总经理提议常务董事会研究决定解聘。

第六章　财务管理制度

第十五条　本企业按国家规定制定财务管理制度，设立专职财务管理机构，建立健全帐目，并按期编制资金平衡表，上报各有关部门及福建省立丰印染股份有限公司财务部。

第十六条　本企业按国家规定上缴利税后留利部份按福建省立丰印染股份有限公司规定安排用于上缴数和按比例安排生产发展基金、职工福利基金和奖励基金。

第七章　用工制度

第十七条　本公司劳动用工指标由公司经理提出，经福建省立丰印染股份有限公司研究确定。

第十八条　本公司坚持按劳分配，采用承包经营方案，多劳多得。

第十九条　本公司劳动保险制度仍按福建省立丰印染股份有限公司劳动保险制度的有关规定执行。

第二十条　本章程修改仍由本公司拟稿经福建省立丰印染股份有限公司常务董事会讨论审查，报主管机关批准后生效。

第二十一条　本公司撤销、倒闭时，由我公司汇同福建省立丰印染股份有限公司成立清算组织，依法清理债权、债务，并负责出

020

具清理债权债务完结证明。

第二十二条　本章程规定与国家法规、政策相抵触时以国家法规、政策为准。

第二十三条　本章程经主管部门批准后生效。

企业组建负责人：汪桂

一九九三年四月十五日

企业主管部门意见：原则同意以上章程，第十二条中“报请有关批准”改为“报主管机关备案”。

一九九三年四月廿一日

福建省立丰印染（上海）有限公司

1993年4月15日

021

原则同意以上意见，有十二条未“报三台机并批准“改为”报五台机并备案”。

20×15=300　　　　　　　　　　　　三明市纺织工业公司

（17）

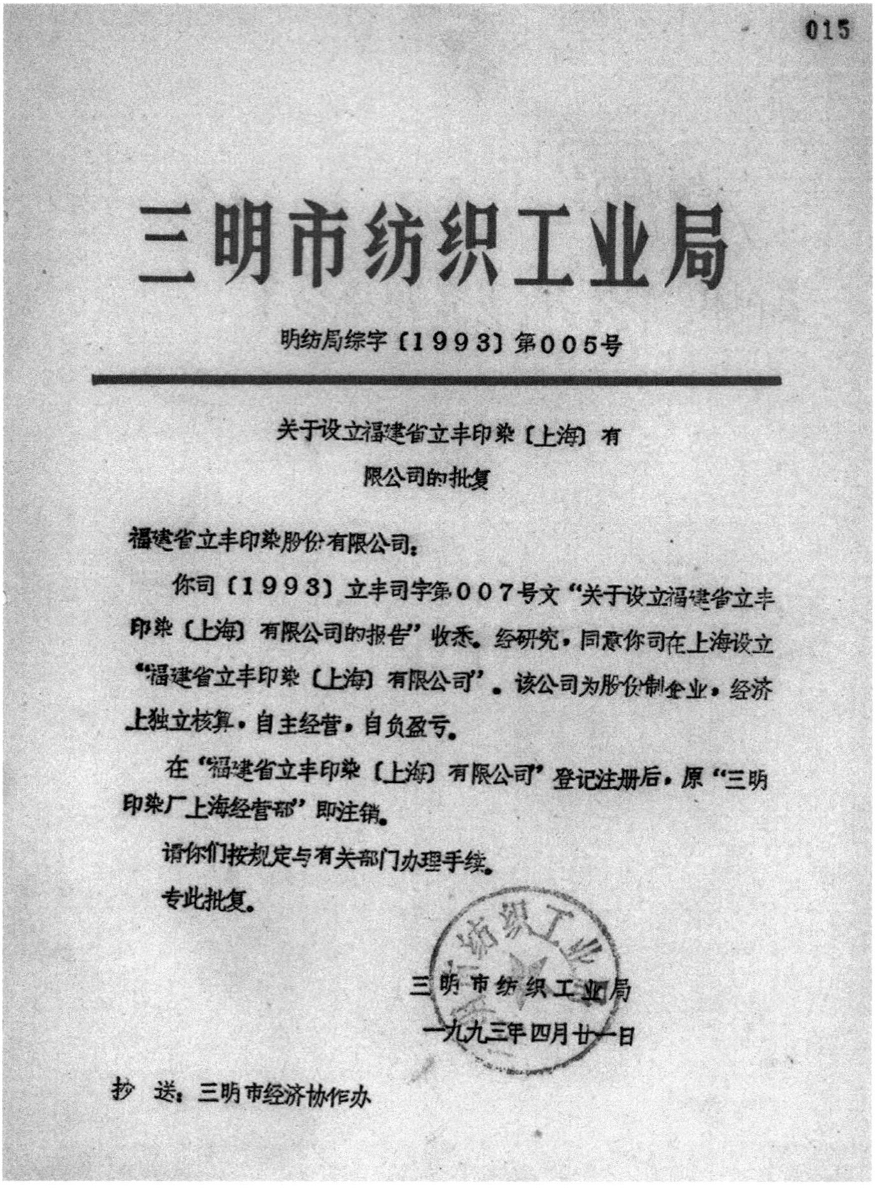

015

三明市纺织工业局

明纺局综字〔1993〕第005号

关于设立福建省立丰印染（上海）有限公司的批复

福建省立丰印染股份有限公司：

你司〔1993〕立丰司字第007号文"关于设立福建省立丰印染（上海）有限公司的报告"收悉。经研究，同意你司在上海设立"福建省立丰印染（上海）有限公司"。该公司为股份制企业，经济上独立核算，自主经营，自负盈亏。

在"福建省立丰印染（上海）有限公司"登记注册后，原"三明印染厂上海经营部"即注销。

请你们按规定与有关部门办理手续。

专此批复。

三明市纺织工业局

一九九三年四月廿一日

抄送：三明市经济协作办

016

三明市纺织工业公司文件拟稿纸

文件标题	关于设立福建省三丰印染（上海）有限公司的批文				
编号	明纺司字(93)第005号	机密等级		会稿单位	
拟稿单位 拟稿人	纺织公司				
发往单位	抄送：三明市经济协作办.			印发份数	7
单位领导意见	同意 [签名] 4/21	市府领导批示			

福建省三丰印染股份有限公司：

你司（1993）三丰司字第007号"关于设立福建省三丰印染（上海）有限公司的报告"收悉。经研究，同意你司在上海设立"福建省三丰印染（上海）有限公司"，该公司为股份制企业，经济上独立核算，自主经营，自负盈亏。

在"福建省三丰印染（上海）有限公司"成立后，原"三明印染厂上海经营部"即注销。~~停止经营~~。

请你们按规定与有关部门办理手续。

专此批复。

三明市纺织工业公司

九三年04月4-20.

四、三明纺织厂档案

（1）略

（2）略

（3）

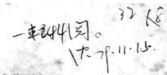

贯彻执行标准情况汇报

我厂职工在厂党委领导下，认真贯彻执行党的十一届三中全会精神，通过学习和落实国家经委关于"质量月"活动的要求部署，今年来我厂在提高产品质量，完成国家质量计划指标，达到和超过大庆式企业指标一挡水平，达到和超过历史最好水平，减少纱织疵，提高纱布实物质量，更好地适应用户需要，树立为用户服务思想，使用户厂满意，增加花色品种，搞好新产品试纺试织等方面，做了一些工作。

产品质量好不好，关键在领导，领导在于认识，厂党委切实加强了对产品质量的领导，坚持"质量第一""一好三求"的方针，年初便提出我厂今年产品质量要求实现。

一、各项质量指标达到并超过历史最好水平。

二、进一步树立为用户服务思想，使用户厂满意。

三、提高棉纱线、坯布实物水平，要求创优良产品。

由于思想重视，目标明确，经过全厂职工的共同努力，取得了我厂产品质量持续上升的显著成绩。

今年1～9月份

产量：棉纱生产3710·401吨，完成年计划78·11%。

　　　棉布生产1425·6949万米，完成年计划79·21%。

质量：棉纱一等一级品率99·57%

　　　棉布入库一等品率98·55%。

主要原料消耗：

　　　棉纱净用棉量1072·56公斤，节约用棉27616公斤，

　　　棉布百米用纱15·69公斤，节约用棉17666公斤。

—1—

33

其中各项质量指标：

棉纱一等一级品率达到99·57%超过本厂历史最高水平99·34%

细纱断头合格率达到70·2%．超过本厂历史最高水平41·9%

纯棉布入库一等品率98·71%．超过本厂历史最高水平98·62%

下机一等品率达到70·02%．超过本厂历史最高水平65·8%

漏验率0·9%．超过本厂历史最好水平1·2%．

五项质量指标全部超过大庆式企业的质量指标．

在使用户厂满意方面．我们走出去．请进来听取用户意见．今年来我们先后进行了六次走访活动．分别由书记、付厂长带队组织有关科长主任、技术人员、工人代表．到用户单位征求意见．对用户的意见和建议及时整改．如南平纺织厂针织车间对我厂42支、21支单纱条干不匀、断头多等质量提出意见．纺织车间和科室进行了工艺试验．加强了42支单纱质量把关．用户反映比较满意．又如针对42/2×21半线卡．3080夹绸摺幅因坯布存放日久尺码不足．经发现后实事求是偿还缺码数．工艺上进行调整．加强管理检验．合理放长．解决了用户反映的意见．用户厂对我厂质量有进一步提高普遍表示好评．

7月中旬中纺部在鞍山市召开的全国纺织品种质量会．我厂上报送评的纱线和布五个品种．其中42/2股线、13×2涤棉股线二个品种被评为优良产品．其他三个品种13涤棉单纱．42/2×21半线卡．13×2/28涤卡均被评为较好产品．

我厂在贯彻执行标准．加强质量管理．促进产品质量提高方面．做了以下几点工作：

一、认真贯彻执行标准，加强质量教育．

我厂目前生产产品

34 19

纯棉纱（包括自用、售纱）执行国家标准GB 398—78
403—405—78

精梳涤棉混纺纱线（包括自用、售纱）执行标准FJ 402—78

纯棉布执行国家标准GB 406—410—78

涤棉混纺布执行部标准FJ 403 405—78

没有无标准的产品。各产品质量指标是根据以上标准检验鉴定的。

长期以来我厂对产品质量是比较重视的。厂领导经常利用各种形式大小会议，宣传工具对全厂职工进行提高产品质量重要性的认识教育，表彰生产优质产品的好人好事。由于国家标准是衡量产品质量好坏的重要尺度之一，因此对认真执行和掌握国家质量标准亦比较重视曾举办多次学习班，使厂部领导、生产管理人员、技术人员、质检人员，熟悉和掌握标准，提高严格按国家标准，检验产品质量的自觉性。例如去年一季度在修订国家新质量标准，贯彻棉纱线计量单位由英制改为公制的无锡、上海会议后，厂部及时组织以上人员进行学习，并组织有关技术人员到各车间讲课，进行对执行国家标准重要性的教育和学习，厂政工和职能干部的业余业务学习班上亦加入国家质量标准的学习内容，使广大职工干部认识到实现国家质量标准，就是实现产量质量最基本要求，标准是方向和目标，各级生产管理人员、技术人员能较明确地按质量标准，组织产品生产，制定各项质量要求，促进产品质量的提高。

二、从标准出发，加强质量管理，贯彻预防为主，抓好基础性管理工作。

我们纺织行业从原料到成品要经过十多道的连续工序，各工序对产品质量互为影响，有直接关系，千人纱、万人布，影响成品质量是多因素。为了保证产品质量几年来我们不断修订了质量管理规则，包

35

括了制定落实质量指标。实行质量把关和进行质量检验等工作。我们从切实加强基础性工作着手 。

1. 落实质量指标。执行岗位责任制。

质量指标是根据国家标准要求。结合我厂的生产实践制定落实的。厂部 、科室 、车间 、工序 、小组 、个人层层提出明确的质量要求。制订质量标准和疵品的规定 。

例如纺织产品的主要五项指标

棉纱一等一级品率。落实至生技科 、纺部车间

入库一等品率　　落实至生技科 、织部车间

细纱断头合格率　　落实至设备 、生技 、细纱车间

下机一等品率 、漏验率落实至织部车间

纺纱车间根据棉纱一等一级品率。成品质量标准对各工序半成品亦制定相应的质量指标 。

如：清花工序有花卷重量不匀率 、伸长率 、含杂率成形等

梳棉工序有生条重量不匀率 、条干不匀率 、生条含杂等

并条工序有熟条重量不匀率。条干不匀率。重量偏差等

粗纱工序有重量不匀率。条干不匀率。粗纱伸长率等

细纱工序有重量不匀率。品质指标。条干级别。棉结杂质粒数等

还有保证下工序顺利生产的经纬纱成形。保险纱长度等指标要求。又如。入库一等品率又分纱疵降等率。织疵降等率。根据疵点产生工序和责任分别落实至车间小组或个人。做到了各道有标准。各人有要求 。

指标的实现须靠岗位责任制来保证。我厂从书记 、厂长到基层各个工种。工人都有自己的岗位责任制。质量指标结合到岗位责任制中。建立了各工序 、各工种的质量责任制 。为了严格落实责任。我们举成

3620

品采用了小纸票打印、容器的色边传票、织造表等不同标志和固定供应办法。分清班别、机号或个人。今年五月间我们在细纱纬纱区上分班别、个人进行不同颜色和根数划线供应。使布面上每只纬纱疵点都能落实到班别和个人。进一步分清纱疵责任。做到了指标落实、责任落实。充分调动广大职工。提高纱布质量。减少疵点的积极性。也促进了标准的正确掌握。保证了产品质量。

2. 贯彻预防为主。实行道道把关。

纺织产品由于工序多、品种多、质量指标多。随气候、原材料的变化。也有些疵病原因。责任一时不大容易分清。为了确保最后成品质量建立健全了专业管理和群众管理相结合的质量把关工作。对突发性的疵点和质量变化。及时组织科室、车间有关人员进行现场调查。明确关键。提出措施。进行攻关。

在把好质量关方面。纺纱车间按工艺过程。认真把好大小平车、揩车、开冷车、品种翻改、试验、摸皮辊。前后纺专职检查七个关。其中包括了群众性的守关如各工序的防疵、促疵活动。和开展以万米无疵布为中心的各道工序的百、千、万只产品无疵点的劳动竞赛。在专业守关方面。纺纱车间各轮班派人检查条干。实行每天摸皮辊二次的制度。试验室分班做条子质量试验。织布车间设立半制品质量专职检查和结合操作测定。全面检查岗位责任制执行。这个车间由于责任分明。把关严密。上下工序密切配合。因此棉布质量一直保持稳定并持续提高。

我厂的质量管理工作贯彻了预防为主。道道把关。根据成品质量要求。制定半成品的质量。努力把疵点消灭在生产过程中。产品质量不断提高。

3. 掌握质量标准。严格质量检验。

37

我厂的质量标准化工作。不但体现在纺织产品的质量方面，设备维修及其他工作方面亦制定各自标准。如：设备技术状况考核设备完好率。是按中纺部颁"完好技术条件"及完好机台考核办法执行的。每月检查一次。大小修理考核一等一级车率按中纺部颁"大小修理接交技术条件"及一等一级车考核办法执行的。

另外本厂还自订了"高标准机台机械工艺维修标准"。对关键部件的机械工艺标准进行制订和提高。保养工作自订了质量检查项目标准及考核办法。机配件图纸画法按国家标准执行。新制机配件按图纸进行验收。达不到要求的必须返修或报废。由于认真抓好设备维修标准。把好设备质量关。目前我厂设备完好率达到９８％以上。一等一级车率达到９５％左右。这是保证纺织生产正常运转。产品高质量的不可缺少的基础和条件。

质量检验不单是成品质量的检验。从广义来说是包括原材料、半制品到成品的全部质量检验。我厂根据各道质量要求严格质量检验。首先把好原棉进厂关。做好原棉、品级、长度、水杂、细度、成熟度、短绒等物理指标。直至成品棉纱、棉布按国家标准做好各项物理指标和外观疵点的检验分等工作。

纺织厂的检验工作有仪器测试和感观检验。为使测试手段的稳定正确，我们首先加强了计量工作。计量工作是标准化工作的基础。我厂专设计量组。共有人员７人。分力学、长度、电工仪表三个专业。分工负责。力学：３人。主要负责天平、强力机（单纱、缕纱、?）条干均匀度机、衡器等测试仪器。每月周期巡迴调试检修。使测试仪器经常处于国家鉴定标准的允许范围以内。使半成品、成品的质量、物理指标测试数据正确无误。保证半成品、成品的质量标准。

长度：３人。主要对游标卡尺。分厘卡尺和百分表的检修、校验。

3821

根据使用情况，规定检修校验周期3个月～6个月检修校验，几年来严格按周期校验，使测量工具，正确无误，保证机配件机械状态正常。

电工仪表1人，主要对烘箱、棉纱、棉花测湿仪及电工仪表调试校验，亦制订周期，定期检修校测以达上述仪器设备的正常正确，使测试的棉花、棉纱、棉布回潮率测定数值的正确，正确计算用棉、用纱和用电量。

由于对计量工作的重视，使我厂测试仪器达到国家标准正常状态，正确反映了质量水平，起到指导生产的作用。

在感观方面：我们通过国家质量标样，经常进行统一目光，包括由由质监科、整理间、试验室之间，以及各自内部和厂际的目光统一。另外还通过操作运动会方法，操作测定熟悉条文，进行操作表演和比赛，使检验者的目光比较符合国家质量标准，保证外观检验方面正确性，也减少漏验率。

目前我厂质量管理已上下成线左右成网

专职检验人员：共１００人

兼职检验人员：共３０人

多年来的生产实践，我们体会到，要提高产品质量，必须认真制定各项质量标准，贯彻执行质量标准，标准是法律，也是提高质量的手段，国家根据质量标准来衡量企业生产的好坏，企业根据标准，制定质量规划和目标，当然标准亦根据生产的发展，人民生活的提高，不断进行修订补充和发展。

虽然我厂在提高产品质量方面做了一些工作、取得了一些成绩，但是与党和人民及上级要求相比，与全国全省先进单位相比，差距还很大，我们要向加丰纺织厂学习，切实加强质量管理，一丝不苟把质量管理的重点放到生产过程中去，不满足于完成质量指标，一切为用

39

户满意。生产更多优质产品。满足人民的需要。为社会主义四个现代化作出贡献。

三明纺织厂

1979·10·5·

（4）

116

毛主席語录

抓革命，促生产，促工作，促战备。

福建省三明紡織厂

三明纺织厂介绍资料

（供口头介绍参考）

我们三明纺织厂，是一个中型棉纺织厂，分设纺纱、织布、棉毯、机修四个车间，现有职工2343人，其中女职工1344人，占全厂职工的57·4%，干部298人，占12·7%，职工家属1300多人。生产规模30000纱锭，6000线锭；616台布机，主要产品有16# 21# 21#半 23# 30# 32# 40# 42#棉纱，42/2#双股棉线，28号（约21#）14号×2（约42/2）涤棉纱，棉布为23×21平布，30×30府绸，42/2×21半线卡，30×40府绸，42/2×21涤卡。

我们在开展增产节约运动中，大搞综合利用，以纺纱车间下脚棉花为原料建成棉毯车间，生产价格低廉的棉毯，供应城乡居民。1975年上半年我们还发动群众，大搞会战，进一步挖掘潜力，提前实现三万纱锭配套和新品种的确良投产二大任务，填补了我省纺织工业的一项空白。

我们这个厂原来是上海国棉二十六厂，经过无产阶级文化大革命战斗的洗礼，广大职工精神面貌焕然一新，为了执行伟大领袖毛主席"备战、备荒、为人民"的伟大战略方针，为了支援山区建设，我们毅然离开繁华的大城市，于1970年迁来三明，象这样大的变动，当时是不是所

地址：福建三明列东　电话：2307　电挂：

1

117 101

毛主席語录

抓革命，促生产，促工作，促战备。

福建省三明紡織厂

有的人思想都通呢？那也不是。经过学习毛主席一系列指示，批判刘少奇的反革命修正主义路线，大家思想就通了。许多职工说，光想做到个人，思想就不通。想到革命，想到迁厂是为了支援山区，建设山区，思想就通了，心情就觉得愉快，干活的劲头也就更大了。

五年多来，我厂的革命和生产形势都很好，年年超额完成国家计划。特别是七五年在产质量方面创造了本厂历史最高水平。１９７５年生产棉纱２６２０３件，比１９７１年增长６７％，棉布１９０１万米，比１９７１年增长６４％。质量不断上升，单产逐年提高，棉纱的单位产量是解放初期的２·４倍，棉布的单位产量是解放初期的１·７倍。几年来，我厂为国家积累的资金可以建造与我厂相同规模的三个纺织厂。国家规定的八项技术经济指标，其中七项已达到全国一类水平。此外，我们还办了一个工人业余大学，一个子弟学校，一个"五七"农场（每年养猪２５０余头），收获各种粮食蔬菜七十七万余斤。

我们在生产领域中所以能取得这些成绩，主要是认真学习毛主席关于"阶级斗争是纲，其余都是目"的教导，坚持党的基本路线，贯彻执行毛主席"鼓足干劲，力争上游，多快好省地建设社会主义"总路线，深入开展"工业学大庆"的群众运动，依靠了全厂革命职工，特别是依靠和发挥老工人的骨干作用。我厂老工人占全厂职工的５０％以上，他

2

地址：福建三明列东　电话：２３０７　电挂：

毛主席語录
抓革命，促生产，促工作，促战备。

118-102

福建省三明紡織厂

们在旧社会受尽了剥削和压迫，过着牛马不如的生活。解放后毛主席共产党把这些老工人从火海中拯救了出来，成为新中国的主人。因此，他们对旧社会无比憎恨，对新社会无限热爱。在社会主义革命和社会主义建设中发挥了积极作用。如我厂纺纱车间已五十四岁的细纱挡车老工人周仙娣同志是三代产业工人，她十二岁就进缫丝厂做童工，解放后才真正翻身成了国家的主人。她在革命生产中发挥了主人翁作用，解放以来，六次被评为先进生产者。文化大革命又提担任了厂革会委员和厂党委委员，曾光荣出席过上海市第四届党代表大会和福建省第二届党代表大会。一九七三年三月明市召开工会代表大会，她又被群众推选为三明市总工会付主任，她担任了这么多领导工作，仍保持着老工人的本色，坚持参加生产劳动。周仙娣同志在社会主义革命和社会主义建设中不断创造新成绩，为国家多作贡献。几年来，中央报刊电台和省报宣传了她的先进事迹。象周仙娣同志类似的经历很多。解放后工人在政治上、经济上、生活上都真正获得了解放，得到了翻身。妇女在我厂也真正发挥了"半边天"的作用，他们不但参加了生产，还领导了生产。我厂女干部占干部总数的百分之三十七。厂党委会十五名委员中女委员有七名。在厂革命委员会和车间主任、值班长59名干部中，女同志有正副31名，占52.4%。实践证明，男同志能办到的事，她们也能办到。

地 址：福建三明列东　电 话：2307　电 挂：

毛主席語录

抓革命，促生产，促工作，促战备。

119 103

福建省三明紡織厂

我厂是个老厂，设备比较落后。为了发展生产，我们发动群众，破除迷信，解放思想，大搞技术革新和技术革命。五年中，共实现技术革新项目216项，其次中，比较重大的项目有：细纱机全面推广使用自动落纱插管联合机，实现了落纱机械化、自动化，节约劳动力24人。织布机安装了防缺纬装置，减少百脚次布90%以上。挡车工约有三分之一的人实现操作"车辆化"，改变了纺织女工历来双脚走巡回的状况，大大减轻了工人的劳动强度，还节约了劳动力。挡车女工称小巧灵活，使用方便的座车为"幸福车"。车间里还装有通风设备，吸尘设备，空气调节设备，常年室温保持在30℃左右，彻底改变了旧社会那种夏天车间室温高到40℃，闷热得象蒸笼，空气混浊，飞花乱飘的恶劣劳动条件。

根据我厂现有生产能力，为了进一步挖潜企业生产潜力，增加棉纱生产，满足福建人民需要，我们在充分利用和发挥现有技术设备能力的基础上，再扩建三万纱锭，现在扩初方案已经完成，并已投入土建施工阶段。

我们社会主义祖国在伟大领袖毛主席的领导下，工农业生产不断上升，市场繁荣，物价稳定，人民生活逐步提高。解放后国家先后四次对职工工资进行全国性的调正，一九七一年又调正一次。通过多次调正，

地址：福建三明列东　电话：2307　电挂：

4

毛主席語录

抓革命，促生产，促工作，促战备。

120 106 104

福建省三明紡織厂

我国职工的工资逐步提高，一九七一年我厂增加职工每月工资总数1226·97元，解放后，劳动人民生、老、病、死都有了保障，妇女生孩子有56天产假，怀孕期间有工间休息，给孩子喂奶每天有一个时喂奶时间，结婚有三天婚假，爱人不在一起居住或父母在外地的职工，每年还有二星期的探亲假，路程假另外计算，探亲假期间工资照发，职工生病有劳保享受，医药费全部报销，病假期间工资照发，支援山区建设的工资还保持上海大城市的水平（上海八类，三明七类）。另外，解放后工人的生活各方面都有了改善和提高，现在我厂工人居住的房屋都是公家的，每平方米每月付房租五分左右，一盏25支光电灯每月只要付电费五角，一个工人家庭的每月水电房租费相当本人工资的二十分之一上下，我厂还办有托儿所、幼儿园、卫生所、食堂等福利设施，我厂职工家庭里有缝纫机、收音机、自行车、电风扇、手表等物件比较普遍，差不多每人都有积余，旧社会劳动人民过的衣不遮体，食不饱肚的悲惨生活，终年挣扎在死亡线上的苦难日子已经一去不复返了。

在当前国内外一片大好形势下，我厂全体职工在毛主席无产阶级革命路线的正确领导下，以阶级斗争为纲，坚持党的基本路线，高举"鞍钢宪法"旗帜，发扬"自力更生，艰苦奋斗"的作风，继续深入

地 址：福建三明列东 电 话：2307 电 挂：

毛主席語录

抓革命，促生产，促工作，促战备。

121 1035

福建省三明紡織厂

开展"工业学大庆"的群众运动，把我厂"抓革命、促生产、促工作、促战备"的工作搞得更好，为中国革命和世界革命不断作出自己应有的贡献。

福建省三明纺织厂革命委员会

1976年4月27日

6

地 址：福建三明列东" 电 话：2307 电 挂：

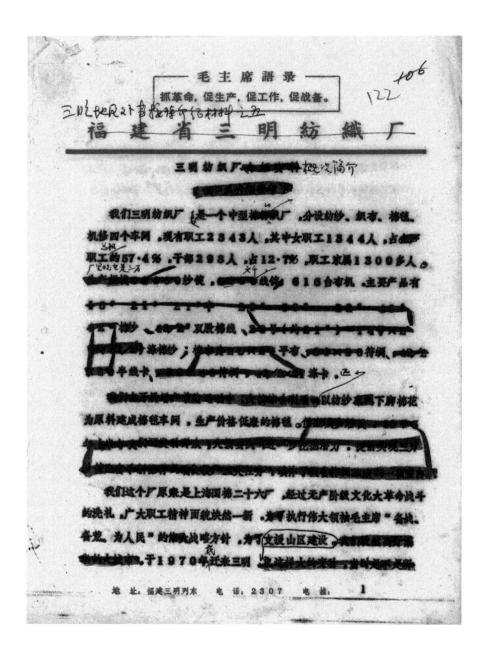

毛主席語录

抓革命，促生产，促工作，促战备。

三明地区对外支援介绍材料之五

122

福建省三明紡織厂

三明纺织厂[redacted]概况简介

[redacted]

我们三明纺织厂，是一个中型[redacted]厂，分设纺纱、织布、棉毯、机修四个车间，现有职工2343人，其中女职工1344人，占[redacted]职工的57.4%，干部298人，占12.7%，职工家属1300多人。[redacted]纱锭，[redacted]线锭，616台布机，主要产品有[redacted]棉纱、[redacted]双股棉线、[redacted]涤棉纱；[redacted]平布、[redacted]府绸、[redacted]半线卡、[redacted]涤卡。

[redacted]以纺纱[redacted]下脚棉花为原料建成棉毯车间，生产价格低廉的棉毯。[redacted]

我们这个厂原来是上海国棉二十六厂，经过无产阶级文化大革命战斗的洗礼，广大职工精神面貌焕然一新，[redacted]执行伟大领袖毛主席"备战、备荒、为人民"的[redacted]战略方针，为了支援山区建设，[redacted]，于1970年底迁来三明，[redacted]

地　址：福建三明列东　　电　话：2307　　电　挂：　　1

毛主席語录

抓革命，促生产，促工作，促战备。

123 107

福建省三明紡織厂

[redacted]

五年多来，我厂[redacted]生产[redacted]年年超额完成国家计划。[redacted]七五年在产质量方面创造了本厂历史最高水平。1975年生产棉纱[redacted]比1971年增长67%，棉布[redacted]比1971年增长64%。[redacted]年来[redacted]为国家积累的资金可以建造像我厂[redacted]规模的三个纺织厂。国家规定的八项技术经济指标，其中七项已达到全国一类水平。此外，我们还办了一个工人业余大学，一个子弟学校，一个"五七"农场（每年养猪250余头），收获各种粮食蔬菜七十七万余斤。

我们在生产领域中所以能取得这些成绩，主要是认真学习毛主席关于"阶级斗争是纲"[redacted]的教导，[redacted]深入开展"工业学大庆"的群众运动[redacted]我厂老工人占[redacted]厂职工的50%以上，他

毛主席語录

抓革命，促生产，促工作，促战备。

福建省三明紡織厂

们在旧社会受尽了剥削和压迫，过着牛马不如的生活。解放后毛主席共产党[redacted]成为新中国的主人，因此，他们对旧社会无比憎恨，对新社会无限热爱，在社会主义革命和社会主义建设中发挥了积极作用。如我厂纺纱车间[redacted]细纱挡车老工人周仙娣同志是三代产业工人。她十二岁就进缫丝厂做童工。解放后[redacted]她在革命生产中发挥了主人翁作用，[redacted]六次被评为先进生产者，[redacted]担任本厂革命委员和厂党委委员。曾光荣出席过上海市第四届党代表大会和福建省第二届党代表大会。一九七三年三月明市召开工会代表大会，她又被群众推选为三明市总工会付主任，[redacted]周仙娣同志在社会主义革命和[redacted]建设中不断创造新成绩，[redacted]中央报刊电台和省报宣传了她的先进事迹。象周仙娣同志类似的经历很多，[redacted]，妇女[redacted]真正发挥了"半边天"的作用。[redacted]我厂女干部占干部总数的百分之三十七，厂党委会十五名委员中女委员有七名。在厂革命委员会和车间主任、值班长59名干部中，女同志有[redacted]31名，占52.4%。实践证明：男同志能办到的事，她们也能办到。

——毛主席語录——

抓革命，促生产，促工作，促战备。

福 建 省 三 明 紡 織 厂

我厂是个老厂，设备比较落后，[redacted]破除迷信，解放思想，大搞技术革新和技术革命。五年中，共实现技术革新项目216项，其中比较重大的项目有：细纱机全面推广使用自动落纱插管联合机，实现了落纱机械化、自动化，节约劳动力24人；织布机安装了防缺纬装置，减少百脚次布90%以上；挡车工约有三分之一的人实现操作"车辆化"，改变了纺织女工历来跟牌走巡回的状况，大大减轻了工人的劳动强度，还节约了劳动力；[redacted]。车间里还装有通风设备，吸尘设备，空气调节设备，常年室温保持在30℃左右，彻底改变了旧社会那种夏天车间室温高到40℃，闷热得象蒸笼，空气混浊，飞花乱飘的恶劣劳动条件。

根据我厂现有生产能力，为了进一步挖潜企业生产潜力，增加棉纱生产，满足福建人民需要，我们在充分利用和发挥现有技术设备能力的基础上，再扩建三万纱锭，[redacted]已投入土建施工阶段。

我们社会主义祖国在伟大领袖毛主席的领导下，工农业生产不断上升，市场繁荣，物价稳定，人民生活逐步提高。解放后国家先后四次对职工工资进行全国性的调整，一九七一年又调整一次。通过多次调整，

地 址：福建三明列东 电 话：2307 电 挂：

毛主席語录

抓革命，促生产，促工作，促战备。

126+110

福建省三明紡織厂

[redacted]解放后，劳动人民生、老、病、死都有了保障，妇女生孩子有56天产假，怀孕期间有工间休息，给孩子喂奶每天有一小时喂奶时间，结婚有三天婚假，爱人不在一起居住或父母在外地的职工，每年还有二星期的探亲假，路程假另外计算，探亲假期间工资照发，职工生病有劳保享受，医药费全部报销，病假期间工资照发，支援山区建设的工资还保持上海大城市的水平（上海八类，三明七类）。[redacted]工人居住的房屋[redacted]每平方米每月付房租五分左右，一盏25支光电灯每月只要付电费五角，一个工人家庭的每月水电房租费相当本人工资的50%左右[redacted]。我厂还办有托儿所、幼儿园、卫生所、食堂等福利设施，[redacted]

在当前国内外一片大好形势下，我厂全体职工在毛主席无产阶级革命路线的正确领导下，以阶级斗争为纲，坚持党的基本路线，高举"鞍钢宪法"旗帜，发扬"自力更生，艰苦奋斗"的作风，继续深入

地址：福建三明列东 电话：2307 电挂：

毛主席語录

抓革命，促生产，促工作，促战备。

127

福建省三明紡織厂

开展"工业学大庆"的群众运动，把我厂"抓革命、促生产、促工作、促战备"的工作搞得更好，为中国革命和世界革命不断作出自己应有的贡献。

[redacted]

6

地 址：福建三明列东 电 话：2307 电 挂：

（5）

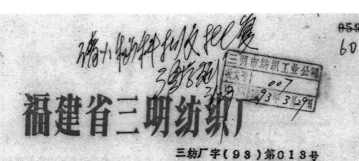

三明市纺织工业公司
收文号 007
93年3月29日

福建省三明纺织厂

三纺厂字（93）第013号

关于申请成立三明市金雀房地产开发公司的报告

三明市纺织工业局：

为了进一步开拓经营，立足市场，做好三纺厂的房地产开发工作，特申请成立：三明市金雀房地产开发公司。安排人员10人，其中土建工程师2名、土建助理工程师2名、助理经济师1名、助理会计师1名。经营范围：土地开发、房屋建筑、商品房经销及维修、装潢。

由宫冬华同志为公司法定负责人。

该公司属集体所有制，实行独立核算，自负盈亏。

特报上级部门批复。

三明纺织厂

一九九三年三月廿六日

（6）

057

58

三明市纺织工业局

明纺局字〔4993〕第30号

关于成立三明市金雀房地产开发公司的批复

三明纺织厂：

你厂三纺厂字第013号文"关于申请成立三明市金雀房地产开发公司的报告"收悉。经研究，同意你厂成立"三明市金雀房地产开发公司。该单位属集体所有制，经济上独立核算，自负盈亏。

请你们按规定与工商部门办理有关手续。

特此批复。

三明市纺织工业局

一九九三年三月卅一日

抄　送：市工商行政管理局

~~058~~
59

三明市紡织工业公司文件拟稿纸

文件标题	关于成立三明市金桂房地产开发公司之批复						
编号	明纺局(93)字20号	机密等级		会稿单位		拟稿单位 拟稿人	[illegible]
发往单位	抄送：市工商局。					印发份数	[illegible]
单位领导意见	同意发 张[illegible] 93.3.30			市府领导批示			

三明纺织厂：

你厂三纺厂字(93)第013号文"关于申请成立三明市金桂房地产开发公司的报告"收悉。经研究，同意你厂成立"三明市金桂房地产开发公司"。该单位属集体所有制，经济上独立核算，自负盈亏。

请你们按规定与工商部门办理有关手续。

特此批复。

三明市纺织工业局

九三年三月卅日

（7）

67

福建省三明纺织厂

三纺厂字（93）第082号

关于申请成立中外合资三明金环房地产开发有限公司的报告

三明市纺织工业局：

根据《中华人民共和国中外合资经营企业法》及有关法规，我公司三明市金雀房地产开发公司（甲方）经与香港环建实业有限公司（乙方）平等协商，本着互惠互利的原则，拟合资经营房地产开发，成立中外合资三明金环房地产开发有限公司。该项目总投资3200万元人民币，公司注册资金1600万人民币，中方出资960万元人民币，占注册资金60%，外方出资折合人民币640万元，占注册资金40%。公司经营年限为12年，公司从事房地产开发，经营业务。根据三明市城市规划的要求，为加快旧城改造拟开发三明纺织厂宿舍楼（位于列东街东新四路崇桂新村53、54幢），拟建成一座集商场、写字楼、娱乐、住宅为一体的15层商品楼。70%产品销往外用户，30%销往内用户。企业外汇自求平衡。经论证，我们认为该公司的成立，既能吸引外商到我市投资，又能促进三明城市的建设，取得较好的经济效益和社会效益。因此，特申请成立中外合资三明金环房地产开发有限公司，请予审核并转报市有关部门审批为荷！

三明市金雀房地产开发公司

一九九三年八月十日

（8）

65

三明市纺织工业局

明纺局综〔1993〕第007号

关于同意成立中外合资三明金环
房地产开发有限公司的意见

三明市计委、外经委：

为了加速我市城市建设步伐，进一步改善投资环境，发展第三产业，利用外资加速旧城改造和我市经济发展，经研究，同意三明纺织厂所属专业公司三明市金雀房地产开发公司与香港环建实业有限公司合资成立三明金环房地产开发有限公司，在我市进行房地产开发经营活动。现将关于成立三明金环房地产开发有限公司立项建议书及可行性研究报告，和有关附件转报贵委，请予审核并呈报省有关部门审批。

三明市纺织工业局

一九九三年八月二十四日

66

三明市纺织工业公司文件拟稿纸

文件标题	关于同意成立中外合资三明金环房地产开发有限公司的意见				
编号	明纺司营〔93〕第007号	机密等级		会稿单位	拟稿单位 拟稿人
发往单位				印发份数	15份
单位领导意见	同意 [签名] 8.24	市府领导批示			

三明市计委、外经委：

为了加速我市城市建设步伐，进一步改善投资环境，发展第三产业，利用外资加速旧城改造和城市经济发展，经研究同意三明纺织厂所属实业公司、三明市金信房地产开发公司与香港孙建实业有限公司合资成立三明金环房地产开发有限公司，在我市进行房地产开发经营活动。现将关于成立三明金环房地产开发有限公司立项建议书及可行性研究报告，和有关材料转报贵委，请予审核并呈报省有关部门审批。

三明市纺织公司
九三年八月二十四日

（9）

福建省三明纺织厂

三纺厂字（９３）第０６８号

关于成立“三明纺织厂福州办事处”的报告

市纺织工业局：

为适应社会主义市场经济、开放、开发的需要，搞活经济，搞活经营，以提高企业经济效益，决定在福州设立办事处，地址：福州古楼区古乐路１４号福华楼Ｄ一１。主要业务：了解市场信息，开展本厂的业务联络工作，方便出差人员的住宿，编制暂定３人。

特此审报，请批复！

三明纺织厂

一九九三年十一月廿三日

~~029~~ 31

三明市紡织工业公司文件拟稿纸

文件标题	关于转报三明纺织厂成立"三明纺织厂福州经销公司"的报告				
编号	明纺司综(93)008号	机密等级		会稿单位	
拟稿单位 拟稿人	张[illegible]				
发往单位	抄送：三明纺织厂	印发份数	5.		
单位领导意见	同意 [illegible] 11/23	市府领导批示			

三明市经济协作办：

三明纺织厂为搞活经济、搞活经营，适应新的社会主义市场经济建设，以及开发新产品，拟在福州设立"三明纺织厂福州经销公司"。经研究，同意该厂在福州成立"三明纺织厂福州经销公司"，为它组织、经营、代销、收集信息和服务等事项。

三明市纺织公司

九三年十一月二十四日.

（10）

68 ~~66~~

三明市人民政府经济技术协作办公室文件

明经协（93）第057号

关于成立“三明纺织厂福州办事处”的批复

你厂“三纺厂字（93）第68号”文收悉。经研究同意你厂在福州设立“三明纺织厂福州办事处”。该办事处为你厂在福州的分支机构。主要任务是：了解市场信息、沟通渠道，业务联络，接待出差人员等。人员编制：暂定3人。地址：福州古楼区古乐路14号福华楼D—1。请按规定向福州市有关部门办理手续，以利开展活动。

此复。

三明市人民政府经济技术协作办公室

一九九三年十一月廿五日

主题词：横向经济、驻外、机构　批复

主送：三明纺织厂

抄送：市府办、市府驻榕办、市纺织工业局、福州市经协办、工商局

（11）

福建省三明纺织厂

三纺厂字（93）第067号

关于成立"三明纺织厂福州经销公司"的报告

市纺织工业局：

为适应社会主义市场经济，开放、开发的需要，搞活经济，搞活经营，以提高企业经济效益，决定在福州成立"三明纺织厂福州经销公司"，地址：福州古楼区古乐路14号福华楼D—1。

1. 名称：三明纺织厂福州经销公司。
2. 经济性质：全民所有制企业。
3. 隶属关系：三明纺织厂。
4. 核算方式：独立核算，自负盈亏。
5. 经营方式：批发、零售、代购代销、联购联销。
6. 经营范围：

   主营：纺织品、服装、纺织原料。

   兼营：日用百货、五金交电、钢材、木材、建材等。
7. 注册资金：壹拾万元人民币。
8. 人员编制：暂定3人。

特此申报，请批复。

三明纺织厂

一九九三年十一月廿三日

~~032~~
34

三明市紡织工业公司文件拟稿纸

文件标题	关于转报三明纺织厂设立"福州办事处"的报告				
编号	明纺司经(93)009号	机密等级		会稿单位		拟稿单位 拟稿人	刘启祥
发往单位	抄送：三明纺织厂			印发份数	5
单位领导意见	同意。陈[illegible] 11/25		市府领导批示		

三明市经济协作办：

三明纺织厂为企业发展和外向需要，适应企业向社会主义市场经济发展，拟在福州设立办事处，经研究，同意该厂在福州设立"三明纺织厂福州办事处"，请给予以办理。

三明市纺织公司

九三年十一月二十四日

（12）

032

三明市纺织工业局

明纺局综（1993）第009号

关于转报三明纺织厂成立“三明纺织厂福州办事处”的报告

三明市经济协作办：

三明纺织厂为企业发展和工作需要，适应企业向社会主义市场经济发展，拟在福州设立办事处。经研究同意该厂在福州成立“三明纺织厂福州办事处”。请予以办理。

三明市纺织工业局

一九九三年十一月二十四日

抄送：三明纺织厂

（13）

027

29

三明市纺织工业局

明纺局综(1993)第008号

关于转报三明纺织厂成立“三明纺织厂福州经销公司”的报告

三明市经济协作办：

三明纺织厂为搞活经济，搞活经营，适应企业向社会主义市场经济过渡，以及开放、开发的需要，为企业生产提供必要的信息和服务，拟在福州成立“三明纺织厂福州经销公司”，经研究，同意该厂在福州成立“三明纺织厂福州经销公司”。请予以办理。

三明市纺织工业局

一九九三年十一月二十四日

抄送：三明纺织厂

（14）

035
37

福建省三明纺织厂

三纺厂字（93）第080号

关于成立“三明纺织厂厦门办事处”的报告

市纺织工业局：

为适应社会主义市场经济，开放、开发的需要，搞活经济，搞活经营，以提高企业经济效益，决定在厦门设立办事处。地址：厦门市槟榔东里17#，主要业务：了解市场信息，开展本厂的业务联络工作，方便出差人员的住宿，编制暂定3人。

特此审报，请批复！

三明纺织厂

一九九三年十二月廿四日

（15）

~~033~~
35

三明市纺织工业局

明纺局综〔1993〕第10号

关于三明纺织厂成立
“三明纺织厂厦门办事处”的报告

三明市经济协作办：

根据三明纺织厂三纺厂字（93）第80号文“关于成立三明纺织厂厦门办事处”的报告要求，经研究认为，该厂为搞活经济、搞活经营，在厦门设立办事处，以更好地了解市场信息，开展业务联络等活动是必要的，请你们予以审批，以便尽早开展工作。

三明市纺织工业局
一九九三年十二月十八日

~~034~~
36

三明市纺织工业公司文件拟稿纸

文件标题	关于三明纺织厂成立"三明纺织厂驻沪办事处"的报告				
编号	明纺司(93)字第081号	机密等级		会稿单位	拟稿单位 拟稿人 孙敏玲
发往单位				印发份数	5
单位领导意见	同意 陈守云 12/27		市府领导批示		

三明市经济协作办：

根据三明纺织厂三纺厂字(93)第80号文"关于成立三明纺织厂驻沪办事处"的报告"要求，经研究认为，该厂为搞活经营，在沪设立办事处，以更好了解市场信息，开展横向联络等活动是必要的，请你办予以审批，以便尽早开展工作。

三明市纺织工业公司

九三年十二月廿八日

（16）

24 37

福建省经济贸易委员会文件

闽经贸技[1996]331号

关于“三明纺织厂压锭改造扩大牛仔布及纯涤纶股线产品出口”项目可行性研究报告的批复

省轻纺工业总公司：

闽轻纺字(96)第22号文悉。三明纺织厂是我省纺织行业重点骨干企业，为调整产品结构，加速产品的更新换代，适应市场的需求，提高企业经济效益，进行压锭改造，扩大牛仔布及纯涤纶股线产品生产。该项目可行性研究论证报告已组织论证通过，符合国家产业政策，有较好的经济效益，是可行的。具体意见批复如下：

一、同意压缩旧棉纺1.5万锭，企业应按国家规定办理有关手续。

二、本期改造规模和产品方案：

1. 年新增牛仔布500万米，涤纶股线900吨，牛仔服装60万件；改造后年生产能力达到牛仔布1000万米，涤纶股线1500

送 计投、财会 胡 8.19

25

吨，牛仔服装120万件。

2. 产品方案为彩色、印花、提花、弹力等轻薄型牛仔布、轻薄型牛仔服装和T 9. 8×3纯涤纶股线。

三、由于生产工艺需要同意新增厂房1500平方米，污水处理建筑面积800平方米，改造锅炉房、冷冻站、配电室等580平方米。总共土建面积为2880平方米。

四、关于环境保护、劳动安全等应严格按“三同时”要求，在可行性研究报告的基础上加以完善。

五、项目固定资产投资为2981万元(其中：固定投产方向调节税23. 23万元，建设期利息86. 41万元)资金来源：企业自筹581万元。申请国家开发银行贷款2400万元。新增生产流动资金1470. 59万元，由企业按规定筹足铺底金，其余向银行申请贷款。

六、项目建成达产后，预计可新增销售收12563万元，新增税金863万元，利润957万元。

请企业抓紧进行扩初设计等前期工作，抓紧组织实施，争取早日投产见效。

（此页无正文）

一九九六年六月二十四日

主题词：轻纺　技改　可行性　批复

抄报：中国纺织总会

抄送：省计委、财政厅、税务局、环保局，省、市有关银行，三明市经委、计委、环保局、海关、三明纺织厂，本委正副主任、有关处室、存档(2)

录入：张、校对：徐

（17）

福建省三明纺织厂

三纺厂字（2000）第013号

关于三明纺织厂改为："福建省三纺有限公司"的报告

三明市体改委：

为全面贯彻执行党的十五届四中全会《决定》和全国"两会"精神，把握机遇，迎接挑战，彻底摆脱企业所面临的困境。根据实地考察河北省石家庄市第七棉纺织厂改制的成功经验，结合三纺厂实际现状，经厂职工代表大会2000年4月1日审议表决通过，决定按照《中华人民共和国公司法》之规定，对三明纺织厂进行规范化公司制改革。现将福建省三明纺织厂改制工作方案予以呈报。

妥否，请批示。

附：《福建省三明纺织厂改制工作方案》

福建省三明纺织厂

二000年四月一日

抄　报：蓝副书记、余副市长、许副秘书长、
市经委、市财政局、市国资局、市劳动局、市轻纺工业局

~~80~~
92

福建省三明纺织厂改制工作方案

(三明纺织厂九届十次职工代表大会
2000年4月1日审议表决通过)

为全面贯彻执行党的十五届四中全会《决定》和全国“两会”精神，把握机遇，迎接挑战，彻底摆脱企业所面临的困境。根据实地考察河北省石家庄市第七棉纺织厂改制的成功经验，结合三纺厂实际现状，经厂党政工领导班子集体讨论研究，决定按照《中华人民共和国公司法》之规定，对三明纺织厂进行规范化公司制改革。现将企业改制工作报告如下：

一、企业基本情况

三明纺织厂原是上海国棉26厂，于1970年12月迁来三明落户的国有中型企业，现有资产总额22835万元（含土地1500万元），负债总额19577万元，资产负债率86%，全厂拥有生产经营用地15.4万平方米，实际拥有棉纺锭48288枚（1998~1999年共压锭20580枚），气流纺1672头，布机224台，高档牛仔布绳状染色生产线一条，牛仔服装生产线一条，年生产纱、线10000吨，坯布500万米，牛仔布500万米，牛仔服装及其它服装50万件。

截止1999年底，企业在册职工2819人（含富余人员819人），离退休职工1708人。三明纺织厂长期以来，都是三明市乃至福建省的纳税大户，从迁厂至今累计上交国家利税31055.39万元。三明纺织厂作为我省的骨干企业，曾对南平纺织厂、福州棉纺织印染厂及三明地区纺织企业的发展建设给予了技术、管理、人才等方面的帮助，为推动福建省纺织行业的整体发展发挥了重要的作用。但是，由于全国纺织行业结构性矛盾和市场因素，从1996年开始，工厂出现连年亏损局面，三年累计亏损5244万元。去年在国家对纺织行业结构调整和压锭重组等一系列重大战略调整以及省、市各级政府的共同扶持下，企业生产经营出现了恢复

~~81~~ 93

性增长，完成工业总产值20714万元，销售收入18068万元，税金968万元，分别比上年同期增长48.11%、37.69%和7.09%（按90年价），比98年减亏1168万元。

二、企业改制工作方案

㈠改制的指导思想

贯彻党的十五届四中全会《决定》和全国“两会”精神，以改制为契机，推进企业制度创新、观念创新、效益提高，最终达到综合发展。

㈡改制的基本原则

1.彻底改制原则：

本着解放思想、实事求是，从企业实际出发，通过职工置换身份，并由个人出资买断经评估后的国有净资产，使职工和企业彻底从国有身份及国有企业中退出，国家不再承担对企业和职工的无限责任。

2.改制可行性原则：

通过省、市政府的支持，解决企业现有的社会包袱、富余人员问题和剥离非生产经营资产，借鉴石家庄七棉改制成功的经验，在职工自愿出资认股的前提下，组建有限责任公司，承担原企业的债权和债务，按照现代企业制度，将出资者所有权与经营权分离，保证出资者、债权人和企业合法利益，真正实现国有资产不流失、职工利益有保障。

3.有利于稳定的原则：

通过向职工宣传、分析企业破产与改制的利弊，增强职工对改制工作必然性和可行性的理解与认识，从而团结和凝聚全厂职工的力量，围绕改制目标，统一步调，确保现有企业在生产经营稳定的前提下，有条不紊地完成改制任务。

㈢改制工作进度及目标

1.二000年四月份完成资产评估、确认和改制方案的制订。

~~82~~
94

2.四月底召开职工代表大会，讨论并审议通过改制方案。

3.五月份完成职工认股、富余人员分流安置、选举产生公司董事会、监事会以及董事长、副董事长、监事会主席，聘任公司总经理、副总经理、财务总监，确定公司组织机构并完成中层管理人员聘任工作。

4.六月份实施方案上报上级审批。

5.七月一日公司正式挂牌运作。

通过改制，把福建省三明纺织厂改制为“福建省三纺有限公司”，实现从“工厂制”向“公司制”的改组，通过自身努力，将公司办成外向型、多功能，以生产经营纱、线、坯布、牛仔布、服装等产品的经济实体。

㈣改制工作的主要内容

1.成立企业改制工作领导小组，负责企业内部的宣传发动和职工思想教育，制定实施方案，稳定生产经营秩序，确保企业改制与正常生产经营两不误。改制领导小组下设业务组和宣传组，人员由各部门有关人员组成，具体操作按改制进度计划实施。

2.资产评估。由企业拟定改制报告，上报市体改委批准。请有资质的评估机构评估，报市国资局等部门对企业现有资产的评估结果进行确认，并上报省国资局审核批准。

3.计算出企业净资产。在计算企业净资产时，请给予考虑以下因素：

⑴预计考虑需调减净资产4198万元。

①企业三年以上呆坏帐损失约510万元予以核销。

②库存物资及产成品贬值损失约310万元予以核销。

③企业历年来对外投资损失约50万元予以核 销。

④企业历年经营失误被骗损失，并已通过法律手段无法追回的损失约310万元予以核销。

⑤牛仔布及服装生产线投产初期的试产品因品种规格不对路，

~~83~~
95

长期积压并已老化，无法实现销售的库存损失约450万元予以核销。

⑥压锭转让土地地面建筑物损失172万元。

⑦剥离未房改职工住宅净值300万元。

⑧根据彭木桂厂长离任审计批复，帐面应调增工资结余数596万元。

⑨帐面调减已入帐生产性土地价值1500万元。

⑵预计考虑需调增净资产4116万元。

①压锭转让土地按现有用途评估变现金额1749万元（53亩×33万元/亩）。

②生产性土地变现金额2367万元（178亩×13.3万元/亩）。

⑶预计需预留的费用金额6485万元。

①预留14名离休干部山区补贴、特需经费、交通费、高龄津贴、洗理费、电话费等费用按10年计，医疗费用按10年计，合计约280万元。

②预留1694名退休职工山区补贴按10年计，医疗费按1年计，约（800元/年人×10年+1200元/人）×1694人（其中退休在上海职工1203人）=1558万元。

③预留在册职工解除身份补偿金4617万元。

其中：合同工解除817人×0.75万元/人=613万元。

固定工解除2002人×2万元/人=4004万元。

④预留职工伤残、遗属抚恤金30万元。

根据以上预计考虑因素计算：

帐面净资产（3257万元）- 预计考虑需调减净资产（4198万元）

\+ 预计考虑需调增净资产(4116万元)

\- 预计需预留的费用金额(6485万元)

= - 3310万元

实际净资产以评估确认数为准，请省、市政府采取联合扶持措

~~84~~ 96

施，适当注入和补助，使净资产为零。

4.职工认股与送股

⑴采取自愿原则，按每人不低于5000元认购。

⑵选举董事会、监事会成员，并产生董事长、副董事长、监事会主席。

⑶由董事会聘任总经理、副总经理、财务总监，上级党委任命党委书记，并由总经理提名聘任中层管理人员。

⑷增补认股。

董事长、总经理、党委书记认股不低于10万元；

副董事长、副总经理、监事会主席、财务总监认股不低于6万元；

董事认股不低于3万元；

中层管理人员认股不低于2万元。

⑸将企业原结余工资1022万元，按实际认股额配送。

⑹将职工解除身份补偿金转为普通股，职工实际出资入股额为优先股，在参与分配时，优先股实行保息分红，普通股视企业效益状况参与分红。

三、公司发展方向

1.募集资金使用方向：

改制时职工入股实际增量资金1022万元，主要用于现有前后纺设备技术改造，购买精梳机套（每套450万元），FA311并条机（20台×10万元/台=200万元），使现有纱、线质量上一个档次，提高产品附加值，形成优质优价，增创效益。

2.转换经营机制

⑴通过企业负资产填平补齐后，企业净资产已化为零，国有资产从此退出。职工认股配股后，企业改制为有限公司，重新注册登记，新成立的公司承担原三纺厂债权债务，其中欠中行5123万元长贷争

~~85~~
97

取转入东方资产营运公司，由企业与东方资产营运公司签订还本付息协议；欠工行流贷7083万元和欠中行流贷1115万元，由新的企业负责办理变更手续。

(2)决策机制

通过改制，建立健全法人治理结构，充分发挥股东会、董事会和监事会的管理职能，建立起科学规范的决策程序。

(3)用人机制

建立新型劳动人事管理体制。在管理层实行聘任制，通过精简机构，削减现有管理人员，实行竞争上岗和末位淘汰制，做到精简、高效、信息灵敏、指挥畅通；在员工中推行竞争上岗、择优录用，重新签订劳动合同，不再保留全民身份。在企业内部打破多年形成的干部与工人身份界限，做到员工能进能出，职务能上能下。

(4)分配机制

新企业将根据效益实际情况，对管理层实行岗位（或年薪）工资制。根据岗位责任大小，业务技术含量确定工资等级，按工作业绩实行奖惩，只看结果，不看过程，不讲客观；对生产工人实行与产量、质量、消耗、效益挂钩考核的工资和承包工资。

(5)营销机制

实行销售人员工资、奖金、销售费用与销售收入、催收货款、压缩库存以及当期产销率等指标挂钩考核的销售总承包；采购人员实行原辅材料、机物料招标比价采购考核，工资与采购成本、服务质量和质量索赔挂钩。同时采用对营销人员、采购人员以风险抵押金办法，实行工作失误追究赔偿制度。

四、请求省市政府协调解决的问题

1.将三纺厂欠省财政300万元周转金及利息96万元、欠市财政第二轮承包利润250万元、欠市财政周转金30万元及利息94万元，合计770万元予以豁免，作为省、市政府财政注入，填补负资产。

~~86~~ 98

2.请省政府注入山区发展资金1000万元；请省、市政府共同承担819名富余人员解除合同费用的三分之二计1092万元。

3.如注入资金后企业净资产仍为负数，请允许企业用今后五年所得税部分先征后返，直至补平。

4.请求省、市政府协调将原三纺厂欠中行长贷5123万元转入东方资产营运公司，并减息或免息，由企业与东方资产营运公司签订六年还本协议。

5.请求省政府就企业目前在册的距法定退休年龄不足五年的老职工，给予享受提前五年退休的政策。

五、建议：

请求市政府成立三明纺织厂改制工作协调小组，具体指导、协调、处理改制过程中有关问题。建议由余有江副市长为协调小组组长，许葆立副秘书长、市经委、市体改委、市 劳动局、市国资局、市土地局、市轻纺局、市人行等主要负责人为成员。

以上方案妥否，请批复。

福建省三明纺织厂

二000年四月一日

附：改制成效预测。

~~87~~
99

附件：

改 制 成 效 预 测

经过公司制的改革，注入增量资金，使企业产权分明，有利于机构设置、管理模式、运行机制的彻底转变。募集到的增量资金除部分用于纺纱设备改造、牛仔布设备的配套完善外，其余用于企业流动资金，以大大减少财务费用，降低成本提高企业效益。

今年企业可完成销售收入20000万元以上，税金1000万元以上，利润300万元。明年起，年销售收入可以逐年以两位数增长，税金同步增长，年利润可达800~1000万元，六年内还清长贷不成问题。

一、企业效益预测　　　　　　　　　　　单位：万元

序号	项　目	2000年	2001年
1	销售收入	20000	21500
2	销售成本	17000	18000
3	销售费用	140	150
4	销售税金附加	200	220
5	管理费用	1600	1600
6	财务费用	900	800
7	其他收入	140	70
8	利　润	300	800

注：1. 2000年产量:纱9800吨、牛仔布450万米、服装40万件。

2. 2001年产量:纱10500吨、牛仔布450万米、服装40万件

二、财务说明：

第一项：销售收入

1.2000年销售收入20000万元，其中纱14206万元/9800吨；牛仔布5070万元/450万米；服装724万元/40万件

~~80~~
100

⑴纱的销售情况：

①按现行市场价，纱平均单价为14090元/吨，我厂2000年产量预计为9800吨，预计销售收入为14090元/吨×9800吨=13808万元；

②由于企业投资1000万元改造设备，将增产高档高支纱、麻灰纱系列约3000吨，产品附加值将增加1000元/吨。预计可增加收入为

1000元/吨×3000吨=300万元；

③通过对企业内部强化管理，提高纱的质量。每吨纱销售价格将提高100元，预计全年将增收入为100元/吨×9800吨=98万元

以上三项合计2000年我厂纱的销售收入将达到

13808+300+98=14206万元，比1999年增收7.81%

随着目前纺织品市场的回升，企业自身产品结构的调整，内部管理水平的提高，我厂纱的销售收入将达到或超过14206万元。

⑵牛仔布销售情况：

从1999年9月开始，牛仔布销售有明显好转，按现行市场平均单价11.27元/米计算，全年收入将达到11.27元/米×450万米=5072万元。

⑶服装销售情况：

2000年预计产量40万件（含加工部分），按每件平均单价18.1元计算，全年收入将达到724万元。

2.2001年纱产量将增产700吨，按2000年预测单价2001年将增收14090元/吨×700吨=986万元，纱的平均单价预计增加250元/吨，增收250元/吨×10500吨=263万元；牛仔布平均单价增加0.5元/米,增收0.5×450万米=225万元;服装每件平均单价增加0.65元/件,增收

0.65元/件×40万件=26万元,故2001年我厂将在2000年的基础上增加销售收入1500万元(986+263+225+26=1500万元)。

第二项：销售成本

~~89~~
101

1.2000年销售成本17000万元

原料	12660万元
辅料	758万元
水电汽	817万元
折旧	710万元
工资及福利	1586万元
制造费用	471万元

⑴原料12660万元

①纱的成本：	耗用原棉	2792吨	成本2379万元
	耗用涤纶	4082吨	成本4012万元
	耗用粘胶	980吨	成本 963万元
	耗用黑涤	755吨	成本 555万元
	耗用纱头棉	702吨	成本 270万元
	耗用小化纤	1093吨	成本 729万元
	合　计：	10404吨	8908万元
②牛仔布用纱：	外购纱	2169吨	成本3029万元
	自用纱	410吨	成本 431万元
	合　计：	2569吨	3460万元
③服装用布：	32万米		成本292万元

全年原料成本合计：　8908+3460+292=12660万元

⑵工资及福利　1586万元

四大分厂职工共计1637人，按全年平均工资8500元/人

全年工资1637人×8500元/人=1391.45万元

全年福利1391.45×0.14=194.80万元

两项合计为1586.25万元

另外，2000年将继续做好大宗原料采购招标工作，在99年的基

90
102

础上再降低运输费用10万元,原料采购费用80万元,辅助材料10万元。

2.2001年全厂耗用原料数量增加700吨将增加成本794万元

（8908/10404 ×700吨=793.70万元）

耗用原料单价上升150元/吨×13673吨=205.10万元

全年将增加成本1000万元(793.70+205.10=998.8)

第三项：销售费用

1999年销售费用184万元，其中运输费47万元。今年我厂产品将全部采用出厂价计算，将减少运输费用47万元，预计为140万元

（184-47=137万元）

2001年在2000年的基础上增加销售费用10万元，预计为150万元。

第四项：销售税金及附加

1999年销售税金及附加126万元，2000年我厂将增加收入约2000万元，将增加税金附加38万元，另外2000年土地转让收入500万元(总收入按四年摊)，将增加税金及附加36万元。2001年在2000年的基础上增加销售税金及附加20万元，预计为220万元。

第五项：管理费用

1999年全年管理费用1688万元，扣除非经营性损失，存货盘亏89万元，全年管理费用1599万元。2000年全年将增加住房公积金158万元，另外请求省政府给予企业富余人员分流安置费用769万元，分8年冲减管理费用，每年冲减96万元。

通过医疗制度改革，将减少退休工人医疗费支出30万元。

通过加强内部管理，减少办公费、差旅费、修理费约30万元，全年管理费用为1599+158-96-30-30=1600万元。

第六项：财务费用

1.我厂现有财务费用情况

41
103

⑴我厂现有列东工行短期借款6953万元，三明中行短期借款965万元，其他短期借款200万元，按现行月利率5.3625‰计，全年短期借款利息支出（6953+965+200）×5.3625‰×12=522万元

⑵中行长期贷款人民币300万元，美元581.3万元（折合人民币4813万元）全年利息支出

300×6.5‰×12+4813×7.5‰×12=456万元

⑶省金融机构手续费10万元

2.2000年我厂将注入流动资金1000万元，将减少短期借款利息支出1000×5.3625‰×12=64万元

下半年土地变现将收入500万元，用于归还中行长期借款，预计减息500×7.5‰×6个月=23万元

这样全年财务费用为522+456+10-64-23=901万元

3.2001年短期借款利息支出为

(6953+965+200-1000)×5.3625‰×12=458万元

长期借款利息支出为

300×6.5‰×12+(4813-500)×7.5‰×12-1000×7.5‰×10=336万元

金融机构手续费10万元

预计2001年，我厂财务费用为458+336+10=804万元

第七项：其他收入

主要是其他业务利润及进出口配额收入

预计：2000年　140万元　　2001年　70万元

（18）

5

国资局

三明市人民政府
收文 225
2000年5月31日

三明市人民政府文件

明政[2000]文87号

三明市人民政府
关于同意三明纺织厂改制的批复

市体改委并三明纺织厂：

你委《关于转报福建省三明纺织厂改制工作方案的请示》（明体改[2000]07号）悉，经研究，批复如下：

一、原则同意三明纺织厂改制工作方案，请按规定程序申请资产评估立项、依照《公司法》着手制定公司章程、规范好职工认股及配送股程序、明确职工置换身份方式、细化富余人员分流方案。

二、企业改制关系到职工的切身利益，要发挥企业党组织的核心作用和干部的表率作用，认真做好过细的思想政治工

1

6

作，确保改制和当前生产经营两不误。

3、企业是改制工作的主体，在把握工作进度的同时，要注意协调好内部和外部关系；各有关部门要适时疏通企业改制的各个环节，市体改、经委、建委、财政、国资、劳动、土地、工商、金融等部门在各自分管范围做好优质服务，支持企业搞好改制。

三明市人民政府

二〇〇〇年五月十日

主题词：工业 企业 改制 批复

抄送：市委、市人大、市政协，市经委、建委、财政局、劳动局、土地局、工商局、国资局，市人行、工行、中行，市中院。

三明市人民政府办公室 二〇〇〇年五月十一日印发

校对：邓 打印：黄

（19）

三明市国资局
收文号 425
2000年9月6日
~~73~~
85

三明市体改委
三明市经委
三明市财政局
三明市劳动局
三明市国资局

明体改[2000]25号

关于将三明纺织厂改制为有限责任公司的请示

三明市人民政府：

三明纺织厂为切实转换企业经营机制，建立现代企业制度，申请改制为有限责任公司。经过前阶段的职工思想发动，资产评估和产权界定，制定公司章程，职工认股与购股的各项工作，我们认为该厂改制工作符合《公司法》的有关规定，改制方案是可行的。现将有关事项请示如下，请予批复：

一、有限责任公司定名为“福建省三明纺织有限公司”。

~~74~~
86

二、公司股权以内部职工持股的办法设置。总股本初定为1526.89万股，每股股金人民币1元，同股同利。股东以其所持股份对公司承担有限责任。

三、有关资产处置按三明市人民政府明政[2000]文130号《三明市人民政府关于三明纺织厂零资产改制有关问题的批复》文件精神执行。

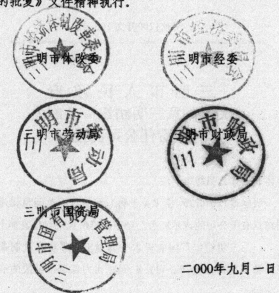

三明市体改委　　三明市经委

三明市劳动局　　三明市财政局

三明市国资局

二000年九月一日

主题词：工业　改制　请示

（20）

三明市人民政府文件

明政[2000]文160号

三明市人民政府
关于同意三明纺织厂改制为有限责任公司的批复

市体改委并三明纺织厂：

明体改[2000]25号《关于将三明纺织厂改制为福建省三明纺织有限公司的请示》悉，经市政府研究，现批复如下：

一、三明纺织厂国有资本全部退出的零资产改制条件已经具备，同意依照《公司法》组建由内部职工持股的有限责任公司。

二、要依照《公司法》制定公司章程，选举董事会和监事会，建立符合现代企业制度要求的法人治理结构，维护股

~~95~~
107

东合法权益。

三、三明纺织厂改制为福建三明纺织有限公司后，要依法办理好新的营业执照，与债权行承办好债权债务接续手续。

四、改制后的企业党组织要依照党章、工会要依照《工会法》建立健全。

三明市人民政府

二〇〇〇年九月五日

主题词：工业 改革 股份制 批复

抄送：市委、市人大、市政协，市经委、财政局、劳动局、国资局、轻纺局。

三明市人民政府办公室 二〇〇〇年九月五日印发

校对：邓 打印：何 （共印20份）

2

Postscript | 后记

《跨越山海：上海支援福建小三线建设资料整理与研究》从我2017年攻读博士学位时开始酝酿，2023年与三明市档案馆确定合作，并立即筹划撰稿。三明市档案馆在此期间投入了大量的人力和物力，并予以资助。曹荣军馆长、池明娥副馆长和梁艳斌副馆长一直关心和支持本书出版工作，魏素凤科长和陈琳科长在我2017年第一次到馆查阅档案时就提供了大量的帮助，至本书完稿，她们不厌其繁地沟通出版事宜、帮忙调阅档案、审校档案文字，在此由衷地对他们表示感谢。

感谢上海师范大学高红霞教授，我硕士生和博士生阶段的导师，也是本书作者之一。与老师第一次见面是2014年春季硕士生面试，认识至今已有十年。十年很长，我已从青涩懵懂的学生蜕变为站在三尺讲台的高校教师，老师见证了我的十年成长；十年很短，校园时代老师每每将我叫到办公室耳提面命的场景，至今我仍记忆犹新，仿佛昨日重现。当我提出合作编著本书建议后，老师表示十分支持并愿意解囊相助。也许，本书可以作为纪念我们认识十年最有意义的礼物吧！

特别感谢原福建省驻沪办陈广蛟主任、原上海三明商会秘书长顾忠发先生，在他们的热情帮助下，我结识了诸多上海支援福建小三线建设亲历者。感谢接受采访的傅春连先生、闪福香先生、余震岳先生、徐嵩古先生、蒋蓉娟女士、马凤琴女士、顾以强先生、严筱莉女士、傅振华先生、虞铭娣女士、骆国清先生、樊峰先生；感谢愿意撰写回忆录的范维平先生、蔡意达先生、黄克华先生、陈金昌先生、王键先生、何幼方先生和王文奎先生。

本书编撰过程中，上海工程技术大学赵博翀老师及其团队成员史唯鉴，在田野采访、收集资料等方面做了许多工作，在此深表谢意。感谢上海大学廖大伟教授帮忙联系出版，感谢责任编辑贾素慧女士对本书的辛苦付出，感谢上海市体育运动学校王安妮老师在整理资料、校对文字等方面的付出。

本书选取的三线建设档案仅为三明市档案馆部分馆藏，所收录的口述和回忆文章也不能涵盖上海支援福建小三线建设全部三线亲历者，不免有疏漏和不当之处，敬请读者批评指正。

刘盼红

2024 年 3 月 19 日于沪上